의식의 변용

의식의 발달에 관한 전통적 · 명상적 시각

Ken Wilber · Jack Engler · Daniel P. Brown 공저 | **조효남 · 안희영** 공역

Transformations of Consciousness
Conventional and Contemplative Perspectives On Development

학지사

Transformations of Consciousness
Conventional and Contemplative Perspectives on Development
by Ken Wilber, Jack Engler, Daniel P. Brown

역자 서문

　이 책은 오늘날 통합의식연구와 통합사상분야의 최고의 석학이며 전 세계적으로 수많은 분야 지식인들의 추앙을 받고 있는 켄 윌버Ken Wilber가 제1저자로서 하버드의대의 정신의학과 명상 분야의 석학인 잭 엥글러Jack Engler, 다니엘 브라운Daniel P. Brown 등과 공저로 저술한 정신의학적 접근과 정관/명상적 접근에 의한 심리치료 및 '의식의 성장 변화와 변용'에 관한 전문교양 도서다. 한마디로 이 책은 한편으로는 인간의식 · 자기의 현대서양 전통정신의학(정신분석학 · 대상관계론)과 자기발달심리학에 따르는 (전개인 · 개인적 수준의) 단계적인 성장발달과 장애/병리와 치료양식 등을 발달병리 · 치료의 스펙트럼 모형 이론과 실제를 바탕으로 심도 있게 다루고 있다. 다른 한편으로는 주로 동양의 전통지혜에서 나온 현대 정관/명상의 심리치료적인 기능과 그 부작용 · 병리 그리고 명상에 의한 초개인(자아초월)적 수준으로의 단계적 발달진화, 더 나아가 명상수련의 단계적 발달에 관한 심층심리과학적 고찰을 모두 포괄하면서 통합적 심리치료, 명상과 심리치료, 자아초월의식의 발달변용에 대해 심층적으로 고찰하고 있다. 따라서 이 책은 인간의식 · 자기의 전 스펙트럼에 걸친 통합적 발달 · 병리 · 치료, 명상과 심리치료, 명상의 발달장애 그리고 명상의 발달단계에 관한 거의 유일한 전문교양도서이자 전문서적이라 해도 과언이 아니다.

근래에는 국내에도 명상과 정신건강, 명상과 심리치료에 관련된 전문교양도서 또는 전문서적들이 이미 많이 나와 있고, 그 정보도 온라인상에 넘쳐 나고 있다. 뿐만 아니라 마음챙김 명상과 통찰명상(위빠사나)이 심신의 힐링/웰라이프, 정신/영적건강, 심신치유/치료, 의식의 성장 변화/변용을 위한 보편적 명상기법으로 그리고 현대 정신의학의 인지치료 분야에서 본격적인 심리치료기법으로 널리 사용되고 있음은 이미 주지의 사실이다. 그렇지만 이러한 무수한 심리치료·명상과 관련된 교양·전문서적과 정보가 넘쳐 나고 있어도 인간의식의 (전개인적, 개인적, 초개인적) 전 단계에 걸친 온 수준, 온 계통(온 라인)의 성장발달과 그 발달과정에서의 관련 장애/병리와 단계적 치료양식들을 다양한 시각에서 통합적으로 다루고 있는 전문서적은 만나기 어렵다. 특히 신생아의 출생 직후부터 정신분석학적·대상관계론적으로 자기/자아가 발달하는 전개인적 초기단계들에서의 광범위한 장애/병리(정신병, 자기애, 경계선 장애, 정신신경증) 그리고 개인적·사회적 자기 발달단계에서의 다양한 심리적·정신적 발달장애(인지·대본병리, 정체성신경증, 실존병리)로 인한 개인의 고착, 퇴행, 콤플렉스, 트라우마, 부정적 방어기제 등에 대해 이 책에서 제시하는 발달단계별 정신병리의 스펙트럼에 대한 진단·평가 및 치료와 같은 올바른 통합진단·평가와 통합심리치유·치료 이론 지침은 찾아보기 어렵다.

무엇보다도 이 책의 중심 주제는 서론에서 저자들이 언명하고 있듯이, "엥글러와 윌버가 인간의식의 성장과 발달의 '전 스펙트럼 모형'이라고 일컬어 온 것이 이제는 때가 무르익었다."는 것이다. 이에 따라 이 책에서는 의식의 발달단계별로 현대서양의 전통정신의학적 접근과 동서양의 전통지혜의 정관/명상적 접근을 온 수준에서 상보적으로 통합한 진정한 '의식의 변용'의 전 스펙트럼 모형을 최초로 제시하고 있다. 특히 동서양의 전통지혜와 현대의 심리학과 철학을 통달한 근대 인도의 성자이며 대석학인 아우로빈도Aurobindo의 9(10)단계 의식의 발달모형과 이와 유사한 켄 윌버의 9단계 전 스펙트럼 모형을 바탕으로 개인의 출생 후부터 전 생애에 걸친 인간의식의 성장발달, 장애병리, 치유/치료 양식을 통합적으로 일관성 있고 정합적으로 보여 주고 있다.

먼저, 전반부에서 잭 엥글러는 의식의 전 스펙트럼에 걸친 자아/자기됨의 단계적 성장발달 중에 특히 발달정지·장애와 이로 인한 (정신병적, 경계선 장애적, 정신신경증적) 정신병리가 불교의 통찰명상에 의한 명상의 단계별 자아/자기의식의 성장 변화와—서양 정신의학에서의 자기됨, 자기감의 성장발달이 불교의 무아(無我, anatta)와—어떻게 서로 다르고, 서로 오해하고, 상관성이 있는가를 사례와 준거 명상집단에 대한 고찰을 중심으로 체계적으로 매우 상세하게 기술하고 있다. 무엇보다, 전개인적 자기·자아발달단계의 장애나 병리에 소홀한 불교 교리와 불교명상으로 인한 문제를 비교문화적으로 고찰하고, 전개인적 자기애, 경계선 장애의 자기병리를 가진 개인들의 불교의 무아에 대한 오해와 이로 인한 정신병리를 적시하고 있다. 그리고 무엇보다 정관/명상이 목표로 하는 초개인적 (자아초월) 단계의 '무아'에 대한 올바른 깨우침을 위해서는 서양의 정신의학의 전개인적·개인적 자기의 장애와 병리를 먼저 치료하여 올바른 자기의식을 가진 후에 명상에 의한 자기의식의 성장과 자아초월에 이르러야 한다는, 즉 "먼저 누군가가 되고 나서 아무도 아닌 사람이 되어야 한다."는 말로 심리치료와 명상의 치료적 목표를 명확하게 구분하여 제시하고 있다.

이어서 마크 엡스타인Mark Epstein과 조너선 리이프Jonathan Lieff는 오늘날 전통지혜에 나온 정관/명상기법이 현대화되면서 심신치유/힐링, 정신건강을 위한 도구로서, 인지심리치료의 기법으로서, 그리고 종교적/비종교적 의식·영성수련의 중심도구로서 점점 더 인기가 높아지고 있는 추세에서 명상의 위험에 대해 심리과학적으로 분명하게 적시하고 있다. 그들은 오늘날 현대명상이 심신치유나 심리치료 그리고 개인이나 집단의 의식의 성장 변용을 위해—겉으로는 개인적 자기의식이 있어 보이는 전개인적·개인적 장애/병리를 가진 개인들에게—무차별하게 적용됨으로써 명상수련의 (예비수련, 근접집중, 삼매·통찰) 단계별로 정신의학적 병발증세가 더 심화할 수 있다는 것이다. 그리고 이와 같은 명상의 부작용과 그 문제에 대해 연구·보고된 사례들에 따른 심층적 고찰과 함께 명상의 발달과정에서 잠재된 심리적 장애와 명상으로 인한 방해물들을 우회하지 않고 올바르게 넘어가는 방향을 명확하게 보여 주고 있다.

이 책의 중심 주제는 또 하나의 주요 주제인 명상과 심리치료를 제외하고는 어디까지나 의식·자기의 온 수준의 전 스펙트럼에 걸친 단계적/분기적 성장발달·장애/병리·치료양식들에 대한 통합심리치료를 위한 포괄적 모형의 제안이라고 볼 수 있다. 이를 위해 켄 윌버는 자신의 온 수준, 온 계통(온 라인)의 통합모형에 따르는 발달 진화적 의식의 9단계 기본구조의 전 스펙트럼의 발달분기점 fulcrums모형에 따른 의식·자기의 발달과 각 분기단계별 정신병리와 상응하는 각 치료양식을 표준 스펙트럼 모형으로 제안하고 있다. 윌버는 전개인적 세 단계의 자기의 발달은 정신분석학적 현대의 주요 대상관계이론을 중심으로, 개인적 세 단계의 자기발달은 대표적 자기발달심리학자인 매슬로(자기욕구), 뢰빙거(자기정체성), 콜버그(자아도덕성)의 이론과 실존심리학을 중심으로 그리고 초개인적(자아초월) 발달의 세 단계는 윌버 자신의 (심령적, 정묘적, 원인적) 자아초월 심리학 이론을 중심으로 제안하고 있다. 또한 그는 현대 정신의학의 정신분석학적 대상관계이론의 주요 이론들을 중심으로 전개인적 각 단계의 하부단계의 자기/자아의 발달이론에 대해서도 요약하고 있다. 그리고 나서 그는 이러한 분기점 의식의 스펙트럼 모형을 바탕으로 이에 따른 의식·자기발달의 9개 분기점들에서의 정신병리와 상응하는 치료양식을 인간의식의 전 스펙트럼에 걸친 통합심리치료학의 표준 통합이론 모형으로, 명상과 심리치료와 관련된 주제에 대한 심층적 고찰과 함께 상세하게 제시하고 있다.

이 책의 전반부는 앞에서 언급한 바와 같이, 의식의 전 스펙트럼 모형에 따른 자기의 발달과 관련된 심리치료와 명상에서의 자기표상과 정체성 장애의 문제, 명상의 정신의학적 발달병리의 병발증세의 문제, 그리고 켄 윌버의 통합심리학적 통합심리치료이론모형과 그와 관련된 명상과 심리치료가 중심 주제이다. 반면에 이 책의 후반부에서 다니엘 브라운과 잭 엥글러는 마음챙김명상/통찰명상을 중심으로 (서로 다른 문화 간) 통문화적 발달단계이론의 타당성 연구를 위해 사례연구와 준거집단에 대한 로르샤하 검사에 바탕을 두고 명상에 여러 발달적 단계가 존재한다는 이론을 입증하는 심층심리과학적 연구고찰 결과에 따라, 마음챙김명상/통찰명상을 중심으로 한 명상의 통문화적 발달단계와 이를 종합한 현대 심리학에서의 명상 수행/수련의 발달 도표를 체계적으로 제시하고 있다. 또한 이를 뒷받침하기 위해 이들은 마지막으로 'Lectio Divina'의 5대 수행(Lectio, Oratio, Meditatio, Contemplatio, Operatio)으로 유명한 동방정교회에서의 관상/

정관/묵상수행에 의한 위대한 열 명의 성인들의 신비 수행의 실제 깨달음 사례들의 분석을 중심으로 하는 존 치어반John Chirban의 이론에 따른, 앞의 월버와 브라운의 자아초월·명상의 발달단계와 유사한 명상의 5단계 모형도 포함하고 있다.

따라서 이상과 같이 간략하게 언급한 내용을 담고 있는 월버, 엥글러, 브라운이 공동 집필한 이 책은 전통지혜의 명상이든 여기서 뻗어 나온 현대적 명상이든 간에 정신건강, 심리상담, 심리치료, 의식 수행/수련을 위해 명상수련을 적용하고 있거나 그 적용에 관심이 있는 관련 분야의 전문가들에게는 매우 중요한 전문교양도서 중의 하나로 보지 않을 수 없다. 이 책은 특히 현대의 광범위한 정신의학적 정신병리치료, 자기발달심리학적 심리치료, 자아초월심리학적 심리치료 그리고 명상의 올바른 적용을 위한, 명상의 발달장애나 발달단계별 수행을 제대로 알고자 하는 그리고 명상과 심리치료뿐 아니라 명상에 의한 발달단계적 '의식의 변용'을 명확하게 알고자 하는 관련 전문가들이라면 누구나 필독해야 할 교양도서라고 감히 말할 수 있다.

무엇보다도 오늘날 시대적으로 21세기 융복합과학기술혁명의 정보화시대의 밝은 면인 테크노피아적 미래 사회의 전망에 못지않게, 어두운 면인 전 지구적 위험사회·피로사회·중독사회 등이 초래하는 다양한 심리사회적 정신병리 증후군으로 인해 보통의 개개인의 삶은 점점 더 황폐화되면서 심신(몸·마음·영혼)의 장애/병리와 함께 다양한 중독(물질중독, 행위중독, 의식중독 등)에 빠지기 쉬운 상황으로 치닫고 있다. 이에 따라 인간의식의 온 수준(身·氣·魄·心·魂·靈)에 걸친 통합적 심신치유와 모든 수준에서의 장애·병리의 치유/치료를 위해서는 현대 정신의학적 심리치료와 함께 정관/명상 수련과 의식훈련의 온전한 이해와 적용이 점점 더 절실하게 필요한 상황으로 되어 가고 있다. 따라서 이러한 시대적 상황에서 아무쪼록 이 책이 심신치유·심리치료, 명상 치유/치료, 의식 훈련/수련 분야의 관련 전문가들에게 의식의 전 스펙트럼에 걸친 장애와 병리의 올바른 이해와 함께 치유·치료·수행의 통합적·단계적 접근을 위한 길라잡이나 전문 지침서가 되기를 바란다.

잭 엥글러의 현대서양 정신의학과 불교명상의 단계적 자기발달 병리의 비교문화적 고찰과 함께 켄 월버의 의식의 분기적 발달·병리·치료양식의 전 스펙트럼 모형이 중심 내용인 이 책의 전반부 서론에서 제5장까지는 국내 켄 윌버 연구와 정신과학 연구의 전문가이며 현재 한양대 명예교수 · 서울불교대학원대학교 심신치유교육학과의 초빙교수인 조효남 교수가 번역하였다. 그리고 후반부 제6~9장까지인 마음챙김 명상과 명상의 발달단계 부분은 마음챙김에 근거한 스트레스완화(MBSR) 프로그램의 국내 유일 미국 인증 지도자로, 현재 서울불교대학원대학교 심신치유교육학과 주임교수이며 한국통합심신치유학회 회장인 안희영 교수가 번역하였다. 시간에 쫓기다 보니 서로의 번역 부분에 대한 충분한 교차검토가 미흡하여 전 · 후반부의 용어와 표현에 있어서 서로 일치하지 않는 부분이 간혹 있을 수 있기에 전문가와 독자들의 양해와 아낌없는 충고, 질정이 있기를 기대하는 바다.

켄 윌버의 저서 중 심리치료와 명상 분야의 교양도서로서, 유일하게 하버드의대 정신의학 · 명상 분야의 석학들과 공동집필한 꽤 난해하고 이론적인 이 책의 번역 출판에 기꺼이 응해 주신 국내 심리학 · 심리치료 · 정신건강 등의 분야 최고의 출판사인 학지사 김진환 대표에게 감사를 드리고 실무 편집진의 편집과 교정 노고에도 고마운 마음을 표하고 싶다.

2017년 8월
조효남 · 안희영

추천사

　동양철학자들은 자기-발달을 위한 의식훈련으로 오랫동안 수련체험을 사용하는 데 초점을 두어 왔다. 지난 세기 동안의 정신분석 역시 학술적인 심리학이라기보다는 단순히 의료적 정신의학의 특이한 분야로 시작하게 됨으로써 그 자체는 병리적 상태로부터의 자기-발달을 도모하기 위한 의식 훈련에 관심을 두었다. 때때로 정신분석과 삶의 길에 대한 정관/명상적 철학들 사이에 경계를 넘나드는 연구가 시도되었다. 이제는 이런 영역들을 넘나드는 보다 확장된 대화가 필요한 때다.

　서양으로 들어온 동양철학은 보수적 전통주의로 몰아가는 수많은 종교적 덫에 걸려 그 진수를 빼앗겨 왔다. 정신분석은 정신역동적 관찰과 이론 형성에 대한 수많은 사조를 다루도록 확장되었다. 오늘날 인간의 생애주기에 걸친 단계와 국면들의 실제적 진화의 가능성에 대한 재조사가 진행 중이다. 환각제와 기타 향정신성 약물들의 지나친 남용 · 오용 그리고 심리치료뿐만 아니라 속성 치료법들의 광범위한 이용 가능성은, 그 모든 유해성에도 불구하고, 하나의 사회적 해방으로 기능을 하게 되었다. 따라서 오늘날 이와 같은 문제에 대한 진지한 학술 연구가 열려 있는 학문 채널들로 유입될 수 있다.

　이러한 영역에서의 중심 주제는 개인의 발달을 위해 다양하게 열린 경로들이다. 누구도 일회적으로 지나가는 삶에서 모든 것을 다 할 수는 없고, 그래서 선택은 가능한 한 명료화를 요구한다. 환자를 위한 심리치료 유형을 선택하는 데 있어서도 임상치료자는 현재의 상태 및 관련 문제, 내담자의 성격발달 단계, 그리고 환자의 가치 및 목표까지도, 더 나아가 다른 가능한 경로에 따른 변화의 기회와 잠재적 가능성에 관련되는 이러한 세 가지 면에도 비중을 두어야 한다. 이와 마찬가지로 개인의 성장을 향한 주제에 있어서 길라잡이 역할을 해 주는 개인이나 멘토는 현재의 단계, 기존의 자기-조직화, 그리고 (치료와 성장) 기량-향상 절차와 관련하여 그 개인의 가치에 비중을 두어야 한다.

여기서 필자는 '기량skill'이란 말을 사용하여 이러한 노력의 심각성을 가볍게 여기려고 의도하는 건 아니다. 개인에게 깊숙하게 영향을 끼치고, 그래서 인간 사회에 지대하게 영향을 끼치는 정신적mental 기량들이 있다. 초기의 다른 관점들이 더욱더 복잡하고 상위적-순위higher-order이면서 통일성을 부여하는 상징 구조 안에 내포되도록 자기-조직화의 성장을 허용하는 정신적 기량들이 있다. 그렇다면 자기-조직화의 이러한 의미 있는 구조는 세계를 이해하는 새로운 방식을 용인한다. 지각은 더욱더 미묘하게 그리고 정합적으로 조직화되고, 그리고 현존하는 기억들과 의제agenda와 동기들 역시 이러한 새로운 기준척도나 구도schema들에 의해 재구성된다.

구도들은 이전의 경험으로부터 뽑아내어 일반화한 정보들을 내포하는 내면의 작업 모델들이다. 정신적 발달은 기존의 구도들을 새로운 형태로 정교화할 뿐 아니라 구도들을 유용한 위계로 겹겹으로 둥지화nesting한다는 것을 의미한다. 기억들은 이 과정에서 재작업되고, 그래서 자기-표현과 만족감 또는 위협의 회피를 위한 다른 계획들이 형성된다. 심리치료든 명상이든 간에 그와 같은 재정식화를 위한 시간이 요구된다. 하지만 어느 한 유형의 개인을 위해 가능하게 하는 절차가 또 다른 유형의 개인에게는 방해가 될 수도 있다. 그런 것이 바로 진지하고 학술적인 대화의 시기가—많은 서적과 다른 작업들을 포함하여—이 시대에 필요한 까닭이다.

마음은 거의 쉬는 것을 모른다. 현대 생활은 비상하게 빠른 속도로 정보를 제공한다. 완료되지 않은 일들의 수많은 캡슐도 만약 잠깐 일시적 중단이 일어나야

했다면, 재고를 위해 갑자기 다시 확 열리게 될지도 모른다. 억압적 곱씹기, 불안에 찬 근심·걱정, 기대되는 퍼포먼스를 앞둔 황당한 리허설 등은 일상적으로 있는 일이다. 그렇지만 여전히 진행 중인 의식적 사고의 주제, 양식과 방식 등은 의지와 의도에 의해 영향을 받을 수 있다. 예를 들면, '자유 연상하기' '호흡에 초점 맞추기' '꿈 해석 알려 주기' '시각적 이미지로 전환하기' '배경무드에 동조하기' 또는 '멀리 떨어진 소리 듣기'뿐만 아니라, 어떤 특정한 주제를 선정하거나 털어 버리기 같은 것들을 방도로 제시할 수 있다. 사람들은 이와 같은 훈련으로부터 배울 수 있고, 그래서 다른 보통 마음의 상태에서는 달성될 수 없는 자기-재구도화의 어떤 국면들을 어느 주어진 정신적 상태에서 달성할 수 있다.

정신발달의 어느 시점에서—정확히 언제부터인지는 결정되어 있지 않지만—명상이 가능하게 될 수 있다. 명상은 외적 요구로부터 기민하게 움직이는 마음을 자유롭게 하고, 또한 계획하고 문제를 해결하도록 압력을 가하는 미완의 일들에 대한 내재적 주제들로부터도 자유롭게 해 준다. 꿈과 마찬가지로 정관/명상적 의식의 이런 특별한 형태는 어떤 독특한 방식으로 정신적 구도와 끈질긴 태도들에 대한 재작업을 허용한다. 구도에서의 그와 같은 변화는 새로운 의식적 체험을 허용할 수도 있고, 그렇게 되면 이것은 다른 변화로 피드백하게 된다. 사람들은 이러한 과정에서 다양한 여러 정신적 단계에 있을 수 있고, 그래서 여러 다양한 기법이 어느 국면에서 제대로 먹혀들거나 그렇지 않을 수도 있고, 도움이 되거나 해가 될 수도 있다. 이 책에서는 이러한 이슈들을 면밀하게 조사하고 있다.

명상적 분야들과 다양한 역동적 심리학 이론들에 관한 이 책을 가까이하게 될 때, 독자는 어떤 핵심 이슈들을 알아차려야 한다. 이러한 영역들을 가로지르며 조립된 이론들은 새롭고 유동적이고, 아직 일반적으로는 정당화되지 않고 있다. 고급 명상가들에 대한 로르샤하(Rorschach; 심리검사) 연구에서와 같은 과학적 노력은 아직 초보적 수준의 시험pilot 단계에 있다. 이 책은 최종 이론의 제시가 아니라, 전문적으로 훈련된 정관/명상의 사용에 대한 '초개인적(자아초월적)' 관점을 내포하고 있는 그런 한도 내에서 본다면, 이러한 시대의 항해 시작을 알리는 '첫 번째 전문도서'다.

정관/명상적 발달은 어떤 면에서는 새로운 자기-구조의 생성이다. 이 책에서 브라운Brown과 윌버Wilber의 이와 연관된 장章들 속에는 정관적 발달단계의 최소한 두 가지 범주가 있다. 이러한 이론들은 무척 많은 공통점이 있지만, 여전히 흥미 있는 차이점이 있다. 두 저자는 마음이 어떻게 정보를 처리하고, 이러한 정보와 관련하여 자기의 양태를 어떻게 구도화하는지의 이슈들에 대한 그들 자신의 관심사들을 보여 주고 있다. 브라운은 정보가 어떻게 변환되고 조직화되는지에 대한 (자기)규제의 단계들에서 전자를 강조한다. 윌버는 오늘날 정신분석에서 자기와 타자의 표상에 대한 대상관계 접근법으로 일컬어지는 것을 사용하여 후자를 강조한다. 브라운의 (정신)작도cartography는 자기의 관점에서 어떻게 정보가 흐르고 영향을 받는지를 강조하고 있다. 하지만 윌버의 작도는 무자기nonself로부터 자기의 분리의 정도, 즉 내적 관점에서 자기 경계와 그 경계를 넘어서고 있는 정도를 강조하고 있다.

분류이론의 이러한 노력은 명상이나 심리치료의 어떤 전문 분야나 기법들이 어떤 종류의 개인에게 '좋은가'에 대한 중요한 이슈들에 관계된다. 말하자면, 그것들은 (대상) 모집단의 어느 정도의 부분이 어떤 수준의 (치료)실무에 준비되어 있는지에 대한 의문을 드러내기 위해 사용되는 이론들이다. 비록 유용한 실무에 대한 그러한 쟁점들이 이 책에 의해 해결되지는 않고 있지만, 그 이슈는 분명하게 결집하고 있다. 이러한 이슈는 개인성의 역할과 자기-발달의 사회적 본성에 대한 현대적 대화의 일부분이다.

자기-발달의 초기 단계에 대한 관점들에 관해서는 일치성이 있어 보인다. 아직 발달을 안 한 자기는 타인들과의 관계 속에서, 그리고 자기에 대한 심층의 구조적으로 주어진 것들로부터 (양쪽 속성에 의해) 형성된다. '나임I-ness'의 감각뿐 아니라 '우리임We-ness'이나 관계성의 감각도 마찬가지로 발달한다. 어느 쪽 트랙이든지 병리적 변인들을 갖고 있다. 이러한 관계들은 무엇보다 먼저 의존성에 관련되는 것들이다. 그러므로 관계성의 구도는, 자기는 비록 연결되어 있지만 타인들의 압력이나 아주 가까이에 있는 사회적 집단의 인습으로부터 비교적 보다 자율적인 가운데 발달한다.

그렇다면 무슨 일이 일어나는가? 잘 발달한 개인은 더 위로 발달하기 위하여 세상을 떠나서 더욱더 고독한 수행 속으로 들어가야만 하는가? 만약 그렇다면

그는 어떻게 그리고 언제 사회적 연결로 되돌아오게 되는가? 여기서 우리는 가
치에 대한 의문으로 되돌아간다. 고통에 찬 삶의 관점에 그리고 바람직한 목표로
서의 환생의 순환 사이클로부터의 해방에 비추어 본다면, 자기-발달에 대한 현
대 서구의 접근법은 한마디로 말해 (현재의) 삶의 향상에 관한 것 중의 하나인 것
이다. (삶의) 세계에 대한 물리적 탐구는 이제 마음의 진화에 의해 보완되어야 한
다. 심적인 의향성은 반드시 어느 특수한 개인 속에 내재하는 것은 아니다. 체험
하는 것에 대한 아이디어와 방식들은 '초개인적'이기 때문이다. 자기-발달의 목
표는 반드시 필멸성이나 불멸성의 환상으로 도피하는 것은 아니다. 발달한 개인
은 더욱더 효과적인 지도자, 창조적 기여자, 공감적으로 보살피는 자일 수 있다.
개인에 대한 비극적 관점이나 자기애적 관점은 어느 쪽이든 반드시 이 책에서 효
시된 탐구에 속할 필요는 없다.

캘리포니아 대학교(샌프란시스코) 정신의학 교수
마르디 호로빗츠(Mardi Horowitz, M.D.)

저자 서문

이 책은 인간 성장과 발달의 '전 스펙트럼full-spectrum' 모형, 즉 (현대) 전통 심리학과 정신의학에서 전형적으로 연구되어 온 발달의 단계들뿐만 아니라 세계의 위대한 (전통지혜의) 명상적·정관적 전통에서 명증된 발달의 단계들도 포함하는 모형을 명료하게 설명하려는 다양하고 밀접하게 관련되는 시도들로 구성되어 있다. 이 저술에 참여한 저자들 모두는 만약 전통적이고 정관/명상적인 이 두 주요 전통 양쪽을 모두 상호 풍부하게 질을 높이는 양상으로 함께 가져다 놓을 수 있다면 인간발달의 더욱더 포괄적이고 통합된 관점을 성취할 수 있다는 신념을 공유한다.

이 책은 특히 두 사람, 마일즈 비키Miles Vich와 시모어 부어스타인Seymour Boorstein이 있었기에 나오게 되었다 해도 과언이 아니다. 마일즈는 '자아초월 심리학 학회지(Journal of Transpersonal Psychology: JTP)'의 편집자다. 이 책에 나오는 장章들의 두 개 장을 제외하고는 모두 JTP에 처음 수록되었고, 그리하여 그의 가이드와 전문적인 편집 능력 덕분에 결실을 보게 되었다. 또한 그는 JTP에 최초로 수록되지 않았던 두 개 장의 편집에도 동의하였다. 따라서 마일즈는 이 책에서 모든 장을 편집하는 데 도움을 주었을 뿐만 아니라, 책을 전체로 엮는 데 있어서도 매우 귀중한 도움을 주었다. 저자들은 그의 너그러운 도움과 지원에 심심한 사의를 표하고 싶다.

JTP를 아직 접해 보지 않은 독자들을 위해 저자들은 이 학회지를 일반적으로 심리학의 분야에서 전통적 그리고 정관/명상적 전문 분야들 사이의 가교 역할을 시도하는 탁월한 출판물로 여기고 있다는 점을 지적하고 싶다. JTP는 심리학과 영성 사이의, 또한 임상적 그리고 정관/명상적 조망들 사이의 매혹적인 접점에 관심이 있는 심리학자, 정신의학자, 철학자, 신학자, 일반인들 가운데 광범위한 호응을 받고 있다. 더 나아가, 정신역동적·행동적·인간중심적 접근법들도 세계의 위대한 영적 전통의 정관적이고 명상적인 접근법들과 더불어 그 해당 페이지들에 잘 나타나 있다. 저자들은 개인적으로 이 학회지는 아주 독특하고, 그래서 광범위한 독자층을 확보할 가치가 충분히 있다고 믿는다. 우리는 이 책에 나오는 장들을 JTP에 최초로 수록되었던 것과 정확히 똑같은 형식으로 제시함으로써 부분적으로 학회지 자체를 보는 듯한 느낌을 독자에게 주도록 하였다. JTP에 관한 더 많은 정보를 원하거나 이 저서에서 제기된 관점들에 대해 저자 중의 누구와 교신하고 싶은 독자는 'the Journal of Transpersonal Psychology, 345 California Avenue, Suite No.1, Palo Alto, CA 94306'으로 연락해 주기를 기꺼이 환영하는 바다.

마일즈가 이 책을 완성하는 데 크게 도움을 주었다면, 책 자체에 대한 아이디어는 시모어 부어스타인 박사와의 대화에서 시작되었다. 시모어는 정신역동적 접근과 명상적 접근 간의 차이를 흐릿하게 하는 일 없이 치료적 세팅에 있어서 양쪽의 접근방법들을 다 사용하고 있는, 점차로 늘어나고 있는 정신의학자 중의 한 사람이다. 그는 치료를 위한 이러한 접근법에 대한 수십 가지 사례의 역사적 자료들을 수집해 왔다. 그런 자료들은 너무나 흥미롭고 도발적이라서 그것들이 이 책의 핵심 부분을 형성할 뻔했다. 역설적이고 매우 유감스럽게도, 책 자체가 형태를 띠기 시작하면서 이 책은 오히려 임상실무보다는 임상이론에 관한 책이라는 것 그리고 사례연구 자료들과 그것들에 대한 논의는 별도의 저술을 기다려야 한다는 것이 분명해지게 되었다. 하지만 시모어가 아니었다면 이 책의 완성은 결코 상상하지도 못했을 것이다. 마일즈처럼 그 역시 조용하나, 주요 방식으로, 전문적일 뿐 아니라 개인적으로 이 분야의 발달에 박차를 가하고 성원해 온

후원자와 멘토 중의 한 사람으로 역할을 해 왔다. 따라서 저자들은 이 책을 마일즈 비키와 시모어 부어스타인에게 헌정하고 싶다.

켄 윌버,
잭 엥글러,
다니엘 브라운

차 례

제7장 **마음챙김 명상의 단계: 타당성 연구 논의**
– 다니엘 브라운, 잭 엥글러 219

제8장 **명상단계에 관한 문화 간 관점** – 다니엘 브라운 245

Transformations of Consciousness

서 론

켄 윌버 Ken Wilber

잭 엥글러 Jack Engler

다니엘 브라운 Daniel P. Brown

이 책의 중심 주제는 엥글러와 윌버가 인간 성장과 발달의 '전全 스펙트럼 모형full spectrum model'이라고 일컬어 온 것이 이제는 때가 무르익었다는 것이다. 이것은 (현대) 전통적conventional 심리학과 정신의학에서 연구해 온 정신역동적, 대상 관계적 그리고 인지적 계통(라인)들을 포함할 뿐 아니라 세계의 (전통지혜의) 위대한 정관/관상적contemplative·명상적 분야들에서 구현된 '더 상위의' 또는 '더 정묘한' 발달 계통과 단계들도 진지하게 고려하는 모형이다.

함께 묶어서 보면, 이러한 다양한 접근법들—전통적 그리고 정관/명상적 접근법들—은 다양한 발달 계통과 단계들로 구성된 인간발달의 일반적·보편적·통문화적 스펙트럼을 가리키는 것으로 보인다. 하지만 그것들은 어쩌면 그 문화적 또는 표면적 구조들은 달라 보일지 모르지만, 그런대로 분명 어떤 알아차릴 수 있는 만큼의 유사성이나 심층구조를 공유하는 것으로 보인다는 것이다. 게다가 이러한 발달 스펙트럼의 다른 각 단계는 명백하게 질적으로 뚜렷하게 구분되는 어떤 정신병리들에 분명 취약해 보인다. 그래서 이는 달리 보면 질적으로 서로 다른 치료 양식들(또는 일반 치료법들)을 차례로 만들어 내게 한다.

그러한 세 가지 주제들—(전통적 그리고 정관/명상적) 발달의 다른 단계들, 가능한 병리나 질병의 상응하는 수준들, 그리고 상관되는 또는 적절한 치료적 개입

인간 발달의 '전 스펙트럼 모형'

이 책의 세 가지 관심사

들—은 이 책의 핵심적 관심사다. 잭 엥글러가 "나의 희망은 임상실무에서 불교적 성향, 서구적 성향 그리고 다른 민족(문화)적 성향의 정신의학 체계들이 우리 문화 속에서 종종 서로 대치하게 되면서 최초로 인간발달의 더욱더 통합된 전 스펙트럼 모형, 그 발달의 취약성 그리고 그것들을 고치는 데 필요한 치료적 개입이 결과적으로 생겨날 수 있다는 것이다."라고 말할 때, 그는 우리 저자들 모두를 대변해서 말하고 있다.

발달의 전통적 학파와 정관/명상적 학파

서양심리학의
'단계모형'

단계모형stage model은 서양심리학에서 가장 널리 사용되고 있는 도구 중의 하나다. 비록 서로 다른 이론가들이 그 모형을 약간 다른 방식으로 정의하고 있지만, 대부분은 토마스 매카시(Thomas McCarthy, 1978)가 기술한 다음과 같은 요약에 동의할 것이다.

> [단계모형은] 불연속적이면서 복잡성이 점점 더 증가하는 발달단계들(을 규정한다), 그것을 보면 어떤 단계도 건너뛸 수 없고 각각의 더 상위의 단계는 그 이전 단계의 의미를 내포하거나 전제로 삼는다. 이것은 퇴행하거나 중첩하거나 정지된 발달 등과 같은 것들을 배제하지 않는다. 단계들은 질적으로 서로 다르게 구성된 전체들이다. 단계국면 특유의 구도는 불변적이고 위계적으로 구조화된 순서에 따라 정렬될 수 있다. 여하한 나중 단계phase도 이전 단계들을 통과하기 전에 [안정하게] 달성될 수 없고, 이전 단계의 요소들은 나중 단계에 보존되고 변형되고 재통합된다. 한마디로 요약하면, 발달-논리적 접근은 나중에 더욱더 복잡한 그리고 더욱더 포괄적인 발달단계들이 그 이전 단계를 전제하고 그 위에 구축되는 구조적 전체에 대한 위계의 명세서를 요구한다.

발달-단계적 접근의 이러한 유형은 발달의 성심리적·인지적·자아적·도덕적·감정적·대상관계적·언어적 계통들—한마디로 말해, 전통 심리학과 정신의학에 의해 연구되어 온 실제로 발달의 거의 전 영역—에 아주 효과적으로 적용되어 왔다. 이 모두를 편의상 우리는 '전형적' 또는 '전통적conventional' 발달이라고 일컬을 것이다.

더구나, 대개의 이런 전통적 단계-모형들은 대체로 불변적이고 통문화적이며 '준準보편적'이라고 주장해 왔다(Habermas, 1976). 그러므로 예를 들면, 심리성적 발달에서 보면 남근기 발달이 구순기 발달을 앞선다고 발견한 문화를 찾아볼 수 없다. 또한 인지발달에서 보편적으로 이미지는 상징을 앞서고 상징은 개념을 앞서고 개념은 규칙을 앞선다. 그리고 도덕성 발달에서 전인습적 순응은 언제나 인습적인 것과 그다음의 후인습적인 것을 앞서는 것으로 보인다. 그렇지만 이러한 다양한 모형들의 세세한 관점들은 논란이 있을 수 있는 만큼(구체적인 쟁점들은 결코 해결될 수 없다), 전통 심리학과 정신의학에서 제시하는 대부분의 단계-모형들이 (일반적 양상으로) 불변적이고 통문화적이라고 주장하는 것은, 그리고 광범위한 한계 내에서 그들 대부분이 그런 주장을 타당하게 만들기 위한 충분한 증거들을 제시해 왔다는 것은 일반적으로 인정되고 있다. 다음에서 알게 되겠지만, 단계들의 특정한 순서가 진실로 불변적이라고 주장하는 것은 곧 그것이 통문화적이라고 주장하는 것이다. 단계들의 표면구조에 있어서의 방대한 차이에도 불구하고 그 심층구조는 본질적으로 유사하다. 이것은 대부분의 전통적 발달-단계모형들의 주장이다.

인간발달의 전통적
단계모형들의
'준 보편적' 주장

그렇지만 흔히 (발달론자들이) 깨닫지 못하고 있는 것은 발달-단계적 접근과 똑같은 유형이 세계의 위대한 정관적 · 명상적 분야들에서 그대로 예증例證되고 있다는 사실이다. 브라운과 엥글러는 신중하게 다음과 같이 지적하고 있다. "우리가 그들의 원어로 연구해 온 주요 (정관/명상적) 전통들은 단계모형에 의해 명상체험의 전개 내용을 제시하고 있다. 예를 들면, 티베트 대승불교 전통에서의 **마하무드라**Mahamudra 수련, 팔리어 테라바다 불교(상좌부불교, Pali Theravada Buddhist) 전통에서의 **비슈디마가**(청정도론, **Visuddhimagga**) 그리고 산스크리트어(Sanskrit) 힌두 전통에서의 **요가수트라**Yoga Sutras 등을 들 수 있다. **이 모형들은 수행 방식 뿐 아니라 방대한 문화적 · 언어적 차이에도 불구하고 본질적으로 내재된 공통의 불변의 순차적 단계들을 제시하는 데 있어서 충분히 유사하다.**"

정관적 · 명상적
분야들에서의
발달-단계적 접근

'전통적' 그리고 '정관/명상적' 단계모형들 사이의 관계

그리하여 우리는 발달의 두 가지 폭넓은 범위나 부류에 직면하게 되는데, 이를 우리는 느슨하게 '전통적conventional' 그리고 '정관/명상적contemplative'이라고 일컬어 왔다. 양쪽 다 부분적으로는 단계개념에 따르는 다양한 계통이나 라인들을 포함한다. 그리고 양쪽 다 일반적이고 보편적이며 통문화적 타당성을 주장한다. 그러면 이러한 두 부류는 도대체 어떻게 서로 관계되는가라는 질문은 여전히 남는다. 그것들은 유사한 발달의 순차적 순서의 다른 기술記述인가? 그것들은 발달의 평행한 계통/라인들을 기술하고 있는가? 그것들은 발달의 다른 계통 혹은 수준까지도 모두 함께 언급하고 있는가? 그것들은 일반적 연속형 모형에 따라 관계되는가? 만약 그렇다면 어디에서 전형적 발달이 멈추고 나서 명상적 발달이 시작하는가? 정말로, 정관/명상적 단계들은 어떤 객관적–경험적 의미에서 실제적인 것으로 고려될 수 있는가? 아니면 그것들은 단지 특이한 그리고 주관적인 신념–체계에 불과한 것인가? 한마디로, 도대체 이러한 부류들은 어떻게 서로 관계되는 것인가?

정관/명상학파의 텍스트 찾기

이 어려운 주제에 접근하는 방법 중의 하나는 발달의 정관/명상적 단계들을 엄격하게 기술하는 것 외에 역시 정상적 또는 전형적(아니면 비명상적) 발달과 비교함으로써 이러한 단계들을 위치시키려고 시도하는 어떤 정관/명상학파의 텍스트가 있다면 그 가운데서 찾는 것이다. 이것은 어떻게 두 가지 영역의 범위가, 즉 전통적 그리고 명상적 범위가 서로 관계되는지를 보여 줄 수 있는 광범위한 규모의 참조기준을 우리에게 제공할 것이다.

아우로빈도의 생애주기에 걸친 발달단계들

예를 들어, 근대 인도의 가장 위대한 철인현자였던 아우로빈도 고시Aurobindo Ghosh의 업적을 살펴보자. 아우로빈도는 다음과 같은 주요 단계들을 포함하는 것으로 전반적인 생애 사이클을 기술한 바 있다(간략한 설명이 괄호 안에 나타나 있다).

1. 감각운동적Sensorimotor(신체적 · 감각적 · 운동적 측면)
2. 약동적–정동적–성적Vital-emotional-sexual('프라냐/氣'; 대충 말하자면 리비도 또는 생체에너지)
3. 의지심Will-mind(단순 표상적이고 의도적인 사고)
4. 감각심Sense-mind(감각적이거나 구체적 대상에 대해 수행되는 사고 조작)

5. 추론심Reasoning-mind(추상적 대상에 대해 수행되는 사고 조작)

6. 상위심Higher-mind(종합적-통합적synthetic-integrative 사고 조작, '전체의 조망으로 진리를 봄')

7. 조명심Illumined-mind(사고를 초월하고 '즉각적으로 진리를 안다', 심혼적psychic이거나 내면의 계시적 조명과 비전)

8. 직관심Intuitive-mind(초월적-원형적 자각, '정묘적 인지와 지각')

9. 대심Over-mind(무제약적 · 무경계적 영적 자각)

10. 초심Super-mind(영과 영으로서 절대적 동일시, 이것은 진실로 분리된 수준이 아니라 오히려 모든 수준의 '기반ground')

아우로빈도의 처음 여섯 단계들은 분명 전통 심리학과 정신의학에서 연구된 단계들의 일부 이론과 유사해 보인다. 특히, 이러한 처음 여섯 단계들에 대한 아우로빈도의 꼼꼼한 기술을 살펴보면 우리는 그것들이 피아제Piaget, 뢰빙거Loevinger, 콜버그Kohlberg 등의 (발달심리학적) 연구 업적의 측면들과 놀랄 만큼 상세한 유사성을 보여 주고 있다는 사실을 발견한다(이것들과의 비교에 대한 간략한 요약은 제3장 참조). 하지만 거의 모든 전통적 단계-모형들은 아우로빈도의 단계6 근처 어딘가에서 멈춘다. 그 어느 모형도 그러한 지점을 넘어서는 발달의 단계들을 고려하지 않는다(비록 그 존재 가능성조차 부인하는 모형은 매우 적지만).

다른 한편으로, 정관/명상적 텍스트들에 서술된 단계들은 논증이라도 하듯이 아우로빈도의 상위의 7~10단계와 아주 비슷하다. 더구나 전반적인 발달에 대한 아우로빈도의 해석version은 모든 단계들 사이의 이행移行/전이transitions에 대해 설득력 있는 설명을 하고 있다. 그리고 전형적 또는 정상적 단계들(1~6)과 정관/명상적 또는 자아 초월적 단계들(7~10) 사이에 급격한 단절의 느낌이 전혀 없다. 오히려 누구나 고착되거나 정지된 상태가 아니면 발달은 더 상위의 또는 정관/명상적 단계들로 오히려 자연스럽게 진입할 수 있게 되고, 그래서 그 각 단계는 인지적 · 의지적 · 지각적 역량의 향상과 고양에 의해 식별 가능하게 된다. 요약하면, 아우로빈도는 발달의 (전통 심리학에서 전형적으로 매우 상세하게 연구된) '하위-중간적' 단계들과 (명상적 발달의) '상위의' 단계들 모두를 설명하려고 시도

아우로빈도와 정관/명상적 단계모형들

했기 때문에 그러한 구도는 전통적 학파와 정관/명상적 학파에 의해 기술되는 다양한 발달의 단계들을 잠정적으로 정위시키는 것을 도와주는 데 사용될 수 있다.

비록 이것이 전통학파와 정관/명상학파들을 '함께 짜 맞추는' 유일한 방법은 결코 아니지만, 가장 단순하고 가장 설득력 있는 방법 중의 하나로 보인다. 엥글러와 윌버 모두 지적하고 있듯이, 발달의 정관/명상적 단계들은 아마도 발달의 정상적·전형적·전통적 단계들과 평행한 것이 (혹은 대안적인 것이) 아니고, 오히려 발달의 상이하고 더 상위적인 것을 모두 다함께 언급하고 있다는 것이다 (비록 이것이 둘 사이의 매우 복잡한 상호작용을 결코 배제하는 것은 아니지만, 그리고 우리가 유념하고 있는 것은 결코 선형적이고 단방향적인 경직된 모형은 아니지만 그렇다는 것이다). 여하튼 간에 이러한 해석은 아우로빈도의 모델과 같은 '개관 모형들overview models'에 의해 더욱 확실시되는 것이다.

그 외의 그와 같은 개관 모형들은 카발라(Kabalah, 생명수사상), 다 프리 존Da Free John 사상, 구르제프Gurdjieff 사상, (이슬람)수피 사상Sufism, 일부 기독교 관상적(신비주의) 교파, 그리고 금강승 불교와 베단타 사상의 (비교秘敎적) 측면들에서 찾아볼 수 있다. 하지만 이러한 모형들은 오히려 우리에게 거친 골격의 개요 이상은 거의 제공하지 않는다. 특히 이러한 모형들이 발달의 하위적 단계들을 설명할 때, 그것들은 거의 전적으로 대상-관계, 자기-발달, 정신역동에 대한 지식이 거의 총체적으로 결여되어 있다. 이 지식은 이러한 단계들을 아주 명확하게 정의하고 있고, 이에 대해서는 (현대)전통 심리학과 정신의학에서 아주 강도 높게 연구해 오고 있는 것이다.

양대 주요 학파의 모형에서 배워야 할 가르침

이 저술의 목표 중 하나는 최초로 발달에 대한 이들 양대 주요 학파—전통적 그리고 정관/명상적 학파—의 모형 양쪽 모두를 함께 모아놓음으로써 이러한 골격에 살을 입히려고 시도하는 데 있다. 왜냐하면 전통적 학파들이 정관/명상적 학파들로부터 (특히 가급적 상위의 발달에 대해) 배울 게 많다는 게 사실이라면, 마찬가지로—그리고 우리가 믿기에 시급한 것으로는—명상적 학파들도 그들의 고립성과 명백한 자기-충족성을 내려놓고 그들 스스로를 현대 심리학과 정신의학의 결정적이고 중요한 가르침들에 열려 있어야 한다는 것은 똑같이 옳은 말이기 때문이다.

상위와 하위의 '단계들'의 본질과 의미

현 시점에서 전통학파와 정관/명상학파들 양쪽에서 모두 사용되고 있는 그대로의 '단계stage'라는 말의 의미를 간략하게 살펴보는 게 적절할 것이다. 양쪽 전통에서 사용되고 있는 다양한 단계-모형들의 가장 명백한 특징들 중의 하나는 그들이 똑같은 발달계통을 기술하고자 의도할 때조차도 그들은 그 계통에서 흔히 서로 다른 개수의 단계들을 들고 나온다는 것이다. 예를 들면, 아우로빈도가 단순히 '직관심the intuitive mind'이라고 일컫는 일반 발달의 수준은 어떤 전통들에 따르자면, 실제로 셋에서 일곱에 이르는 (이산적인) 불연속적discrete 수준들의 어딘가에 포함시킨다. 이러한 수준들은 실제로 불연속적인가? 말하자면, 그것들은 실제로 준보편적 깊이를 가진 구조로 존재하는가? 아니면 그것들은 단지 전통지향적인 특유의 색다른 혹은 문화적으로 생성된 표층구조인가? 정확히 얼마나 많은 정관/명상적 발달의 수준이 있는 것인가?

브라운과 엥글러는 다양한 정관/명상적 전통들(상좌부 불교, 대승불교, 힌두교, 기독교 그리고 중국 전통사상)에서 발췌한 '마스터 주형master template'을 생각해 냄으로써 이 질문에 최초로 답하고 있다. 8장에서 브라운은 이 주형에 대해 요약하고 있다. 이것은 6개의 주요 단계로 되어 있고 그 각각을 세 개의 소단계로 나누어 총 18개의 소단계를 포함시키고 있다. 이 저술의 관점에서는 이것들 대부분은 단지 특유의 색다른 표층구조가 아니라 정말로 준보편적 심층구조인 것으로 보인다. 그러나 이 시점에서 우리는 모든 경우에 대해 결정을 내릴 만큼 충분한 정보를 갖고 있지 않다. 그러므로 이러한 유형의 쟁점들에 대한 (어떻게 단계들을 나누고 세분화하는가에 대한) 의사결정은 비록 그렇게 하는 것이 그것들을 덜 유용하게 만들지는 않지만, 어느 정도는 임의적이라고 본다. 이 단계-모형 주장은 단순히 어떤 발달의 순서에서도 분명 (의식에 관련된) 행동의 어떤 부류는 오직 어떤 다른 부류가 나온 뒤에만 제대로 창발한다는 것이다. 그래서 만약 그러한 부류의 일부가 결국 다른 불연속적 부류들을 포함하는 것으로 밝혀진다면, 우리는 그 순차적 순서에 대한 우리의 이해를 부정하는 게 아니라 오히려 그것을 더 풍

'마스터 주형'

성하게 해 주는 것이 된다.

그러므로 예를 들면, 제인 뢰빙거Jane Loevinger가 처음에는 자아발달의 네 단계를 가정했다면, 그 뒤에 계속 이어지는 개선된 연구에서는 그녀로 하여금 최소한 10단계는 있다고 결론짓게 만들었다. 마찬가지로, 어느 누가 상징과 개념 사이의 기본 인지적 단계를 발견했다면 그래도 여전히 상징은 개념에 앞서서 창발하고, 개념은 상징이 생긴 다음에만 창발한다는 사실을 바꾸지는 않는다는 것이다. 그래서 발달이론의 중심적 주장들 중의 하나를 구성하는 것은 바로 그러한 상대적인 '이전'과 '이후'라는 것이다(즉, 만약 부류 r과 부류 z의 전후 관계가 통문화적으로 불변적이라는 게 입증될 수 있다면 우리는 분석의 어느 한 수준에서 얼마나 많은 부류가 그것들 사이에서 계속 축차적으로 찾아지게 되는가 안 되는가와는 무관하게 수반되는 준보편적 심층구조가 있다는 것을 확신하는 게 정당화된다). 역으로 후속 연구에서는 우리가 전에 두 개의 불연속적 단계로 생각했던 것이 보다 더 광범위한 심층구조와 함께 실제적으로는 하나의 단계의 변동 형태들에 불과하다는 것을 나타내 보일 수도 있다. 사실 그것 하나만으로도 통문화적으로 면밀한 조사를 해야 하는 주제다. 그러나 어느 단계-모형에 약간의 임의성을 도입하게 되는 이유는 바로 이러한 종류의 관심사들 때문이다. 이 책에 제시된 모형들도 예외가 아니다.

전통적으로 발달론자들은 (의식수준에 따른) 특정한 행동의 배열은 그 바탕에서는 준보편적 심층구조를 갖는다는 가설을 확립하기 위해 몇 가지 기준을 사용해 왔다. 가장 공통적인 기준은 "단계들이란 그것들과 연관되어 있는 행동들이 환경적 요인들에 의해 변경되지 않을 수 있는 어떤 순차로 창발한다는 사실의 한도 내에서만 어떤 객관적 의미가 존재하는 것으로 간주할 수 있다."(Brainerd, 1978)는 것이다. 현상의 다양한 부류들이 환경적 요인들에 의해 변경될 수 없는 어떤 순차로 창발한다는 것은 그러한 부류들은 불변적(준보편적) 구조를 지닌다는 의미이거나, 그게 아니라면 그것들의 순차가 우발적 요인들에 의해서 변경될 수 있는 것이라고 말하는 것과도 같다. 즉, 불변적 순차란 준보편적 부류의 구조가 어떤 수준에서 수반된다는 것이고, 그게 아니라면 그 순차는 불변적이 아니거나 불변적일 수 없다는 것을 의미한다. (발달적) 구조에서의 동요는 그 순차적 순서에서의 흔들림을 의미한다(정확하게 말해 이는 표층구조에 대한 정의인 것이다).

다른 한편으로, 실제로 거의 모든 발달론자는 "행동 변화의 조류를 얼마나 잘 게 썰어 분할하는가에 대한 의사결정은 (모형의) 경제성과 우아함 같은 외적인 기준들에 바탕을 두어야 한다는 것을 인정한다. 그리하여 '긍정적으로 받아들일 수 있는 여러 다른 모형들이 있을 수 있고, 이들 모두는 유기체 내의 어떤 변화에 대한 똑같이 타당한 기술記述들이 될 것이다."(Brainerd, 1978) (다시 말하자면, 이 책 에 나오는 모형들도 예외는 아니다) 그렇다고, 이 말은 서로 다른 단계모형들의 가 능한 준보편적 본질조차 부정하지는 않는다. 그것은 단순하게 말하자면, 만약 당 신이 이 특정한 시각으로 어떤 조류stream를 세분화한다면 당신은 어디에든 조류 가 나타날 때마다 동일한 순차적 순서로 항상 동일한 기본 현상을 본다는 것이다. 마찬가지로, (발달)연구자들은 통상적으로 단계들 사이에 아무런 엄밀한 경계선 이 없다는 데에도 동의한다. 이러한 상황은 (스펙트럼의) 각 색이 다른 것들 속으 로 번져 들어가는 무지개와 더 유사해 보인다. 그렇다고 해서 이것이 우리로 하 여금 오렌지는 청색과 다르다고 인식하는 것을 전혀 방해하지 않는다는 것이다.

변화에 대한 상이한 모형과 타당한 기술들

결국, 대부분의 발달론자들은 단계를 정의하는 과업은 하나의 과정이라는 사실 을 인정한다. 여기서 과정이란, "우리는 역동적 변화의 경로에서 어떤 확실한 순간 들을 선정하고서, 그러한 순간에서의 시스템의 '스냅사진'을 찍고 나서, 그런 스 냅사진들을 발달의 특정한 단계에서의 시스템을 기술하는 데 사용한다."(Simon, 1962)는 것이다. 서로 다른 시리즈의 스냅사진들도 분명 가능하다. 그리고 각 시 리즈는 통상 의미 있는 정보를 제공한다. 그런데 만약 스냅촬영들이 심층구조 를 효과적으로 '포착'했다면, 그러한 촬영들에서 현상들 사이의 순차적 순서는 불변적일 것이다. 그리고 그 역도 마찬가지다. 즉, 우리는 '단계'를 갖는 것이다.

'단계'를 정의하는 과정

이 책의 구성

다음 장章들의 저자들 모두는 다양한 단계 개념들, 즉 정관/명상적 발달의 어 떤 부분(브라운; 브라운과 엥글러; 치어반) 그리고 정관/명상적 발달뿐 아니라 전통 적 발달의 어떤 부분(엥글러; 엡스타인과 리이프; 윌버)을 제시한다. 그렇다면, 만약 우리가 여러 저자들(의 단계개념)을 서로 연관시켜 정위시키는 것을 도와줄 수 있는 어느 정도 매우 일반적인 (단계) 용어를 소개할 수 있다면 그것은 매우 유용할 것이다. 이미 우리는 아우로빈도의 단순한 '개관'모형을 소개했기 때문에 우리는 그것을 사용할 수 있고, 다음의 표에서 보여 주듯이, 우리의 일반적인 용어를 그것에 결부시킬 수도 있다. 여기서 우리는 전반적인 발달의 전개인적prepersonal, 개인적personal, 초개인적transpersonal 세 가지 광범위한 영역을 소개하였고, 편의상 각각을 세 개의 소단계로 더 세분하였다. 이 거친 지도를 갖고서 이제 우리는 이 책의 개요와 기본 주제를 설명할 수 있다. 이 책의 개별적인 저자들은 구체적인 관점에서는 서로 다를 수 있지만(그 대부분은 그들의 독특한 장章들을 읽어 가면 명백해질 것이다), 모두가 일반적으로는 일치되는 관점을 공유한다.

발달의 전개인적 · 개인적 · 초개인적 영역들

발달 단계의 일반 용어 비교

아우로빈도의 개관	일반 용어	
1. 감각운동적(Sensorimotor)	전형적이거나 전통적 발달	전개인적 단계
2. 약동적-정동적(Vital-emotional)		
3. 의지심(Will-mind)		
4. 감각심(Sense-mind)		개인적 단계
5. 추론심(Reasoning-mind)		
6. 상위심(Higher-mind)		
7. 조명심(Illumined-mind)	정관/명상적 발달	초개인적 단계
8. 직관심(Intuitive-mind)		
9. 대심(Over-mind)		

발달의 단계와 그 병리들

이 책의 중심 주제 중의 하나는 발달의 각 단계들은 질적으로 뚜렷하게 구분되는 정신병리들에 취약하다는 것이다. 아우로빈도의 거친 지도(다양한 단계들 가운데 발달의 다른 라인/계통들을 고려하지 않기 때문에 '거칠다'고 보는 지도)를 사용하더라도 우리는 발달의 9개의 일반단계와 상관관계를 갖는 9개의 가능한 병리의 일반 수준을 찾아내는 것을 어느 정도 기대할 수 있다(아우로빈도 자신이 그와 같은 것을 제시하였다). 제1장에서 잭 엥글러는 전개인적 대상관계 발달의 세 가지 전개인적 단계와
그 병리의 수준들
일반 수준과 그에 상응하는 정신병리(즉, 정신병, 경계선 장애, 정신신경증)의 수준
에 대해 중점적으로 다룸으로써 이 주제에 대한 논의를 열어 놓는다. 이러한 수
준들은 모두 느슨하게 '전개인적'으로 언급되어 있는데, 그 까닭은 발달의 이 범
위는 합리적-개별화된-개인적 자기됨selfhood이 창발할 때까지 나타나는 단계들
을 포함하기 때문이다. 전통적인 정신의학 연구로부터 나온 적절한 자료들을 요
약하면서 엥글러는 이것들은 발달적으로 뚜렷하게 구분되는 정신병리학의 수준
들이므로 그것들은 치료적 개입의 다른 유형들(정신증과 경계선 장애: 구조-축조
기법, 정신신경증: 폭로기법)에 전형적으로 대응한다는 것을 지적하고 있다. 그러
고 나서 엥글러는 이러한 정신병리들을 질적으로 그리고 발달적으로 뚜렷이 다
른 또 하나의 부류, 즉 우리가 명상적 또는 초개인적/자아초월적이라고 일컬어
온 것들과 신중하게 구별하고 있다. 그런 다음 그는 전통적 접근들이 정상 상태
(충분히 분화되고 통합된 자아구조)라고 고려하는 것이 실제는 이러한 보다 더 광
범위한 관점에서 보면 (만약 발달이 더 이상 진전하지 않는다면) 발달이 정지된 사 발달정지
례에 해당된다고 지적하고 있다.

　엥글러의 중심적 메시지는 매우 의미 있고 시의적절하다. 명상적 훈련들은 정 초개인적 단계를 위한
전제조건
상적인 분리된 자기감을 초월하는 결과를 초래한다. 그렇지만 이를 위한 발달의
전제조건은 정합성, 연속성, 정체성의 감각을 가진 강하고 성숙하고 잘 분화된
심혼과 잘 통합된 자기구조인 것이다. 엥글러는 전개인적 발달이 현저하게 정지
된 개인들이 초개인적/자아초월transpersonal 수련이나 정관/명상수련에 몰두하
게 될 때 일부 심각한 정신의학적 병발 증세가 나타난다고 지적하고 있다. 엥글
러는 강조하기를 사실상 그러한 개인들은 실제로 그들의 내면의 공허감, 조잡하
게 분화된 자기와 대상표상, 그리고 자기 정합성의 결여를 합리화하는 방식으로
명상 수련에 이끌릴 수도 있다는 것이다.

　제2장에서 마크 엡스타인Mark Epstein과 조너선 리이프Jonathan Lieff는 정관/명 병리의 세 가지 광범위한
부류들
상적 또는 자아초월적 발달의 세 가지 광범위한 단계들을 조사하면서, 또 이러한
단계들 각각은 그 특유의 정신병리의 독특한 유형의 존재를 입증한다는 것을 지
적하면서 이러한 발달 계통/라인의 분석을 계속하고 있다. 그들이 언급하고 있

듯이, "명상은 의식발달의 (느린 변화의) 연속선상에 따라 어디에서나 부작용을 만들어 낼 수 있는 발달과정으로 개념화될 수 있다. 이들 부작용의 일부는 본질 상 병리적일 수 있지만 반면에 일부는 (정신의) 일시적 위축증이나 장애물일 수 있다."는 것이다. 그들이 발표한 병리의 세 가지 광범위한 부류나 수준은 1) 예비 수련단계, 2) 근접단계, 3) 고급단계(삼매와 통찰)에서의 취약성들에 수반하는 것이다. 이러한 (병리의) 작도법은 단순하고 간결한 것이며, 만약 그것에 일반성이 있다면 즉각적으로 유용한 분류를 제공한다.

전개인적, 개인적, 초개인적 병리들

윌버가 제시하는 관점은 제3~5장에서 다루고 있다. 그리고 어떤 의미에서 보면 엥글러의 관점과 엡스타인과 리이프의 관점 사이의 가교 역할을 한다. 그는 엥글러가 강조하는 전개인적 병리의 세 가지 일반 수준들(정신증적, 경계선적, 정신신경증적 수준), 그리고 엡스타인과 리이프가 강조하는 초개인적/자아초월적 세 가지 일반 수준들(윌버가 심혼적psychic, 정묘적subtle, 원인적causal이라 일컫는 수준), 그리고는 그것들 사이의 중간적인 병리의 세 가지 일반 부류(윌버가 인지적 대본, 정체성/동일시, 실존적이라고 일컫는 수준)를 제시한다. 결과적으로 이것은 잠재적인 정신병리의 9개의 대응수준과 함께 전반적인 발달의 9개의 일반 수준들(라인이 아닌 것들)로 나타난다. 그리고 나서 윌버는 병리의 이러한 수준들 각각에 가장 적절한 것으로 보이는 치료적 개입의 유형에 대한 예비적 논의를 제시한다. 그는 그 자신의 스펙트럼 모형과 전통 심리학과 정신의학에서의 적합한 연구를 요약하는 한 개의 장章으로 이 모든 것에 대한 서문을 제시한다.

정관/명상적 발달과 로르샤하 검사

나머지 장章들에서는 정관/명상적 발달을 본격적으로 다루게 된다. 제6~7장에서 브라운과 엥글러는 로르샤하 검사the Rorschach를 사용하는 명상의 단계에 관한 타당성 연구에 대해 논의한다. 그 결과는 타당성이 있는, 그리고 방대한 범위에 걸친 함의들을 지니고 있다. 그들의 연구결과에 의하면 "각각의 (명상수행) 준거 집단에서 다른 집단의 것들과는 뚜렷이 다른 로르샤하 검사의 아주 독특한 정성적 특성들이 있다는 것이다. 이러한 발견 자체는 명상수행의 다른 단계들이 정말로 있다는 것을 보여 준다. 게다가 더욱 흥미로운 것은 각 집단에 대한 로르샤하 검사의 구체적인 정성적 특성은 수행의 그러한 각 단계의 가장 특징적인 심리적 변화에 대한 고전적 기술들과 일관성이 있다는 사실이다. 한편으로 로르샤하 검사의 정성적 특성과 다른 한편으로 고전적 기술의 그와 같은 수렴은 수련의 각 주요 단계에서의 심리적 변화의 (문화 간) 통문화적cross-cultural 타당성을 확립하기 위한 중요한 일보 전진일 것이다." 더 나아가, 브라운과 엥글러는 다음과 같이 지적하고 있다. "이러한 로르샤하 검사들은 명상단계에 대한 고전적인 주관적 연구결과들이 종교적 믿음 체계보다 훨씬 더 큰 의미를 갖는다고 설명하고 있다. 그리고 그것들은 강도 높은 명상과 함께 일어나는 인지적, 지각적 그리고 감정적 변화에 대한 타당한 설명이다……."

제8장에서 브라운은 명상적 단계들 자체에 대해 주의를 집중하고 있다. 그는 아직은 아마 앞으로 나타나게 될 명상적 발달의 가장 완전하고 상세한 그리고 복잡 미묘한 작도를 보여 주고 있다. 이 작도는 상좌부 불교, 대승불교, 요가수트라 등에 대한 (그리고 나중에는 기독교, 중국 등의 다른 정관/명상적 전통에 대해서도 검사한) 강도 높은 연구로부터 발췌한 것이다. 비록 브라운의 정관/명상적 작도는 본질적으로 윌버의 모형과 유사하지만(예: '시스템, 자기 그리고 구조'에서 윌버는 브라운과 마찬가지로 각각 세 개의 하부단계를 가진 여섯 가지 주요 명상단계를 제시하고 있다), 브라운의 모형은 여러 면에서 이점들을 갖고 있다. 그의 모형은 전범적 언어, 핵심 경전들의 직접 연구와 번역, 그리고 수련지도자들과 수련자들과의 광범위한 인터뷰에 바탕을 두고 있다. 그러다 보니 이 작도는 그 자체가 이 분야에서 하나의 표준으로 쉽게 자리매김하고 있다.

윌버의 글은 예외로 하고, 이 책의 대부분의 장들은 동양—그리고 통상 불교—의 정관/명상적 훈련들을 취급한다. 그렇지만 우리는 주요 명상적 단계들(그리고 그에 상응하는 취약성들)은 통문화적이고 준보편적인 적용이 가능하다고 믿을 만큼 충분한 이유가 있고도 남는다고 본다. 실제로, 브라운과 윌버는 이 주제에 대해 여러 다른 곳에다 광범위하게 집필해 왔다(예는 Wilber, 1981b 참조). 따라서 제9장에서 하버드 대학교의 임상심리학자이며 신학자인 존 치어반John Chirban은 기독교의 일부 뛰어난 성인聖人들에 의해 입증되고 기술된 정관/명상적 발달의 단계에 그의 주의를 돌리고 있다. 그는 다음과 같이 결론 내리고 있다. "비록 각 성인은 그 자신의 경험을 (종종 그 자신만의 특이한 방식으로) 설명하였지만, 그 성인들의 (발달)단계들을 다른 성인들의 것과 서로 비교해 보면 기본적으로 (유

정관/명상적 발달의 작도

정관/명상적 단계와 기독교 성인들

사한) 나란한 단계들이 나타나고 있다. 이러한 동일성은 그들의 경험의 보편성을 확인한다……. 열 명의 성인들 모두에서 기본적으로 일관성 있는 다섯 단계가 있다는 것을 확인할 수 있다." 이러한 단계들은 브라운과 윌버의 것들과 매우 유사하고, 그래서 이들은 정관/명상적 발달의 보편성에 대한 믿음성을 더 보태 주고 있다. 우리는 이러한 내용에 대한 장(章)을 모든 명상적 전통—뿐만 아니라 서로 다른 심리학적이고 정신의학적인 분야들—으로의 초대로 마지막에 위치시켰다. 이것들은 곧, 인간의 성장발달의 보다 더 통합된 전全 스펙트럼 모형의 창출을 목표로 하여 전통적 학파와 정관/명상적 학파 사이의 이와 같이 상호 간에 서로를 풍성하게 하는 대화에 우리를 참여하도록 초대하는 것이다.

Transformations of Consciousness

제1장

심리치료와 명상의 치료적 목표:
자기의 표상에서의 발달단계들

잭 엥글러 Jack Engler

서론에서 우리는 발달의 세 가지 광범위한 영역—전개인적 · 개인적 · 초개인
적/자아초월적 영역—을 각각 다시 편의상 세 가지 소단계로 나누어서 제시하였
다. 이 장에서 잭 엥글러는 전개인적 영역에서의 대상관계 발달의 세 개의 일반단
계와 특정한 단계에서 발달의 정지나 실패로 인해 생겨나는 정신병리의 상응하는
유형들—정신병적 · 경계선 장애적 · 정신신경증적 변화—에 초점을 두고 있다.
그리고 나서 그는 발달의 전체 범위를 정관/명상적 혹은 자아초월적 단계와 신중
하게 구분하고 있다. 그는 인간발달의 두 개의 거대한 원호를 다음과 같이 본다.
즉, 하나는 개인적인, 철저하게 개별화된 자기감으로 이끄는 것이고, 또 하나는 그
것을 넘어서 나아가도록 이끄는 것이다. 그의 결론은 단순하지만 심오하다. "당신
은 아무도 아닐 수 있기 전에 누군가 되어야 한다."

♣♣♣

이 장에서 다루는 내용은 근래에 와서 자기감각의 발달에 관하여 내게 새롭게 '자기'의 이슈들
떠오른 일단의 임상적 이슈들을 통해 사고하려는 나의 시도에 관한 것이다. 우리
가 '자기self'라고 일컫는 심리구조의 본성과 위상에 관한 질문들이 그것들 스스

로 두 가지 측면에서 내게 강요해 왔다. 한편으로는 정신분열증(조현병) 환자와 경계선 증후군 환자들—자기됨selfhood에 대한 주체적 지각에서의 병리적 교란으로 고통받는 사람들—에 대한 나의 임상치료 작업을 통하여 존재로서의 연속성·정체성·진행성의 감각을 발달시키는 것이 결정적으로 중요하다는 사실을 내게 확신시켜 주었다. 다른 한편으로, 불교심리학과 위빠사나Vipassana 명상을 가르치는 나의 경험에 따르면, 개인적 연속성과 자기 정체성의 감각에 집착할수록 그것은 우리에게 고질적 욕구불만과 정신적 갈등에 빠지게 한다는 사실을 마찬가지로 분명하게 깨닫게 되었다. 우리 삶의 매순간에 이러한 집착은 아무것도 찰나적 순간보다 더 지속하지 않는다는 보편성에 반하는 쪽으로 우리를 밀어붙인다. 사실 이때 여하한 실질적 의미에서도 전혀 '아무것'도 (실재적인 것은) 없고 다만 오직 백만 분의 일 초 단위의 사건들만 있는데도 그렇다. 오늘날 우리가 정신물리학으로부터 알고 있듯이, 이것은 이미지, 상념, 감정 그리고 지각 등을 포함하는 우리의 내면적 우주에 대해서도 마찬가지로 그렇다. 임상가로서 나는 환자가 그와 같은 숙명적인 귀결과 함께 너무나 비극적으로 결여되어 있는 내면의 정합성과 통일성과 연속성의 지각을 발달시키도록 돕기 위해 내가 할 수 있는 모든 것을 다한다. 또한 명상지도자로서 나는 학생/수련생들이 그들의 체험에서의 연속성과 동일성이라는 지각적 환상을 꿰뚫어 보도록 돕기 위해—선禪 용어로는 오직 무아無我만 있다는 것을 깨닫게 하려고—마찬가지로 열심히 노력하고 있다. 양쪽 전통에서의 수행과 전문가로 일하고 있는 심리학자로서 그것들과 씨름해 오고 있는 문제는 다름 아닌 자기와 그것이 지닌 운명의 이러한 의미에서의 중요성이다. 나는 특히 개인들이 명상하며 갖게 되는 자기감에, 수련하는 동안의 그것의 부침에, 그리고 결국 개인들이 명상을 통해 떨어져 나가게 하는 자기감에 무엇보다 더 관심을 두어 왔다.

용어의 문제 이 문제에 대해 생각하는 데 있어서 어려움은 '자아ego'와 '자기self' 같은 핵심 용어들이 정신역동 심리학과 불교심리학에서 매우 다른 맥락으로 그리고 자아의 발달과 안정된 자기-구조의 형성에 기인하는 매우 다른 가치와 함께 사용되고 있다는 사실로 인해 조금이라도 더 쉬워지지 않는다는 데 있다. [이러한 쟁점들에 대한 나란한 논의는 정신분석학적 측면에서 더욱 강조하면서 『정신분석과 현대

사상(Psychoanalysis and Contemporary Thought)』(Engler, 1983a)에서 상세히 다루고 있다.] 또한, 두 용어는 불운하게도 명확하게 정의된 개념적이고 의미론적인 전통 속에 그것들의 뿌리를 내리지 못하고 있다. 예전에 한때는 그것들은 정확한 의미와 유의성을 갖고 있었다. 오늘날 그것들은 임상연구 보고서뿐 아니라 영적 저술에서조차도 뜻을 알 수 없는 허튼소리 같은 유행어가 되어 가고 있는 위험에 처해 있다. 이 모든 것은 자기의 심리구조에 관한 핵심 쟁점을 가려내기가 점점 더 어렵게 만들고 있다. 우리의 임상 경험과 우리의 영적 수행 모두 이러한 자기의 구조에 대해 우리에게 다른 방식으로 말하고 있고, 그래서 이것은 곧 정신질환과 건강에서의 핵심 쟁점이 되고 있다. 예를 들면, 요즈음 수련생들에게 '자아를 초월한다는 것'이 곧 명상의 목표로 권고되고 있지만, 이는 정신역동적으로 정향된 임상가에게는 아무런 의미가 없는 짓이다. 임상가에게 자아란 조절하고 통합하는 기능들을 지칭하는 집합적 용어다. 이러한 기준 언급의 틀 안에서 '자아를 초월한다'는 것은 우리를 인간으로 만드는 그런 (심적) 역량들을—즉, 생각하고, 계획하고, 기억하고, 예상하고, 조직하고, 자기 성찰하고, 실재를 환상과 구분하고, 충동과 행동에 대해 자발적 제어를 행사하고, 사랑하고 하는 것을 가능하게 하는 심리적 구조를—포기한다는 것을 의미할 것이다. 그것은 오로지 로봇이나 꼭두각시가 되는 조건에 대해서만 언급할 수 있는 데 불과할 것이다. 그렇다면 이것은 정확히 말해, 제대로 기능을 하지 못하는 자아 역량을 가진 채 상황에 좌우되는 환자들이 그런 그들 자신을 체험하게 하는 아주 퇴행적인 방식이라는 것이다. 이러한 관점에서 보면 명상수련을 하기 위해서는 특히 순간순간의 심신의 과정, 그리고 공포, 두려움, 모멸감, 분노, 우울감, 절망, 자기 의심 그리고 심지어 자기-발견에 수반하는 환희심을 관찰하는 데 바탕을 두고 있는 명상의 형태를 위해서는 자아 조직화의 꽤 성숙한 수준이 필요하다. 임상적으로 보면 명상은 자아를 초월하기보다는 그것을 강화한다. 반면에 자아심리학자들은 모든 자기-표상으로부터 무집착non-attachment하고 탈동일시하려는 명상의 목표는 불가능하지는 않다고 해도 약간은 뭔가 맞지 않는 이상한 것으로 생각할 수 있다. 하지만 반면에 그들은 모든 심리적 성장은 대상에 대한 진부하고 유치한 속박을 끊어 버리고 제한적이거나 잘못 적용되거나 골칫덩어리가 되어 버린 자기-표상을 포기하거나 수정할 수 있는 데에서 일어난다는 원리를 잘 이해하고 있다.

발달모형의 유용성　　이러한 쟁점들과 씨름하면서 나는 **발달모형**이야말로 임상과 명상 데이터를 해석하는 데 있어서 가장 적절한 방식으로 보인다는 것을 나 스스로 발견하였다. 또한 그것(발달모형)은 우리에게 양쪽의 조망/관점을 통합하도록 하고, 그것들을 경쟁적이 아니라 상호보완적으로 보도록 허용한다. 이러한 접근을 위한 출발점으로서 나는 현재의 임상적 사고와 실무에서 앞으로 그만큼 중심 역할을 하게 될 정신병리학의 발달 스펙트럼 개념 쪽으로 전환하였다. 이 개념의 핵심은 정신장애의 병리 발생은 발달의 연대기를 따른다는 착상이다. 그것은 성격 조직화(성격 구조)와 자아 기능의 질적으로 서로 다른 수준들이 대상관계의 모든 결정적으로 중요한 라인들 중에 특히 정신내적 발달의 서로 다른 단계에서의 실패나 정지나 퇴행에 뿌리를 두고 있다는 정신역동적 정신분석학 연구(Mahler, 1975; Masterson & Rinsley, 1980)뿐 아니라, 유전적–생물학 연구들(Gottesmann & Schields, 1972; Kety et al., 1968)에서 점점 더 증가하고 있는 증거로부터도 유도된다. 이것은 원심병인학(遠心病因學, distal etiology)이 태생적 취약성이론(Stone, 1980)이거나 발달적 상흔론(Masterson & Rinsley, 1980)이거나 이것들의 어떤 조합이거나 아니거나 간에 다 옳게 성립한다. 그 추론결과에 따르면 성격 조직화/성격 구조의 다른 수준들은 치료에 질적으로 다른 접근을 요구한다는 것이다.

'통찰' 명상　　내가 명상을 언급할 때 나는 불교의 위빠사나Vipassana나 소위 '통찰' 명상을 언급하게 될 것이다. 왜냐하면 그 목표는 변성의식의 유도라기보다는 오히려 정신(심혼)의 기능의 본성에 대한 통찰이기 때문이다. 비록 발생학적으로 위빠사나는 불교의 상좌부Theravada 전통에서 나온 것이지만, 그것은 집중止과 통찰觀이라는 명상의 두 가지 모드의 유형 중 하나인 순수한 명상 형태다(Goleman, 1977). 이것들은 그 기법에 의해 그리고 상태 효과에 의해 차별화되어 있다. 집중 명상은 단일한 내지각적interoceptive 또는 외지각적exteroceptive 대상에 **주의를 제한시**키고서 오랫동안 그 대상에 주의를 고정한 채로 계속 수련하는 것이다. 통찰 명상은 가능한 한 많은 정신적 · 신체적 사건들이 정확히 시간에 따라 생겨나는 대로 그것들에 **주의를 확장한다.** 집중 명상(止, 사마타) 수련은 점차 더 향상되는 적정寂靜과 지복감止福感으로 특징지어지는 점진적인 상태의 일점주시 **삼매**samādhi

나 몰입jhāna 속에서 들어오는 감각적 자료들로부터 서서히 물러나는 과정으로 이끌어 간다. 통찰명상(觀, 위빠사나) 수련은 모든 현상의 일시적이고 불만족스럽고 비실체적 본성에 대한 '앎/식별ñāna'(알아차림)의 점진적인 진행 상태 속에서 들어오는 감각적 자료들을 살펴보는(관찰하는/주시하는) 과정으로 이끌어 간다. 불교도의 관점에서 보면 집중 명상은 욕동의 작동과 상위의 지각적–지적知的 기능[1]을 일시적으로 억제함으로써 행복감, 그리고 갈등에서 해방된 (심적) 기능의 전이적 상태를 유발한다. 그러나 지속적인 정신내적intra-psychic인 구조의 변화를 초래함으로써 고통으로부터 해방시켜 주는 것은 오직 통찰 형태의 수련뿐이다 (Nyanamoli, 1976).[2]

그 현대적 형태에서 위빠사나는 마음 챙김의 훈련이나 무선택의 알아차림이나 또는 있는 그대로 주의집중/주시하기로 기술되고 있다. 이것은 "지각의 이어지는 순간들에서 우리에게 그리고 우리 안에 실질적으로 생겨나는 것에 대한 명료하고 단일한–마음가짐의 알아차림"(Nyanaponika, 1973: 30)을 하는 수련이다. 있는 그대로 (맨)주목/주의집중하기bare attention는 두 개의 전문적 패러다임에 의해 정의된다. 즉, 이것은 주목을 전개하는 특수한 형태 그리고 감정을 관리하는 특수한 방식을 말한다. 인지적으로 주목/주의집중하기는 어떤 상념이나 느낌이나 지각의 단순한 발생을 더는 애쓰는 일 없이 그것이 순간순간 알아차림/자각 속에 생기고 들어오는 정확히 그대로 그냥 (마음) 챙기는 것으로 제한된다. 명상자는 이러한 것들이 생기고 지나갈 때 이어지는 상념과 느낌과 지각만을 알아차린다. 이는 전통적 심리치료 작업과는 반대로 그것들의 개개의 내용에는 아무런 주목도 하지 않는다. 정서적으로 모든 자극은 선택하거나 검열하거나 하지 않고 똑같이 있는 그대로 받아들이게 된다. 다시 강조하자면, 전통적 심리치료와는 반대로 주의집중하기는 지각되는 것에 대한 어떤 반응에도 '있는 그대로' 유지된다. 명상자는 선호도나 코멘트나 판단이나 반향이나 해석이 없이 여하한 모든 자극에 대해서도 그냥 그대로 주목하려고 시도한다. 만약 이러한 신체적이거나 정신적 반응들이 일어나면, 그것들 자체는 즉각적으로 있는 그대로 주목하기의 대상으로 유의하며 받아들여진다. 주목하는 데 있어서의 일시적 일탈—정신 산란, 환상, 몽상, 내면의 대화—같은 것조차도 명상자가 그것들을 알아차리게 되는 즉시 있는 그대로 주목하는 대상으로 받아들인다. 그 목적은 세 가지 측면이 있다. 즉, 자기 자신의 정신적mental 과정을 알게 되는 것이고, 다음에는 이러한 방식으로 그것들을 형상화하거나 제어하는 힘을 갖기 시작하는 것이고, 마지막으로는 개인의 심혼적psychic 과정이 미지이거나 제어되지 않는 상태로부터 자유를 획득하는 것이다(Nyanaponika, 1973).

대상관계이론과 불교에서 자기의 문제

자아의 본질에 대한
유사한 정의

비록 불교심리학과 정신분석학적 대상관계이론은 자아발달에 대해 서로 다르게 가치 부여를 하지만, 그들 양쪽이 다 **자아의 본질을 유사한 방식으로 정의한다**는 것은 실로 놀라운 일로 느껴질 수 있다. 이는 양쪽 다 '자기'의 존재감이 느껴지는 체험 속에, 즉 실존에서의 존재와 지속성의 느낌 속에 개인적 연속성과 동일성의 감각을 만들어 내는 내적 삶과 외적 현실 사이의 종합synthesis과 적응의 과정으로 (자아의 본질을) 보기 때문이다. 대상관계이론은 개인의(발달의) 연속성과 자기됨selfhood의 이러한 체험을 '자기'의 내면화된 이미지들의 점차적 차별화/분화의 산물로 설명한다. 이때의 '자기'는 대상의 내면화된 이미지들과 그리고 이런 이미지들의 복합적 구도나 자기-표상으로의 최종 강화와는 분명하게 구별되는 것으로 본다(Jacobson, 1964; Mahler, 1975; Lichtenberg, 1975; Kernberg, 1976). 상좌부 불교의 청정도론(아비담마Abhidhamma)도 유사한 방식으로 '나'감각의 창발을 설명한다. 즉, 우리가 '내 것me'이나 '나 자신myself'으로서의 대상에 대한 우리의 체험을 구성하는 다양한 요소들(온蘊, 칸다스, khandhas)의 하나 또는 그 이상을 취하는 것을 배우는 동일시 과정의 최종 산물로 ('나'에 대한) 감각을 설명한다(Narada, 1975; Guenther, 1974; Govinda, 1974). 아비담마에서는 자기의 이러한 감각을 '사카야 디티히(sakkayā-diṭṭhi)'[축어적으로 '개인성-신념(personality-belief)']라고 명명하는데, 이는 대상관계이론에서의 '자기-표상'과 정확히 등가적이다.

그렇다면 양쪽 심리학(서양 심리학과 불교심리학)에서 '나'에 대한 감각, 개인의 통일성과 연속성에 대한 감각, 시간 속에서, 장소/공간 속에서 그리고 의식의 단계들을 가로질러 똑같은 '자기'라는 감각은 개인성/성격 안에 타고난 것이 아닌, 즉 우리의 심리적이거나 정신적/영적 구성요소 내에 내재한 것이 아닌 어떤 것으로 생각된다. 그렇지만 **이러한 ('나'에 대한) 감각은 대상들에 대한, 그리고 우리가 그것들과 함께 갖게 되는 상호작용의 내용물들에 대한 우리의 체험으로부터 발달적으로 진화하고 있다. 다시 말하면, '자기'는 문자 그대로 대상 세계와 함께 갖는 우리의 체험으로 구성된다.** 우리가 '내 것me'이라고 여기는 그리고 우리에게 너무나 현존하고 현실적인 것이라고 느껴지는 이러한 '자기self'는 실제로는 우리의 세계에서 유의미한 대상과의 과거의 조우에 대해 선택적이고 상상적으로 '기억하는 것'에 의해 구성된 내면화된 이미지, 즉 복합적 표상이다(Bruner, 1964). 사실상, 양쪽 심리학에서 모두 '자기'는 **현실적으로 순간순간 새로이 구성되고 있는 표상**으로 보고 있다. 심지어 표상으로서도 그것은 고정된 실체entity나 심상engram이 아니라 오히려 경험의 현재 순간에서의 새로운 구성, 새로운 종합을 각각 표상하는 (이산적인) 불연속적discrete 이미지들의 시간적 이어짐의 연속성이다.[3] 그렇지만 또한 양쪽 체계는 자기는 일상적으로 이러한 방식으로만 체험되는 게 아니라는 데 동의하고 있다. 대신 자기에 대한 우리의 정상적 감각은 시간적 연속성과 시간에 따른 동일성의 느낌에 의해, 대인관계의 상호작용에서의 일관성의 감각에 의해, 이러한 연속성과 일관성에 대한 다른 사람들의 인식에 의해 그리고 내가 동일한 '내 것me'이라는 그것들(연속성과 일관성)을 확인하는 인식에 대한 우리 자신의 지각에 의해 특징지어진다(Erikson, 1959).

> 구성된 자기

이러한 '자기'의 운명은 양쪽 심리학에서 임상의 중심 이슈다. **무아anatta**의 교리와 '자기됨'의 본성에 대한 연구는 기원전 6세기에 그 기원을 둔 불교의 가르침과 수행의 초점이 되어 왔다. 정신분석학 사상의 역사에서 '자기감'의 중요성은 오히려 시대에 뒤처진 발견이라는 감이 있다. 고전적인 정신분석학적 사고가 본질적으로 신경증의 모델로부터 유도된 발달·갈등·치료의 이론에 의해 지배되고 있는 한, '자기-구조'의 중요성은 눈앞에 드러나지 않을 수도 있다(Tolpin, 1980). 역사적으로 보면 전형적인 오이디푸스적 신경증(Freud, 1937)에 의해 고통받지 않는 환자들에 대한 부정적 치료결과들은 결국 **대상관계론의 발달과 정신**

> 임상의 중심 이슈

두 가지 뚜렷한
수준

병리학의 두 가지 뚜렷한 수준의 발견으로 이끌었다. 즉, 이는 1) 특히 자기와 타자들 사이의 구별/분화와 정합적 자기감각의 통합에 있어서 초기 대상관계의 실패, 그리고 2) 억압된 충동들과 그것들의 오이디푸스적 대상들과 대립하는 이미 분화되고 통합된 자아의 그 이후의 방어적 분투를 말하는 것이다(Fairbairn, 1954; Guntrip, 1961, 1969; Winnicott, 1965; Kernberg, 1975, 1976; Blanck & Blanck, 1974, 1979; Horner, 1979). 건트립Guntrip은 이것을 "아마 금세기에 개인성/성격 personality 문제에 관련되는 연구 중에 손꼽을 만한 주요 발견"(1971: 147)이라고 언급한 바 있다. 지난 10년 사이에 이러한 발견은 심리발달의 진단 스펙트럼이라는 개념 체계 쪽으로 이끌어 오는 계기를 제공해 왔던 것이다(Rinsley, 1981). 이에 따르면, 다양한 임상 신드롬은 발달의 특정한 단계phase에서 새로 기원하는 것으로 간주하고 있다. 오늘날 자아 기능의 정신증과 신경증 수준 사이에 걸쳐서 경계선 상태와 성격장애로 일컬어지고 있는 것에 대한 새로운 이해로 인해, 사실 전前 오이디푸스적 발달에서의 분리-개별화separation-individuation 과정에, 즉 개별화되고 통합되며 대상관계가 형성되는 자기의 분화가 일차 과제인 단계에, 그리고 발달의 정상적이거나 비정상적 코스의 주 결정인자로서의 그 성공과 실패에 오늘날의 임상적 주목이 거의 집중되어 왔다.

문제의 핵심으로서의
자기의 운명

도입부에서 이미 언급하였듯이, 이러한 '자기'의 문제는 운명적으로 임상적 시각과 명상적 시각이 전적으로 서로 정반대로 대립하는 것처럼 보이는 쟁점이 되어 있다. 이것이 문제의 핵심이다. 정신분석학적 대상관계이론의 시각에서 본 가장 깊숙한 정신병리적 문제는 '자기감'의 결핍이다. 가장 가혹한 임상적 증후군들—유아자폐증, 공생적·기능적 정신병증들, 경계선 상태들—은 정합적이고 통합된 자기(Kohut, 1971, 1977)나 자기-개념(Kernberg, 1975, 1976)을 확립하는 데 있어서 엄밀하게 보아 (발달의) 실패이거나 정지이거나 퇴행이다. 그 심각성의 다양한 정도에 있어서 이 모두는 자기의 장애(Goldberg, 1980)를, 즉 현실적으로나 정합적으로나 '존재하고 있음in being'을 느끼는 능력의 전적인 결핍을 나타낸다.

이와는 반대로, 불교적 시각에서 본 가장 깊숙한 정신병리적 문제는 자기 **현존**과 자기정체성에 대한 느낌이다. 불교적 진단에 따르면, 고통의 가장 깊숙한 근원은 자기를 보존하려는 헛된 노력, 즉 부질없는 짓과 자기패배의 양쪽 다로 보이는 (어리석은) 시도에 있다는 것이다. 정신병리학의 가장 심각한 형태는 정확히 **자아집착**attavadupadana, 즉 '개인적 실존에의 매달림'이라는 것이다(Nyanamoli, 1976; Nyanatiloka, 1972).

심각한 장애의 임상 치료에서 치료적 쟁점은 어떻게 기본적 자기감을 '재성장' 시키는가의 문제(Guntrip, 1969), 또는 어떻게 안정되고 일관적이고 지속 가능한 자기-표상을 분화시키고 통합시키는가의 문제다(Kernberg, 1976). 불교 수행에 서 치료적 이슈는 어떻게 '자기'의 환상이나 **구성**attā-diṭṭhi을 '통찰해서 보는가' 의 문제, 즉 어떻게 "우리의 개인적 정체성의 체험이 바탕을 두고 있는 그 본질 적 동일시"(Jacobson, 1964: xii)로부터 탈동일시하는가의 문제다. 자아 심리학 에 따르자면, 대상관계의 모든 주요 발달라인에서 두 가지 위대한 발달적 성취 로 보는 것—동일시와 대상 항상성—을 불교적 해석에서는 정신적 고통의 뿌리 로 보고 있다.

> 자기-구조로부터의 '재성장'과 탈동일시

그러므로 변용의 과정에서의 자기의 운명은 내게는 일종의 테스트 케이스가 되었다. 두 분야(정신의학과 불교 수행)의 치료적 목표는 그 둘이 그렇게 보이는 것 같이 정말 상호 배타적인가? 아니면 더욱더 큰 조망에서 보면 그 둘은 현실적 으로 양립 가능한가? 과연 하나는 다른 것의 전제조건일 수 있는가? 후자가 바 로 결국 내가 도달한 관점이다. 아주 단순하게 말하면, **"당신은 아무도 아닌 사람 (無我)이 될 수 있기 전에 반드시 어떤 사람(自己實現)이 되어야만 한다."**는 것이다.

> 무아의 전제조건으로서의 자기

나에게 언젠가 한때 임상심리학자와 아시아 명상지도자 사이의 아주 멋진 대 화를 흘려듣는 행운이 있었다. 두 사람의 대화는 내가 이 방향으로 나아가는 데 도움을 주었던 거식증(신경성 무식욕증) 환자에 대한 그들 각자의 치료법에 관한 것이었다. 그 명상지도자는 처음으로 미국을 방문하는 길이었고, 정신질환에 대 한 서구적 심리치료 접근법에 매우 흥미를 가지고 있었다. 임상심리학자는 치료 가 난치병적이라고 입증되고 있던 한 거식증 여인의 매우 어려운 사례에 대해 설 명하고 있었다. 그 지도자는 그 사례에 즉각 몰두하게 되었고, 병증과 치료법에 대해 많은 질문을 하였다. 그 심리학자가 설명을 마쳤을 때, 나는 그 명상지도자 에게 왜 그가 그 문제에 그렇게 관심이 많은지에 관해 물어보았다. 그는 말하기 를, 한때 한 여인이 미얀마에 있는, 그가 가르치고 있던 명상센터에 똑같은 문제

거식증 사례

를 제시하며 찾아왔었다는 것이다. 더구나 그 여인은 만성 불면증으로도 고통받고 있었다. 그녀는 혹시 어떤 차도라도 가져올지 모른다고 무턱대고 믿고서 명상을 배우기를 원했다. 나는 그가 그녀를 가르쳤는지 어떤지를 물어보았다. 내 예상과는 달리 놀랍게도 그는 "아니요."라고 말했다. 6주 동안 그는 단지 그녀를 매일 오게 했고, 그래서 그녀의 남편, 자녀들, 부모들에 대한 불평과 일반적인 삶의 불공평함에 대해 쏟아놓게 했다는 것이다. 그는 대체로 듣기만 했다. 그도 역시 그녀와 말하기도 했지만, 그는 정확히 어떻게 하라고 설명하지 않았다는 것이다. 그래서 그녀의 '치료'의 이러한 첫 번째 부분은 사실상 특수한 종류의 대인관계 중재를 통해 진행되었다. 그는 또한 그녀에게 잠을 자도록 격려하였다. 얼마 가지 않아 그녀는 밤에 4, 8, 12, 14, 16시간 그리고 마침내 무려 18시간을 잠자기 시작하였다. 이 시점에 그녀는 그에게 와서 말하기를 "나는 충분히 잤어요. 나는 여기에 명상을 배우러 왔어요."라고 했다. 그는 답하기를, "아, 그래요. 왜 진작 그렇게 하고 싶다고 말하지 않았소?"라고 했다. 나는 그의 말을 끊고서 그가 그녀에게 그의 상좌부 전통에서 수행해 온 통찰명상의 유형인 위빠사나Vippassana 명상을 가르쳤는지 어떤지에 관해 물어보았다. "아니요, 위빠사나라니, 전혀 아니에요."라고 그는 또다시 내가 놀라게 말했다. "그녀는 너무나 큰 고통을 받았지요." 그녀가 그녀의 개인적 삶의 이력에서의 단지 명백한 변화의 부침뿐만이 아니라 그녀의 모든 정신-신체적 상태가 변화 때문에 특징으로 나타났던 것 그리고 고통과 관련되어 있던 것에 대한 더 심층적 통찰을 견뎌낼 수 있게 되기 전에, 먼저

명상에 따른 정신적 동요로부터의 해방

그녀에게 필요했던 것은 약간의 행복, 약간의 즐거움, 약간의 평정심 그리고 그렇게 엄청나게 많은 정신적 동요로부터의 해방이었다. 그래서 명상의 집중 형태(止, 사마타)는 경건성과 지복감이라는 하나의 대상 지향성으로 이끌어 가므로 그는 (위빠사나 명상) 대신 호흡을 따라가는 단순한 집중호흡훈련數息觀으로 그녀를 지도하였다. 그녀는 하룻밤에 16시간을 자고, 그러고는 또다시 하룻밤에 점차로 14, 12, 8, 4시간 그리고 마침내 2시간을 자기 시작했다. 이번에는 그녀가 필요로 한 수면은 2시간이 전부였기 때문이다. 오직 이 시점에 이르러 그는 그녀를 위빠사나 명상으로 전환했고, 그래서 그녀에게 마음과 신체적 사건들의 순간순간의 흐름을 주목하게 하고서 직접 그것들의 급격한 비지속성, 불만족성 그리고 그것

들 이면에 있는 어떤 자기나 주체의 결여를 체험하게 하였다. 또 다른 3주 뒤에
는 그녀의 마음이 열리고 그녀는 깨달음(견성, **sotāpatti**)의 첫 단계를 체험하였
다. 당연히 거식 증상은 사라졌다. 그 이후로 그녀는 거식증에 걸린 적이 없었다.

이것은 물론 임상적 사례연구라고 볼 수는 없다. 그런데도 그것은 정신병리의
다른 수준들이 있다는 원리를 보여 주고 있다. 이것들은 심리발달의 다른 단계
에서의 (자기 정체성의) 왜곡, 상실, 정지에 뿌리를 두고 있다는 것을 보여 준다. 자아심리학자와
그리고 병리의 각 수준은 다른 (의료) 치료적 접근이나 다른 유형의 (전문가) 치 발달라인들
료therapy를 요구한다는 것을 보여 준다. 실제로, 자아 심리학자들은 더는 전체
적인 의미에서의 발달단계에 따라 생각하지 않고, 어느 주어진 시점에서의 심혼
the psyche의 조직화를 구성하는 심리기능들 사이의 관계와 더불어 서로 다른 기
능들을 위한 다른 '발달라인들'에 따라 생각한다(Anna Freud, 1963). 가지가지
다양한 발달라인들 가운데 대상관계의 라인이야말로 발달, 정신 건강, 정신병리,
치유 잠재력 수준의 가장 중요하고 신뢰할 만한 단일한 결정인자라는 것을 믿게
되는 데에는 타당한 이유가 있다(Mahler, 1975; Kernberg, 1976; Blanck & Blanck, 발달의 중요한 결정인자
1974; Horner, 1979; Rinsley, 1981). 대상관계는 대인관계 대상들, 특히 일차적인 로서의 대상관계
양육자들(부모)과 한 개인(유아) 사이의 체험의 순차적 순서와 질에 대해 언급한
다. 그리고 그것은 '자기'의 표상에서의, 그리고 감정으로 연결되어 '좋거나 나
쁜 것'으로 기억의 궤적 속에 각인된 '대상'에 대한 표상에서의 이러한 상관작용
의 내면화에 대해 언급한다. 다중의 자기 및 대상 표상들은 자기와 대상의 복합
적 구도 쪽으로 점차 더욱 강화되게 된다. 이러한 표상들은 도리어 심리내적 구
조의 발달, 결국은 무엇보다 '자기감'의 발달을 위한 기초가 된다고 믿어지고 있
다. 이러한 발달적 시각, 특히 대상관계의 발달은 불교(수행)와 정신역동 체계를
치료적 개입의 통합모형 내에 위치시키는 데 단서를 제공한다. 그리고 역시 그것
은 그것들의 방법과 목표 내에서의 명백한 모순도 설명해 준다.

먼저 불교 수행에 이끌린 학생들의 유형과 그들의 수행이 흔히 따라가는 것
으로 보이는 과정에 대한 나의 가르침 체험으로부터의 몇 가지 관찰 내용과 함
께 출발해 보자.

명상수행의 임상적 특성

여러 특성이 드러난다.

느린 진보

첫째, 통찰의 고전적 단계들ñāṇas에 따라 계량해 보면(Nyanamoli, 1976) 진보는 상대적으로 느린 편이다. 브라운 박사와 나는 이것을 로르샤하 검사Rorschach 연구를 통해 확인하였다(제6장 참조). 3개월간 연속적으로 매일 강도 높은 위빠사나 수행 후에 N-집단 30명의 딱 절반 정도가 수련 후-검사[4]에서 또는 지도자 평가[5]에서 아주 약간의 변화를 보여 주었다. 이러한 발견은 인도와 미얀마에서의 나 자신의 연구(Engler, 1983b)에서 더욱 뒷받침되었다. 거기서 아시아 수련자들은 비록 그들이 수련회 시설에서의 강도 높은 수련에서 상당히 더 짧은 기간을 보냈음에도 불구하고 훨씬 더 빠른 진척을 보여 주었다. 대다수는 겨우 한두 주 정도의 수련회 수련이 지나기도 전에 최초의 깨달음(견성)삼매[6]를 체험했다. 나머지 기간 동안 그들의 수련은 집에서 일상의 활동을 하는 가운데 실행되었다.[7]

고착된 수련

둘째, 서구 수련생들은 **체험의 정신역동적 수준**이라 일컬어지기도 하는 것에 고착되어 있는 것으로 보인다(Brown & Engler, 1980). 그들의 수련은 (정신역동적) 일차적 과정의 사고와 '비현실적 체험'(Maupin, 1965)에 의해서뿐만 아니라, 기분의 극적인 전환을 포함하는 환상, 백일몽, 몽상, 심상, 과거 기억의 자발적 회상, 심적 갈등 거리의 재억압, 그치지 않는 상념 그리고 정서적 습성에 의해 지배되는 것이 계속된다(M. Sayadaw, 1973; Walsh, 1977, 1978; Kornfield, 1979; Kapleau, 1965).[8]

셋째, **강한 전이**transference**들이 수련지도자들에게서 일어난다.** 이것들은 종종

전이와 수련지도자

코헛Kohut의 거울 전이나 이상화 전이의 유형인 것으로 보인다. 처음에는 '거울 전이'를 받아들이고 확인하는 마음의 바탕에 대한 욕구가 사제 관계의 맥락에서 회생하게 된다. 그다음에는 '이상화된' (전이의) 강도와 평온의 바탕에 천착하려는 욕구가 새롭게 생겨난다(Kohut & Wolf, 1978).[9] 때때로 봉착하게 되는 전능함과 (자아) 평가절하 사이에서 급격하고 극단적인 요동을 하게 되어 있는 본질적으로 더욱더 혼란스러운 또 다른 종류의 전이가 있다.

무엇이 이러한 관찰들을 하게 만드는가? 그런 것들은 어떻게 설명되어야 하는

가? 일반적으로 명상지도자들은 그런 것들을 수련생의 심리 내에 있는 여러 가지 요인들 탓으로 돌린다.

우선, 통상적으로 **충분한 집중력을 발휘할** 수련생들 **능력의 결핍**이다. 주의력 산만성 없음non-distractibility과 일점-주시력에 의해 특징지어지는 집중의 구체적 정도는 심신의 과정이 위빠사나 명상에서 목표로 하는 통찰의 형식에 도달할 만큼 충분히 근접하게 관찰될 수 있기 전에 필요한 것이다. 각각의 심적/정신적, 신체적 사건이 '전문적으로는 **근접 집중**upācara-samādhi'이라고도 일컬어지는 '알아차림'에 의해 드러나게 될 때, 그것에 주의를 고정하고 유지하는 능력은 이 상좌부 전통의 고승 마하시 사야도우(Ven. Mahasi Sayadaw, 1973)에 의해 강조되었다. 왜냐하면 그것은 통찰 명상의 적절한 단계ñāṇas로 들어가기 위한 전제 조건이 되기 때문이다(Vajiranana, 1975).

집중력의 문제

명상지도자들도 역시 **알아차림의 과정에 계속하여 제대로 주의를 기울이기보다는 오히려 그 내용에만 빠져드는 경향**에 대해 지적하고 있다. 수련생들은 그 내용이 무엇이든지 간에 모든 심리-신체적 사건들의 본질적인 특징에 집중하여 그들의 주의력을 유지하기보다는 개인적 생각, 이미지, 기억, 지각 등으로 선점당하게 된다. 그런 사건들의 특징은 그것들의 덧없음, 가장 단순한 욕망조차 만족시키지도 못하는 그것들의 무기력함, 그것들의 지속하는 본질에서의 결핍성, 그리고 역시 순간에서 순간으로 변하는 조건들에 대한 그것들의 의존성 같은 것이다. 명상자가 방대하며 이상하고 흔히 놀라움을 금치 못하게 하는, 그렇지만 역시 그의 마음을 끌어당기고 유혹하는 내면 체험의 세계에 처음으로 마주하게 될 때 (심신의) 내용물에 머무는 것은 아마 수련의 초기 단계에 거의 확실하게 생기는 유혹이다. 사실 시작단계의 초보 명상자가 그 자신의 내면세계에 입문하는 것은 다른 과도하게 각성된 상태들, 예컨대 자기최면, 몽상, 자유연상 같은 것들의 탐구를 시작하는 순진무구한 피험자의 그것과 본질적으로 다르지 않다는 것이 거의 분명하다. 예를 들면, 로르샤하 검사를 사용하면 일차적 과정 사고의 비슷한 증가가 최면 상태의 피험자들에게서(Fromm, Oberlander, & Gruenewald, 1970) 그리고 정신분석을 받는 환자들에게서 보고되고 있다(Rehyer, 1969). (심리)내적 환경에의 적응은 의식의 어떤 과도하게 각성된 상태의 공통된 특성일 수 있고 명상 자

의식의 내용에의 매혹

체의 '특이성'과는 무관할 수 있다(Tart, 1975a). 서양 문화에서는 "심리치료적 기
법의 개가"(Rieff, 1966)와 함께 심리치료와 명상을 혼동하고 있고 그리고 심적/
정신적 내용을 단순히 관찰/주시하는 대신에 그것을 분석하려는 경향 역시 있다.
이것은 동서양의 모든 명상 전통에서 전형적인 방해물nīvaraṇa이다. 더구나, 어떤
문화적 인자들은 심적 내용에 빠져들게 되는 경향에 기여할 수도 있다. 내면적
(심적/정신적인 의식현상) 체험의 흐름에의 더 긴 적응 기간은 (체험 내용에 대한)
상상력의 개입을 치루면서 외면적 (삶의 환경) 적응과 현실-속박 상태에 그만큼
엄청난 스트레스를 받게 하는 문화 속에서는 불안-생성을 하게 하면서도 한편
필요할 수도 있다(Hilgard, 1970). 하나의 가능한 설명으로는 서양의 수련생들은
그들이 '명상하고' 있을 때 반드시 엄격한 의미에서의 명상을 하고 있는 것이 아
니라는 것이다. 위빠사나 명상의 객원 아시아 지도자는 최근에 그의 수련생들이
무엇을 하고 있는지에 대한 질문을 받았다. 그는 다음과 같이 대답했다. "대다수
의 서양 수련생들은 명상을 하지 않는다. 그들은 치료를 하고 있다. 그들은 마음
챙김에 깊이 들어가지 않는다."

셋째, 서양으로 이식되는 과정에서 명상은 그것이 수련/수행bhāvanā의 총체적
체계와 삶의 방식의 일부이기도 한 불교적 시각과 가치에 의해 침투되어 있는
문화의 더 큰 맥락으로부터 빠져 나오게 되었다. 이러한 치료적 맥락을 걷어 내
게 되면 명상은 올바른 생계수단正命, 올바른 행위正業, 올바른 이해正思惟, 올바른
견해正見 같은 수많은 다른 중요한 행동적·동기적·심리 내적 그리고 개인 상호
간의 요인들과는 **동떨어진 별개의 기법으로 수행된다.** 수행이나 발달의 여덟 가
지의 길八正道은 개념적 이해, 적당한 동기, 윤리적 행동, 적절한 생계수단 그리고
마음챙김觀과 집중止의 구체적인 명상의 숙련(正念, 正定)뿐 아니라 올바른 노력正
精進의 유형도 포함하고 있다. 이것은 역시 미얀마의 사야도우(위빠사나) 수행자
들이 (명상 수행법에) 기여하고 있는 한 요인으로 언급되기도 한다.

그렇지만 임상적으로 훈련된 지도자로서 나는 다른 종류의 관찰을 하도록 이
끌려 왔다. 나는 수많은 수련생들에게 나타나는 그들의 자기정체성과 자기존중
감에 있어서 특정한 취약성과 산만함이 있는 것을 본다. 잘 살펴보면 이것은 정
체성 형성에 있어서 단계-적합하고 연령-적합한 발달의 문제를 반영하는 것 같

아 보인다(Erikson, 1950, 1956). 이것은 불교에 관심을 갖게 되어 수련회에 나타나는 두 개의 주요 집단에서 특히 그렇다. 이들은 십대 후반에서 성인 초기로의 전환기에 있는 사람들, 그리고 중년의 전환기로 들어가거나 통과해 나가는 사람들을 지칭한다(Levinson, 1978). 이들 두 집단 내 개인들은 흔히 그들의 생애주기 단계들에 걸친 적절하고 필요한 발달 과제에 대한 신속한 즉답으로서 불교수행에 매력을 느끼는 것으로 보인다. '나'는 지속하는 자기를 갖고 있지도 않거나 그런 자기가 아니라는 불교의 가르침은 흔히, 나는 정체성 형성의 과제와 씨름하거나 또는 내가 누구이고, 나의 역량이 무엇이고, 나의 욕구가 무엇인지, 나의 책임이 무엇인지, 내가 다른 사람과 어떻게 관계되는지, 내가 나의 삶으로 무엇을 해야 하고 할 수 있는가를 찾아내는 것과 씨름할 필요가 없다는 의미로 오해되고 있다. 무아anattā(無我, no-self)라는 교리는 본질적인 심리사회적 과제들에 대한 그들의 미숙한 포기를 정당화하기 위해 받아들여지고 있다.

최악의 경우, 개인적 정체성의 이러한 취약성과 산만함은 자기에 대한 주관적 의미에서의 병리적 산란심이다. 이것은 코헛(1971, 1977)이 '자기 병리' 혹은 '구조적 결핍 병리'라고 일컬었던 것이다. 정식 임상적 평가가 없는 경우에는 조심해야 할 필요가 있지만, 내가 보기에는 대부분의 이러한 (병리적 상태의) 수련생들은 자아 조직화의 경계선 수준에서 또는 그것에 근접하여 심리적으로 기능하는 것이 아닌가 하는 생각이 든다. 이때 나는 '경계선'이란 명칭은 그것의 심리구조적 의미에서의 특정한 (인격적) 성격personality유형이나 개성(기질적 성격character)의 장애보다는 오히려 성격구조personality organization와 기능의 수준을 지칭하는 것으로 보고 있다.[10] 그것은 '안정 속에 불안정한'(Schmiedeberg, 1947) 성격특성 장애들의 집단을 나타낸다. 그런 장애들은 정신병증과 정신신경증 사이의 (병리의) 연속적인 특성에 따라 증상적으로 그리고 발달적으로 이행移行/전이적transitional이다. 이러한 장애 집단은 핵심 증상론symptomatology을 공유하면서 유사한 내면적 대상관계를 지니고 있다. 그리고 그것은 초기의 대상관계 발달에서 분리-개별화 과정 동안의 일탈이나 발달정지에서 공통의 병인을 갖는 것으로 수많은 연구자들은 믿고 있다(Mahler, 1975; Masterson & Rinsley, 1980). 한 중요한 학파의 사상에 따르자면, 경계선 성격구조의 주요 특징은 **정체성 산만**identity

경계선 성격구조

'정체성 산만'

diffusion이라는 것이다(Kernberg, 1976).

'대상관계 단위의 분열'

경계선 성격구조에서는 통합에 실패한다. 내면화된 대상관계는 소위 '분열된 대상관계의 단위' 형태를 취한다(Masterson & Rinsley, 1980). 한 개인의 자기와 타자와 외부 사건들은 쾌락원리에 비추어서 '모두-좋음'이거나 '모두-나쁨'으로 받아들여지게 된다. 즉, 만약 그런 것들이 (쾌락을) 만족스럽게 하거나 제공하는 것으로 보이면 모두-좋음이고, 만약 그런 것들이 (자신을) 위축하게 하고 욕구불만이 생기게 하거나 박탈하는 것으로 보이면 모두-나쁨이 된다. 그 결과는 자신과 타자의 중요한 국면들을 향한 예리하게 대립하는 심지어 모순되는 태도로 나타난다. 이것들은 각각 서로 적극적으로 분리되어 있고, 분열에 대한 원초적 방어에 의해 계속 서로 떨어져 있게 되어 있다. 이런 것은 서로 대립되는 자아 상태

경계선 취약 징후들

들과 그리고 자기와 대상 세계에 대한 경험들의 혼란스러운 변동을 만들어 낸다. 예를 들면, 지금은 마법적으로 위력적이고 유익하고 좋다는 상태에 있다가, 다시 지금은 욕구불만에 차 있고 심하게 괴롭히고 위협하고 나쁘다는 상태가 된다. 이와 같은 모두-좋음, 모두-나쁨 방식의 지각적 이분법은 불완전한 자기-대상 분화의 변동하는 정도에 수반되는 것이다. 자기와 세계의 유동적인 경계는 탈인격화와 소외감에, 그리고 자기와 대상의 퇴행적 재융합에 취약한, 또는 DSM-III 용어로 말하자면, 스트레스 상태하의 '개략 반응적 정신증'이라고 하는 것에 취약한 경계선 성격으로 남아 있게 한다. (부정적 무의식의) 억압의 실패는 (의식을) 그 개인의 부분적 인격들 사이의 유사하게 유동적인 내면의 경계선들쪽으로 이끌어 간다. 원초적 욕동, 정동, 그리고 자기와 대상 표상은 의식에 언제라도 접근 가능하게 되어 있다. 그러므로 (개인의) '내부'와 '외부'는 부인否認, 투사적 동일시, 원초적 이상화 그리고 특히 분열 같은 원초적 방어들에 의존하고 있는 것으로 다루어진다(Rinsley, 1981).

자기-병리를 가진 개인을 위한 불교의 매력

내 경험으로 보면 불교는 (자기의) 경계선 구조를 가진 개인에게 특별한 매력을

끌 수 있다. 부분적으로 그 매력은 정확히 무아無我·anattā나 무자기無自己의 교리인 것처럼 보인다. 그것은 실제로 진정성이 있는 어떤 것이 아니라면, 정합적 자기를 갖지 않은 개인들의 자기-통합의 결여를, 즉 내면의 공허함에 대한 그들의 감정을 설명하고 합리화하는 것을 도와준다. 내가 산타 크루즈 소재 캘리포니아 대학교University of California at Santa Cruz: UCSC에서 불교에 관한 어느 한 강의를 했을 때의 한 학생을 기억한다. 그 학생은 그 자신의 상태와 깨달음의 상태 사이의 그 어떤 차이도 이해하지 못했다. 그에게 명상은 불필요한 겉치레였다—그는 이미 깨달은 상태였다. 그 자신의 설명에 따르면, 그는 '무자아성無自我性·egolessness'에 대한 (조예가) 깊은 상태에서 계속 살아왔다는 것이다. 우리의 수업은 나에 대한 그의 요동치는 인식만큼이나 폭풍처럼 들끓었다. 어느 한 강의에서 나는 그의 열정의 깊이와 그의 마음의 독창성과 그 통찰력의 분출을 오직 유일하게 잘 이해해 줄 수 있는 이상적이고 전지적全知的인 선생이었다. 하지만 다음 강의에서 나는 그의 고통을 전혀 제대로 이해하지 못하는 자로, 다른 모든 나머지 사람들과 마찬가지로 그의 독특한 기여를 이해하지 못하는 자로, 그리고 무엇에든지 아무런 도움되지 않는 자로 분노 속에 혹평당하였다. 그는 내게 착 달라붙거나 아니면 그의 총체적 자기-충족성을 과시하는 데 기대어 고고한 우월성으로 나를 무시하였다. 이러한 인격을 가진 자들에게는 정신/심혼the psyche과 그것이 기대할 만한 환경 사이에, 이 경우에는 **무아**anattā의 불교적인 개념과 그들의 실질적인 자기개념 사이에 하르트만(Hartmann, 1958)의 '전적응적 적합성preadaptive fit'과 같은 어떤 면이 있다. 또한 (불교의) 무집착의 가르침은 이런 개인에게는 안정되고 지속적이고 만족스러운 대인관계를 형성하는 그들의 능력의 결핍을 합리화하는 것으로 들리게 된다.

(자기의) 전능감과 자괴감 사이를 왔다 갔다 하는 마음은 정합적이고 통합된 자기의 부재로 인해 자기와 대상 표상에 영향을 미치는 것과 같은 분열된 조작심에서 더욱 유발된 심리들이다. 전능감/자괴감의 (기질적) 성격character 기질 특성적 방어가 반드시 자기애적 성격장애가 있다는 것을 가리키는 것은 아니다. 그것은 모두-좋고 모두-나쁜 자기와 대상의 표상을 통합하는 데 있어서 (성격)기질 특성적characterological 무능력으로 인해 보통 경계선 스펙트럼 전체에 걸쳐 있는

경계선 개인들과 무아 교리

자기애적 성격과 명상

것이다. 그래서 우리가 임상적으로 제대로 평가하지 않은 수련생들을 등급을 붙여서 분류하는 데는 다시 한번 주의할 필요가 있다. 그런데도 내가 받는 인상으로는 자기애적 성격을 가진 자들은 명상에 이끌리는 자아 조직화의 경계선 수준에 있는 그런 개인들의 상당한 규모의 부분 집단을 대표한다는 것이다. 불교는 일반적으로 경계선 범위 내에 있는 개인들에게 뿐만 아니라 이러한 유형의 성격 구조를 가진 자들에게 두 가지의 독특한 매력을 가진 것으로 보인다. 첫째는 깨달음 이상理想 그 자체다. 이것은 모든 정신적 **굴욕**kilesas과 **속박**samyojanas의 근절과 함께 개인적 완벽성의 극치라는 특별한 의미를 부여하는 것이다. 다시 말해, 그것은 모든 나쁜 것이 축출된 완전하고 취약할 수 없는 자기-충족성의 순수해진 상태를 나타낸다. 즉, 그것은 모든 자기애적 분투 노력들의 목표인 것이다. 이러한 종류의 성격에는 '완벽함'이란 흔히 무의식적으로 (불완전하고 취약한) 증상들로부터의 자유를 의미하고, 그래서 그들은 다른 모든 사람보다 더 우월할 수 있다는 것이다. 두 번째 매력은 특별한 가치를 지닌 강력하고 공경할 만한 인물들, 그 후광에 그들이 참여할 수 있다고 보는 인물들로 받아들여지는 영적 지도자들과의 자기애적 거울 전이나 이상화 전이의 유형을 확립할 수 있다는 가능성이다. 그러한 전이관계의 유형들이 그만큼 자주 나타난다는 사실은 명상이 흔히 자아기능 작용의 이런 수준에 머물러 있는 인격의 소유자들을 끌어당긴다는 점을 강력하게 시사한다.

임상적 관점   그렇다면 임상적 관점으로부터 나는 다음과 같이 확신하게 되었다. 어떤 수련생들이 명상수련에서 갖는 특수한 어려움의 일부에 대한 설명은 고전적인 의미의 '**장애들**nīvaraṇas'과의 통상적인 분투 노력에서나 우리의 문화적 상황의 독특한 특성에서가 아니라, 이런 학생들이 수련에 가져오는 (독특한) 성격 구조/조직과 자아 기능의 작용 수준에서 찾아야 한다는 것이다. 역설적으로 자기-분리self-detachment에 기초한 명상수련을 불가능하게 하지는 않는다고 해도 어렵게 만드는 것은 정확히 그들의 자기-병리, 즉 전체 자기와 대상 표상의 형성에서의 구조적 결함 그리고 그들의 정합적이고 통합된 자기감의 결과적인 결핍 탓이다.

자기-병리와   자기-병리는 (인격적) 성격personality이나 개성(기질적 성격character) 유형에 좌**성격/개성 유형** 우되지 않고 여전히 병리적 증상이나 증상군symtom clusters에 더 좌우된다는 것을 인식하는 게 중요하다. 보통 대부분의 인식되고 있는 성격유형들은 성격 **구조/조직화** 과정의 어느 수준에서도, 즉 건강한, 신경증적, 경계선적 혹은 정신증적 어느 수준에서나 생겨날 수 있다. 더욱더 병리적 성격character 유형들—정신분열증, 편집증, 유아증—조차도 신경증적 구조 내에서 생겨날 수 있다(Stone, 1980). 스톤Stone은 각 성격 기질이나 성격 유형은 병리적으로 가장 심한 데에서 가장 약한 데까지 변동성이 있으므로 그 각각에 대해 연속체라고 생각하는 것이 임상적으로는 더 유용하다는 것을 제안하였다. 이에 따라 그는 성격 유형, 성격 조직화의 수준 그리고 구성적constitutional이거나 유전적 소인의 부하負荷 정도를 모두 망라하는 성격 유형론의 기대되는 3차원 모델을 제안하였다. (성격) 구조와 개성character 사이의 이러한 구분은 임상 정신의학에서 분명하게 (인식)되는 것이 겨우 시작되는 단계에 있고, 정신 진단학적 이해에서 하나의 돌파구를 나타낸다. 전통적 명상전통들에서는 그들이 특정한 유형의 개인을 위한 특정한 유형의 수련을 지정했을 때 항상 성격을 고려해 왔다. 아마 고전적인 사례로는 힌두교에서의 지성적·헌신적·적극적/활동적 그리고 탐구적/실험적 (유전적/체질적) 기질들temperament 각각에 대한 네 가지 요가 체계—**즈냐나**jnana **요가, 박티**bhakti **요가, 카르마**karma **요가 그리고 라자**raja **요가**—를 들 수 있다(Vivekananda, 1953). 그렇지만 이러한 유형론들은 일부 초기의 서구 정신의학의 진단학적 범주 및 분류체계들과 마찬가지로 성격 구조/조직화의 수준이 아닌 성격 유형의 상세한 명세들이다. 이 성격 구조는 개성character, 행동, (유전적) 기질을 망라한다. 만약 불교가 경계선이나 자기애적 성격 구조를 가지고 있는 상당수의 수련생을 끌어당기고 있다면, 유형에 의거한 성격에 대한 전통적인 사고방식은 지도자나 수련생들이 그것(성격 구조의 수준)을 인정하도록 허용하지 않을 것이다.

성격 유형과
성격 조직화

임상실무에서의 최근의 동향을 보면, (불교의) 이러한 매력은 그다지 놀라운 일이 아니다. 근래에 와서 널리 퍼지고 있는 정신의학적 증상학의 추세에 현저한 이동이 있었다. 신경증적이고 정신병적 장애들이 이전에 널리 유형되었던 것과는 대조적으로 경계선과 (기질적) 성격character 장애들이 점점 더 빈도가 증가하면서 임상적으로 직면되고 진단되고 있다. 더 많은 이런 개인들이 이제는 정신의학적 치료를 받고자 그들 스스로 나서고 있으므로 나는 역시 많은 사람이 명상

임상 실무에서의
최근 동향

과 같은 소위 좀 더 새로운 "혁신적인 치료법들"(Walsh, 1980a)을 사용하려고 시도하고 있다고 거의 확신하고 있다.

성격 조직화의 필수적 선행수준

불교심리학의 가정들　　불교심리학은 자아 기능과 성격 조직화의 이러한 수준에 대해서나 정신병리학의 이러한 범위에 대해서는 별로 언급할 것이 없다. 그것은 초기의 결함 있는 대상관계 발달로부터 뻗어 나오는 자아의 구조적 결핍을 가진 자기-병리에 대해 명시적으로 설명하지 못한다. 불교심리학은 서구적 의미에서의 발달심리학을 결코 정교하게 발전시켜 오지 않았다. 그것에는 아동발달의 이론 같은 건 없다. 힌두교와는 달리 불교심리학은 인간 생애주기의 개념 같은 것조차도 정교하게 발전시켜 오지 않았다. 그뿐만 아니라 그것은 정신병리에 대한 발달적 관점 같은 것도 없다. 즉, 그것은 병인학에 따른 발달의 연속적 양상에 따라 생기는 정신 장애의 서로 다른 수준들을 명시적으로 정치시키지 않는다. 그 대신에 불교심리학과 수행이 의도하는 것으로 보이는 것은 어느 정도는 발달의 정상적 과정과 손상되지 않은 원래의 혹은 '정상적' 자아를 **전제하고 있다**는 것이다. 불교 수련을 위해 불교심리학은 대상관계의 발달, 특히 정합적이고 통합된 자기감각이 이미 완전하다는 성격 구조/조직화의 일정 수준을 **가정한다.** 만약 정상적 자아/자기됨에 대한 이러한 가정이 수련생이나 지도자들에 의해 제대로 이해되지 않는 **명백한 위험**　다면 명백히 위험이 따르게 마련이다. 수련생들은 '**순야타** śūnyatā'나 비움이란 의미의 공空에 대한 주관적인 느낌에 대해, 그리고 **무아**無我·anattā나 무자아성에 대한 내향적으로 정합적이거나 통합된 느낌이 없는 체험에 대해 잘못된 인식을 할 수 있다. 수행지도자들은 인격/성격 구조의 어느 한 다른 수준을 위해 고안된 기법들로 수련생들을 가르칠 수 있고, 그래서 이러한 방식은 어떤 수련생들에게서는 역효과를 가져올 수 있다.

정신 역동적 치료법과 마찬가지로 통찰 명상은 일종의 '폭로'기법이다(Blanck & Blanck, 1974). 폭로기법으로서 그것은 정신분석과 유사한 체계들에서 사용되고 있는 그런 기법들을 닮은 전문적 치료 절차를 채택하고 있다.

1. 기술적technical 중립성: 주의집중attention은 '그냥 그대로(맨으로)bare' 보는 게 유지된다. 즉, 정신적·신체적 사건들이 아무런 반응 없이 관찰될 때 와 같이 '주의'는 그것들에 대해 그냥 그대로 받아들이는 것에 국한된다 (Nyanaponika, 1973; Kornfield, 1977; Goldstein, 1976). 어떤 반응이나 더 이 상의 노고들 자체는 무엇이든 즉각적으로 그냥 그대로(맨) 주시의 대상이 되게 할 뿐이지 억제되게 하지도 않고 추구되게 하지도 않는다.

   통찰명상에서의 네 가지 전문적 치료절차

2. 검열의 제거: 여하한 그리고 모든 종류의 상념, 느낌, 감각들이라도 다 차별 이나 선택 없이 알아차리는 그대로 놓아 둔다. 이것은 물론 시작 단계부터 즉시 실행될 수 있는 기법이라기보다는 어느 한도까지는 목표이며 획득성 과의 몫으로 여전히 남아 있게 된다. 이는 마치 자유연상을 하는 능력은 성 공적인 (정신)분석의 결과 때문이라고 말하는 것과도 같다. 그래서 자유연상 과 같이 그것은 학습되어야 한다. 이런 것은 역시 정신분석에서 검열의 원 리가 부여되지 않아야 하는 자유연상의 '기본규칙'과 동등하기도 하다. 분 석가들은 이런 (자유연상) 상황의 독특성을 지적할 만큼 (분석을) 옳게 해 왔 다. 하지만 그런 것은 통상적으로 생각하듯이 (정신)분석에만 있는 독특한 것이 아니다. 이러한 '기본 규칙'은 최소한 지난 2,500년 동안 이것과 다른 명상적 전통들을 인도해 왔다.

3. 절제abstinence: 목표는 소원, 충동, 욕망 그리고 추구하는 것들에 대한 만족 보다는 지켜봄이다. 정신분석과 마찬가지로 위빠사나는 단순한 욕구 해소, (억압된 감정의) 정화淨化, 카타르시스 또는 발산을 단념시킨다. (정신분석과 통찰명상) 양쪽에서의 실행력 모두 궁극의 통찰과 더 심오한 이해를 위한 (욕구의) 만족을 지연시키는 역량에 좌우된다.

4. 자아의 '치료적 분열': 명상자는 그 자신의 경험에 대한 '주시자'가 되도록 가 르침을 받는다. 이것은 동시에 그 경험의 주체와 대상이 되는 자아의 역량 에 좌우된다(Sterba, 1934). 아니면 그것은 비전문적 용어로는 당신이 그것 을 경험하고 있는 동안 당신이 경험하고 있는 것을 물러나서 객관적으로 지

   자아의 역량과 성공적인 명상

켜보는 역량에 좌우된다.[11]

이 네 가지 과정 모두 다 (자아) 기능의 작용과 성격 구조/조직화의 정상적이거나 신경증적 수준을 정의하는 자아의 어떤 역량을 전제로 한다. 경계선 성격 구조의 경우 우리 대부분은 당연한 것으로 여기는 이러한 역량들이 결여되어 있거나 심각하게 손상되어 있다. 자기 자신과 타인들에 대해 조잡하게 분화되고 허약하게 통합된 표상을 가진 사람들은 폭로기법을 견뎌 낼 수 없다.

폭로와 해석이
성공할 수 없는 경우
(자기와 대상의 경계가 불분명한) 결함 있는 자기-대상 분화를 갖고서 지켜보는 자아는 자신이 지켜보는 것으로부터 거리를 둘 수 없으므로 폭로와 해석은 그러한 사람들에서는 성공할 수 없다. 나쁜 자기 및 대상 이미지들의 투사와 재내사reintrojection의 불량한 순환과 함께 투사적 동일시 같은 원초적 방어에 의존하게 되면 (그런 사람들은) 역시 환상과 현실 사이를 구분하는 게 어렵게 되고, 그래서 분리된 지켜보기를 하기에는 극도로 미미해진 역량 쪽으로 이끌려 가게 된다(Kernberg, 1972). 현실을 전이로부터 구분하는 능력은 쉽게 상실되고, 그래서 이러한 능력은 통찰 테라피의 모든 방법들에서 주요 선행조건이다(Zetzel, 1971). 이러한 결핍을 가진 사람들은 통상적으로 전이 반응에서 나타나는 매우 오래된 고통스러운 감정들에 대해 견디지 못한다. 절제와 지연 역시 모순된 감정이나 충동이 의식에 근접해 있고 표출되거나 튀어나오는 경향이 있으므로 도저히 견뎌 낼 수 없게 된다. 사랑과 미움, 욕망과 두려움이 분열된 채 남아 있고, 자기 중심의 극단적 자아polar ego조차도 타자의 원초적 에너지氣에 미미한 정도의 영향력도 제대로 행사하지 못하므로 자아는 흔히 대항할 수 없는 지배적 충동과 감정들에 의해 압도당하게 된다. 강한 통합적 역량의 부재로 인해 자유연상은 합리적 검토 대상에 속하지 않는 일차 과정적인 사고에 의해 오염되는 경향이 있고, 그래서 그 사람은 원초적 정동과 추동들에 의해 흡입되어 버리는 쪽으로 이끌려 가게 한다. 조직화된 성격들이 견뎌 낼 수 있는 자아의 돌봄을 받는 제어된 퇴행과는 달리, 경계선 성격을 가진 사람들에서의 퇴행은 흔히 역전시키기가 어렵다는 것이 입증되고 있다(Blanck & Blanck, 1979).

그렇다면 통찰-지향적 치료법(Dewald, 1972)으로서 위빠사나는 이러한 (경계

선적 성격) 기능이 작용하는 수준에 있는 수련생들에게는 심각한 위험들을 드러 의미심장한 위험들
낸다. 모든 강도 높은 그리고/또는 비구조화된 치료법들은 이러한 수련생들에게
상당히 의미심장한 위험들을 드러내고 있고(Zetzel, 1971), 그들의 이미 깨어지기
쉽고 취약한 자기감각을 더욱더 파편화시킬 위험으로 치닫는다.

위빠사나에서 선택이나 차별 없이 모든 생각, 느낌 그리고 지각되는 것들을 비구조화된 심리내적 상황과 깨어지기 쉬운 자아
그대로 챙기기 위한 '기본 규칙'은 이런 종류의 수련생으로 하여금 그가 대처하
기에는 제대로 장치되어 있지 않을 수 있는 내면세계 속으로 뛰어들게 함으로
써 단지 심리내적으로 그런 비구조화된 상황을 만들어 내는 효과를 갖게 할 뿐
이다. 그래서 깨어지기 쉬운 자아 경계들은 더욱더 상처받기 쉽게 되고 자기와
대상 표상들은 탈분화될 수 있다. 그렇게 되면 원초적 욕동과 정동들의 솟구침
은 좋은 것과 나쁜 것을 떼어 놓아두게 하기 위해 오직 거부와 분열의 기제에 더
욱더 크게 의존함으로써만 겨우 견뎌 낼 수 있다. 이런 수련생들은 수련 중에 한
쪽 극단에서는 엄청난 분노와 공허함과 우울, 그리고 다른 극단에서는 자기-초
월의 진정한 체험을 가장하는 거대한 자기도취감(다행증)이나 지복감 또는 유사
신비적 통일감의 상태 사이를 오락가락하는 경향을 보여 줄 것이다. 이러한 (극
단적 심리의) 요동은 더욱더 자아를 약화시키고, 심지어 그들 자신과 타인들에 대
한 그들의 모순되는 경험을 통합하는 데 저항하는 보다 더 강력한 근원이 되기
도 한다. 또한 일부 이런 수련생들의 자기애적 병리는 그들로 하여금 (자아)이상
화를 위한, 그리고 자기와 타인을 전능하고 가치 없는 존재로 (둘 중의 하나로) 다
른 시각에서 보기 위한 그들의 원초적 욕구에 바탕을 둔 거울 전이나 이상화 전
이를 형성하도록 유도한다. 수련지도자가 그들의 기대에 부합하는 것을 거부하
고, 그들이 고마워하는 관계를 더 이상 경험하지 않게 될 때는 언제든지 퇴행을
위협하는 부정적 전이반응이 그들에게 새롭게 생겨날 수도 있다(Kernberg, 1972).

모든 수행지도자가 이런 문제에 봉착해 왔고, 그래서 그 진원지를 모르기 때 부정적 전이관계
문에 아마 그로 인해 약간은 당황해하곤 한다. 대인관계가 아직 대상항상성의 수
준에 도달하지 못했을 때는 동일한 대상이 좋기도 하고 나쁘기도 하고, 욕구불만
이 생기기도 하고 고맙게 생각되기도 하는 것으로 경험될 수 있다. 그래서 이럴
때는 모든 부정적인 자기나 대상의 경험은 자아의 안정성과 구조에 위협이 된다.

그리고 더 나아가 그것(그런 모든 경험)은 대상들이 (자존감을) 박탈하거나 처벌 주는 것으로 경험되고 있을 때조차도 신체적으로 그리고 정서적으로 그 개인이 의존하는 그 대상들과의 관계를 유지하기 위한 그의 능력을 약화시킨다. 명상에 서 치료를 가능하게 하는 것은 전통적 심리치료에서 하는 것과 같은 어떤 관계 가 아닌 까닭에 명상지도자들은 사제관계의 전이적 국면에 그다지 크게 주목하 지 않는 경향이 있다. 하지만 흔히 이에 대한 응분의 대가를 치르게 된다. 그것은 이를테면, 메닝거 재단Menninger Foundation의 심리치료 연구 프로젝트에서 반복 되는 다음과 같은 관찰 현상이다(Kernberg, Burnstein, Coyne et al., 1972). 즉, 그 것은 치료자가 잠재하는 부정적 전이관계를 회피하고자 애쓸 때, 그 결과는 치 료 횟수가 지나면서 오히려 만성적으로 얄팍한 치료적 관계를 초래한다는 것이 다. 그래서 환자들은 치료 셋팅을 치료자들과의 전이(관계)로부터 계속 견고하게

유난스러운 돌출 행위와 분리해 놓고서 그들의 문제들을 야단스럽게 드러낸다(이것은 때때로 명상수련회 **명상수련회** 를 가진 후에 그리고 그 사이에 부딪히게 되는 어떤 현상을 부분적으로 설명해 줄 수도 있다. 즉, 그것은 수련기간 동안 받아들였던 행동과 가치에 대해 매우 큰 변동폭으로 감 각적 만족감의 연장된 야단법석 같은 어떤 것이다.)(이 말은 너무 심한 표현은 아니다.) 어떤 사람에게 이것은 마치 억제된 충동과 욕구와 그것들의 폭발적 방출의 단순 한 재발 같은 것이 아니라 어느 정도 '치료 외적'으로 유난스러운 돌출적 행위의 형태일 수 있다. 그들은 치료적 교착상태로 이끌어 가는 치료자에게 유사 순응하 는 데 몰두한다. 즉, 수년간의 치료에도 불구하고 변화가 없다. 그렇게 되면 최악 의 경우 경계선 상태에서는 자아/자기됨의 착각을 (통찰해) 꿰뚫어 보도록 고안 된 그런 유형의 명상은 실제로 자기병리의 악화에 원인이 될 수 있다. 다행스럽 게도, 나는 수련의 엄격한 선행조건은 이러한 수련생들로 하여금 그들의 수련을 견디어 내도록 하는 게 불가능하지는 않더라도 너무나 어렵게 만든다는 것을 거 의 확신한다. 아마 어느 정도까지는 그들에게 자기-선택적이고 오히려 자기-보 호적 (방어)기제가 형성되는 것이다.

치료 목표 자아 구조에 있어서의 차이는 치료적 목표와 기법에 있어서의 차이를 불가피 하게 만든다. 경계선 상태의 치료에서 목표는 억압을 폭로하는 게 아니고 구조 를 구축하는 것이다. 즉, 그것은 실망, 좌절, 상실에 직면해서까지도 대상과의 불

변의 (항상적) 관계를 유지할 수 있는 정합적이고 안정된 자기감각을 갖는 쪽으로 모순된 자기이미지와 대상이미지와 감정들의 통합을 용이하게 하는 것이다. 이러한 성격의 사람들에게서 나타나는 발달의 결핍은 (발달) 초기의 일대일 관계에서 정립된 자아 구조와 기능들에 의해 가장 잘 이해된다. 그런 까닭에, 최상의 치료는 아마 그들이 발달적 위기의 더 초기의 기간 동안에 (애초에) 성취할 수 있었던 것보다 새롭고 다른 종류의 양자적dyadic 관계의 매개를 통해서 달성된다(Zetzel, 1971). 하지만 이는 명상과 같이 내면 성찰적이고 전적으로 심리내적인 활동을 통해서 성취되는 것이 아니다. 단순히 모순된 자아 상태의 관찰 하나만으로도 자기, 대상, 감정들의 해리된 국면의 통합을 도와줄 수 있을 것인지 어떤지는 의문시된다. 이런 의미에서 자기-관찰이 가능한지조차도 의문스럽다. 여기서 (치료에서) 요구되는 것은 분열된 대상관계의 단위들이 전이관계 범위 내에서 생겨날 때의 그것들의 대치對峙 그리고 해석적인 노출이다(Rinsley, 1977). 명상은 다른 유형의 문제와 다른 수준의 자아구조에 대해 고안되어 있는 것이다.

치료의 징후들

나의 관찰에 따르면, 위빠사나 같은 '폭로'기법을 수련하기 위해서는 그리고 수련이 목표로 하는 (자아의) 구조적 **변화**를 성취하기 위해서는 무엇보다 먼저 정합적이고 통합된 자기, 즉 타인과 차별화되고 어느 정도의 자율성을 갖는 자기를 획득하는 게 발달적으로 필요하다는 것이다. 만약 그러한 자기가 제대로 정립되어 있지 않다면 병리적인 귀결이 분명 순차적으로 생겨나게 마련이다. 사실 그런 자기의 부재는 가장 혹독한 임상적 증후군을 형성한다. 초기의 애착과 유대 형성에서의 실패는 자폐적이고 사이코패스적 성격 구조(Bowlby, 1969) 그리고 전공생적presymbiotic 정신병증(Mahler, 1968)으로 이끌어 간다. 그리고 자기-분화의 실패는 정신분열증적이고 정신병적 증후군으로 이끌어 간다(Mahler, 1968). 자기와 대상의 통합에서의 실패는 경계선 상태와 성격장애로 이끌어 간다(Mahler, 1975; Kernberg, 1975; Horner, 1979; Masterson & Rinsley, 1980; Masterson, 1972). 이 모든 것은 명상이 실행 가능해 보이지 않거나 심지어 가능한 처방인 것 같아 보이지 않는 강도 높은 병리적 고통의 상태다. 통찰명상, 즉 위빠사나는 이러한 범위의 정신병리에는 합당하지 않고 그것을 위해 고안된 것이 아니며, 그리고 아마 분명 금기시되어 있다. 비록 명상의 어떤 예비수련과 집중수련의 형태는 만성적

통합된 자기를 위한 발달의 필요성

명상을 위한 금기사항

긴장상태를 완화시키는 데 있어서, 그리고 (자기) 제어의 보다 큰 내면의 자리locus를 유도하는 데 있어서 약간의 우연한 도움을 줄 수는 있지만 그렇다는 것이다.

정신병리학과 대상관계 발달의 더 확장된 범위

대상관계론 학파의
발달이론 고찰

　　정합적이고 통합된 자기감각의 발달 필요성이 인정되는 경우, 때로 우리는 그러한 자기-구조가 대상관계 발달의 절정수준이나 혹은 치료적 과정의 가능한 최종적인 성과를 나타내는지 여부를 여전히 물을 수 있다. 물론 분명 어떤 의미에서 정체성 형성의 과정은 결코 완성되는 게 아니다. 말러(Mahler, 1975) 스스로는 분리-개별화 하부 단계의 성과를 '대상-항상성으로-가는-길'이라고 기술하고 있다. 피터 블로스(Peter Blos, 1967)는 사춘기에서의 '2차 개별화 과정'에 대해 말하고 있다. 에릭슨(Erikson, 1950)은 생애에 걸친 정체성 여행에 대해 제안하고 있다. 그런데도 대부분의 사람에게 있어서 전반적인 심리내적 구조의 (공고한) 고정은 억압장애가 어느 정도 견고하게 확립되게 될 때인 오이디푸스기 말경에 일어난다. 그 이후에 동일시는 점점 더 증가하게 되면서 선택적이 된다(Kernberg, 1976). 그래서 자기-정합을 유지하는 데 필수적인 과정으로 자아-비친화적ego-dystonic인 것 그리고 어느 개인의 자기감각과 불일치하는 어떤 것은 억압된다. 그렇지만 정확히 바로 그러한 억압 때문에 새로운 유형의 정신병리가 성격 구조의 이 수준에서 새로이 생겨날 수 있다. 즉, 정신신경증이다. 핵심 문제는 더 이상 자기-분화와 통합의 결여가 아니지만 자아와 본능적 욕구 사이의 갈등이다. 이 욕구는 새롭게 공고화된 자기에게 받아들여지지 않고 그러므로 억압되거나 아니면 그것에 대해 방어하게 된다. 자아구조에서의 그리고 결과적으로 야기되는 병리의 유형에서의 '질적 차이'(Blank & Blank, 1974)는 치료적 접근에서 질적으로 서로 다른 유형을 요구한다. 이 수준에서 과제는 심리내적 구조를 구축하는 데 있는 게 아니라 자기의 억압된 국면들을 통합하는 것, "억압에 의해 의식으로부터 억눌려 온 … (무의식의) 내용들을 의식적 자아와 재통합하는 것"이다(Fenichel, 1945: 570).[12]

하지만 불교심리학에 따르자면, 인간 고통의 여전히 더 깊숙한 수준이 성격 조직화의 이 수준에서 나타나는 것으로 보인다. 이러한 종류의 고통은 여전히 **정신병리의 또 다른 구조적 수준**을 구성한다. 이것은 이전의 선행하는 두 단계와는 질적으로 다르고, 현대 서양 정신의학의 발달적 진단 스펙트럼에는 포함되지 않는다. 명백하게, 그것은 오직 (자아)정체성과 대상항상성이 달성된 후에나 보일 수 있게 되고 치료적으로 접근될 수 있다.

이제 나는 기술적인technical 중립성이나 '있는 그대로의'(맨) 주목(주의집중), 무선택적 알아차림, 마음 비움 그리고 자기 관찰의 역량을 발휘할 수 있다고 생각해 보자. 그리고 심지어 나는 나의 내부 세계의 (심적) 내용에 흡수되지도 않고 또한 그것을 분석하거나 해석하기 위해 멈추어 서지 않는다고 생각해 보자. 대신 나는 순간에서 순간으로 선호도나 반응이 없이 심리-신체적 사건들의 흐름을 단순히 지켜보는 데 나의 주의력을 계속하여 훈련한다고 생각해 보자. 마지막으로, 나는 연장되어진 시기 동안에도 아무런 종류의 불쾌감 없이 절대적으로 꾸준히 나의 주의집중력을 유지할 수 있다고 상상해 보자. 그렇게 되면 나는 자기와 대상의 본성에 대해 무엇을 더 발견할 수 있을 것인가?

불교심리학과 정신병리의 세 번째 구조적 수준

통찰명상의 단계

맨 먼저 생각나는 것은 고전적 상좌부 불교 명상 경전이 "(지각의 연속적) 밀집성compactness에 대한 환영을 없애 버려라."(Vajiranana, 1975; Nyanamoli, 1976)라고 일컫은 것이다. 독립된 관찰자가 존재한다는 나의 감각은 사라진다. 나는 바로 지금은 이 대상, 지금은 저것이라고 간주하는 관찰의 고정되고 연속적인 관점(의 주체)이라는 보통의 감각 같은 것은 없어지게 된다. 이산적discrete이고 불연속적인 이미지들이 그것들을 정상적 지각으로 구분하기에는 너무나 신속하게 순간순간 스쳐 지나갈 때, '대상'에 대한 환영이 만들어 내는, 마치 순간 영상노출기의 명멸-융합 현상처럼 나의 관찰이나 경험의 배후에는 분리된 관찰자나 경험자가 있다는 나의 감각이 지각적 환영의 결과라는, 즉 사건들의 보다 더 미세

'밀집성'에 대한 환영 없애 버리기

여기서 S = 자기
O = 대상
(좌측) 그림에 가정된 관계
는 실제로는 (우측) 그림에
서 보여 주는 관계인 것으
로 발견된다.

한 수준을 정상적으로 지각할 수 없는 나의 능력(한계)의 결과라는 것이 드러나
게 된다. 나의 주의력이 훈련/수련을 통해 충분히 개선되고 자극들에 대한 이차
적 반응과 정교한 지각을 있는 그대로 유지하게 될 때, 순간순간 내게 실제로 명
백해 보이는 모든 것은 정신적mental이거나 신체적 사건이고 그러한 사건의 알
아차림/자각이라는 것이다. 매순간, 단순히 **앎**nāma과 그 **대상**rūpa의 (인지)과정
만이 있을 뿐이다. 그 각각은 알아차림의 각 순간에 분리적으로 그리고 동시에
일어난다. 이러한 순간순간 생겨나는 사건들이 기인될 수 있는 이런 것들의 이면
에서 또는 별도로 떨어져서 발견될 수 있는 지속적이거나 실체적인 존재자entity
나 관찰자나 경험자나 작인자는 없다는, 즉 무아no-self/an-atta=無我라는 것이다.

다시 말하자면, 명백하게 '자기'나 '대상'[13]의 견고하고 고정된 이미지를 만들
어 내는 순간 영상노출기와 같은 방식으로 정상적 지각 속에 이전부터 융합되어
있던 개인적 '프레임'이 나타난다. 이 수준에서의 유일한 관찰 가능한 실재는 정
신적이고 신체적 사건들 자체의 흐름뿐이다. 관찰자에 대한 알아차림은 없다. 단
지 관찰의 개별적 순간들만 있을 뿐이다.[14]

실재의 '과정적 일단 주의집중력이 지각의 이러한 수준에서 안정화되면, 자기와 대상 표상의
본성'에 대한 통찰 내재된 본성 쪽으로 향한 이러한 통찰의 더 향상된 개선이 명백하게 가능해지
게 된다. 나는 어떻게 자기-표상이 대상[15]과의 상호작용의 결과로 그리고 오로

지 그러한 상호작용의 결과로서만 각 순간에 구성되는가를 관찰한다. 그리고 역으로 나는 어떻게 하나의 대상이 그 스스로 (그것이 무엇을 의미하든 간에) 나타나지 않고 나의 관찰 상태에 따라 항상 상대적으로 나타나는가를 관찰한다. 나는 선행하는 원인들이 자기-대상 표상의 매순간을 조건화하기 위해 어떻게 작동하는가를, 그리고 각 순간이 다음 순간을 어떻게 조건화하는가를 본다. 이러한 방식으로 나는 엄격하게 말하자면 **표상의 불변의 최종 산물들은 없고, 다만 표상화하는 연속적 과정만 있다**는 것을 지각하기 시작한다. 나는 지속되는 실체들이나 구도들schemas 같은 것은 실제로 전혀 없고, 다만 순간적인 구성물들만이 생겨난다는 것을 발견한다.[16]

내가 비반응적이고 단절 없는 지켜보기/관찰 수련을 계속 지속하게 되면서 다음 단계에 나는 의식의 흐름stream은 문자 그대로 시공간 속에서 불연속적인 일련의 이산적 사건들로 분절되어 있다는 것을 관찰하곤 한다. 정신적이고 신체적인 각각의 사건은 확실한 시작, 잠깐의 지속 시간 그리고 확실한 종말을 갖고 있다는 것이 보이게 된다. 각각은 오직 그것을 선행하는 어떤 것이 사라진 후에 생겨난다. 그러므로 표상과 현실의 구성은 **불연속적 과정**인 것으로 밝혀진다. 정보-처리이론에 따르면, 명상자가 실질적으로 경험하고 있는 것은 자극물들이 일상적 경험의 인식 가능한 지각 대상들로 구성되기 전에 패턴 인식에 앞서는 지각의 시간적 본성이다(Brown, 1977). 그는 들어오는 다른 자극들의 배경으로부터 분리되어 있는 형상을 띤 모습의 단위로 주목을 하기 전에는 서로 떼어져 있는, 그리고 시간 속에서 현실적이고 확고한 기간을 갖고 있는 자극 정보의 원래의 다발packet을 경험하고 있는 것이다. 그는 비교적 똑같은 강도로 동시 발생적으로 도달하는 자극들이 똑같은 (심리적) 에너지 다발로 그룹화되는 개별적 '심리적 순간들'을 구분할 수 있다. 수련의 이 단계에서의 그의 현상학적 체험은, 즉 하나의 사건은 오직 선행하는 것이 전적으로 그친 이후에만 일어난다는 것은, 주의집중에 선행하는 종합preattentive synthesis(Neisser, 1967) 자극의 수준에서 시간적으로 이산적이고 불연속적인 양상으로 처리되고 서로 분리되어 있다는 사실을 반영한다. 이러한 관점에서 보면 명상자가 실질적으로 한 것은 **표상화 과정에서의 열쇠 단계들을 역전**시킨 것, 즉 **다시 통과**한 것이다. 이는 개인적 자기

의식의 흐름 관찰하기

'자기'를 만드는 단계들을 다시 통과하기

와 대상 표상들을 오직 자극 정보의 매우 길고 복잡한 재작업 과정의 최종 산물로 산출해 내는 것이다.

근본적 비영속성에 대한 통찰

이러한 총체적 순간에서 순간으로 '나타났다가 사라져 버리는 부침'(浮沈, udayabbaya)이 경험될 때, 모든 사건의 근본적 비영속성anicca에 대한 심원한 이해가 있게 된다. 나는 더 이상 어떤 지속 가능한 '대상들'을 지각하는 것이 아닐 뿐만 아니라 생각하는 것, 느끼는 것, 지각하는 것, 감각하는 것의 과정들 그 자체조차도 나타났다가 남김없이 사라져 버린다. 끊임없이 계속 반복되는 비연속적인 변화의 이러한 체험 속에서 견고한 몸, 지속 가능한 자각 대상, 내면의 표상 또는 관찰의 고정된 관점과 같은 개념들조차도 더 이상 이러한 비판에 견뎌 낼 수 있어 보이지 않는다. 나는 (그런 표상 과정의) 어디에서나 내재적 내구성이 결핍되어 있다는 이해에 이르게 되었다. 나는 마음, 신체, 외적 대상들과 내적 표상들의 무아無我·anatta를 깨닫게 되었다. 모든 것은 언제나 한결 같이 변하고 있을 뿐만 아니라 변하는 '것들'조차도 없다.[17]

정신병리의 서로 다른 수준

정상적 반응 성향의 고통스러운 효과 관찰하기

(알아차림/자각 의식의) 이러한 시점에 이르면 **정신병리의 전적으로 다른 수준**이 보이게 된다. 첫째, 지각의 이 수준에서는 행동의 정상적인 감정적·동기적 바탕은 큰 고통의 병인病因으로 그리고 근원으로 경험된다. 이것은 알아차림/자각의 이러한 상태에서 정상적인 반응 성향의 고통스러운 결과를 관찰하는 데 있어서 특히 분명해진다. 어떤 감정적 반응은 좋아하기와 싫어하기, 유쾌한 것들을 선호하기와 불유쾌한 것을 회피하기, 이것을 원하기와 저것을 원하지 않기 같은—그런 것들의 독특한 목표와 대상들에는 무관하게—매력과 혐오의 가장 단순하고 겉보기에는 선천적/고유의 반응처럼 보이는 것까지도 사건들의 흐름을 차단하기 위한 심하게 고통스럽고 잘못 유도된 헛된 노력으로 경험된다. 그러한 욕망들은 이제 오직 변화의 과정을 거부하고 저항하기 위한—이것은 붙잡고 저것은 밀어 내려고 하는—무익한 시도인 것처럼 보인다. 둘째, 지속하는 자기와 대상 표상

들의 무리를 짓게 하려는 어떤 시도나 또는 일부 자기표상들을 '나의 것me'으로 선호하여 동일시하고 '내 것이 아닌 것not-me'으로서의 (정신병적, 경계선적) 타자로 축출하려거나 (신경증적, 정상적) 타자로 억압하려는 어떤 시도는 오직 순간순간의 구성물들의 흐름으로서의 자기와 대상 표상을 차단하거나 원상태로 돌리거나 변경하기 위한 똑같이 무익한 시도로 경험된다.

고전적인 정신분석학적 메타심리학에 따르자면, 정신심리적psychic 삶의 가장 원초적이고 지속적인 법칙은 쾌락원리다. 즉, 그것은 쾌락을 최대화하고 고통을 최소화하려는 욕망이다. 보다 최근의 대상관계이론에 따르면, 심지어 보다 더 기본적인 것은 대상관계성의 원리다. 양쪽 다 우리의 타고난 구성 자질의 일부라고 생각된다. 그렇지만 명상적 시각에서 보면 감각적 희열과 그리고 자아/자기됨을 추구하는 것은 동일시와 대상항상성의 단계에 이르는 그리고 그것을 포함하는 심적/정신적 삶의 기반이 되어 온 것이고, **다음 단계 발달정지의 잠재적 시점이**며 고통의 근원으로 보여지고 있다. 양쪽을 다 추구하는 본성은 '탄하tanhā', 즉 '욕망'에 대한 불교의 진단 범주 내에 포함되어 있다. 불교심리학에서는 그것들을 동일한 층위에 위치시킨다. 이를테면 '**카마-탄하**Kāma-taṇhā'는 감각적 만족을 위한 '갈망(갈애)'이고 **쾌락**sukhakāma에 이끌리고 **고통회피**dukkhapatikkula[18]를 하려는 것을 모두 포함한다. '**바바-탄하**Bhava-taṇhā'는 생존existence과 달성becoming을 위한 '갈망'을 기술한다. 이것은 삶과 자기를 영속화하고 죽음을 회피하려는 욕망을 언급한다. 한 형태에서 보면 그것은 자기-보존과 자기-영속화를 위한 욕망이다. 또 다른 한 형태에서 보면 재탄생을 위한 욕망이다. 여전히 또 다른 한 형태에서 보면 불멸성을 위한 욕망이고, 아직 또 다른 한 형태에서 보면 계속 연속되는 차별화/분화와 새로운 경험을 위한 욕망이다. '**비바-탄하**Vibhava-taṇhā'는 무생존non-existence을 위한 '갈망'을 나타낸다. 다시 한번 살펴보면 이 용어는 (삶의) 동기에 대한 어느 한 범위를 나타낸다. 즉, 삶과 달성을 끝내려는 욕망, 삶의 관성과 항상성의 상태를 지속하려는 욕망, 그리고 탈분화하고 위험을 피하고 퇴행하려는 욕망을 일컫는다. 이 중 후자의 두 가지 의미는 양쪽 다 페어베언(Fairbairn, 1952)이 뜻하는 의미에서의 대상-추구하는 성향의 양면을 구성한다. 즉, 이는 1) 대상에 대한 자기와 그 관계의 연속성을 향한 욕망, 그리고 2) 대상 관계와 대

고통의 근원

고통의 근원으로서의
삶에 대한 갈망

고통의 근원으로서의
죽음에 대한 갈망

상 세계로부터의 자기의 방어적 위축을 의미한다. 정확하게 말해, 이러한 갈구를 하는 것은 이제 정신적psychic 고통의 직접적 원인으로 체험되는 것이다.

유쾌-불쾌를 떼어 놓고 행위하려는 성향

그렇지만 명상적 체험에 따르자면, **이러한 갈구를 하는 것은 원래 타고난 것이 아니다.** '욕망'의 전제조건은 감정/정서affect의 또 다른 한 측면, '느낌/감感·vedanā'이다. 불교심리학은 정동emotion에 대한 정신분석학적 이론과 현대적 (심리치료) 이론들에서 여전히 하지 않고 있는 방식으로 정서의 두 요소를 떼어 놓는다. 이 두 요소란, 1) 어떤 대상에 대한 모든 경험에 동반하는 유쾌나 불쾌의 순전히 자연스러운 지각[19], 2) 그러한 지각에 대해 접근이나 회피와 함께 반응하거나 행위하는 성향taṇhā을 일컫는다. 이러한 구별은 동기에 대한 현대적 연구와 감정의 현상학에서의 경험적 발견들에 의해 확인되어 왔다(Arnold, 1970a, 1970b; Young, 1969; Pribram, 1970; Schachter, 1970; Leeper, 1970). 정상적으로는 유쾌/불쾌의 체험은 유쾌한 것에 접근하고 불쾌한 것을 피하기 위한 '행위 성향'(Arnold, 1970b)으로 끌어간다. 통상적으로 이러한 순서는 추동-특성drive-characteristics을 갖는 것으로 경험된다. 그러므로 이것은 타고난, 자동적, 자발적, 자연적인 것으로서, 그리고 자발적 제어를 넘어 자율 신경체계의 반응 순서로 정신분석이론에 개념화되어 있다.[20] 이와는 대조적으로, 훈련된 명상적 관찰은 감정/정서affect의 동기적 요소(즉, 유쾌나 불쾌 체험에 따라 행위하는 성향, 이는 모든 심혼적 추동상태의 원천임; Kernberg, 1976 참조)는 **자발적 의지에 의한 활동**이고 원리상 자기-규제에 종속되어 있다.[21] **베다나**vedanā와 **탄하**taṇhā, 즉 유쾌나 불쾌의 체험(베다냐)과 이러한 중심적 상태의 정서적 습성에 따라 행위하려는 성향(타냐)의 고리를 끊어내려는 것은 명상훈련에서의 한 분기점fulcrum이다. 그것은 이전의 조건화된 반응을 자발적 (의지의) 제어로 되돌리고 대신 지연의 중요한 원리를 끌어들인다.

쾌락원리 지배의 불교적 해석

그렇다면 다른 한편으로, 특히 만약 이러한 것들이 자기 규제에 종속된 자아의 기능으로, 그래서 본능적 역동이 아닌 것으로 간주된다면 무엇이 쾌락 원리—쾌락에 집착하고 고통을 회피하려는 이러한 충동적 성향—의 조작을 그리고 무엇으로 대상-추구하는 행동을 설명하는가? 불교적 분석에 따르면 쾌락원리 지배의 원인은 (자아의) 잘못된 현실검증reality testing에 있다. **욕망**taṇhā은 '**무지**無知/**무명**無明'avijjā에 의해 조건화되어 있다. 욕망과 마찬가지로 무명도 자아기능인 현실검증 능력을 지칭한다. 보통의 현실검증은 잘못되어 있을 뿐 아니라, 그것은 사리事理의 실제 층위를 전도/도착vipallāsa시키는 특수한 유형의 오인誤認에 바탕을 두고 있다. 우리는 **영구적이 아닌 것**anicca을 영구적인 것으로, **만족할 수 없는 것**dukkha을 만족하는 것으로, 그리고 실체적이 아니거나 지속하는 자기됨이 없는 것(無我, anattā)을 실체적이고 자기됨이 있는 것으로 오인한다. 다시 말하면, (자아의) 잘못된 현실검증으로 인하여 우리는 통상적으로 우리 자신과 대상들을 현실적으로 그것들이 존재하는 방식과 정반대로 받아들이고 경험한다(vipallāsa = '전도된 관점'). 이런 의미에서 불교 명상수련에서 결정적인 진단적 질문은 서양의 임상 실무에서와 동일하다. 즉, '(자아의) 현실검증은 과연 온전한가?'다. 임상적으로 이러한 평가기준은 정신병으로부터 정상성과 신경증을 차별화시킨다(Kernberg, 1977). 그렇지만 명상적 시각에서는 비정상뿐 아니라 정상 조건도 현실검증에서 결함이 있다고 본다. 이것이 바로 불교심리학에서 자아기능의 정상상태를 '**정상이 아닌**' 것umimattaka으로 기술할 수 있고, 임상적 용도에서 지니고 있는 똑같은 전문적 의미를 그 용어에 부여할 수 있는 까닭이 되는 것이다. 이를테면, 그런 의미 중에는 망상적 체계의 구성, 또는 자기, 타자 그리고 물리적 세계에 대한 비현실적인 지각에 의해 인식된 세계와 같은 것 등을 들 수 있다. 명상은 이러한 표상적 세계의 실재에 대한 현실검증을 거친다. 하지만 임상 정신의학에서는 상식적인 방식으로 그것은 당연히 주어지는 것으로 간주한다.

현실검증: 임상적 대 명상적

정신장애의 세 가지 수준

  비록 불교심리학은 발달적이 아니지만 아비담마Abhidhamma에는 고전적 진단 패러다임이 있다. 말하자면 그것은 대상관계 체험의 세 가지 다른 수준에서 솟아나는 다음과 같은 고통苦의 세 가지 다른 수준 사이를 구별하는 것 같아 보인다. 1) **두카두카**Dukkha-dukkha, 일명 '통상적 고통'은 '인간의 통상적 불행'뿐 아니라 안정된 자기-구조와 전체-대상 관계 내에서 충동과 억제 사이의 신경증적 갈등에 해당한다. 프로이트는 한때 이것을 신경증적 고통의 해결을 위한 교환이라고

아비담마의 진단 패러다임

말한 바 있다. 2) **두카-비파리나마**Dukkha-vipariṇāma, 일명 '변화로 인해 야기되는 고통'은 경계선 상태와 기능성 정신병에 해당한다. 여기서는 자기 연속성, 요동치는 욕동과 정동affects, 상반되고 해리된 자아단계들, 안정된 자기-구조의 결여 그리고 대상 세계와의 향상적 관계의 결여라는 의미에서의 (심리적) 교란이 핵심 문제들이다. 정체성 형성과 대상항상성 이전에 성격 구조/조직화의 이 수준에서 변화는 취약한 자기에 대한 가장 깊숙하고 가장 치명적인 위협이다. 분리와 상실의 모든 경험은 자기의 현실성과 응집력을 위협한다. 이러한 정도는 여전히 그 느껴지는 존재감에 있어서 그 대상들의 직접적인 현전성 그것들에 대한 호의적인 간주여부에 좌우된다. 3) **삼카라-두카**Samkhāra-dukkha, 일명 '조건화된 상태로서의 고통'은 서양 정신의학에서 보면 만연되어 있는 **정신병리의 전적으로 새로운 범주**를 나타낸다. 이 수준에서 보이는 그대로의 대상-추구는 정상적 발달이론에 의해서는 건전해 보일 수 있는 것과는 반대로, 병적인 요인으로 경험된다. 시간, 공간 그리고 교차하는 (심리) 상태들에 있어서 어느 정도의 항상성과 연속성을 갖게 될 자기와 대상들을 무리지어 묶어서 다루려는 시도(Lichtenberg, 1975)는 곧 치료적 문제로 새롭게 대두된다. 대상관계 발달의 모든 중요한 계통에서의 두 가지 위대한 성취—(자아) 정체성과 대상항상성—는 여전히 고착이나 발달정지의 시점을 나타낸다. 더 초기의 편집증과 우울증의 부분-대상적 정신심리 상태들같이 정합적이고cohesive 통합된 자기감각(M. Klein, 1946; Faribairn, 1952)은 '그 (이전의 상태) 너머로 옮겨지기 위해 획득된 어떤 발달적 정신심리 상태'로 인다(Guntrip, 1969: 118: f). 이러한 시각에서 보면 **우리가 '정상성'으로 간주하는 것은 정지된 발달의 상태다.** 더구나 그것이 잘못된 현실검증, 욕동의 부적절한 중립적 상태, 충동제어의 결핍 그리고 자기와 대상 세계의 불완전한 통합에 바탕을 두고 있는 어느 한 병리적 상태로 비추어질 수 있다.

정지된 발달의
상태로서의 '정상성'

명상의 치료적 영역

현재의 혼동들   이 치료적 영역은 통찰명상이 잘 드러내도록 특별히 고안되어 있는 것처럼 보

이는 성격 구조/조직화와 정신병리의 수준이다. 불교의 정신병리와 진단은 (앞에서 언급한) 고통의 처음 두 종류를 인정하고 전제로 하고, 심지어 부분적으로 잘 드러내는 것으로 보인다. 그렇지만 치료체계로서 그것의 주된 적절한 관심은 세 번째 것이다. 내가 믿기로는 (치료적) 혼동의 대부분은 이 문제가 불교심리학이든, 정신역동적 심리학이든, 현재의 연구 패러다임이 아니든 간에 어느 쪽에 의해서도 분명하게 제대로 이해되고 있지 않기 때문에 생긴 것이다. 때로 이들 두 체계는 동일한 범위의 문제에 대해 최악의 경우 서로 경쟁상대로 보든지, 최상의 경우 대체치료 양식으로 보든지 간에 어느 한쪽으로 보고 있다. 예를 들면, 하나의 경향은 양쪽 각각의 치료와 성과를 상호배타적으로 대비시키고서, 그래서 그것들을 심리치료나 명상 중, 즉 정합적 자기감의 달성이나 그것으로부터의 해방 중 어느 하나에 대한 강요된 선택으로 본다는 것이다. 임상 정신의학은 명상을 어렵게 획득한 자아경계를 정신증적 탈-분화로 초대하는 정도로 보는 경향이 있다. (반면에) 불교심리학은 '자기'나 '자아'라는 관념을 비판하고, 그것이 어떻게 고통으로 이끌어 가는가를 적시한다. 그리고 그것은 심리치료란 환상에 지나지 않는 자기-개념을 영속시키고 강화시키는 것이라고, 그리고 깨달음을 그만큼 훨씬 더 어렵게 만드는 것이라고 보기도 한다. 그리고 역시 두 체계는 모호하게나마 상호보완적으로 보여지고 있지만, 그것들이 치료하고/고치고자 추구하는 양쪽 각각의 방법, 목표, 결과 그리고 문제들에 있어서 그 차이점에 대한 분명한 인식이 없이 막연히 알고 있는 데 그치고 있다. 그러므로 심리치료에서 소위 명상을 '부가적/보조적'으로 사용하는 현상은 (일부) 전통적 불교도들에게는 특이하게 보인다 (Naranjo, 1971; Assagioli, 1971; Luthe, 1970; Carrington & Ephron, 1975). 실제로, 사실상 거의 모든 주요 명상적 전통에서 나온 기법들은 입원 환자와 외래 환자 양쪽 모두에게 성공적이라고 연구 발표된 사례와 함께 정신의학적 치료도구로 사용하기 위해 원래 (전통적인) 그대로 받아들여 적용되거나 수정하여 적응되어 왔다(Deatherage, 1975; Glueck & Stroebel, 1975; Bloomfield, 1977; Carrington & Ephron, 1975; Candelent & Candelent, 1975; Reynolds, 1976; Shapiro, 1976; Vahia et al., 1973; Kabat-Zinn, 1982; Boorstein, 1983).

정신분석과 정신분석학적 심리치료와 마찬가지로, 통찰명상은 **자아와 대상관**

정신분석적 퇴행과
불교의 통찰적
'회귀'의 차이

계의 발달이 상대적인 발달정지의 시점으로부터 다시 시작하도록 고안된 개입이
다(Loewald, 1960, Fleming, 1972). 정신분석에서와 같이 "자기-대상 밀착을 비
정상적으로 빗나간 수준들로부터 분리시키는"(Calef, 1972) 과정은 감지하고 개
념화하고 느끼고 행동하는 것과 같은 보다 더 기본적 방식으로의 제어된 부분
적인 회귀return에 의해 이루어진다. 정신분석에서 이것은 대인관계에서 전이의
형태를 취하는 퇴행regression이다. 하지만 통찰명상의 고전적 단계들에서 생겨
나는 '회귀'는 전이의 형태를 취하지 않는다. 그것은 내면화된 대상관계의 과거
단계를 재생하거나 재체험하는 것이 아니다. 그것은 **재현 과정이 각각의 현재의
순간에 일어날 때의 그 과정 자체에서 (발달)단계들의 제어된 재추적이다.** 전향
적 관점에서 보면, 명상자는 '자기'와 '대상' 그리고 전체 대상관계적 세계(우리
가 통상적으로 알고 있는 유일한 세계)가 대상-추구하기와 쾌락원리 조작의 결과
로 구성되고 존재하게 되는 지각적-인지적-정서적 통로를 관찰하고 있는 것이
다. 배향적背向的 관점에서 보면, 명상자는 '자기'와 '대상'이 그것들의 기본적 구
성요소들이나 과정이나 사건들(다르마/법, dharmas)로 해체되거나 분해되는 것
을 주시하고 있는 것이다. 통찰명상은 "세계가 보이는 방식을 역전시키고 있는
것이다."(Eliade, 1969)[22]

대상관계 발달의 전 스펙트럼 모형

'자기' 또는 '무자기'가
아닌 자기와 무자기

그렇지만 당신은 아무도 아닌 사람이 될 수 있기 전에 먼저 누군가 어떤 사람이
되어야 한다. 내가 개인성 발달을 이해하게 되면서 그것과 관련하여 떠오른 이슈
는 자기self 또는 무자기no-self가 아니라 '자기'와 '무자기'의 문제다. 자기감 그리
고 그것의 명백해 보이는 연속성 및 실체성의 궁극적 가환성(假幻性, illusoriness)
에 대한 통찰은 양쪽 다 필요한 성취다. 정상적이고 온전한 심리적 웰빙은 **양쪽
다 포함하지만 대상관계 발달의 서로 다른 단계들에서의 단계 국면-적합한 발달
의 순차적 순서 내에 포함된다.** '자아를 소멸시키기 위한' 오도된 영적 (수련의)
시도를 통해 정체성 형성과 대상항상성의 발달적 과제들을 우회하려는 시도는

치명적이고 병리적인 결과를 초래한다. 이것은 명상수련에 이끌리게 된 많은 수련생들과 심지어 일부 명상지도자들조차도 그렇게 하고자 애쓰고 있는 것 같아 보인다는 것이다.

내가 보기에 꼭 필요하다고 생각하는 것은 그리고 임상적·명상적 조망 양쪽 모두에서 놓쳐 온 것은 다름 아닌 **발달의 전 스펙트럼을 포함하는 발달심리학**이다. 임상적 관점에서 보면 불교심리학은 이러한 점이 결여되어 있다. 그것은 성격 구조/조직화의 보다 더 초기의 단계들 그리고 그 단계들을 타협하는 데 실패함으로써 생겨나는 고통의 유형들에 대해 거의 아무런 할 말이 없다. 이것이 이해되지 않을 때는 위험이 있게 마련이다. 정신분석학의 고전적인 시기에서와 마찬가지로 자기-장애가 적절하게 이해되기 전에는 치료의 전제조건들과 제한 사항들이 분명하게 인식되지 않을 것이다. '끝없이 지루하게 계속되는' 치료(Freud, 1937)를 포함하여 유사한 치료적 실패가 있게 될 것이다. 이는 명상지도자와 수련생들을 다 같이 당황스럽게 하고 그들에게 좌절감을 안겨 주고 우울하게 만들 것이다.

서양 심리학 일반과 특히 정신분석학적 이론은 발달의 스펙트럼의 다른 쪽 단端을 받아들이지 않는다. 성숙도와 건강에 대한 (전통적 서양) 이론들의 정의는 심리사회적 정체성, 대상항상성, 대상관계에 있어서의 상호관계성, 그리고 충동과 방어의 보다 더 적응적이고 보다 덜 갈등을 겪도록 하는 재조정rearrangements 보다 더 이상의 단계에 도달하는 것이 아니다.

현재의 임상적 사고에 따르면, 심리치료는 아주 오래된 (정신병 치료의) 크레펠린주의Kraepelinian 정신의학 모델에서 추구한 질병의 실체를 치유하는 게 아니라 탈선되거나 정지되거나 뒤틀린 발달의 과정을 재정립하는 것이다. 위빠사나는 정체성과 대상항상성의 수준에 정지된 것으로 보여지는 발달의 과정을 드러내어 보이고, 그래서 자기와 실재에 대한 보다 더 궁극적인 관점에 도달하도록 다시 한번 그 발달과정이 작동하게 만든다. 불교심리학에서는 '명상meditation'이란 용어는 없다. 대신 그 용어는 대부분 이러한 수행의 의미로 사용된다. 그래서 그 결과는 '바하바나bhāvanā' 일명 '발달'(Vajiranana, 1975)이다. 이러한 수행들은 **대상관계 발달의 연속성에 효과를 가져오도록** 도움을 줄 수 있고, 또한 필경 그런 의미인 것이 분명해 보인다. 다른 대상관계 이론가들처럼 말러도, 분리-개

불교의 '발달적' 수행

별화 과정은 "결코 끝나지 않는다고 본다. 그것은 항상 재활성화될 수 있고, 삶의 사이클에서 가장 초기의 (분리-개성화) 과정의 새로운 (대상관계의) 파생물들을 여전히 목격한다."(Mahler, 1972: 333)고 보았다. 하지만 만약 '자기'와 '대상' 양쪽 다 대상관계 발달의 어떤 수준이나 단계의 함수들인 것으로 본다면 그리고 보다 더 포괄적인 시각에서 상실을 아파해야 할 대상도 없고 그것들을 가슴 아파할 자기도 없다고 본다면, 그래서 모든 자기-대상 속박들에서 드디어 '벗어나게 되었다'면, 아마 대상관계 발달뿐 아니라 정신적 고통 자체가 끝나게 될 것이다(Engler, 1983b).

결 론

누군가가 되고 나서 아무도 아닌 사람이 되기

여하튼 이상과 같은 것이 이 시점에서 내가 도달한 결론이다. 나는 임상실무에 대한 '불교와 서구' 그리고 여타의 자기민족적 정신의학 체계가 흔히 우리 문화 안에서 처음으로 만나 상호 대립하고 있으므로 인간발달의 보다 더 통합적인 전 스펙트럼 모형, 그 취약점들 그리고 그것들을 개선하기 위해 필요한 치료적 개입들이 결국 나오게 될 것을 희망한다. 프로이트의 심리성적 단계이론, 에릭슨의 생애주기 이론, 말러주의의 대상관계이론에 이르기까지 이것은 정신역동적 사고의 주안점이자 소원이 되어 왔다. 이러한 주안점의 일부분이 불교사상에서 암묵적으로 있어 왔지만 명료화되지는 않았다. 한쪽 전통은 누군가가 (어떤 사람이) 되는 것의 중요성을 강조해 왔다. 하지만 다른 쪽은 아무도 아닌 사람이 되는 것의 중요성을 강조해 왔다. 양쪽 전통에서의 심리학자로서 내가 그것을 이해하기로는 프로이트가 한때 '이상적 허구'로 기술했던, 그리고 부처가 오래전에 이미 '고통의 끝'(Cula-Malunkya-sutta, M.63)이라고 가르쳤던 것 중의 하나로 기술했던 최적의 심리적 웰빙의 그런 상태를 깨닫기 위해서는 자기감과 무자기감의 양쪽이―그런 순서에 따라―다 필요한 것으로 보인다.

제2장

명상수련의 정신의학적 병발증

마크 엡스타인 Mark D. Epstein

조너선 리이프 Jonathan D. Lieff

이 장에서 초개인적(자아초월) 영역을 세 개의 광범위한 단계로 나눈 우리의 단순한 구분을 마크 엡스타인과 조너선 리이프는 보다 구체화하고 개선하였다. 그들은 초개인적이거나 정관/명상적 발달의 세 개의 일반 단계—예비, 중간, 고급 단계—는 각각 특정한 유형의 정신의학적 병발증세에 취약할 수 있다고 지적하였다. 그들의 분류는 단순하고 간결하다. 그리고 일단 누구든지 인간발달의 전 스펙트럼을 조사하고자 시도하면 부딪히게 되는 어려운 문제점들을 선별해 내려고 시작할 경우에 즉각적인 도움을 준다.

전통적 의식훈련 수련들 중에 현대에 와서 채택된 보다 널리 알려진 사례들 중에 하나를 들면, 보통의 일반 대중과 정신건강 분야의 종사자들 모두에게 오래된 명상기법에 대한 인기가 최근에 높아지고 있다는 사실이다(Marmor 1980; Walsh, 1980b). 이것은 공교롭게도 정신의학적 이념과 종교적 이념 사이의 상대적 불화의 시기에 오는 현상이다(Bergin, 1980). 이 불화는 이러한 '의식훈련들'로 인해 영향을 받는 환자나 내담자들에 의해 치료자에게 요구되는 명상체험에 대한 이해를 위협할 정도로 개념적인 간극을 만들어 낸다(Walsh, 1980b). 명상체험에 관한 연구는 명상을 하나의 '자기-조절 전략'으로 보는 관점과 함께 정신생리학적 효과에 집중해 왔다. 반면에 명상자의 주관적 체험을 이해하거나 측정하려는 시도는 개념적으로나 방법적으로 보다 더 깊은 이해가 요구되어 왔다(Shapiro & Giber, 1978). 명상은 정신건강을 확립하는 수단으로(Goleman, 1975), 그리고 심리치료에서 가능한 보조적 기법으로 제안되었다(Carpenter, 1977). 하지만 분명하게 해 두지 않은 것은 임상가에게 심리적 교란으로 비추어질 수도 있는 명상수련 부작용의 범위다. 이러한 병발증세 중 일부는 이미 서양의 건강 전문가들에 의해서도 인지되어 온 것이다. 그 외 다른 것들은 오직 명상 전통의 내부에서만 너무나 잘 알려져 있다. 명상의 보다 명백한 오용은 초기의 정신분석학 연구자들에 의해 암시된 바 있지만, 반면에 고도 수련자의 보다 더 미묘한 오용과 심리적 위기는 전통적으로 명상지도자들에 의해서만 취급되어 왔다. 저자들은 지난 10년 이상 수백 명의 명상가들을 관찰해 왔고, 그래서 다음과 같은 관찰결과를 제시하고자 한다.

정신의학적 병발증세

명상수련의 일반 정신의학적 병발 증세

명상수련의 병발증들은 비록 그것들이 입문단계 수련생들에게서 나타나는 거친 병리에 한정되는 경향이 있지만, 서양의 임상가들이 알아차리지 못한 채로 지나쳐 온 것은 아니다. 탈인격화와 탈현실화 체험들은 명상의 자아-동조적ego-syntonic 부작용이 있는 수많은 수련자들에 의해 보고되고 있다. 어떤 경우에는 그 느낌들은 정신의학적 상담을 필요로 할 만큼 그 정도로 강도가 높을 수 있다 (Kennedy, 1977). 그리고 그것들은 그 생소성으로 인해 도가 지나친 공격적 행동을 촉발할 수도 있다. 불안, 긴장, 초조, 들뜸은 모두 다 역설적으로 초월명상 Transcendental Meditation: TM 수련을 하는 동안 더 증가될 수도 있다(Lazuras, 1976; Otis에서 인용한 Walsh, 1978; Carrington & Ephron, Kanellakos & Lukas에서 인용한 Shapiro, 1978). 자살시도를 할 정도의 억압된 정서의 악화 역시 초월명상 체험에 뒤따라 일어날 수도 있다(Lazuras, 1976). '견딜 수 없는 불쾌감이 뒤따르는 무의식적 질료로부터의 과도한 압력'에 대한 명상의 초기 수련단계를 따라가는, 이전에는 멀쩡하던 35세 여성의 경우에 있어서 강력하게 강요하듯 일어나는 환상/환영에 동반하는 극단적 도취감多幸症의 내습과 미네소타 다면적 인성검사 Minnesota Multiphasic Personality Inventory: MMPI의 증거가 임상자료에 잘 기술되어 있다(French, Schmid, & Ingalls, 1975). 24세 남성의 경우에 고립된 환경에서 오랜 기간 명상을 해 온 뒤에 나타난 '메시아적 구원의 내용을 가진 종교적 망상'으로 발전하는 '과대망상증'의 연구결과에 대해서도 기술되어 있다(Levinson, 1973). 들뜸, 편집증(망상), 자살기도로 특정지어지는 세 가지 정신병적 삽화는 단식과 수면박탈과 관련되는 강도 높은 명상수련회에 참가한 정신분열증 이력을 가진 개인들에 관한 기록에도 기술되어 있다(Walsh & Roche, 1979). 이전에 LSD 복용 경험이 있는 젊은 정신질환 환자들에게 있던 두 가지 정신병적 삽화가 초월 명상 수련 후에 나타났다고 기술되어 있다(Carpenter에서 인용한 Glueck, 1977).

그렇다면 명상수련의 초기단계는 어떤 개인에게는 잠재적으로 폭발적 경험을 안고 있는 것으로 보인다. 이 장의 뒤에서 논의하겠지만, 명상의 진전에 친숙해지게 되면 이는 수련의 더 고도단계에서뿐 아니라 초기단계에서도 명상에 대한 보다 더 보통의 반응과 병리적 반응을 차별화하는 것이 가능하도록 이끌어 준다.

이론의 구축

명상수련의 부작용에 대한 논의는 상당한 의미가 있는 정도로 관찰자의 이론적 접근에 좌우된다. 문화적 편견과 패러다임 충돌의 문제는 '비서구적 의식훈련'에 관한 서구의 행동과학자들의 관찰을 제한하는 경향이 있다(Walsh, 1980b). 명상을 통해 도달한 상태에 대한 정신분석학적 개념 파악은 두 가지 형태로 나타나는 경향이 있다. 프로이트Freud가 처음으로 상술한 바에 따르면, 그는 명상수련의 고도의 단계에 대해 실질적으로 언급하고 있는데, "이때 마음은 모든 정신적인 내용이 비워지고 그 사람은 순수한 의식의 깨어 있음을 … 신비적 일체

문화적 편견과 패러다임 충돌

감으로 충일한 채로 … 체험한다."(Nemiah, 1980) 프로이트는 이 "대양적"(Freud, 1930) 체험을 자아발달에서 가장 원시적 단계, 즉 자기와 어머니 사이의 미분화의 단계 또는 일차적 자기애(Kohut, 1966)의 단계와 관련지었다. 이런 관점에서 보면 명상은 "내면을 향한 앎의 추동urge의 리비도적(원욕적), 자기애적 전환, 즉 외부 세계로부터 리비도적 관심을 완전히 철수하면서 나타나는 일종의 인위적 정신분열로 보인다."(Alexander, 1931: 130) 프로이트는 주장하기를, 영적 추동은 "무한한 자기애의 회복"(Freud, 1930: 19), 즉 마치 분리공포로부터 방호하도록 고안된 일종의 '이행적移行的·transitional 대상'으로 채택된, 성장으로 인해 벗어나게 된 어머니-유아 유대감의 환기를 추구한다(Horton, 1973, 1974; Rizzuto, 1979).

명상체험에 대해 다른 부류의 정신분석학적으로 정향된 관찰자들은 명상하는 동안에 온갖 종류의 원초적 상념, 감정과 환상들이 '대양적'인 것에만 국한되지 않는 것도 포함하여 일어난다는 점에 유의하고서, 크리스(Kris, 1936)가 처음으로 제안한 '자아에 충직한 퇴행'의 개념을 강조하고 있다(Shafii, 1973; Maupin, 1965; Allison, 1968). 이러한 관점에 따르면, 명상체험은 자아-동조적으로 재체험의 기회를 제공하고, 명상수련을 통해 펼쳐지는 심적 무의식의 질료 안에 구현되는 미해결된 갈등과 추동들drives을 재조사한다는 것이다(Fingarette, 1958). 이러한 '적응적' 퇴행 상태들은 그것들의 일시적이고, 신속한 반전 속성과 자기-존중을 증가시키는 그것들의 능력으로 인해 병리적 퇴행단계와는 차별화되어 왔다(Allison, 1968). 이러한 관점에서 명상은 원초적 (무의식의) 질료를 들추어 내는 무대로 볼 수 있다. 이때 자아의 강도가 그런 (무의식적) 질료의 힘을 견디기에 충분하지 않을 때 생겨나는 부작용도 있게 된다.

하지만 "정상성과 순전한 정신질환 사이의 중간 정도(GAP, 1976: 731)"로 보이는 명상체험의 퇴행적 본성에 대해 이러한 강조를 하게 되면, 자칫 전통적인 문헌에서 매우 자주 언급되는 자아구조의 변용의 가능성마저 무시하게 되기 쉽다(Fingarette, 1958; Deikman, 1977; Podvoll, 1979; Walsh, 1980b). 이렇게 하는 것은 "신비적 상태란 단지 병리적 상태의 현시에 지나지 않는다."(Runions, 1979: 149)는 가정의 오류를 범한다는 것을 의미한다. 역으로, 흔히 변용의 수사학 속에서 허우적거리고 있는 명상수련자들은 그들의 체험 중에 상당수의 퇴행적 본

자아에 충직한 퇴행 (좌측 여백)

'전/초 오류' (좌측 여백)

성을 인식하는 데 실패할 수도 있다. 이러한 두 가지 상호 배타적인 세계관은 '전/초 오류pre/trans fallacy'라고 명명지어졌다(Wilber, 1980b). 이러한 오류에 굴복하게 되면 흔히 "전-자아적 환상과 초-자아적 비전, 전-개념적 감정과 초-개념적 통찰, 전개인적 욕망과 초개인적 성장, 전-자아적 야단법석과 초-자아적 해방의 혼합과 혼동을 초래한다……."(Wilber, 1980b: 58)

사실상, 명상체험은 앞에서 언급한 모든 것을 구현할 수 있다. 혼동은 명상을 발달의 과정으로 보기보다는 하나의 이산적/별난discrete 상태로 분석할 때 일어난다. 정신분석에서와 마찬가지로, 시작단계들은 퇴행을 수반한다. 그렇지만 더 높은 단계들은 수련자의 자아가 퇴행적 상태의 엄습에 영향을 받지 않을 만큼 충분히 강해질 때 진취적이 되고 그래야만 접근 가능하게 된다(Fingarette, 1958). 이와 유사하게, 명상의 어떤 중간급 단계들도 사실 자기애적 취향을 갖고 있지만 모든 수련자가 이러한 체험들을 순전히 자기애적 언어로 해석하려는 욕구를 갖는 것은 아니고, 그래서 이러한 체험들을 넘어서 나아갈 수 있다.

> **발달 과정으로서의 명상**

실제로, 코헛Kohut은 원초적 자기애적 감정의 "그 범위가 개인적인 것을 초월하는 우주적 자기애cosmic narcissism"인 것 중 하나로서의, (병리의) 잠재적 탈바꿈/변태metamorphosis에 대해 논급하고 있다(Kohut, 1966). 그러한 가능성은 몇몇 전문가들에 의해 비판받았다(Hanley & Masson, 1976). "자기의 진정한 디카텍시스(decathexis: 특정한 사람, 물건, 관념에 대한 심적 에너지의 집착에서 벗어나기)는 오직 온전한 순기능하는 자아에 의해 서서히 성취될 수 있다. 그리고 자아는 (심적 집착의) 카텍시스cathexis가 소중하게 간직한 자기로부터 초개체적supraindividual 관념으로 그리고 개인이 동일시하는 세계로 전이되면서 슬픔을 동반하게 된다."(Kohut, 1966: 267)

> **'우주적 자기애'**

그러므로 명상적 체험의 발달적 본성에 대한 이해는 부작용에 대한 전통적 서술과 함께 짝을 이루어 명상에 의해 기인된 정신의학적 장애의 분석적 모형의 한계와 적용성 양쪽에 대한 포괄적 관점을 모두 가능하게 할 것이다.

발달모형

두 가지 발달모형   두 가지 다른 발달모형이 명상에 의해 기인된 부작용의 범위를 이해하는 데 도움이 된다. 전통적 불교관련 문헌들(Nyanamoli, 1976; Mahasi Sayadaw, 1965; Goleman & Epstein, 1980; Goleman, 1977; Brown, 1977; Brown & Engler, 1980) 로부터 나온 첫 번째 모형은 가능한 명상체험의 범위를 지시하고 이러한 체험들을 발달적 틀 속에 넣는다. 자아심리학파(Vaillant, 1971, 1977; Loevinger, 1976; Wilber, 1981a)로부터 나온 두 번째 모형은 자기의 발달에서의 그리고 각 단계에서 활용되는 방어나 적응의 기제에서의 단계들을 가리킨다. 그러므로 어느 명상체험이든 자아발달의 연속체상에서 개인이 어디에 놓여 있는가에 따라 달라지게 되는 개인의 해석에 좌우되기 쉽다.

주의집중의 재구조화   명상은 (마음의) 주의집중의 재구조화 과정attentional restructuring으로 개념화될 수 있다. 그런 과정에서 마음은 집중(止/사마타, concentration)하는 능력에 의해, 즉 단일한 대상에 대한 (알아차림으로) 교란되지 않고 쉴 수 있는 능력에 의해, 그리고 마음챙김(念/사띠, mindfulness)하는 능력에 의해, 즉 그 자신의 순간순간의 본성을 주시하며 일련의 변화하는 대상들에 끌려가지 않은 채로 (알아차림으로) 주목하는 능력에 의해 양쪽으로 모두 훈련될 수 있다. 이 (주목하고 알아차리는) 지각 능력의 재훈련은 자기감각을 꿰뚫어 보는 급격하게 변하는 자기-개념들에 대한 아주 예리하게 연마된 조사를 허용한다.

전통적 모형들은 다음과 같은 명상수련의 일련의 단계들을 인식하고 있다.

명상수련의 단계들
- **예비수련**preliminary practices: 이 단계는 누구든 간에 자기특유의 (내면의) 심혼적psychic 내용을 가진 경험 없는 초보 명상가가 최초로 직면하는 것들을 수반한다. 서투른 집중으로 마음을 훈련하려고 애쓰는 과정에서 확고한 집중을 올바르게 확립하려는 데에서 벗어나게 하고 방해하는 경향이 있는 인지적 · 정서적 · 육체적 교란들이 일어난다.
- **근접 집중**access concentration: 이 단계는 명상의 대상에 대한 최초로 고정된

체험, 즉 명상을 통해 달성 가능한 것에 대한 최초의 직접적인 이해를 표시한다. 비록 그 성취는 아직 확고하지 않지만, 변화하는 정신적mental 대상들에 대한 순간순간의 주목/관찰이나 또는 단일한 대상에 대한 단기간에 쉽게 흐트러지지 않는 정관/명상을 허용하도록 충분한 집중이 이 수준에 존재한다. 입문수련생의 관점에서 보면 이 단계는 흔히 성취감을 허용하는 큰 안도감으로 체험하게 된다.

- 삼매samadhi: 집중하는 요소에 대한 단일한 마음의 계발과 함께 명상 대상에의 몰입에 의해 특징지어지는 단계들에 도달하게 된다. 이런 몰입에는 깊이와 질의 변동이 있을 수 있다. 그러나 그것은 외부 세계에 대해서는 황홀경 같은 부주의/무관심, 그리고 만족감·기쁨·평정심에 대한 주관적 느낌들과 고르게 관련되어 있다.
- 통찰insight: 대부분의 명상적 전통에 따르면, 상념과 감정들이 일어나는 바로 그 순간으로부터 그것들의 소멸에 이르는, 그것들에 대한 알아차림을 포함하는 순간순간의 마음의 본성에 대한 지속적인 주목/관찰은 자기의 본성에 대한 새로운 '지식(앎, 깨우침)'의 획득을 허용한다. 이 지식이나 통찰은 적당한 지각훈련이 없이는 얻어질 수 없는 것이다.

미국인 명상수련생 그리고 미국과 아시아의 명상지도자들에 대한 로르샤하Rorschach 심리검사 연구는 명상수련의 단계모델을 정당화하는 경향이 있다(제6장 참조). 그 연구에서는 한 집단의 체험, 즉 통찰은 또 다른 집단의 체험, 즉 예비수련과 혼동해서는 안 된다는 점을 강조하고 있다.

Ⅰ. 예비수련

명상의 예비수련은 흔히 '일차적 과정'의 성격을 드러내는 정서적이고 인지적인 (무의식의 심혼적) 질료에 직면하게 되고 과민해지는 것으로 특징지어진다. (Walsh, 1977, 1978). 이 단계의 체험은 "내면적 체험의 흐름에의 적응"(Brown & Engler, 1980: 170) 중의 하나다. 이는 "환상, 백일몽, 전의식적인 심적 과정과 신

예비수련의
정의적 특징

체 지각 등"(Shafii, 1973: 441)을 포함한다. 그리고 이는 "일차적 과정 인지認知를 구성하는 (무의식) 구조 조직의 추동에 지배받는 (심층의) 내용을 이따금 표현할 것이다."(Maupin, 1965) 명상체험자들은 "비일상적 체험, 시각적이거나 청각적인 일시적 정신착란, '환각', 비일상적인 육체적 체험 등(Kornfield, 1979)"을 겪는다고 한결같이 말해 주고 있다. 실제로, 이러한 체험들을 잘 견디어 낸 퇴행에 대한 역량을 지니고 있는, 그리고 이러한 체험들과 편안하게 남아 있을 수 있는 명상자들은 그러한 역량이 없는 사람들보다 명상의 과정에 보다 더 성공적으로 반응한다(Maupin, 1965).

명백히 그러한 체험들에 대한 반응의 범위가 있게 마련이다. 자아발달의 연속선상의 보다 원시적 끝단에서는 불안정한 방어기제만으로는 이러한 내면적 체험의 엄습을 도저히 견디어 낼 수 없는 일부 사람들도 있다. 그래서 부인否認, 망상적 투사, 왜곡 같은 '정신증적 방어기제'(Vaillant, 1971, 1977)가 출현할 수도 있다(예: Walsh & Roche, 1979; Levinson, 1973; French et al., 1975; Lazuras, 1976). 또한 초기의 명상체험은 대인관계의 복잡한 문제들이 내면의 명상적 체험 속으로 향해 들어가게 된다는 점에 있어서 분열성 공상이나 건강염려증 같은 미숙한 방어기제들을 불붙게 할 수도 있다.

또 다른 부류의 사람들은 해결 안 된 정신적 갈등이나 예기치 않은 추동을 드러나게 할 수 있는데, 그러한 (심혼의) 질료에 대한 해결이나 더 큰 이해를 향한 대처수단을 전혀 알지 못하고 있다. 전통적인 명상훈련들은 이러한 (장애적 무의식의) 질료의 심리학적 내용의 분석을 포함시키지 않고 있다. 즉, 명상자는 주의력을 집중하는 역량을 개발하기 위한 노력에 있어서 내용보다는 오히려 '과정'에 집중하도록 교육받는다. 그러므로 일부 사람들은 심리적으로 걸려 있는 문제들이 폭로될 수도 있지만, 이러한 (문제의 심적) 질료를 해결해 나갈 (의식의) 틀을 갖고 있지도 않다. 그와 같은 골치 아픈 문제들의 해결을 위한 적당한 출구의 이와 같은 결핍으로 인해 명상적 전통들은 문제를 이 단계 수련의 주요 부작용이라고 인식하는 쪽으로 끌고 간다. 즉, 그와 같은 내면적 체험에 대한 지나친 현혹과 고민 같은 것이 바로 그런 것이다. 그래서 서양의 명상수련생들은 예비단계에 그들과 같은 동양의 수련생들보다 훨씬 더 오래 머물러 있는 것 같아 보인다

심리적 문제들의
폭로

(Walsh, 1981; Brown & Engler, 1980).

또 다른 부류의 사람들은 대부분의 명상적 전통들에서 가르치고 있는 상념과 감정에 대한 '분리된 관찰자/주시자'의 접근법을 사용하고 있다. 이는 그들의 리비도적 추동으로부터 그들 자신을 지성적으로 만들고 해체하기 위해, 또는 그러한 추동에 반대되는 (수행 심리적 성향의) 것들이 새로이 발견된 '영성'의 자연스러운 산물로 포섭되도록 하는 반동 형성에 개입하기 위해 그렇게 하는 것이다. 이러한 신경증적 방어기제들(Vaillant, 1971, 1977)은 자아 적응의 보통의 방법들이고, 그래서 치료자와 명상지도자들 양쪽 다 초보 명상수련생들이 그러한 방법들을 사용하는 데 주목해야 할 필요가 있다. 여전히 또 다른 부류의 사람들은 드러나지 않은 마음에 걸리는 것들에 관련하여 억제, 유머, 승화의 보다 성숙한 적응적 기제들을 사용할 수도 있다. 그래서 그들은 그러한 (내면의 부정적) 질료들과의 현혹이 명상에서 그들의 진보를 방해하지 않도록 하면서 보다 전통적 치료적인 맥락에서 (심리치료나 자기치유를 통해) 그들이 발견한 것들을 활용할 수도 있다.

'분리된 관찰자'와 신경증적 발달기제들

II. 근접 집중

근접 집중단계에 도달하게 되면 명상적 체험에 관한 다른 조망이 얻어진다. 그리고 마음의 흐름에서의 부단한 부침으로부터의 구원이 잠시나마 얻어진다. 이는 '무념'에 대한, 또는 심적 사건들이 솟아나는 바탕에 대한 이완체험을 허용하도록 강화된 집중의 지각능력과 더불어 얻어진다. 일시적인 변화에 대한 체험의 본성상, 이 최초 집중력의 강화는 명상적 소망의 대상이 될 수 있다.

명상적 소망

명상적 전통들의 관점에서 보면, 이러한 상태를 달성하기 위해 너무 꽉 조이게 긴장하는 것은 역설적으로 등 윗부분과 목(경추)의 통증 같은 신체적 증상과 관련된 불안과 심적 들뜸현상을 증가시킬 수 있다. 티베트 전통 의학이론에서 이러한 장애는 명상의 강박적 · 강압적 유형의 병발증으로 구체적으로 정의되어 있다. 그래서 소룽sok-rlung장애 또는 '마음을 뒷받침하고 있는 생명-유지 바람生命氣의 장애'로 알려져 있다(Epstein & Topgay). "너무 맹렬하게 … 정관/명상하는 것"(Leggett, 1964: 145)은 '선병禪病'을 촉진하는 요인으로 보인다. 그리고 또한

'달성하기 위한 긴장하기'와 불안의 증가

이것은 명상의 다른 형태에서도 들뜸(Walsh, 1978: 20)과 같은 '역생산적 (심리)반응'에 연결되어 왔다. 초월명상TM수련자들에게서 보고되고 있는 역설적인 불안(Lazuras, 1976; Shapiro, 1978)도 이러한 현상의 증상일 수 있다. 자아 심리학의 관점에서 볼 때 본능적 추동의 일시적 차단은 자기애적 진정 상태를 향한, 또는 내면의 불안을 선동하는 자극(Vaillant, 1977: 179)으로부터의 해소를 향한 도피자적 성향을 촉발하게 한다(Ostow, 1967).

하지만 근접 집중의 아주 적절한 사용은 더 고도의 집중과 통찰의 발달에 있어서 징검다리로서의 기능이다. 이러한 상위적 단계들에서의 명상적 병발증에는 두 가지 주요 분야가 있다. 하나는 비상한 (지적) 명료성의 특이한 평정심 상태에의 천착을 수반하는 것이고, 또 하나는 전통적 자아구조로부터의 탈동일시 과정을 수반하는 것이다.

Ⅲ. 삼매와 통찰

명상의 상위적 단계들은 전통적인 문헌(Nyanamoli, 1976)에 잘 수록되어 있듯이 수많은 체험들 그리고 찬란한 빛, 심신의 희열과 환희심의 느낌들, 적정성寂靜性, 명료한 지각 그리고 사랑과 헌신의 느낌들 같은 다양하게 수반하는 비전들을 내포한다. '(극단적) 초의식ultraconscious'(Dean, 1973), '초월적 체험'(Walsh, 1980b), '신비 체험'(Runions, 1979) 또는 '쿤달리니 각성'(Sannella, 1976)이라고 명명된 이러한 상태들은 명상적 전통에 따르면, 자칫 매우 심각하게 빠져들 수 있는 고혹적인 영향력을 발휘한다. 남방불교 전통에서 '유사열반pseudo-nirvana'(Goleman, 1977; Goleman & Epstein, 1980) 그리고 선禪전통에서 마경魔境 또는 '악마적 유혹'(Kapleau, 1965)이라고 명명되고 있는 이러한 상태들에의 집착은 명상 과정의 주된 오용을 표시한다. (삼매수행, 신비체험, 절정체험에 대한) 자부심과 집착 자체가 명상의 대상이 되고 나서야 비로소 개인은 이러한 단계를 통과해 나갈 수 있다.

상위적 단계들에서 의식의 순간순간에서의 매우 미묘한 변화를 분간해 내는 지각적 역량이 개발되면, 자아에 복종하는 퇴행은 이제 자아를 찾아서 조사하는 형태로 변형된 것이다. (자아) 해체의 주관적 체험에 의해 특징지어지는 이 시기는

명상의 상위적
단계들에의 애착

명상자가 서 있을 수 있는 더 이상은 견고하지 않는 (자아의) 바탕을 떠나게 되면서 전통적으로 개인성의 더 견고한 측면이 깨어지기 시작하는 곳으로 들어가게 된다. 이것은 전통적으로 '거대한 공포'(Nyanamoli, 1976: 753), 선禪에서의 '거대한 의문大疑情'(Leggett, 1964) 그리고 자기의 변용이나 '디카테식스decathexis'를 허용하기 위한 분투로 특징지어지는 영적 위기의 시기다.

결 론

명상은 (의식발달의) 연속선상에 따라 어디에서나 부작용이 생겨날 수 있는 발달적 과정으로 개념화될 수 있다. 이들 부작용 중에 어떤 것은 본성상 병리적일 수 있지만, 반면에 어떤 것들은 일시적 정신 산만이나 방해물들일 수 있다. 명상의 초기 단계의 정신의학적 병발증세들은 서양 문헌에서 유의해 왔다. 그렇지만 더 상위적 수준의 '영적 위기'에 관한 서양의 주석註釋은 현저하게 결여되어 있다. 명상에 대한 병리적 반응에 대한 대부분의 보고된 사례들은 서양 수련자들 가운데서 언급되고 있다. 하지만 이러한 현상을 전통적 (명상)구도의 틀 속에 정위시키려는 시도는 아직 보고되고 있지 않다. 그러므로 우리의 이해에는 (전통과) 많은 간극이 있다. 어떻게 명상의 해가 없는 부작용이 (심신을) 허약하게 만드는 것과 차별화될 수 있는가? 명상수련의 상위적 수준의 변용적 위기는 (근대의) 전통적 정신역동적 기틀을 사용하여 과연 설명될 수 있는가? 명상에 대한 병리적 반응은 순전히 서구적 현상일 뿐인가? 아니면 그러한 보고들이 동양의 수도원과 아쉬람 내에도 존재하는가?

우리의 이해에 있어서의 간극

수련자와 치료자들은 다 같이 명상체험이 적응적이고 방어적 방식 양쪽 모두로 사용될 수 있다는 것을 인식할 필요가 있다. 어떤 심리치료자들에게는 명상에 대한 오적응誤適応적 반응을 잠재적으로 적응적 반응들과 차별화하는 역량을 개발하는 것이 도움이 될 수 있다. 이러한 방식으로 우리는 명상 발달에서의 심리적 장애물들과 개인적 발달에서의 명상으로 기인된 방해물들 양쪽 모두를 피해 갈 수 있을 것이다.

적응적 반응과 오적응적 반응 차별화하기

발달의 스펙트럼

켄 월버 Ken Wilber

이어지는 세 개 장에서 켄 월버는 인간 성장 및 발달의 전 스펙트럼 모형에 대한 그의 특수한 해석 버전을 요약하여 제시하고 있다. 이 모형은 이 주제에 관한 여섯 권이 넘는 그의 저서에서 발전시켜 왔고, 그래서 전통학파의 사상과 명상학파의 사상 사이의 간격을 연결하려는 시도 중에 보다 더 야심찬 하나를 대표한다.

월버의 모형은 인간발달의 다양한 계통/라인들(정서, 인지, 도덕, 자아, 대상-관계 등)뿐 아니라 다양한 각 라인들이 진보하는 과정에 거치는 발달의 여러 십수 개의 수준이나 단계를 포함하고 있다. 서론에서 제시되었던 '개관' 모형에 맞추어 월버는 그의 모형에 대한 발표를 아홉 개의 가장 기본적이고 핵심적인 수준들(전개인, 개인, 초개인 영역 각각에서의 세 개 수준)로 제한하였다.

이 장에서 월버는 이들 아홉 개 수준이나 단계들 각각에 대해 이러한 단계들을 통해 발달하고 있는 자기(혹은 자기-체계)와 함께 논의하고 있다. 다음 장에서 그는 이러한 수준들의 어디에서나 생겨날 수 있는 특정한 병리에 대해 논하고, 이어지는 장에서 이러한 부류의 병리에 가장 적절해 보이는 치료양식이나 치료개입의 유형들을 제시하고 있다.

어떤 의미에서 보면, 월버의 발표는 엥글러Engler의 것과 엡스타인/리이프Epstein/Lieff의 것을 연결해 주는 역할을 하고 있다. 월버는 엥글러가 언급하는 '전개인적

prepersonal'병리의 세 가지 수준(정신병적, 경계선적, 신경증적 수준) 그리고 엡스타인/리이프가 언급하는 '초개인transpersonal' 병리의 세 가지 수준(시작·근접access·고도advanced 수준), 그리고 나서 인지심리학과 실존심리학에서의 최근의 연구에 바탕을 두고 중간 혹은 일명 '개인적personal' 영역에서의 병리의 세 가지 부류에 대해 제시하고 있다.

이 장은 두 개 부분으로 나누어져 있다. '의식의 스펙트럼'에서 윌버는 그의 스펙트럼 모형의 간략한 개관을 제공한다. '전통 심리학의 배경'에서는 (말러Mahler, 컨버그Kernberg, 블랭크와 블랭크Blanck & Blanck, 코헛Kohut의 업적을 포함하는) 정신분석학적 발달심리학을 제시한다. 마무리 절에서 그는 단지 이러한 두 개의 모형이 상호 간의 이득을 위해 얼마나 긴밀하게 통합할 수 있는가를 적시하고자 시도한다. 그리고 이러한 통합은 제4장과 제5장의 핵심 논의를 위한 기반 역할을 한다.

♣♣♣

일련의 저술들(Wilber, 1977, 1979, 1980a, 1981a, 1981b, 1983)에서 나는 심리학의 전반적 모형 혹은 스펙트럼 모형, 즉 발달적·구조적·위계적·시스템 지향적 모형, 그리고 동양과 서양의 학파들에 대등하게 천착하는 모형을 개발하고자 시도해 왔다. 정신병리에 대해 내가 도달한 결론은 의식의 스펙트럼이 곧 또한 (각 수준에서 발생 가능한) 병리의 스펙트럼이라는 것이다. 의식이 일련의 단계를 통해 발달한다면 특정한 단계에서의 발달 '장애lesion'는 정신병리의 특정한 유형으로 스스로 드러나게 될 것이다. 그래서 의식의 발달적 본성—그 구조, 단계 그리고 역동성—에 대한 이해는 진단과 치료 양쪽 모두에 필수적임을 입증하게 될 것이다.

저자의 이전 연구와
현재 연구의 개요

그러므로 이 글은 이 방면에서 나의 이전 연구와 현재 진행 중인 연구(시스템·자기·구조) 양쪽의 개요를 제시하고 있다. 이것은 약간은 위험한 작업인데, 왜냐하면 엄청난 양의 자료들이 오히려 일반화되어서 때로는 너무 지나치게 단순화된 기술로 축약되어야 하기 때문이다. 하지만 이러한 한계 내에서 다음 내용은 이 연구와 이론에 대한 간략한 개요다. 보다 더 상세한 내용에 관심 있는 독자는 나의 다른 저서들을 참조하기 바란다.

이 글은 발달이론이야말로 전통적인 정신역동적 개념과 초개인(자아초월)적 접근 양쪽의 기여로부터 이득을 볼 수 있다는 데 대한 나의 점점 더 커져 가는 확신을 반영하고 있다. 누가 보아도 명백히 다른 쪽으로 발산하는 두 분야의 지향점들 사이의 연결은 양 분야에서의 최근 연구결과가 주어진다면 이제는 생산적일 수 있다. 사실, 최하에서 최상에 이르기까지 인간 잠재능력 전 범위의 적절한 파악은 보다 결합되고 통합된 착상을, 즉 여기서 윤곽을 제시한 것보다 더 이상의 포괄적인 것을 필요로 할 수 있다.

의식의 스펙트럼

내가 제안한 심리발달모형에서 심혼the psyche의 구조나 형성은 기본구조와 전이 구조라는 두 개의 일반 유형으로 나누어진다. (각각은 수많은 상세한 발달라인들을 내포한다.) **기본구조**는 발달과정에서 일단 창발하게 되면 이어지는 발달의 코스에서 비교적 자율적인 단위로 또는 하부-단위로 (케스틀러Koestler의 '홀론holons' 같이) 존재하며 남아 있는 경향이 있다. 반면에 **전이 구조**는 발달의 이어지는 단계phase에 의해 어느 정도 전적으로 대체되는 경향이 있는 단계국면-특수적이고 단계국면-일시적 구조다. 다시 말하면, 특정한 기본구조는 이어지는 발달에서 포섭되거나 내포되거나 종속되는 경향이 있지만, 특정 전이 구조는 이어지는 발달에서 부정되거나 해체되거나 대체되는 경향이 있다는 것이다(이에 대해서는 다음에서 몇 가지 예를 제시할 것이다). 이러한 구조적 발달을 조정하는 것은 자기(또는 자기-체계)다. 이 '자기'는 동일시, 의지, 방어, (인격)조직화 그리고 '대사작용'(구조적 성장과 발달의 각 수준에서의 경험의 '소화작용')의 중심 자리locus다.

이들 세 개의 구성요소—1) 기본구조, 2) 전이 단계, 3) 자기-체계—는 발달과 병리의 스펙트럼 모형에 중심적인 것이고, 그래서 그 각각에 대해 간략하게 논의할 것이다.

'기본구조'와
'전이 구조'

기본구조

기본구조나 의식의 수준에 관한 가장 유의할 만한 특징은 일단 그것이 인간발달의 과정에서 창발하고 나면 이어지는 발달이 일어나는 동안 개인의 삶에서 **그대로 존재하며 남아 있는** 경향이 있다는 것이다. 비록 그것은 더 상위의 기본구조로의 자기의 이동에 의해 결국은 초월되고 포섭되고 종속되기 마련이지만, 그럼에도 그것은 비교적 자율적이고 기능적인 독립성을 보유한다.

존재의 대사슬로서의 기본구조

의식의 기본구조는 사실 "**존재의 대사슬**Great Chain of Being"(Smith, 1976)이라고 알려져 있는 것이다. '대사슬'의 어떤 버전은 두 가지 수준(물질matter과 정신spirit)만을 말하고, 다른 것들은 세 가지 수준(물질, 마음, 영)을 말하고, 또 다른 것들은 넷이나 다섯 가지 수준(물질, 신체, 마음, 혼, 영)을 말하기도 한다. 어떤 것은 매우 정교하여 실재로 전체 스펙트럼의 수십 가지를 말하고 있다.

주형의 구성

'**시스템, 자기, 구조**System, Self, and Structure'—그리고 좀 더 덜 상세하게는, 『**아트만 프로젝트**Atman Project』와 『**아이 투 아이**Eye to Eye』—에서 나는 이 시대에 진정 통문화적이고 보편적인 것으로 보이는 수십 가지의 기본구조를 제시하였다. 이러한 것들은 동서양 모두 심리학과 종교의 대부분의 주요 학파들에 대한 신중한 비교와 분석에 의해 도달한 것이다. 나는 프로이트Freud, 융Jung, 피아제Piaget, 아리에티Arieti, 워너Werner 등의 구조적 모형을 세계의 정관/명상적 전통—대승불교, 베단타, 수피, 카발라, 기독교신비주의, 플라톤주의, 아우로빈도, 프리존 Free John 등—의 심리구조 체계에 제시되어 있는 구조적 모형과 비교하고 대비시켰다. 이러한 구조적 비교로부터 (동서양) 각 전통의 각각 다른 것에서 명백하게 **빠져 있는** 어떤 '간극'을 채워 넣음으로써 주형master template이 만들어졌다.

내가 앞에서 언급했듯이, 이 주형은 전통적이고 정관/명상적 발달 양쪽 모두에 다 걸쳐 있는 수십 개의 구조를 포함하고 있다. 이 글을 위해서 나는 아홉 개의 가장 핵심적이고 기능적으로 지배적인 구조로 여겨지는 것을 선정하였다. 이것들은 [그림 3-1]에 묘사되어 있다. 〈표 3-1〉에서 나는 이러한 주요 기본구조의 명백한 보편성의 개략적인 아이디어를 보여 주기 위해 몇 가지 (아우로빈도, 요가심리학, 대승불교, 카발라와의) 상관관계를 제시하였다. '**아트만 프로젝트**Atman

Project'는 이십여 가지 이상의 동서양의 사상들 사이의 유사한 상관관계를 보여주고 있고, 이것들은 '**시스템, 자기, 구조**System, Self, and Structure'에서 상당히 더 개선되어 있다.

[그림 3-1]에서 보여 주고 있는 의식의 기본구조는 아주 간략하게 (그리고 어느 정도 단순한 형태로) 다음과 같이 (구조적 위계순서에 따라가며) 요약할 수 있다.

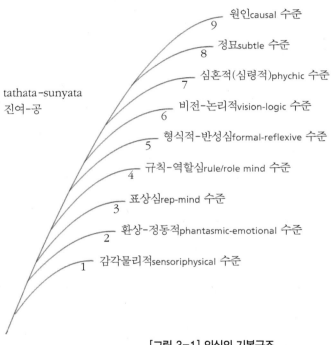

tathata -sunyata
진여-공

9 원인causal 수준
8 정묘subtle 수준
7 심혼적(심령적)phychic 수준
6 비전-논리적vision-logic 수준
5 형식적-반성심formal-reflexive 수준
4 규칙-역할심rule/role mind 수준
3 표상심rep-mind 수준
2 환상-정동적phantasmic-emotional 수준
1 감각물리적sensoriphysical 수준

[그림 3-1] 의식의 기본구조

1. **감각물리적**sensoriphysical **수준**: 물질, 감각, 지각의 영역(불교의 오온五蘊, skandhas 중의 처음 두 가지 色·受온), 피아제Piaget의 감각운동적 수준, 아우로빈도Aurobindo의 신체적 감각의 수준 등에 해당한다.

2. **환상-정동적**phantasmic-emotional **수준**: 정동-성적 수준(생체 에너지生命氣의 층sheath, 생명약동élan vital, 리비도, 기氣·prana, 베단타의 생기의 몸氣体, pranamayakosa 등) 그리고 환상적/공상적 수준[아리에티(1967)의 용어로 하위

아홉 개의 핵심적이고 기능적으로 지배적인 기본구조

의 심상심image mind, 오직 이미지만 사용하여 심적 '그림 그리기picturing'의 가장 단순한 형태]에 (일명, 공상-정서적 수준에) 해당한다.

표상심 구조의
2단계 발달

3. **표상심**rep-mind **수준**: '표상적 마음representational mind'의 준말, 또는 피아제의 전조작적preoperational 사고preop로, 표상심은 2단계로 발달한다―**상징**symbols의 단계(2~4세)와 **개념**concepts의 단계(4~7세)(Arieti, 1967; Piaget, 1977)다. 상징은 이러한 본질적인 면에서 단순한 이미지/심상(환상적 마음)을 넘어선다. 이미지는 대상을 그림과 같이 표상하지만 상징은 대상을 그림이 아닌 것(상징적)이거나 언어적으로 표상한다. 예를 들면, 나무의 심상은 어느 정도 실제 나무와 닮아 보인다. 반면에 단어-상징 't-r-e-e'는 전혀 나무 같아 보이지 않는다. 상징적 표상은 더 높고 더 어려운, 그리고 보다 더 정교한 인지 조작이다. 반면에 개념은 단지 하나의 대상이나 활동이 아닌 한 부류의 대상들이나 활동들―보다 더 어려운 인지적 과업―을 표상하는 상징이다. 상징은 표시하고 개념은 함의한다. 아무리 표상심이 환상심적 선행의식의 수준을 넘어서는 고등인지認知라고 해도 가장 두드러진 특징 중의 하나는 그런 표상적 마음은 **타인의 역할을 쉽게 취할 수 없다는** 것이다. 표상심은 피아제가 말하듯이 여전히 매우 자아중심적이다. 이 의식 수준은 아우로빈도의 '의지심will-mind', 요가심리학의 제3 차크라 등과 매우 유사하다.

4. **규칙/역할심**rule/role mind: 이 마음은, 예컨대 피아제의 구체적 조작사고(구체조작심, conop) 같은 것이다. 구체조작심은 그 선행 표상심과는 달리 타인의 역할을 취하기 시작할 수 있다. 또한 이 마음은, 예컨대 곱셈, 나눗셈, 부류내포class inclusion, 계층화 등과 같은 규칙 조작을 분명하게 처리해 낼 수 있는 최초의 구조다(Flavell, 1970; Piaget, 1977). 아우로빈도는 이러한 구조를 피아제와 매우 유사하게 지각적이거나 구체적 대상을 조작하는 마음으로 서술하였다.

생각하기에 대해
생각할 수 있는
최초의 구조

5. **형식적-반성심**formal-reflextive mind: 이 마음은 본질적으로 피아제의 형식적 조작사고(형식조작심, formop)다. 이것은 세계에 대해 사고하기만 할 수 있는 게 아니라 생각하기에 대해 생각할 수 있는 최초의 구조다. 그러므로

〈표 3-1〉 네 가지 체계에서의 의식의 기본구조의 상관성

기본구조	아우로빈도	대승불교	요가심리학	카발라
감가물리적 수준	물리적 · 잠재적/식물적 감각	전오식(5감)	1. 물리적 세계와 몸능(굶주림/갈증)	말쿠트Malkuth
환상-정동적 수준	악동-정동적Vital-emotional		2. 정동-성적 수준	예소드Yesod
표상심 수준	의지심Will-mind (하위심, 전조작심preop에 대비)		3. 의지意志심; 권력 의지	
규칙/역할심 수준	감각심(감각적 지각심)Sense-mind (구체적 감각 기반 마음, 구체조작심conop에 대비)	6식, 오구표괘의식(조매 혹은구 체적 성향심; 홉동된 감각)		호드/네자흐Hod/Netzach
형식적-반성심 수준	준론적 마음reasoning mind(형식 조작심formop에 대비)		4. 공동체-마음; 사랑 5. 합리적 언어심; 의사소통	티페레트Tipareth
비전-논리적 수준	상위심higher-mind (다중회로적 판념화/비전)	7식, 말나식manas(상위심, 개 인과 일편아식 혹은 심합적 마 음 사이의 전달식)		
심혼적 수준	조명심/계시적 마음illumined mind		6. 아즈나Ajna 차크라, 제3의 눈; 심령인지	
정묘 수준	직관심intuitive mind	8식, 오 염된 아뢰야식/염식 alya-vijnana(집합적 인 함심, 종 자식)	7. 사하스라라sahasrara 차크라; 왕관, 사하스라라 차크라를 넘어서는 그리고 그 안에서의 더 상위적인 차크라의 시각	게부라/헤세드 Geburah/ Chesed 비나/호크마 Binah/Chokmah
원인 수준	대심overmind	9식, 순수 아뢰야식Pure Alaya (아밀라식, 진여/자성)	시바/지고의 진아Shiva/ Paramatman (브라흐만, 세계영)	케테르Kether
궁극 수준	초심supermind			

이 마음은 (비록 규칙/역할심과 함께 조잡한 형태로 시작은 하지만) 분명하게 자기-반성적이고 내성적(내면성찰적)이다. 또한 이것은 가설-연역적이거나 명제적 추론("만약 a면 b다.")의 능력이 있는 최초의 구조다. 이 수준은 다른 어느 면들보다 우선 진정으로 다원적이고 보다 더 보편적인 관점을 취하도록 허용한다는 것이다(Flavell, 1970; Piaget, 1977; Wilber, 1982). 아우로빈도는 이 수준을 추론심reasoning mind, 즉 지각적이거나 구체적인 대상들에 얽매이지 않고 대신 사물things이 아닌 **관계**relationships를 이해하고 조작하는 마음이라고 일컫는다.

6. **비전-논리적**vision-logic **수준:** 무수한 심리학자들(예: 브루너Bruner, 플라벨 Flavell, 아리에티)이 피아제의 '형식조작적' 의식을 넘어서, 또는 더 상위적인 인지認知구조에 대한 수많은 증거가 있다는 것을 지적한 바 있다. 이 의식은 '변증법적' '통합적' '창조적 총합적synthetic' 등으로 일컬어져 왔다. 윌버는 '비전-논리'란 용어를 선호한다. 여하튼, 형식적 마음 수준은 관계를 짓는 데 비해 비전-논리 수준은 그러한 관계들의 **네트워크(회로망)**를 만든다 (즉, 형식조작심이 구체조작심을 '조작'하는 것처럼 비전-논리는 형식조작심을 '조작'한다). 그러한 비전이나 파노라마적 논리는 관념들의 엄청난 네트워크가 어떻게 그것들이 서로에게 영향을 미치고 상호관련 되는지를 이해한다. 그러므로 이것은 참으로 더 상위 질서를 통합하는 능력, 즉 연결하고 진리들을 관계 짓고 관념들을 조정시키고 개념들을 통합하는 능력이 시작하는 수준이다. 흥미롭게도, 이것은 거의 정확하게 아우로빈도가 지칭한, '상위심'이라고 일컫는 수준이다. 이 수준은 "단일한 관념들 안에 무엇이든 자유롭게 표현할 수 있지만 그 대부분의 특징적 성향은 거대 관념화다. 즉, 단일한 관점에서 진리를 보는 것의 체계나 총체성이고, 통합적 전체에서 스스로 보여지는 관념과 관념의 관계, 진리와 진리의 관계인 것이다." 이것은 명백하게 고도의 통합적 구조다. 내 생각으로는 정말로 이것은 **개인적**personal 영역에서 최상의 통합적 구조다. 이것을 넘어서면 초개인적(자아초월적, transpersonal) 발달이 놓여 있다.

7. **심혼적**psychic **수준:** 심혼 수준은 비전-논리와 비저너리(환각적 예지력이 있는,

개인적 영역에서
최상의 통합적 구조

visionary) 통찰의 절정으로 생각할 수 있다. 이 수준은 아마 6번째 차크라 chakra, '제3의 눈(아즈나, 天眼)'에 의해 가장 잘 인식된다. 이것은 초월적이 거나 초개인적이거나 정관/명상적 발달의 시작이나 개시를 표시한다고 말 하기도 한다. 개인의 인지認知적이고 지각적인 잠재 능력들은 분명 매우 다 원적이고 보편적이므로 이제 그것들은 어떤 편협하게 개성적이거나 개인 적인 조망과 관심사들을 '넘어서 나아가기' 시작한다. 대개의 정관/명상적 전통에 따르자면, 이 수준에서 개인은 마음의 인지적이고 지각적인 능력을 아주 미묘하게 검사하는 것을 배우기 시작한다. 그래서 그러한 한도까지 그 것들을 초월하기 시작한다. 이 수준은 아우로빈도의 '조명심illumined mind', 즉 힌두교와 불교에서 말하는 명상의 '예비적 단계'다. 아우로빈도는 다음 과 같이 말하였다.

내면의 (심혼적/심령적) 시야sight의 인지적 위력은 생각/사고의 인지적 위 력보다 훨씬 더 크고 보다 더 직접적이다. 상위심higher mind(즉, 비전-논리적) 이 관념과 그 진리의 위력(형식조작심, formop)보다 더 큰 의식을 존재 속으로 가져오는 것과 마찬가지로, 조명심(심혼적 수준)은 '진리의 시야Truth Sight'와 '진리의 빛Truth Light' 그리고 그와 같이 보고 포착하는 위력을 통해 여전히 더 큰 의식을 존재 속으로 가져온다. 그것은 직접적인 내면의 비전과 영감과 함께 사고심/상념심을 조명한다. 그것은 사고-개념이 다룰 수 있는 것보다 개 요를 더 정교하고 과감하게 드러냄과 동시에 더 큰 규모의 이해력과 총체성 의 위력을 구현할 수 있다.

8. **정묘subtle 수준**: 정묘 수준은 실체적 '원형archetypes'의, '플라톤적 형상 Platonic Forms'의, 정묘적 음音과 가청可聽의 계시(나다nada/샤다shabd)의 초 월적 통찰과 몰입의 근본자리다(Aurobindo; Da Free John, 1977; Evans-Wentz, 1971; Guénon, 1945; Rieker, 1971). 힌두교나 영지주의 같은 몇몇 전 통에서의 직접적인 현상학적 이해에 따르면, 이 수준은 개인적 신위신성의 **형상**deity form— 힌두교 예배 대상의 **천신**(天神, ishtadeva), 대승불교의 선정

불(禪定佛/報身佛, yidam), 영지주의의 **창조주**demiurge 등—의 보고이고 힌두교에서는 **유상삼매**(有相三昧, savikalpa samadhi)로 알려져 있는 의식 상태로 인지된다고 한다(Blofeld, 1970; Hixon, 1978; Jonas, 1958). 상좌부 불교에서 이 수준은 네 가지 '**형상을 가진 선정**禪定'의 영역 또는 원형적 '조명의 세계plane'나 '창조신Brahma의 지복의 영역'으로의 집중명상(사마타)의 네 단계色界四禪라고 말한다. **위빠사나**Vipassana 명상에서 이 수준은 유사열반(사무량심, 慈·悲·喜·捨) 단계의 영역, 조명심과 환희심과 초기의 초월적 통찰심의 영역이라고 한다(Golemen, 1977; Nyanamoli, 1976). 이것은 아우로빈도의 '직관심', 카발라Kabalah에서 **게뷰라**geburah와 **체셔드**chesed 등으로 일컫는다[이러한 현상 모두가 정묘 수준의 의식의 동일한 **심층구조**를 공유한다는 결론에 대한 나의 논거는 『아이 투 아이』(Wilber, 1983)에 제시되어 있다].

다양한 전통에서의
원인 수준

9. **원인**causal **수준**: 원인 수준은 모든 하위 의식구조의 '비현현의 원천' 또는 '초월의 기저'라고 말해지고 있다. 이를테면 '심연(영지주의)' '공(空, 대승불교)' '무형상(the Formless, 베단타)' 같은 것이다(Chang, 1974; Deutsche, 1969; Jonas, 1958; Luk, 1962). 이 수준은 **무상삼매**(無相三昧, nirvikalpa samadhi, 힌두교), **선정삼매**(禪定三昧, 베단타), **선십우도**禪+牛圖의 8번째 단계 인우구망人牛俱忘, 팔선정八禪定의 7~8단계(禪定, jhanas), 열반(위빠사나)의 절정에 도달하는 무수고의 통찰단계, 아우로빈도의 '**대심**(大心, Overmind)'(Da Free John, 1977; Goleman, 1977; Guénon, 1945; Kapleau, 1965; Taimni, 1975), 또 다르게 말하자면, 이 단계는 모든 존재 속에 모든 존재에게 공통적인, 보편적 무형상의 **자기**Self(진아眞我, Atman)로 기술된다(Hume, 1974; Schuon, 1975). 아우로빈도는 다음과 같이 말하였다. "대심(大心, Overmind, 원인식)이 (발현하여) 내려오면, 중심화하는 자아감의 지배는 전적으로 복속(항복기심降伏其心)되며 존재의 거대함 속으로 사라지고 마침내 소멸된다. 즉, 무경계의 보편적 자기의 광대한 우주적 인식과 느낌은 그것(자아감)을 … 모든 곳에 편재하는 무한한 합일 의식 … '**지고의 참자기**Supreme Self'로 대체한다."

10. **궁극**ultimate **수준**: 지멸止滅의 비현현의 원인적 몰입 상태를 지나 완전히

다 나아가면, 의식은 찬란한 광휘와 온누리에 편재하는 일자—者이며 다자多者인, 유일하며 모두인—현현하는 '형상'과 비현현의 '무형상'의 완전한 통합(합일·통일)이며 정체성인— '절대영Spirit'으로 마침내 그 선행先行하는 그리고 영원한 상주처에서 다시 깨어난다. 이것은 고전적인 **사하즈·바하바 삼매**Sahaj and bhava samadhi, **투리야**Turiya(그리고 **투리야티타**Turiyatita) 상태, 즉 절대적이며 규정할 수 없는 '여여如如의식', 아우로빈도의 '**초심** Supermind', 선禪의 '**일심**一心' '**브라만—아트만**Brahman-Atman' '**자성신**(自性身, **Svabhavikakaya**)'이다(Chang, 1974; Da Free John, 1978; Hixon, 1978; Kapleau, 1965; Makerjee, 1971). 엄밀하게 말하면, 궁극의 수준은 다른 것들 가운데의 한 수준이 아니라 모든 수준의 실재나 조건이나 여여如如다. 유비적으로, [그림 3-1]이 그려진 종이는 공空—진여眞如의 이러한 근본 바탕 기저를 나타낸다.

근본 바탕 기저로서의 궁극의 수준

이러한 수준들, 특히 상위의/초개인적(자아초월) 단계(7~10단계)에 대해 조금 더 추가로 언급하고 싶다. '**시스템·자기·구조**System, Self, and Structure'에서 나는 일곱 가지 초개인적(자아초월) 단계들(하위와 상위 심령/심혼 수준, 하위와 상위 정묘 수준, 하위와 상위 원인 수준 그리고 궁극 수준)을 제시하였고, 이들 각각을 3개의 세부 단계(시작/예비 단계, 근접/실행 단계 그리고 절정/통달 단계)로 구분하였다. 그래서 이는 총 21개의 정관/명상적 단계들로 된다(이와 유사하게, 수십 개의 하위적이고 중간 수준 단계들과 세부 단계들이 있고, 이것들은 여기서 6개의 주요 수준으로 축약되어 있다). 하지만 나는 [그림 3-1]에 제시된 9개의 주요 수준은 (의식의) 발달에서 **기능적으로 지배적인 것**이라고, 그리고 발달에 대한 적절하고 꽤 정확한 설명은 단순히 이러한 아홉 가지 일반 수준만으로도 제시할 수 있다는, 다시 말해 이것들의 선정은 전혀 임의적이 아닌 것이라고 믿고 있다. [그러한 '기능적 축약'에 대한 영원의 철학에서의 상당한 지지가 있다. 이를테면 베단타에서는 전반적 발달의 곧이곧대로 수십 개의 단계가 있지만 기능적으로 그리고 구조적으로는 오직 다섯 개의 주요 수준에 의해 지배되고 있고, 이것들은 다시 오직 세 개의 주요—조대(粗大, gross), 정묘(精妙, subtle), 원인causal—상태로 축약하여 표현하게 된다고 명확히 말하고 있다. 내

기본 '수준들'에 대한 추가 언급

가 여기서 나타내고 있는 것은 이러한 관점에 대한 약간의 확장된 해석이다.] 하지만 특히 더 상위의 또는 초개인적인 수준들에 대한 주요 단계들 자체에 대한 나의 독특한 어법과 서술은 보다 임의적이다. 이러한 단계들에 대한 보다 명확한 서술과 설명은 '시스템 · 자기 · 구조'에서 찾아볼 수 있다. 또한 관심 있는 독자는 제8장에서 다니엘 브라운Daniel Brown이 제시한 자아초월 수준의 18개 정도의 발달단계들에 대한 보다 상세한 설명을 참조할 수도 있다. 다만 나는 나의 정관/명상적 작도법과 브라운의 것은 지금까지 축적되어 온 연구와 결론들을 반영하며 폭넓게 그리고 본질적으로 일치하고 있다는 것을 지적하고 싶다. 즉, 이것은 "고전 문헌들의 세밀한 조사를 통해 집중(사마타)명상 전통 안에서 보고된 순차적인 체험들과 마음챙김(위빠사나) 명상법 내에서 보고된 변화들은 하나의 명상체계에서 그 다음 체계로 가도 크게 변하지 **않는다**는 연구의 결론인 것이다. 비록 명상체험의 진전에 있어서는 상당한 정도로 차이가 있게 마련이지만, 현상학적 연구보고들 자체는 (말하자면, 초보적 단계에서 명상의 길의 끝까지 관통하면서 생겨나는 체험의 진전을 따라가며) 종적으로 분석했을 때 아주 유사한 바탕 심리의 조직을 드러낸다."(Maliszewski et al., 1981) 이러한 유사성들은 내가 '표층구조'에 대비하여 '심층구조'라고 일컫는 것으로, 여기서는 네 가지 주요 자아초월의—심혼적, 정묘적, 원인적, 궁극의—단계로 축약하여 나타내었다.

주요 상위적 '기본 단계들'을 네 가지 단계로 축약하기

전이 단계/자기−단계

자기−단계로서의 전이 구조

전이transition 구조는 축차적으로 이어지는 발달에 포함되지만 포섭되는 게 아니고, 대신 계속 이어지는 발달에 의해 부정되거나 해체되거나 대체되는 경향이 있는 구조를 말한다. 예를 들면, 피아제Piaget와 콜버그Kohlberg의 발달론들을 살펴보자. 피아제의 인지구조는 대체로 보아 **기본**구조(감각운동 단계는 수준 1~2, 전조작심 단계는 수준 3, 구체조작심 단계는 수준 4, 형식조작심 단계는 수준 5)다. 일단 이런 수준들이 존재하게 되면, 그것들은 계속 이어지는 발달 동안 존재하는 채로 남아 있다. 사실 피아제의 체계에서 각 수준은 다음 상위 수준의 피조작자나 '대상'으로 된다. 그러므로 예컨대, 기본수준 5에 있는 사람은 수준 1에서 4까지 동

시에 접근하고 사용한다. 그것들은 모두 다 여전히 존재하고 있고, 모두 다 여전히 그것들의 필요하고 적절한 과업과 기능을 수행하고 있다.

그렇지만 콜버그의 도덕적 단계는 단계국면-특수적phase-specific **전이** 구조다. 예컨대, 도덕적 단계 3에 있는 어떤 사람은 동시에 단계 1과 똑같이 행위하지 않는다. "단계 3은 단계 2를 **대치한** 것이고, 이는 다시 단계 1을 대치한 것이다." 등으로 말할 수 있다. 비록 도덕적 전이 구조는 (피아제와 콜버그 둘 다 적시한 바와 같이) 기본 인지구조에 의존하거나 '의지하고' 있지만, 그럼에도 두 구조는 다른 유형의 구조(즉, 기본적 그리고 전이적 구조)를 언급하고 있다.

하나의 단순한 은유가 이러한 구분을 설명하는 데 유용할 수 있다. 기본구조 자체는 사다리와 같고, 각 발판은 존재의 대사슬Great Chain of Being의 수준이다. 이때 자기(또는 자기-체계self-system)는 사다리를 오르는 자다. 그러한 오름의 각 발판에서 자기는 실재에 대한 다른 관점이나 조망, 자기정체성의 다른 감각, 도덕성의 다른 유형, 자기-욕구의 다른 집합 등을 지니고 있다. 수준에서 수준으로 이동하는 자기감각과 그 실재성에서의 이러한 변화는 전이 구조로, 혹은 흔히 **자기-단계**self-stages로 언급된다(그 이유는 이러한 전이들은 긴밀하게 자기와 그 현실 감각을 수반하기 때문이다).

그래서 예컨대, 자기가 발판 4단에서 발판 5단으로 올라갈 때 발판 4단에서 그것의 제한된 조망은 발판 5단에서의 새로운 조망에 의해 **대치된다**. 발판 4단 자체는 존재하며 **그대로 남아 있게 된다**. 그러나 그 조망의 한계는 남아 있지 않다. 이것이 바로 의식의 기본구조는 어느 정도 지속적인 구조이지만 자기-단계는 전이적이거나 일시적이거나 단계국면-특수적이 되는 까닭인 것이다.

그러므로 각 기본구조는, 이를테면 (매슬로가 연구한) 다른 수준의 자기-욕구들, (뢰빙거가 연구한) 다른 수준의 자기-정체성들, 그리고 (콜버그가 연구한) 도덕적 반응의 다른 수준의 집합들에서와 같이 다양한 단계국면-특수적인 전이 구조들이나 자기단계들을 **뒷받침**한다. 〈표 3-2〉에서 나는 편의상, 매슬로, 뢰빙거, 콜버그의 연구업적에 바탕을 두고 의식의 기본구조를 그들과 상관성이 있는 (그리고 전이적인) 자기-욕구, 자기-정체성(동일시), 자기-도덕성과 함께 포함시켰다. 그래서 예컨대, 자기가 규칙/역할심 수준과 **동일시될 경우** 자기-욕구는 소속

사다리 은유

기본구조의 뒷받침 기능

《표 3-2》 의식의 기본구조와 자기-단계의 세 가지 국면과의 상관관계

기본구조	매슬로 (자기-욕구)	뢰빙거 (자기-감각)	콜버그 (도덕감)	
감각물리적		자폐적		
	(생리적)	공생적	(전 도덕적)	
환상-정동적		초기 충동적		0. 마법적-소원
표상심	안전	충동적	I. 전 인습적	1. 처벌/복종
		자기-방어적		2. 소박한 쾌락주기
규칙/역할심	소속감	순응자	II. 인습적	3. 타인 인정
		양심적-순응자		4. 법과 질서
형식-반성심	자기-존중	양심적	III. 탈인습적	5. 개인인권
		개인주의적		6. 양심의 개인 원리
비전-논리	자기-실현	자율적		최근에 콜버그는 더 상위의 7단계를 제안한 바 있다.
		통합적		
심혼적	자기-초월			
정묘적	자기-초월			7. 보편적- 영적
원인적	자기-초월			

감이고, 자기-감각은 순응자이고, 그 도덕감각은 인습적이다. 그리고 그 자기가 형식-반성심 수준과 **동일시할** 때 (그리고 만약 그렇다면) 그 욕구는 자기-존중이고, 그 자기-감각은 개인주의적이고, 그 도덕감각은 탈인습적이라는 것 등이다. '시스템 · 자기 · 구조'에서는 파울러Fowler, 에릭슨Erikson, 브로턴Broughton, 셀먼 Selman, 그레이브스Graves, 펙Peck 그리고 그 외 다수의 학자들의 이론과 유사한 상관성이 있는 내용들을 제시하고 있다. [그 중에서 나는 이 글을 위한 예로서 매슬로 Maslow, 뢰빙거Loevinger, 콜버그Kohlberg를 들고 있는데, 그 까닭은 단순히 그들의 이론 이 가장 잘 알려진 것이기 때문이다. (자기-단계들의 이러한 서로 다른 국면들에서의 각각 상호 간의 가능한 관계에 대해서는 뢰빙거, 1976을 참조하기 바란다.) 콜버그와 뢰빙거의 발달 척도는 대개의 전통 연구자들이 자기-발달의 초개인(자아초월) 단계에 대해 무시하 는 것을 그대로 반영하여 수준 5나 수준 6 근처에서 '그치게 된다'는 것에 유의해야 한다.]

자기-체계

지금까지 우리는 발달의 전반적인 사다리에서의 기본 발판이나 수준 그리고 자 자기-체계로서의
기가 자신의 성장과정에서 그러한 발판들을 통해 '올라가'거나 진보해 갈 때 생 사다리를 '오르는 자'
기는 전이 단계(혹은 자기-단계)들에 대해 간략하게 조사해 보았다. 이제는 우리
의 관심을 오르는 자, 즉 자기(자기-체계 또는 자기-구조) 자체로 돌려서 볼 것이다.
무수하게 많은 변이變異를 보여 주는 이론가와 임상가들의 연구에 근거하여 나는
자기-체계self-system는 다음과 같은 기본 특징들을 지니고 있다고 가정해 보았다.

1. **동일시**identification: 자기는 동일시의 자리(의식/무의식)(중심 자리locus), 즉 자
   기가 '나/나의 것I/me' 대 '나/나의 것이 아닌 것not I/me'이라고 일컫는 것
   의 자리다. 나는 때때로 (프로이트가 '전체 자아'라고 일컬었던 것) 전반적 또
   는 총체적 자기-체계를 **중심 또는 근접 자기**central or proximate self와 ('나'로
   경험되는) **원격 자기**distal self('나의 것me'으로 경험되는)로 구분한다. 비록 양
   쪽 다 현상학적으로는 '전체 자아'로 느끼게 되더라도 전자는 주체적 자기
   이고 후자는 대상적 자기다.
2. **구조/조직**organization: 스콜라 철학에서와 같이, 자기는 마음에 통일성을 주
   는(혹은 주려고 시도하는) 어떤 것이다. 이것은 (자기구조의) '조직화organizing
   의 과정'으로서의 자기에 대한 근대 정신분석학적 개념과 거의 동일하다. "자
   기는 단지 내재된 심혼적/정신적psychic 부분들이나 하부구조의 총합만이 아
   니라 **독립적인 조직화 원리**, 즉 이러한 하부구조들의 활동이나 상태에 대한
   '언급의 기틀'이라는 것이다."(Brandt, 1980)
3. **의지**will: 자기는 자유로운 선택의 자리이지만 오직 그 현재 적응 수준의 기
   본구조에 의해 한계가 설정된 이내에서만 자유롭다. (이를테면, 발판 3단 또
   는 전조작심preop 수준에서의 자기는 가설을 형성하는 데 자유롭지 않은데, 이는
   발판 5단 또는 형식조작심formop 수준에서 생겨나는 것이기 때문이다.)
4. **방어**defense: 자기는 (기본구조의 수준에서 수준으로 계층적으로 발달하고 변하
   는) 방어기제의 자리다. 방어기제는 일반적으로 정상적인, 필요한 단계-적 자기-체계의 특징

절한 기능으로 간주된다. 하지만 그것이 지나치게 과도하게 또는 미약하게 사용되는 경우 불건전하거나 병리적이 된다.

5. **대사작용**metabolism: 자기의 중심 과제 중의 하나는 발달의 각 발판에서 자기 앞에 놓여진 체험을 '소화해야' 또는 '대사해야' 하는 것이다. "발달이론의 기본 가정은 체험은 구조를 형성하도록 '대사되어야' 한다는 것이다." 건트립(Guntrip, 1971) 같은 대상관계 이론가들은 병리를 '실패한 대사작용'이라고 말하고 있다. 즉, 이 말은 자기가 의미 있는 과거의 경험들을 소화하고 동화하는 데 실패했다는 것이고, 그래서 이러한 것들은 소화 안 된 고기 조각 같이 자기-체계 내에 심리적 소화불량(병리)을 생성함으로써 갇혀서 남아 있게 된다. 사실상 의식의 기본구조는 **음식**food**의 수준들**—심리적 음식, 감정적 음식, 정신적mental 음식, 영적 음식들—로 여겨질 수 있다. 앞으로 알게 되겠지만, 음식의 이러한 수준들은 정말로 대상관계의 수준이고, 그리고 자기가 어떻게 이러한 '음식대상(자기-대상)'들을 취급하는가가 정신병리학에서의 중심 인자因子인 것이다.

6. **항해**navigation: (두 끝단을 제외하고는) 발달의 사다리의 어느 발판에서도 자기는 여러 다른 '방향성 인력引力'에 직면하게 된다. 한편으로, 자기는 발달의 현재 수준에 남아 있는 것을 (그 한계 이내에서) 선택할 수 있다. 아니면 또 다른 수준을 선호하여 현재의 수준을 놓아주는 것을 선택할 수도 있다. 만약 자신의 현재 수준을 놓아준다면, 그것은 기본구조의 위계의 위로 올라가거나 또는 아래로 내려갈 수도 있다. 그렇다면 어느 주어진 수준에서 자기는 보존 대 거부, 붙잡고 있는 것 대 놓아주는 것, 그 수준에 살기 대 그 수준에서 죽기, 그것과 동일시하기 대 그것과 탈동일시하기에 직면하게 된다. 수준들 **사이에서** 자기는 상승 대 하강, 진보 대 퇴행에 직면하게 된다. 그리하여 구조화를 증가시키는, 즉 분화-및-통합differentiation-and-integration을 증가시키는 수준으로 위계상 위로 올라가거나 아니면 덜 조직화된, 즉 덜 분화되고 덜 통합된 구조 쪽으로 내려가게 된다. 이러한 네 가지 '추동들'은 [그림 3-2]와 같이 나타낼 수 있다.

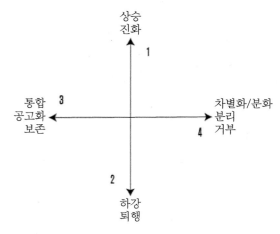

[그림 3-2] 자기-단계에 영향을 미치는 네 가지 '추동들'

전반적 발달의 요약

이제는 전반적인 발달의 형태를 다음과 같이 요약할 수 있다.

발달의 기본구조가 연대기적으로 차례로 창발하고 발달하기 시작하면서 자기 **요약화된 전반적**
는 (차례로 육체적 자기, 감정체emotional-body 자기, 심적 자기 등으로 됨으로써) 그것 **발달**
들과 동일시할 수 있다. 일단 특정한 기본구조와 중심적으로 동일시하고 나면, 자
기나 자기의 보존 추동은 전반적인 (자기) 콤플렉스를 공고화하고 통합하고 조직
화하기를 추구할 것이다. 특정한 기본구조와의 이러한 초기의 동일시는 정상적
이고 필요한 것이고 단계적 국면-적절한 것이다. 그리고 나서 그것은 그러한 기
본구조와 연관되거나 그것에 의해 뒷받침되는 특정한 자기-단계(충동적, 순응자
적, 개인주의적 등)로 생겨나게 된다(상관관계는 〈표 3-2〉 참조).

하지만 중심적 자기가 기본구조 발달의 위계를 올라가려 한다면, 즉 성장하려
한다면, 그것은 발달의 사다리에서 더 상위의 다음 발판과 동일시하기 위해 자
신의 현재의 기본 발판과의 **배타적** 동일시를 결국에 가서는 놓아주거나 부정하
지 않으면 안 된다. 그것은 그다음 단계의 더 상위적 기본 수준의 더 큰 통일성 ·
분화 · 통합으로 상승하기 위해 더 하위적 수준의 '죽음', 부정 또는 방출을 수용
해야 한다. 즉, 그것은 그런 수준과의 배타적 몰입으로부터 탈동일시하거나 떨

어져 나와야 한다.

발달의 사다리와
자기

일단 새롭고 더 상위의 기본구조와 동일시하고 나면 새롭고 단계국면-특유의 자기-단계가 존재하게 되는 쪽으로 옮겨 간다. 즉, 새로운 자기-욕구와 함께 새로운 자기-감각, 새로운 도덕적 감지능력, 새로운 대상관계, 삶의 새로운 형태, 죽음의 새로운 형태, 대사해야 할 '음식'의 새로운 형태 등이 존재하게 된다. 하위의 자기-단계는 (고착화를 막고자) 방출되고 부정된다. 그렇지만 그 하위적 기본구조는 의식의 사다리에서 필요한 발판으로 존재하며 남아 있게 되고, 그러므로 전반적으로 새롭게 모습을 갖춘 개인 안에서 통합되어야 한다. 일단 새롭고 더 상위적 수준에 이르게 되면 자기는 그러한 수준을 공고하게 하고 강화하고 보존하는 것을 추구한다. 그러다가 드디어 다시 한번 그것은 그 수준에서 죽고 그 수준을 초월하고(그것을 방출하거나 부정하고), 그래서 그다음 단계 발달의 발판으로 올라갈 만큼 충분히 강해질 때까지 그렇게 한다. 그러므로 보존과 부정(또는 삶과 죽음) 양쪽 다 명백하게 성취해야 할 단계국면-특유의 중요한 과업을 갖는다.

현대 자아심리학과의
유사성

현대 정신분석학적 자아 심리학도 거의 동일한 관점에 도달하고 있다는 사실을 알아차리는 것은 매우 고무적인 일이다. 사실상 이중본능이론은 통합하거나 공고화하거나 함께 끌어당기거나 보존하는 힘으로서의 **에로스**eros의 이론, 그리고 분화하거나 분리하거나 해체하거나 부정하는 힘으로서의 공격성(**타나토스**thanatos)의 이론으로 진화해 왔다. 즉, 양쪽 모두 다 전반적 발달을 위한 단계국면-특유의 적절성이 있다. 이러한 관점은 다음과 같은 프로이트의 1940년의 재정식화로 시작되었다.

> 이러한 기본본능(보존본능)의 첫번째 목표는 어느 때보다도 더 큰 통일성을 세우는 것이고, 그러고 나서 그것들을 보존하는 것이다. 한마디로 둘을 함께 묶는 것이다. 반대로 두 번째(부정)의 목표는 연결을 푸는 것(그것들을 해체하거나 부정하는 것)이다.

하인츠 하르트만(Heinz Hartmann, 1958)은 다음과 같은 단계를 취하고 있다.

분화(분리-부정separation-negation)는 자아의 중요한 기능으로 종합synthesis, (통합-보존integration-preservation)과 함께 동시에 인식되어야 한다. 우리는 자아의 종합적 기능을 어떤 방식으로든 리비도와 연결하므로, 특히 정신적mental 삶에서 자유로운 공격성의 역할에 대한 프로이트의 근래의 추론이 있은 이후에 분화와 파괴 사이의 유비적 관계를 가정하는 것은 가능한 일이 되었다.

블랭크와 블랭크(1974)는 가장 최근의 관점을 다음과 같이 요약하고 있다. "리비도는 공격성이 분리와 개별화를 추구하고 유지하는 동안 연결을 추구할 것이다." 바꾸어 말하면, 공격성이나 부정은 더 이상 단순히 또는 심지어 전적으로 적대적이거나 파괴적으로 보아야 할 필요가 없다는 것이다. 에릭슨은 '공격성'이란 용어를 '적대적이고 파괴적이라기보다는 성장을 북돋아 주고 자기-주장적인 공격적 추동의 그런 측면들'을 함의하는 것으로 제안하였다(Blanck & Blanck, 1974). 다시 말하면, '병적인 보존'뿐 아니라 '건강한 보존'이 있는 것처럼, 마찬가지로 '병적인 공격성'뿐 아니라 '건강한 공격성'이 있다는 것이다.

따라서 보존과 부정은 둘 다 중요한 단계국면-특유의 과업으로서의 역할을 하는 것이라고, 그리고 **병리는 이러한 과업들의 어느 한쪽이나 (혹은 양쪽 다) 잘못 조종되는 경우 발달하는 것이라고 결론지을 수 있다.** '건강한' 또는 '정상적' 보존은 특정한 수준의 정체성과 대상관계가 만들어지고 공고화되고 통합되고 있을 때 생긴다.["중립화된 리비도가 대상관계를 만든다."(Blanck & Blanck, 1974)] 반면에 병적인 보존은 특정한 수준의 한때 적절했던 동일시와 대상관계가 더 새롭고 더 상위적 수준들에게 여유 공간을 허용하기 위해 방출되지 않을 때 생긴다. 다시 말해, 병적인 보존은 '고착'에 지나지 않는다.

단계국면-특유의 과업으로서 보존과 부정

건강하거나 정상적인 부정은 몇 가지 중요한 기능적 역할을 수행한다. **수평적으로** 그것은 자기와 대상표상을 분화시키는 것을 도와준다. ["중립화된 공격성은 분리개별화를 향한 발달 추동의 힘을 부여한다."(Blanck & Blanck, 1974)] **수직적으로** 그것은 상위적인 수준을 선호하여 하위적인 것의 탈동일시나 분화나 분리나 초월을 도와준다. 반면에 병적인 부정은 어떤 (자기와 대상 표상의 심리적) 요소가 적절하게 통합되고 소화되고 동화되기 전에 그것의 분화나 탈동일시다. 그 요소는 단순히 인격personality으로부터 떨어져 나온 것이다. 다시 말해, 병적 부정은 단순히 억압(또는 방어 자체의 구조적 조직화의 수준에 좌우되는 해리나 분열 등)이다.

　지금까지 논의한 내용은 스펙트럼 모형—그 기본구조, 자기-체계, 자기-단계 그리고 억압/고착—의 개략적 배경의 요약이다. 이제 우리는 정신분석학적 자아심리학에서의 근대의 발달에 대한 유사한 배경을 요약하는 쪽으로 우리의 주의를 전환할 수 있다.

전통 심리학의 배경

전통 심리학에서의 더
새로운 발달의 개관

　이 절에서 나는 전통 심리학과 정신의학, 특히 대상관계이론, 자기심리학, 그리고 정신분석학적 자아심리학으로 알려진 학파들에서의 일부 더 새로운 발달의 간략한 개관을 제시할 것이다. 이러한 학파들에서도 역시 **발달적 조망을 채택**하고 있는 경향이 점점 더 증가하고 있다. 그리고 나서, 그런 학파들이 자기-발달의 다양한 단계들을 받아들이고 있기 때문에 그러한 단계들을 간략하게 요약할 것이다. 이러한 학파들은 특히 **정신병리학과 그 치료법에 관심을 두고 있으므**로 우리는 병리학과 그 발생론에 대해 의도적으로 좀 더 초점을 두는 고찰 역시 시작할 것이다.

　이 절의 마지막 부분에서 나는 이러한 전통 심리학의 발달단계들이 앞의 절에서 개요를 제시했던 발달의 전반적 스펙트럼에 어떻게 적합한지를 적시해 보여 줄 것이다. 그렇지만 아마 우리는 이런 관점에 대해 훨씬 더 전향적으로 말할 수도 있다. 이들 전통 학파들은 전개인적prepersonal 영역—즉, 대략 5~7세 정도에서 오이디푸스 단계phase에 이르는 그리고 이를 포함하는 영역—에서의 자기-발달의 세 개의 광범위한 수준 또는 단계들이 있다는 데 일반적으로 동의하고 있다. 나는 자기가 [그림 3-1]에서 보여 주듯이, 발달의 처음 세 개의 기본 발판과 타협하게 되면서 이러한 세 개의 일반 단계들이 생겨난다는 것을 보여 주고자 할 것이다. 전통 심리학과 정신의학은 매우 상세하게 이러한 세 개의 일반 단계들—그리고 그것들의 수많은 하부단계들substages—을 연구해 왔고, 또한 특정한 단계에서의 발달 '장애lesion'는 정신병리의 특정한 유형이 생겨나게 하는 경향이 있다는 것을 증명하려고 시도해 왔다. 그러고 나서 그것을 '의식의 스펙트럼' 절에서 개요를 제시한 스펙트럼 모형과 명시적으로 적합시킬 것이다. 이러한 통합이나 종합synthesis은 곧 제4장과 제5장에서의 논의를 위한 바탕을 형성하게 될 것이다.

이 절은 필연적으로 전문적 내용이므로 어느 정도 약간은 난해할 수밖에 없다. 따라서 나는 (이 글의 마지막 부분에서 전문적인 특수 용어가 거의 없는 비전문적인 요약을 포함시켰다.) 정신분석학적 자아심리학에 친숙하지 않은 사람들은 지금 바로 그 요약으로 뛰어넘어 가고 나중에 되돌아와서 이 절을 원하는 만큼 읽기 바란다.

정신병리학의 발달 차원

지난 20여 년 동안 전통적인 정신분석학적 정신의학에서 일반적으로 정신분석학적 발달심리학(Mahler, 1975; Kernberg, 1975; Blanck & Blanck, 1979), 대상관계 이론(Fairbairn, 1954; Winnicott, 1965; Guntrip, 1971) 그리고 자기심리학(Kohut, 1971)으로 알려진, 아주 밀접하게 연관된 주로 이 세 개의 학파들을 둘러싼 이론화 및 연구가 폭발적으로 일어났다. 이 학파들이 야기해 낸 흥분과 관심은 최근에 "정신병리학의 이해에 있어서 양자도약"(Masterson, 1981)이 일어났다거나, 이러한 진보는 "아마도 금세기에서 개인성 문제에 대한 연구의 주요 발견"(Guntrip, 1971)을 나타낸다는 말과 같은 언급들에서도 명백하게 드러난다. 이러한 발견들의 일부는 정말로 기념비적이고, 그래서 자아초월 심리학transpersonal psychology을 포함하는 그 어떤 **포괄적** 심리학에서도 필연적으로 기초 요소가 될 수 있다. 하지만 아직은 그 이론들 자체를 그대로 받아들인다 해도 그것들은 치명적 한계와 왜곡을 지니고 있다. 그런 점을 고려하면 **포괄적** 발달심리학을 바탕으로 하는 것은 현명하지 못한 것일 수 있다. 그래서 다음에 기술한 내용들은 이러한 최근의 발달의 중요한 측면뿐 아니라 그 이론들의 한계와 혼란스러워 보이는 것까지도 개요를 제시하고자 시도한 것이다.

말하자면, 주요 돌파구는 소위 경계선과 자기애적 장애의 임상적 연구와 치료

최근의 이론화 및 연구의 폭발

**주요 돌파구를 가져온
분야**

법에서부터 나왔다. 이러한 장애들은 고전적 정신신경증(히스테리, 억제강박신경증, 불안신경증 등)에 대조되는 것들이다. 정신신경증과 경계선-자기애적 장애 사이의 차이는 정신신경증에서는 자기-구조 내에 어떤 종류의 갈등이나 억압[이를테면, 자아가 원초아(id)의 충동을 억압하는 것]이 있지만, 반면에 경계선과 자기애적 상태에서는 억압을 수행할 자기-구조가 너무 미미하다는 것이다. 반대로 말하면, 이때 자기-구조(또는 자기-체계)는 너무 빈약하고 너무 미발달되어 있고 너무 유동적이라서 그것의 자기와 대상 표상은 조악하거나 융합되어 있다. 즉, 자기는 세상에 의해 삼켜지거나 절멸되는 불안에 의해 압도당한다. 아니면 또 다른 방식으로 보면 그것은 대상들과 개인들을 단지 그 자신의 과대망상적인 세계융합적 자기의 연장으로 취급한다. '경계선'이란 용어는 대체로 그 증후군이 신경증과 정신병 사이의 경계선이라는 의미다. 그러므로 점차로 증가하는 심각성, 즉 신경증적, 경계선 신경증적, 경계선, 경계선 정신병적, 정신병적 증후군의 전반적 연속체가 있다(Blanck & Blanck, 1979; Gedo, 1979; Tolpin, 1971).

**새로운 치료 방식의
발달**

　　전통적으로는 경계선과 자기애적 증후군은 표준 정신분석기법이나 심리치료 기법에 의해 효과적으로 취급할 수 없다는 생각이 있어 왔다. 하지만 최근의 '양자도약'의 일부는 경계선-자기애적 상태에 놀라울 정도로 효과적이라는 게 증명된 치료 양식의 발달을 수반하고 있다. 이러한 치료 양식들은 다음과 같은 세 가지 긴밀하게 상호 연관된 연구의 줄기들로부터 발달하였다. 1) 경계선-자기애적 환자의 '원초적 전이archaic transferences'의 상세한 임상적 기술이다[특히 코헛(1971)에 의해 선구적으로 예리하게 연구되었다.]. 2) 발달의 초기 단계(0~3세)의 정교한 이론적 재정식화 그리고 구조적 조직화의 질적으로 다른 수준들에서의 발달의 정지나 왜곡으로서의 병리에 대한 귀결 관점이다(Spitz, 1965; Jacobson, 1964; Mahler, 1975; Kernberg, 1976; Masterson, 1981; Blanck & Blanck, 1974). 3) 유아 발달의 가장 초기에 대한 극도의 세심한 관찰과 기술이다(여기서는 특히 말러의 선구적 연구 업적이 인정된다).

　　말러와 그녀의 동료들의 연구는 너무나 중추적인 까닭에—자기-발달의 최초의 단계에 대한 우리의 이해를 촉진할 뿐만 아니라 경계선-자기애 증후군의 병인학病因學을 조명하는 데 있어서도—여기서는 그녀의 핵심 발견에 대한 간략한 개요의 기술은 매우 유용할 것이다.

유아기 발달: 마가렛 말러의 연구

명석하게 뛰어난 임상연구라고 일컬어질 수밖에 없는 거의 20년간의 연구에서 말러Mahler는 (0~3세 정도) 유아에게 있어서 자기-구조의 발달은 일반적으로 세 개의 단계phase, 즉 자폐적autistic, 공생적symbiotic 그리고 분리개별화 단계를 거치며 진행한다고 결론지었다. 그중에 마지막 단계는 다시 네 개의 하부단계subphases, 즉 분화differentiation, 연습practicing, 재접근rapprochement, 공고화consolidation로 구분되고, 그래서 이는 총 6개의 전반적 단계로 주어진다. 생겨나는 연대순으로 그것들은 다음과 같이 요약된다. 다음의 모든 인용은 말러(1975)의 저서에서 나온 것이다.

말러의 발달
연대표

1. **자폐적 단계autistic phase, 생후 0~1개월**: "신생아가 거의 순수하게 생물학적 유기체 같이 보이는 동안의, 자궁 밖의 최초 몇 주는 반사적이고 시상視床적 thalamic 자극에 대한 그의 본능적 반응 시기다. 이 단계 동안은 월류와 방출 반응으로 구성되어 있는 항상성적 평형의 유지가 목적인 원시적 비통합된 자아기제와 순수하게 신체적 방어기제에 대해서만 말할 수 있다. 리비도의 위치는 안과 밖 사이에 차별이 없는 전적으로 본능적인 것이다." 말러는 이것을 '닫힌 모나드적 체계' 또는 '원초적 미분화된 메트릭스'로 언급하였다.

    신생아 단계

2. **공생적 단계symbiotic phase, 생후 1~5개월**: "출생 후 2개월부터 유아는 마치 그와 그의 어머니가 전능한 체계—하나의 공통 경계 내의 이원적 통일체—인 것처럼 행동하고 기능한다." 이것은 미분화의 상태, 어머니와의 융합의 상태이고, 여기서 '나'는 '나 아님not I'으로부터 아직 분화되지 않고 또한 안과 밖은 다만 점차적으로 다른 것으로 감지되고 있을 뿐이다." 이 단계에서 영아는 심지어 그의 감각운동적 신체와 어머니의 것을 그리고 주변 환경 전체를 분명하게 구분할 수 없는 것처럼 행동한다. "공생성의 본질적 특징은 어머니의 표상 그리고 특히 두 개의 신체적으로 분리된 개인들 사이

의 공통 경계에 대한 망상delusion과의 신체정신적somatopsychic으로 전능한 융합이다."

'분화' 하부단계

3. **분화 하부단계**differentiation subphase, **생후 5~9개월:** 이 단계는 말러가 '부화hatching'라고 일컬었던 것으로 표시된다. 영아의 **감각운동적 신체자기**는 그 이전의 어머니와 감각운동적 주변과의 공생적 융합 또는 이원적 통일성에서 '부화'되거나 깨어난다. 이 단계에서 "모든 정상적인 유아는 **신체적 감각**에 있어서 여태껏 완전히 수동적으로 강보에 싸여있던 그들의 유아 본성 … 을 깨고 나가는 쪽으로 그들 최초의 일시적 발걸음을 내딛는다. 유아는 그 자신(신체)을 어머니의 신체로부터 차별화하기 시작한다." 이 특수한 분화는 기본적으로 그 주위 사물들과 구별되는 감각운동적 신체 자기에 대한 것임을 유의해야 한다. 왜냐하면 유아의 마음(새롭게 창발하는 환상적·공상적 또는 이미지 수준) 그리고 자신의 정서적 느낌들(정동-성적 수준)은 그들의 주위 사물들로부터 아직 분화되지 않고 있기 때문이다. 즉, 유아는 뚜렷한 감각운동적 신체자기로 존재하지만 아직 뚜렷한 환상정동적 자기 이미지와 정서적 대상 이미지는 여전히 융합되거나 혼합되어 있기 때문이다. 곧 알게 되겠지만, 이러한 '심리적 출생'이나 분리분화가 일어나는 것은 오직 재접근 하부단계에서만 가능하다.

절정의 자기애

4. **연습 하부단계**practicing subphase, **생후 9~15개월:** 이 단계는 말러가 말하듯이, '어린 유아의 몽상the junior toddler's oyster'에 찬 세계에 대한 과대증-과시적grandiose-exhibitionistic 자기애의 절정을 표시하는 것으로 보이기 때문에 의미심장하다. "리비도적 카텍식스(cathexis, 특정한 사람·물건·관념에 정신적이거나 정서적/리비도 에너지의 집중)는 급격하게 성장하는 자아와 그 기능에 충실하는 쪽으로 현저하게 옮겨 간다. 그래서 어린이는 그 자신의 역량과 그리고 그 자신의 세계의 위대성에 도취하는 것 같아 보인다. 자기애가 그 절정에 있는 것이다! 유아는 그 자신의 능력에 의해 고무되고, 그 자신의 확대되는 세계 내에서 그가 만드는 발견들로 계속해서 즐거워하게 된다. 그리고 세상과 그 자신의 위풍당당함과 전능함에 어느 정도 마음이 사로잡히게 된다." 블랭크와 블랭크(1979)에 따르면, 이 단계에서 "자기는 더

큰 세계를 자신의 이미지로 마법적으로 흡입함으로써 가치를 계속 축적해 나간다." 전문적으로 말하면, 자기와 대상의 표상은 여전히 융합된 단위다.

5. 재접근 하부단계rapproachment subphase, 생후15~24개월: 말러에 따르면, 이 단계는 장래의 발달에 매우 결정적으로 중요한데, 그 까닭은 자기와 대상 표상의 최초의 주요 분화가 일어나는 단계이기 때문이다. 이것은 **분리되고 뚜렷한 공상-정서적(환상-정동적phantasmic-emotional)** 자기가 마침내 생겨나고, 그 자신을 정서적-리비도적emotional-libidinal 대상 표상으로부터 분명하게 분화시킨다는 것을 의미한다. 다시 말하자면, 이것은 '인간유아의 심리적 탄생'인 것이다. 기본구조 내에서 그것을 개념화하면, 최초의 단순한 출생이 있고 나서, 부화하기hatching 일명 뚜렷한 감각 지각적 신체 자기의 탄생이 있게 되고, 그리고 나서는 재접근의 위기, 일명 뚜렷한 공상-정서적 또는 '심리적' 자기의 탄생이 있게 된다.

인간 유아의 심리적 탄생

이러한 탄생에 수반하여 이전의 (연습)단계의 광대하고 전능한 자기애적으로 융합된 자기 및 대상self-and-object 단위의 현저한 상실이 있고, 고조된 분리 불안과 포기 억압에 대한 상관적 취약성이 있게 된다. "연습 하부단계의 자기애적 팽창은 (공상-정서적) 분리성과 그것에 동반하는 취약성의 점차로 커져 가는 현실화에 의해 서서히 대체된다. 그것은 종종 심대한 발달적 의미가 있는 다소는 일시적인 재접근 위기에서 절정에 이른다." 왜냐하면 유아는 "그 자신의 과대증을 점차적으로 고통스럽게 포기해야만 하기 때문이다. 이제는 분리된 자아가 있기 때문에 분리된 타인이 있는 것이다." 세계는 이제 더 이상은 그 자신이 마음대로 하는 식은 죽 먹기 같은 것이 아니기 때문이다. 연구자들은 이 단계에서 낙원을 상실하게 된다고 말하기를 좋아한다.

'실낙원'

그렇지만 비록 유아의 공상-정서적 심신이 이제 '타자'로부터 분화되었다고 해도 유아의 심신 자체는 아직 분화되지 않고 있다. 여전히 심신의 융합이 있고, 곧 알게 되겠지만, 오이디푸스 단계가 되어서야 비로소 심신은 마침내 분리된 유기체 내에서 분화하게 된다.

6. 공고화consolidation와 정서적 대상 항상성, 생후 24~36개월: 이 최종 하부단

정서적 대상
항상성의 획득

계는 분리개별화 과정의 공고화와 '정서-리비도적 대상 항상성'의 획득단계다. 이 단계는 정상적으로 1) 자기와 대상 표상의 분명한 상대적으로 지속하는 분화, 2) 부분 자기 이미지의 전체-자기 표상 쪽으로의 통합(이는 자기의 '좋고' '나쁜' 측면 양쪽 다 포함), 그리고 3) 부분-대상 이미지의 전체 대상 표상 쪽으로의 통합(이는 정서-리비도적 대상의 '좋고' '나쁜' 측면 양쪽 다 포함)을 모두 포괄하는 것으로 표시된다.

이상에서 보여 준 것이 말러에 의해 제안된 인간유아의 심리적 탄생의 6개 정상적 단계들stages이다.

발달의 분기점: 블랭크와 블랭크의 연구

말러(1975)는 유아기 정신병증은 자폐성-공생적autistic-symbiotic 단계에서의 그 주요 병인론적 요인으로 발달의 '장애'를 갖는다는 광범위한 임상적 증거를 제시한 바 있다(즉, 유아는 분리된 감각물리적 신체 자기로 '부화'하거나 새로 생겨나는 데 실패하고, 대신 자폐적 단계의 '닫힌 모나드 체계' 내에 남아 있거나 공생적 단계의 '전능한 이원적 통일성' 내에 무너져 내려 앉아 자리 잡고 있다).

경계선 증후군과
발달 '장애'

그렇지만 말러는 경계선 증후군이 재접근 하부단계의 장애에서 그것들의 주요 병인을 갖고 있다고 믿었다. 자기-구조는 이전의 공생적 단계와 연습 하부단계의 과대전능적으로 융합된 단위로부터 분명하게 분화-분리하는 데 실패하게 된다. 자기-구조화에 있어서 이러한 발달정지나 장애는 경계선을 정서적 함입engulfment, 정동범람flooding, 융합공황fusion panic 또는 자기 및 대상self-and-object 과대성 쪽으로 열어 놓아둔다. (자기의) 조직화의 원시적 수준에서의 자기-구조화에 결함이 있기 때문에 경계선은 더 상위의 또는 신경증적 방어기제들(억압, 합리화, 전치)에의 접근성을 갖고 있지 않지만, 대신 원초적이거나 경미한 신경증적 방어(특히 분열, 부인, 내사와 투사)에 의존해야 한다.

다른 한편으로 블랭크와 블랭크(1979)는 다음과 같이 요약하고 있다. "만약 공생적 단계와 분리개별화 하부단계가 적절하게 체험된다면, 유아는 참된 정체성

(확립)의 시점—자기와 대상 표상 사이의 분화의 시점—에 그리고 ('정서적 대상 항상성'의 정의인) 욕구 상태의 대상 독립성의 표상을 간직하는 역량에 도달한다. (자기의) 구조화는 정상성normalcy으로 또는 최악의 경우 신경증으로 진행한다. 하지만 경계선 병리는 피하게 된다." 만약 분리개별화의 이 단계가 도달되고 해 결된다면 자기-구조는 신경증이 생겨나게 **할 수 있을 만큼** 충분히 강해지고 개 별화 된 것이다. 그러고 나면 오이디푸스적 단계는 자연스럽게 개입되고 적절하 게 해결(정상화)되거나 잘못 조종될 수도 있다(정신신경증). 반면에 이 분리개별 화 단계가 적절하게 해결되지 않으면 개인적 자기는 '신경증적 구조화에 미급' 한 채로 경계선에 남아 있게 된다.

발달의 분기점

    분리개별화 단계(그리고 특히 재접근 하부단계)는 일반적으로 너무나 중심적 수 준이어서 블랭크와 블랭크(1979)는 이를 '발달의 분기점fulcrum'이라고 일컫고 있다. 그리고 [그림 3-3]과 유사한 (그들이 '자기-대상의 분화'라고 일컫는) 도표 로 나타내고 있다.

    사실상 이러한 도표는 자아와 대상관계이론에서의 최근의 '양자도약'적 주요 발견을 나타낸다. 하지만 그것은 단지 공상-정서적 자기의 분리개별화뿐만 아니 라 감각운동적 신체 자기의 그 이전의 분화나 '부화'까지도 포함하여 좀 더 개선 될 수 있다. 블랭크와 블랭크(그리고 사실 대부분의 발달연구자들)는 이것들이 분화

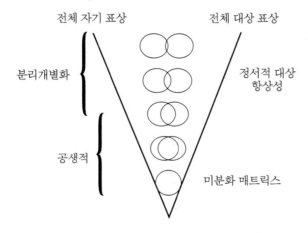

[그림 3-3] 블랭크와 블랭크(1979)가 제시한 '자기-대상의 분화'

의 **질적으로 뚜렷한** 두 가지 수준이라는 것을 적절하게 강조하는 데 실패하였다. 그러므로 블랭크와 블랭크가 표현한 것처럼 **하나의** 연속체로 보지 말아야 하고, 오히려 [그림 3-4]에서 보여 주는 것 같이 두 개의 뚜렷한 연속체로 보아야 한다. 두 번째 분기점은 **정서적** 대상 항상성으로 이끌어 가지만 첫 번째 분기점은 **물리적** 대상 항상성으로 이끌어 간다.

부화단계로서의
첫 번째 분기점
첫 번째 분기점(자폐적, 공생적, 분화하기 하부단계들)은 '부화hatching'단계고, 이 시기 동안 자기-체계는 생존의 물리적 · 감각지각적 기본구조의 창발을 잘해서 넘어가야 한다. 이 부화가 실패하면 자기는 그 스스로의 자폐성-공생적 궤도 안에 갇혀 남아 있게 된다. 최악의 경우에는 자신의 감각운동적 자기를 감각운동적 주변(대상)으로부터 분화하는 것조차도 불가능한 채로 (자폐적이고 공생적인 정신

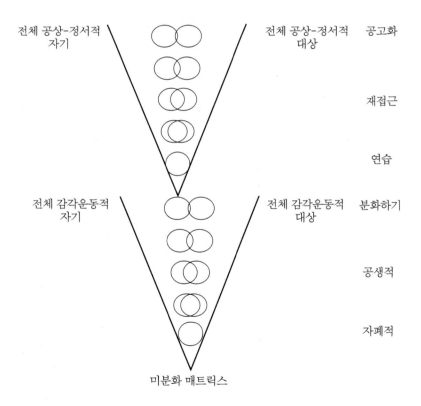

[그림 3-4] 분기점 1과 2에서의 자기-분화

병증 속에) 남아 있게 된다. 그 결과, 자기는 두 번째 주요 분기점, 즉 환상-정서적 분리개별화의 단계로의 진보를 할 수 없게 된다.

하지만 만약 이 첫 번째 분기점을 적절하게 잘 극복할 수만 있게 되면 감각운동적 유기체는 감각운동적 주변(대상)으로부터 적절하게 분화된다. 이 시점에서 자기는 발달의 제2분기점으로 들어가지만, 생존의 다음 주요 기본구조, 즉 정서적이고 공상적 단계의 창발 및 성장을 잘 수행해서 넘어가야 한다. 이것은 유기체와 환경 사이가 아니라 유기체 자체 내에서의 분화—내면화된 자기-이미지의 내면화된 대상 이미지로부터의 분화—를 수반한다. 이것은 [그림 3-4]에서 화살표로 지시하고 있듯이 제1분기점의(분화)의 좌측 단에 제2분기점을 세팅시키면서 나타내고 있다. 또한 화살표는 이 시점에서 생존의 다음 단계의 새롭고 더 상위적인 기본구조의, 즉 이 경우 공상-정서적 수준의 일반적인 창발이 있다는 것을 지시하고 있다. 새롭고 더 상위적 융합 상태로 나타나는 것은 바로 이 새로운 창발이다. 그 자체는 자기-구조화의 새롭고 더 상위적 수준(이 경우는 제2분기)점에서 분리-분화되어야 하는 것이다.

말러(1972)와 스핏츠(Spitz, 1965)뿐 아니라 에디스 제이콥슨(Edith Jacobson, 1964)의 연구에서도 이러한 해석을 제시하고 있다. 아벤드(Abend, 1983)가 말하듯이, "제이콥슨의 연구는 '가장 초기의 또는 자폐-공생적' 단계에서는 분리된 '신체적' 실체로서의 유아와 외부 세계 사이에 분명한 분화가 없다는 것을 강조하였다. 유아는 그 자신의 긴장이 신체로부터 오는 것이라는 사실이나 또는 그의 만족감이나 또는 심리적 긴장의 해소가 그 자신이 아닌 다른 사람에 의해 그에게 주어진 것이라는 사실을 아직 알아차리지 못할 수 있다(이것은 첫 번째 분기 동안에 생기는 것이다). 하지만 점차 자기와 타자에 대한 **감각적** 지각(제1분기)에 따라가며 외부 세계에 대한 **심적**(공상적) **이미지**의 구축(제2분기의 창발)이 있어야 한다. 하지만 이러한 뒤의 단계(제2분기)는 자기-표상과 대상-표상이 투사적 · 내사적인 기제들mechanisms의 결과로 인해 그 단계 동안 왜곡되기(합쳐지게 되거나 융합되기) 쉬운 그런 것이다." 다시 말해, 제2분기는 첫 번째 (감각-지각적) 단계의 상태에 비해 (공상-정서적) 융합 단계의 새롭고 더 상위적이고 질적으로 다른 상태를 수반하고, 그래서 새롭고 더 상위적이고 질적으로 다른 분리-분화

두 번째 분기점으로서의 공상-정서적 수준의 창발

과정에 의해 잘 조정되어야 한다.

물리적 대상 항상성과 정서적 대상 항상성 사이의 차이

마침내 **물리적** 대상 항상성(제1분기)과 **정서적** 대상 항상성(제2분기) 사이의 차이에 대한 언급이 필요하다. 말러(1975) 자신은 이 구분을 받아들이고서, "피아제적 의미에서의 물리적 대상 영속성object permanence은 필요하지만 리비도적 대상 항상성을 확립하는 데 있어서 충분한 선결조건은 아니라는 점"을 지적하고 있다. 이 차이는 실제 연대순적인 발달에서 극적으로 명백하다. 피아제(1977)가 밝힌 것처럼 물리적 대상 항상성은 생후 18개월 정도이면 달성되지만, 반면에 말러에 따르면 정서적 대상 항상성은 생후 36개월 전에는 거의 달성되지 않는다. 확실히 이들 둘은 구조화의 두 가지 서로 다른 단계다.

발달 분기들의 스펙트럼

상위의 발달 분기들에 대한 주의의 결핍

이제 우리는 '자기-구조화와 자기-분화의 다른 주요 분기들이나 매우 중요한 (분기) 절점들이 있는가?'라는 결정적으로 중요한 질문에 도달하게 된다. 이런 점에서 대개의 대상관계이론들은 모호해지고 같은 목소리를 내게 된다. 그들 중 일부 학자들은 주요 자기-발달은 생후 36개월에 거의 끝나게 된다는 것을 암시하는 것 같아 보인다. 다른 학자들도 더 상위의 발달 분기들에 대해서는 별로 이렇다 할 주의를 하지 못하고 있다. "심리적 탄생의 적절한 달성과 함께 대략 세 살 정도가 되면 어린이는 '(정서적) 대상 항상성을 향해 가는 과정에' 있다. 이것은 또 다른 시작일 뿐이고 끝은 아니지만 … 첫 번째 라운드는 이어지는 라운드들이 어떻게 확보될 것인지에 대해 결정적인 영향을 미친다. 블로스(Blos, 1962)는 제2 주요발달은 사춘기에 일어난다고 생각하고 있다. 우리(Blanck & Blanck, 1979)는 결혼이 또 다른 '라운드'를 구성할 수 있다고 제안한다."

이론적 모호성의 한계와 영향

정확히 무엇이 자기-발달의 '라운드'(또는 분기)를 구성하는가에 대한 이 이론적 모호성은 대상관계이론의 시작단계부터 끈질기게 그 뒤를 따라다녔다.[1] (생애) 전체로서의 발달에 대비시켜 보면, '분리개별화'를 재접근과 공고화 하부단계들 동안 일어나는 것으로 정의하고 나서, 또한 그것은 "생애 전반에 걸쳐 사춘기와 결혼에 대한 모호한 언급과 함께 여러 개의, 아마 무한의 라운드들"을 통해

"계속된다."(Blanck & Blanck, 1979)고 말하는 것은 역시 매우 한계가 있는 관점이라고 보지 않을 수 없다.

　정신분석학적 대상관계 이론가들은 분리-분화 과정이 재접근과 공고화 하부단계에서 일어난다는 **특수한** 형태에 너무 집중하다 보니, '부화' 하부단계는(하지만 재접근 하부단계가 아닌) 분리-분화의 **첫 번째** 주요 라운드로 기술할 수 있다는 아이디어를 놓친 것으로 보인다. 그렇지만 그들은 실질적으로 제1분기점을 '분화 하부단계'로 일컫고 있다는 면에서 암묵적으로는 이러한 점을 인식한 것 같아 보인다.

　마찬가지로 이러한 대상관계이론들은 오이디푸스 단계 자체도 역시 오히려 분기점이나 분리-분화점으로 간명하게 정의될 수 있다는 사실을 간과해 왔다. 오이디푸스 단계—이제는 자기-발달의 제3 주요 분기점으로 일컬을 수 있는 단계—는 처음 두 분기점들의 모든 추상적 특성이나 정의적 표지標識들을 공유한다. 그리고 그것은 내면화를 증가시키는, 분리-분화를 증가시키는 그리고 통찰을 증가시키는 과정을 수반한다. 하지만 이 과정은 이제는 (자기) 조직화의 새롭고 더 상위적이고 질적으로 다른 수준, 즉 새롭게 창발하는 개념적 표상심rep-mind의 기본구조의 수준에서 일어나고 있다. 이것들은 자기-방어(억압), 자기-욕구, 대상관계, 가능한 병리들(정신신경증) 등의 질적으로 서로 다른 (심리적 집합의 형성) 가능성을 초래하게 된다.

제3 주요 분기로서의
오이디푸스 단계

　앞에서 서술한 바와 같이, 분리개별화 하부단계(제2분기)가 완료되면서 유아의 공상-정서적 자기는 그 주변으로부터 분화된다. 그렇지만 유아의 (공상적이며 초기 상징적인) 마음과 (정서-리비도적인) 신체 자체들은 아직은 서로 분화되지 않은 채 있다. 표상심(더 상위적 상징과 개념들)이 창발하게 되면서 그 마음은 처음에는 이 심신 융합 상태를 공유한다. 이것은 피아제(1977), 뢰빙거(1976), 브로턴(1975)과 그 밖의 여러 학자들에 의해 나온 이론이다. 정말로 프로이트 자신은 『**억제, 증상, 불안**(Inhibitions, Symptoms, and Anxiety)』(1959)에서 이드(원초아)로부터 에고(자아)의 확고한 분화는 오이디푸스 단계가 해결되는 시기 즈음까지는 생기지 않는다고 선언하였다. 그래서 정확히 바로 그런 면이 제3분기점에서, 즉 (표상적) 마음과 (정서-리비도적) 신체의 분화/통합에서 위기에 처해 있는 것이다. 이 분기점에서의 발달 병리는 결과적으로 **신경증적 자기-구조**로 나타난다. 중심적 자기는 어떤 신체적 충동에 (병적인 보존 집착으로) 고착되어 있거나 어떤 신체적 충동을 (병적인 부정negation으로) 억압하거나 해리시킨다. 하지만 만약 이 제3분기가 적절하게 잘 넘어가게 되면 마음과 신체는 새롭고 더 고차적

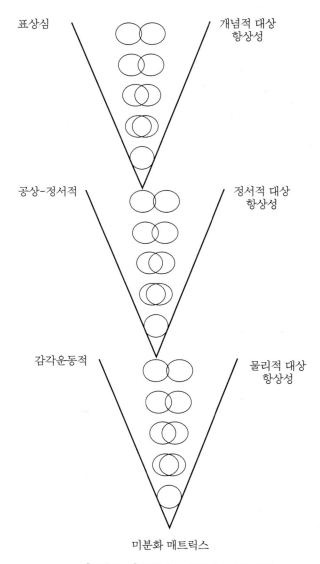

표상심 / 개념적 대상 항상성

공상-정서적 / 정서적 대상 항상성

감각운동적 / 물리적 대상 항상성

미분화 매트릭스

[그림 3-5] 분기점 1~3에서의 자기-분화

인 개념적 자기-구조 내에서 분명하게 분화되고 통합된다. 이러한 것은 새롭고 상위적인 내면화(초자아) 그리고 **개념적 대상 항상성**을 위한 역량—예컨대, 리비도적 욕망으로 인하여 **전체 개념** 또는 속성 부류의 구성요소를 혼동하거나 무너뜨리지 않고서 그것을 파악할 힘—과 함께 가능하게 된다. 피아제(1977)가 논증적으로 보여 주듯이, 개념적 항상성은 보존-가역성conservation-reversibility 같은, 즉 신체정서적 전치displacement에도 불구하고 개념적 속성들을 유지하는 것 같은 역량과 함께 여섯 살 정도가 되어서야 새로이 생겨나게 된다.

이제 이 세 번째 주요 분기점은 [그림 3-5]에서 보여 주듯이 자기-발달도 diagram에 추가되고, 그리고 이것은 모두 [그림 3-6]에 나타난 바와 같이 단순화되어 구도적으로 나타날 수 있다.

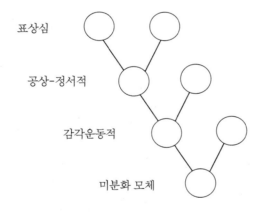

표상심

공상-정서적

감각운동적

미분화 모체

[그림 3-6] 분기점 1~3에 대한 자기-발달 구도

조합이론

이제 의식의 기본구조나 단계들과 더불어 정신분석학적 발달심리학과 대상관계이론을 조합한다는 것에 대한 함의는 다음과 같이 기술할 수 있다. 자기-발달의 최초 세 개의 분기점들은, [그림 3-1]에 묘사되어 있듯이, 주요 기본구조 사다

이론들의 조합에 대한 합의

리의 처음 세 개 발판 위로 자기의 밟고 오름을 나타낸다.

분리 분화 　 각 분기점에서 자기는 상응하는 기본구조와 (정상적 보존성에 의해) 동일시한다. 그래서 그것은 처음에는 그런 구조와 그 현상적 대상들과 융합되거나 미분화되어 있다. 이러다가 분리-분화(정상적 부정)의 시기가 뒤따르게 되고, 이때가 되면 자기-체계나 자기-구조는 그 수준의 **대상**들과 그 이전 수준의 **주체** 양쪽 모두로부터 자기 자신을 차별화시켜야 한다는 것을 배운다(즉, 그것은 이전에 가졌던 더 하위적 구조와 그 자신 이전의 배타적인 주체적 동일시를 초월한다). 만약 어떤 분기점에서 병적 집착(고착)이나 병리적 부정(분열, 해리, 억압)이 있다면 그 장애가 생기는 구조적 조직화의 수준에 의해 표시되는 특징적 병리가 새로이 생겨난다.

조직화의 수준에 의해
표시되는 병리

전반적 발달의
사다리에서 분기점과
발판들

　 이미 앞에서 언급한 바와 같이, 이러한 처음 세 개의 분기점들과 그런 것들과 연관된 (정신병적, 경계선적, 신경증적) 병리들은 [그림 3-1]에 묘사되어 있듯이, 전반적 발달의 사다리에서 처음 세 개의 기본구조 또는 발판들에 상응한다. 다음 장에서 나는 (수준 4에서 수준 9를 망라하는) 나머지 기본구조 또는 발판들을 제시할 것이다. 이것들 각각은 자기-발달의 또 다른 결정적인 주요 분기점을 수반하고, 그러한 분기점들에서의 병변들lesions 역시 특정한 규정 가능한 병리들을 발생하게 한다(이것들은 다시 서로 다른 치료 양식이나 치료적 개입에 상응하게 된다). 제4장에서 나는 이러한 상위의 분기점들—그것들의 특징, 전형적 갈등 그리고 상응하는 병리들—을 기술할 것이다. 그리고 나서 제5장에서 이러한 것들 각각에 가장 적합해 보이는 '치료법들'의 유형을 제시할 것이다.

　 그러나 맨 먼저 우리는 이전의 논의로 돌아가서 처음 세 개의 분기점들과 그것들과 연관되는 병리에 대한 우리의 설명을 끝내도록 해야 한다. 그래서 우리는 자연스레 (처음 세 단계의 발달병리이론에서 널리 인정받고 있는) 오토 컨버그Otto Kernberg의 연구 쪽을 살펴볼 것이다.

병리학의 전통적 위계: 오토 컨버그의 연구

　 자기-발달의 각 분기점에서 잘못된 (자기) 형성을 특징짓는 특수한 병리를 논의하기 위해서는 각 분기점의 하부단계들을 언급하기 위한 몇 가지 단순한 상징들을 사용하는 게 도움이 될 것이다. [그림 3-7]에서 'a'는 각 분기점의 초기의 융합이나 미분화 상태를 나타내고, 'b'는 분리-분화의 과정을 표시하고, 'c'는 각 분기점의 적절한 타협에서 새롭게 생겨나는 안정되고 분화되고 통합된 자기를 나타낸다. 그리고 'd'는 그러한 분기점의 상관적이고 분화되고-통합된 대상세계를 나타낸다(그러므로 예컨대, '분기점1a'—또는 단순히 F-1a—는 자폐적 단계phases를 언급하고 F-2b는 재접근 하부단계를 언급하고, F-2d는 정서적 대상 항상성을 언급한다. 그리고 F-3b는 오이디푸스 단계를, F-3c는 안정된 표상심 자기-개념을 언급한다… 등이다). 이제 각 분기점에서의 발달의 과업은 다음과 같이 단순하게 언명할 수 있다. 그것은 c와 d 사이의 수평적 분화를, 그리고 수반되는 c와 a의 수직적 분화를 내포한다. 후자는 내가 다른 여러 곳에서 '초월'이라고 정의했던 것이다(Wilber, 1980a).

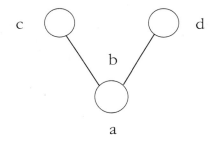

[그림 3-7] 자기-발달의 각 분기점의 하부단계들

처음 세 개의 분기점에 걸쳐 있는 병리에 대한 말러의 관점은 앞의 논의에서 개략적으로 요약하였다. 그러나 아마 이들 영역에서의 가장 정교하고 포괄적인 지도는 오토 컨버그에 의해 제시되었다고 본다. 그는 다음과 같은 매우 영향력 있고 널리 받아들여진 이론(1976)을 제안하였다.

1. 내면화된 대상관계의 기본 '단위들units'(자기-이미지, 대상 이미지, 감정 노출 affect disposition)의 시원
2. 분화와 통합을 통한 네 개의 기본단계들의 발달

3. 이러한 발달들에서의 실패와 정신병리의 다양한 유형들의 결정화結晶化 사이의 관계

4. 정신적 장치psychic apparatus의 일반 구조적 발달 단계들의 이러한 순차적 순서가 갖는 함의

컨버그의 자기-발달 단계들과 그에 상응하는 병리들

자기-발달과 상응하는 병리에 대한 컨버그의 단계들은 아벤드가 다음과 같이 요약하였다(Abend, 1983).

단계 1: 정상적 '자폐증' 또는 일차적 미분화 단계

이 단계는 생후 첫 1개월 동안 나타나고 '좋은' 미분화 자기-대상 결성 constellation의 공고화에 앞선다. 이 단계에서의 발달의 실패나 고착은 자폐증적 정신병의 특징이다.

단계 2: 정상적 '공생증'

이 단계는 생후 2개월부터 6~8개월 정도까지 연장된다. 심각한 트라우마나 욕구불만이 병리적 발달을 결정지을 때는 자기와 대상 표상의 분화에 대한 각각 서로 상대적인 불완전성이 있고, 또한 '좋은' 자기와 대상 이미지에 대한 방어적 거부refusion로 끈질기게 지속하는 성향이 있다. 단계 2의 병리적 고착이나 퇴행은 유아기 공생적 정신병, 성인기 정신분열증의 대개의 유형 그리고 우울증적 정신병증의 특징이다.

단계 3: 자기의 대상 표상으로부터의 분화

이 단계는 생후 8개월째 정도에서 시작되고 18~36개월에 완성기에 도달한다. 이 단계는 ('자기-이미지'이어야 하는) '좋은' 그리고 '나쁜' 자기-표상의 통합된 자기-개념으로의 필연적 통합에 의해 (이런 개념은 생후 네 살 정도 될 때까지 생겨나지 않는다.) 그리고 '좋은' 표상과 '나쁜' 표상의 '총체적'(부분이 아닌 전체적) 대상 표상과의 통합에 의해 종결된다. 이 단계 동안의 발달의 실패는 경계선 성격조직의 발달로 이끈다. (이러한 일반 범주 안에 컨버그는 경계선 증후군,

중독장애, 자아도취적 장애, '가상적as if' 성격장애 그리고 반사회적 성격장애를 포함시키고 있다. 그리고 그가 믿기로는 그런 것들 모두가 공통으로 갖고 있는 점은 '다 좋은' 그리고 '다 나쁜' 자기와 대상의 부분 이미지 등을 통합하는 데 실패한다는 것이다. 즉, 그것들은 모두 다 일차적으로 분열에 의해 특징지어진다는 것이다.) 이 단계에 있는 동안 방어의 초기 결성은 분열이나 원초적 해리를 중심으로 하고, 그리고 부인, 원초적 이상화, 투사적 동일시, 전능성, 평가절하 등과 같은 다른 초기 방어들을 조장하는 심리조작을 초래한다.

단계 4: 상위적 수준의 정신내적 대상관계 파생구조의 발달

이 단계는 생후 세 살 후반부에 시작하여 전체 오이디푸스적 시기에 걸쳐 지속한다. 이 단계의 전형적 정신병리는 신경증과 '상위적 수준'의 (기질적) 성격병리character pathology로 대표된다. 억압은 이 단계의 주요 방어적 심리조작이 된다.

단계 5: 초자아와 자아 통합의 공고화

이것은 자아정체성의 점진적 진화와 함께하는 발달의 (후오이디푸스적post-oedipal) 단계다.

컨버그와 처음 세 분기점

컨버그의 발달적 진단구도scheme는 [그림 3-8]에서 보여 주는 바와 같이, 처음 세 분기들에 딱 들어맞는다는 게 분명하다. 컨버그의 단계 5(F-3c) '초자아와 자아 통합의 공고화'는 정말로 공고화나 통합이다. 그렇지만 그것은 분명 분기점 2c 공상-정서적 자기의 공고화 통합이나, 혹은 분기점 1c 감각신체적 자기의 공고화 통합과 혼동하지 말아야 한다.

하지만 컨버그의 발달진단적 단계와 자기-발달의 처음 세 분기들 사이의 상당한 일치성은 한 가지 개선이 요구된다. 마스터슨(Masterson, 1981)은 자기애(나르시시즘)와 경계선 장애conditions가 비록 매우 밀접하게 관계되지만 발달적으로는 확연하게 구분된다는 점을 제시하였다. 마스터슨에 따르면, 경계선 장애는 재접근 하부단계(F-2b)에서 그 일차적 발달 병변을 갖지만, 자기애 상태 그 **이전**

에(즉, 연습 하부단계 F-2a에서) 그런 발달 병변의 어떤 국면을 갖는다는 것이다. 자기애 장애는 과대자기/전능 대상이 융합된 단위(이는 말러가 말하듯이, '그 절정에 있는 나르시시즘/자기애')로 표시되고, 연습 하부단계를 특징짓는다. 재접근 하부단계는 과대전능감이 융합된 자기 및 대상self-and-object 단위의 단절이나 분화에 의해 표시된다. 그래서 마스터슨은 그것은 자기애적 장애의 병변 시점이 될 수 없다고 믿는다. 그가 말하듯이, "자기애적 성격장애의 고착은 (재접근 위기) 이전에 일어나야 한다는 것이다. 그 까닭은 임상적으로 마치 대상 표상이 자기-표상의 통합적 부분, 즉 전능한 이원적 통일체인 것처럼 행동하기 때문이다. 재접근 위기가 존재할 가능성이 이 환자에게 싹트게 될 기미는 보이지 않는다. 그의 환상은 이 세상은 그가 마음대로 요리할 수 있고 그를 중심으로 선회한다는 것을 고집한다." 반면에 경계선 장애는 "마치 모든 삶이 하나의 길고 해결할 수 없는 재접근 위기인 것처럼 행동한다." 그러므로 마스터슨에 따르면, 분기점 2a는 자아도취장애narcissistic이고, 분기점 2b는 경계선 장애다.

일반적으로 말하자면 각 분기 내에는 세 개의 하부단계가 있다는 점을 유의해

자기애에 대한 마스터슨의 관점

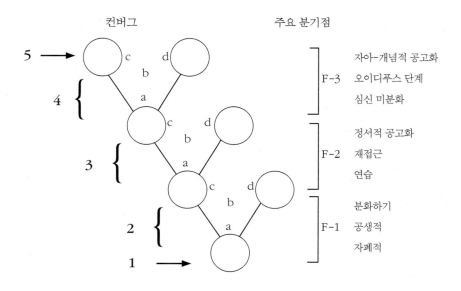

[그림 3-8] 분기점 1~3에서의 컨버그 단계들의 적합성

야 한다. 즉, 그 분기의 미분화된 기반을 나타내는 하부단계 'a', **수직적이고 수평
적인** 분리-분화의 과정을 나타내는 하부단계 'b', 그리고 새로이 분화된 자기와
대상 구성요소들의 이상적 해결, 공고화 및 통합을 나타내는 하부단계 'c/d'가
있는 것이다. 이것은 지금까지 고찰한 세 개의 분기 각각에서 그렇다는 것이고,
따라서 9개의 하부단계가 된다. 그래서 참조로 이러한 세 개의 분기들과 그것들
의 9개 하부단계가 [그림 3-8]에 수록되어 있다.

그리고 보면 [그림 3-8]은 (예: 컨버그와 말러에 의해 대표되는) 전통 학파와
앞의 절에 제시한 스펙트럼 모형의 처음 세 개의 발판들 (그리고 분기점들) 사이의
'적합성fit'의 요약을 나타낸다. 다시 반복해서 말하면, 이러한 세 개의 분기점들
(그리고 그것들과 관련된 병리들)은 전반적 발달의 전개인적/전합리적 영역에서의
세 개의 일반 단계들을 나타낸다. 이것은 여전히 [그림 3-9]에서 가리키고 있듯
이, 개인 영역에서의 세 개의 일반 단계들과 초개인(자아초월) 영역에서의 세 개
의 일반 단계들을 남겨두고 있다. 다음 장에서 나는 이러한 상위적 발판들과 분
기점들 그리고 그런 것들과 관련되는 병리들에 대한 논의를 계속할 것이다. 이것

전통 학파 모형과
스펙트럼 모형
사이의 적합성

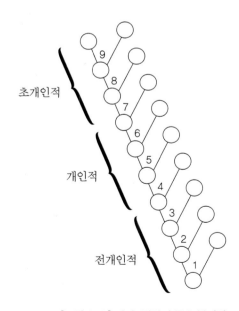

[그림 3-9] 자기-발달의 주요 분기점

은 결국에 가서는 인간성장과 발달의 정관/명상적이고 초개인적(자아초월적) 차원으로 우리를 데려가게 될 논의가 될 것이다.

요 약

지금까지 이 장에서는 어느 정도 전문적인 내용을 다루어 왔기 때문에 정신분석학에 정통하지 않는 독자에게는 내용이 아마 난해하거나 당혹스러울 수도 있다. 그러므로 지금부터 내가 하고자 하는 것은 그 핵심 요점에 대한 간략한 비전문적 요약을 제공하는 것이다.

자기 감각의 창발에 있어서 세 개의 일반 단계들   이 절에서 우리는 인간의 자기 감각의 창발에 대하여 조사하였다. 그리고 우리는 그것은 세 개의 일반 단계들—**신체적 자기**의 창발(0~1세 정도), **정서적 자기**의 창발(1~3세 정도) 그리고 **심적 자기**의 창발(3~6세 정도)—을 거치며 진전한다는 것을 알아냈다. 이러한 성장단계들의 각각에서 개인은 자기를 환경으로부터, 타자들로부터, 그리고 그 자신의 정신psyche 내의 다른 (심적, 정신적) 구조들로부터 구별하는 법을 배워야 한다. 이 분별/분화differentiation에 실패하게 되면, 그 개인은 그러한 단계에 '꽉 사로잡힌 채'(고착된 채) 남아 있게 되고, 그래서 일반적으로 이에 상응하는 심리적 교란이 생겨나게 된다.

신체적 자기의 '부화'   그러므로 유아는 신체를 갖고 태어나지만 그는 뚜렷한 **신체적 자기** 존재의 감각을 아직은 지니지 않고 있고, 그의 환경과 주변으로부터 동떨어져 있지도 않다. 또한 그는 내측과 외측을, 또는 그 자신의 몸과 어머니의 몸을 쉽게 구분할 수 없다. 그렇지만 생후 첫 해 동안의 어느 시기가 되면(보통은 5~9개월 시기에) 유아는 신체적 자기와 물리적 환경을 구분(또는 분별)하는 것을 배운다. 그래서 뚜렷한 신체적 자기의 진정한 지각이 새로이 생겨난다. 이것은 '부화'라고 적절하게 일컬어진다. 다른 한편으로 만약 이 분화가 일어나지 않는다면—통상 가혹하고 반복되는 상흔이나 다른 교란하는 (정신내적) 사건들로 인해—유아는 그 이전의 미분화되거나 '융합' 상태에 '사로잡혀' 남아 있게 된다. 그래서 내측과 외측은 융합되고 혼동되고, 환각적 상념의 과정이 두드러지게 되고, 극심한 불안이나 우울감이 결과적으로 일어날 수 있다. 극심하고 원초적인 병리의 이 부류는 '정신병'으로 알려져 있다.

일단 신체적 자기가 창발되고 확립되고 나면 유아의 **정서적 자기**가 창발하고 발달하기 시작한다. 다시 한 번 말하자면, 유아는 필경 태어날 때부터 정서를 소유하고 있지만 뚜렷하고 분리된 정서적 자기는 지니고 있지 않다. 심지어 생후 첫 한 살이 지나서도 유아가 (이상적으로) 굳건하고 뚜렷한 신체적 자기를 확립한 경우에도 유아의 정서는 타인의(특히 어머니의) 정서와 아직은 분명하게 분화되어 있지 않다. 유아는 그가 느끼는 것을 다른 사람도 역시 느낀다고 상상한다 (이것은 '자기애/나르시시즘'이라고 일컫는다). 그리고 말하자면 그의 '정서적 경계'는 여전히 매우 유동적이고 이동하고 있다.

그러나 한 살과 세 살 사이의 어느 시기—18~24개월 시기가 가장 결정적인 것으로 보이고 그래서 '재접근rapprochement'이라고 일컫는 시기다—에 유아는 자신의 정서심리적 삶을 다른 사람들(특히 어머니)의 것과 차별화/분화하는 것을 배운다. 그래서 안정되고 굳건한 개인의 정서적 자기가 창발한다. 이 '분리-개별화'를 달성하는 데 실패하게 되면 개인은 매우 허약한 정서적 경계를 남겨 두게 된다. 그렇게 되면 세계는 자기에게 '쇄도해 들어오게' 되고 그래서 불안, 우울감 그리고 극심한 상념교란을—'경계선 장애'라고 느슨하게 언급되는 병리의 부류를—야기하게 된다. (왜냐하면 그것은 정신병과 신경증 사이의 경계이기 때문이다.)

일단 정서적 자기가 새로 생겨나고 창발하고 확립되고 나면, 언어의 획득에 의해 상당히 도움을 받는 과정인 아동의 심적mental 자기가 점점 더 증가하면서 창발하고 발달하기 시작한다. **심적 자기**는 특히 3~6세 무렵이 되면서부터 급격하게 성장한다. 이 시기부터 아동은 단지 **느끼기**만 하는 게 아니라 **생각**하는 것—언어화하고 말하고 그의 행동을 심적으로 통제하는 것—을 배운다. 그렇지만 또한 그는 어떤(특히 성적이고 공격적인) 감정과 행동들은 주위의 사람들에게 받아들여질 수 없다는 것도 배운다. 그래서 그는 그러한 감정들을 '탈소유'하거나 '억압'하려고 애쓸 수도 있다. 어떤 의미에서 보면 심적 자기(와 그 상념들)는 그 이전의 정서적 자기(와 그 감정들)를 억압하는 것을 배운다. 만약 이 억압이 극심하고 지속되면 억압된 감정은 (공황증, 강박증, 억제, 히스테리 등과 같은) '신경증'으로 알

정서적 자기의 창발

심적 자기의 창발

려진 은폐되고 고통스러운 형태로 되돌아올 수 있다.

세 개의 전환점들　　그러므로 생후 처음 6~7년 동안은 자기-발달의 세 개의, 특히 중요한 '전환점들' 또는 분기점들—신체적 자기, 정서적 자기, 심적 자기—의 창발이 있다. 그 각각은 만약 교란되면 특정한 유형(혹은 수준)의 병리가—정신병, 경계선 증후군, 신경증이—되어 나타난다. 특히 제5장에서 보게 되겠지만, 이러한 병리들은 서로 다른 유형의 치료법들에 의해 가장 잘 치료된다. 신경증에서 개인은 억압된 정서와 감정을 '폭로하도록', 그리고 나서 그것들을 보다 직접적으로 다시 경험하도록 격려 받는다. (이것들은 고전적 정신분석처럼 '폭로기법uncovering techniques'이라고 일컬어지고 있다.) 반면에 경계선 장애에서는 정서적 자기가 그렇게 심하게 억압되어 있는 게 아니라 오히려 그것은 아직 충분히 창발되고 안정화되어 있지 않다는 것이다. 즉, 정서적 경계는 너무나 심하게 유동적이고 전환하고 있고, 그래서 여기서 치료의 목표는 어떤 것을 '폭로하는' 게 아니라 오히려 뚜렷하고 개별화된 자기의 감각을 **축조**하는 데 있다. (그러므로 이러한 기법들은 '구조-축조기법structure-building techniques'이라고 일컬어지고 있다.) 최종적으로 매우 원초적 병리들(정신병들)은 통상 너무 극심하여 폭로기법들이나 구조-축조기법들 중에 그 어느 쪽도 별 소용이 없다. 그래서 통상 희망을 가질 수 있는 최선의 치료는 약물치료를 사용하는 어떤 종류의 안정화 또는 필요하면 보호감독, 돌봄인 것이다.

심적 발달의 세 가지　　우리는 지금까지 신체적 자기, 정서적 자기, 심적 자기의 순차적 창발을 보아
주요 수준들　　왔다. 이것들은 자기-발달의 처음 세 가지 주요 '분기점들'이다. 다음 장에서 우리는 심적 자기는 다시 차례로 발달의 분기들의 세 개의 주요 수준들(구체적, 형식적, 통합적 또는 약자로 F-4, F-5, F-6)로 거치고, 그리고 나서 자기는 발달의 정관/명상적 또는 영적 영역으로 들어가게 되면서 그것은 **초심적**超心的·transmental(초합리적 또는 초개인적/자아초월적)으로 되기 시작한다는 것을 알게 될 것이다. 이러한 상위의 수준들과 분기들 각각은 그 특유의 잠재적 병리와 관련된 치료양식들을 갖는다. 이에 대해서는 제5장에서 상세하게 논의하게 될 것이다.

정신병리의 스펙트럼

켄 월버 Ken Wilber

앞 장에서 월버는 그의 스펙트럼 모형의 간략한 개요를 제시하였다. 그리고 이 모형이 어떻게 정신분석학적 자아심리학의 최근 발달과 연결되는가를 적시하였다. 사실, 이것은 발달의 전개인적 혹은 전합리적 범위를 (정신병적, 경계선 장애적, 신경증적) 세 개의 일반적 단계, 분기점, 상관 병리들과 함께 살펴본 것이다. 이 장에서 월버는 그 설명을 계속하면서 발달의 중간 혹은 개인적 범위를 (세 개의 일반적 단계와 병리들과 함께) 그리고 발달의 상위 혹은 초개인적 범위들(역시 세 개의 일반적 단계와 병리들과 함께)을 논의한다. 그 결과는 포괄적이고 구체적인—전개인적 단계에서 개인적 단계, 초개인적 단계에 이르는—병리의 전반적 스펙트럼으로 된다.

♣♣♣

정신병리의 전반적 스펙트럼에 대한 다음의 개요는 (앞 장에서 소개했던) 처음 세 개의 분기점을 검토하는 것으로 시작하고 최종의 분기 9까지 계속된다. 설명과 문헌 언급의 편의상, 나는 이 장을 전개인적prepersonal, 개인적personal, 초개인적transpersonal이라는 세 부분으로 나누었다. 그리고 그 각각은 자기-발달과 상응하는 병리의 세 개의 주요 분기들로 구성되어 있다. 나는 그 분기들 (그리고

분기 2에서 분기 9에 이르는 병리의 개요

그것들의 하부단계들)을 단순히 열거하였고, 그러한 단계phase나 하부단계에서의 발달장애(병변)의 가장 특징적인 병리의 구체적 유형(들)을 언급하였다. 말할 필요도 없이, 그러한 병리의 위계적 모형을 사용하는 데 대한 표준적인 유의사항들과 속성들에 대해 명심해야 한다. 즉, 순수한 사례case가 아닌 것, 문화적 차이의 영향, 유전적 소인, 유전적 그리고 상흔적 발달정지arrests 그리고 혼합 사례들(Abend, 1983; Gedo, 1981; Mahler, 1975 참조) 같은 것들이다.

전개인적 병리

'전개인적prepersonal' 또는 '전합리적prerational' 병리라고 명명한 까닭은 발달의 이 범위는 합리적인-개별화된-개인적rational-individuated-personal 자아/자기됨selfhood, 그리고 전합리적 구조, 충동, 일차 과정 사고 등으로부터의 분화에 의해 새롭게 생겨나는 단계들을 다 포함하기 때문이다. 이 분야에서의 최근 연구(제3장 참조)에 동조하여 나는 발달의 이 범위를 성격 발달 및 조직화의 **세 개의 일반 수준**으로 구성되어 있는 것으로 보려는 성향이 있다. 나는 이것들을 F-1, F-2, F-3라고 일컬어 왔고, 그래서 그 일반 병리는 정신병적, 경계선 장애, 신경증적이다. 잭 엥글러(제1장 참조)의 말에 따르면, "자기-병리는 (인격적) 성격personality이나 (기질적) 성격/개성character 유형에 좌우되지 않는다. 그리고 증상이나 증상군에도 여전히 덜 의존한다는 점을 인식하는 게 중요하다. 거의 모든 통상적으로 인정되는 성격의 **유형**은 성격 **조직화**의 건강한 신경증적, 경계선적, 정신병적 어느 수준에서도 생겨날 수 있다. 심지어 더 심한 병리 (기질적) 성격—정신분열증적, 편집증적, 유아증적—유형들이 신경증적 구조 내에서 일어날 수 있다(Stone, 1980). 스톤Stone은 각 기질이나 성격 유형이 병리적으로 가장 심한 데에서 가장 가벼운 데 이르기까지 변동할 때 그것에 대해 하나의 연속체적으로 생각하는 게 임상적으로 보다 더 유용하다는 의견을 제시한 바 있다. 이에 따라서 그는 성격 유형, 성격구조의 수준, 그리고 구성적 또는 유전적 소인의 부하負荷·loading 정도를 모두 가로지르는 기대되는 성격 유형론의 3차원 모형을 제안한 바 있다. 구조

성격 유형과 성격 조직화

와 개성character 사이의 구분은 임상정신의학에서 이제야 겨우 분명해지기 시작하고 있고, 정신진단학적 이해에 있어서 한 돌파구를 나타낸다." 나는 이 핵심 이슈에 관한 한 엥글러, 스톤과 상당한 부분까지 의견이 일치하고 있다.

분기점 1:　　1a　　자폐성 정신병

　　　　　　　　1b/c　공생적 유아성 정신병

　　　　　　　　　　　대부분의 성인 정신분열증

　　　　　　　　　　　우울성 정신병

이 부분은 특히 컨버그와 말러의 이론에 그대로 따른다.

분기점 2:　　2a　　자기애성 성격장애

　　자기애(나르시시즘)성 성격장애의 주요 임상적 특징은 과대증(과장/허풍, grandiosity), 극단적 자기-몰입 그리고 존경과 인정을 받기 위해 타인을 추종함에도 불구하고, 타인에 대한 관심과 동정심의 결핍이다. 자기애성 성격장애를 드러내는 환자는 그가 하는 모든 것에서 완전성을 추구하고, 부와 권력과 미를 추종하고, 그의 과장/허풍을 거울처럼 본받고 존경해 줄 타인을 찾기 위해 끊임없이 동기부여를 받는 것 같아 보인다. 이 방어적 허세 바로 밑에는 심한 부러움에 사로잡힌 공허와 분노의 감정 상태가 도사리고 있다.

　　자기애성 성격장애는 재접근 위기의 발달 수준 이전에 고착되거나 사로잡히는 게 틀림없다. 그 까닭은 그러한 위기의 중요한 과제들 중의 하나인 유아성 과대증과 전능감의 수축은 실현되지 않기 때문이다. (즉, 자기-구조는 '낙원'을 내려놓기를 거부하기 때문이다.) 자기애성 성격장애의 정신내적 구조는 전능한 대상에의 유아성 과대증과 자기애적 연결고리를 보존한다 (Masterson, 1981).

거울반사와 자기애

구체적으로 말하면, 자기애성 성격구조의 자기-표상과 대상-표상은 과대-자기-및-전능한-대상grandiose-self-plus-omnipotent-object이 융합된 단위로 구성되어 있다. 직접적인 임상증거에 따르면, 다른 사람들은 그들 자신의 권리와 선망을 가진 분리된 개체들로서(또는 분리된 '전체 대상들'로서)가 아니라 일차적 욕구 충족을 위해 봉사하는 과대성-현시적 자기의 연장이나 양상aspects들로 **체험**된다(Kohut, 1971). 따라서 세상의 오로지 유일한 기능은 자기의 완벽성을 **거울** 보듯 반사하는 것이다. 전능성이 융합된 대상 표상은 모든 권력, 공급물, 영광 등을 내포한다. 그리고 과대성 자기-표상은 엘리트적이고, 우월하고 현시주의자적이고 특별하고 유일하고 완벽한 것 중의 하나다. 과대성-자기/전능성-대상의 융합된 단위가 중심적 자기를 형성한다. 이 융합된 단위는 너무나 빈틈 없이 완벽하여 그것은 바로 아래(무의식에) 깔려 있는 공허하고-분노에 차 있고-질시하는 (감정이) 융합된 단위 그리고 심원한 포기 우울 상태의 자신의 감정을 그럴듯하게 감추고 있다. 하지만 어느 대상이나 개인이 자기애적 개인에게 그가 변함없이 추구하고 있는 것—말하자면 그의 과대성적 완벽성을 **거울반사**mirroring하고 있는 어떤 것—을 충족시켜 주지 못하게 되면, 그 자기애적 개인은 분노, 격분, 수치심으로 반응한다. 전형적인 방어는 평가절하, 거절, 부인, 회피, (특히 과대성-자기/전능성-대상의 융합된 단위와 공허한/공격적/우울한 단위 사이의) 분열, 그리고 꾸며 대는 행위 등을 포함한다(Kernberg, 1976; Kohut, 1971; Masterson, 1981).

분기점 2:   2b   경계선 성격장애

재접근 위기

"재접근 위기는 경계선 장애에 매우 결정적이다. 경계선 병리는 그의 그것(재접근)에의 몰입과 그것을 해결하는 데 있어서 무능함의 반영으로 보일 수 있다." (Masterson, 1981) 자기애적 구조와는 다르게 경계선 장애는 자기와 대상표상의 부분적 분화나 유사분화를 성취하고 있다. 하나의 **분리된** 개인이 새로이 생겨나기 시작했지만, 아직 그 구조는 너무나 보잘것없거나 허약하여 그는 타자에 의해 먹히거나 타자에 의해 버림받는 끊임없는 두려움에 떨게 된다.

마스터슨(1981)과 린슬리(Rinsley, 1977)에 따르면, 이것은 경계선 구조를 집착하는 방어기제를 가진 무력하고 의존적이고 순응하는 부분-자기part-self와 그리고 거리를 두거나 물러나는 방어기제를 가진 '총체적으로 무가치하고' '부패하고' '골수까지' 부분-자기로 분열시킨다. 순응-집착하는 부분-자기와 관련되는 것은 모두-좋고all-good 보상받고 보호하는 부분-대상part-object이고, '부패하여 거리를 두고자 하는' 부분-자기와 관련되는 것은 모두-나쁘고all-bad, 분노하고 공격하고 복수심에 불타는 부분-대상이다.

그러므로 경계선 장애의 정신내적 구조는 자기애적 구조보다 더 복잡하다. 그 까닭은 그것이 보다 더 많은 분화를 성취했지만 이러한 분화는 통합되어 있지 않고, 그래서 경계선을 일련의 파단된 구조나 부분-단위들을 가진 채로 내버려 두기 때문이다. 그러므로 경계선 장애는 전형적으로 그를 '좋고' '받아들이고' 혹은 '안전'하다고 느끼게 만드는 타인들에 대한 거의 총체적인 혹은 카멜레온 같은 유순한 태도와는 반대로—이제 성나고 복수심에 불타고 비난하는 대상으로 겪게 되는—그래서 그로 하여금 썩어 있고 벌레 같고 총체적으로 무가치하고 비열하게 나쁜 감정(가끔 자살 충동)을 느끼게 만드는 타인들에 대해 위축되고 침울하여 거리를 두는 태도 사이에서 (시계추처럼) 왔다 갔다 한다. 경계선 장애자가 분명하지 않은 행위 한 가지는 그 자신의 분리개별화를 주장하는 것이다(Blanck & Blanck, 1979; Kernberg, 1975, 1976).

경계선 장애의 무통합된 분화

분기점 3:   3a   경계선 신경증

이러한 장애 상태들의 집합에 대한 서로 다른 질병 분류학적 용어들이 있다. 즉, 병리적 신경증, 고도의 경계선 증후군, 경계선 특성을 가진 신경증, 신경증적 특성을 가진 경계선 장애 등이 있다. 하지만 일반적인 합의는 단순히 이러한 장애 상태들은 분리개별화 하부단계 결핍의 짐을 지닌 신경증적 발달이거나, 또는 너무 까다로운 신경증적-오이디푸스적 발달에 직면하여 보다 더 경계선 상태들 쪽으로 부분-퇴행한다는 것이다(Blanck & Blanck, 1974, 1979; Gedo, 1981).

그래서 단지 두 개의 예만 들어 본다면, 만약 성기性器期의 성적 관심이 재접근 하부단계 결핍으로 인한 부담이 지어져 있다면, 그 개인의 성적 반응에 대한

경계선 요소를 가진
신경증의 두 가지 예

이해는 (이상성심리/성도착의) 함정에 빠지게 되어 흡입(집어 삼킴)engulfment을 당하는 쪽을 위협하는 방향으로 왜곡될 수 있다. 만약 자기애적 거울반사mirroring의 소화 안 된 욕구로 인한 부담을 가진다면 과거에 자기-과대증에 사로잡힌 것의 연장이나 분노에 찬-자학성rageful-sadistic이 지배하는 방향으로 왜곡될 수 있다. '경계선-요소형-신경증neuroses-with-borderline-elements'으로 특징지어지는 개인은 조심스러운 진단과 알맞은 맞춤식 처치가 특히 중요하다. 그 까닭은 신경증적 수준과 경계선 수준에서 유사한 증상들에 대한 적절한 개입은 종종 드라마틱하게 서로 다르기 때문이다.

분기점 3:   3b   정신신경증

무대 위 연기자들의 수

이러한 잘 알려진 장애들―신경증적 불안, 억제적-강박증후군, 신경증적 우울증, 공황증, 히스테리, 건강염려증心氣症―에 대한 논의는 여기서는 전반적인 스펙트럼에서 그것들의 유의성과 의미에 대해 언급하는 것만으로 제한될 수밖에 없다. 최하위 수준(자폐적, 공생적, 자기애적 수준)의 자기-구조는 본성상 **단일체적**monadic이고, 경계선 구조는 **이자관계적**dyadic이고, 정신신경적 구조는 **삼자관계적**triadic이다. 즉, 단일체적 구조에서 무대 위에는 기본적으로 한 사람의 연기자만 있다. 자기는 '타자'의 존재를 깨닫지 못하거나(자폐적autistic), 타자와의 융합되어 있거나(공생적symbiotic), 타자와의 전능한 이원적 합일dual unity의 부분(자기애적narcissistic)이다. 단일체적 구조가 분화되면서 자기와 타자는 비록 미약한 단위들이라 해도 두 개의 분명한 구분이 생겨나게 된다. 이제 무대 위에는 자기와 (엄마) 타자(m)other가 그런 구분에 수반하는 모든 즐거움과 모든 비극과 함께하며 존재한다. 코헛(1977)은 이 단계를 '비극적 인간Tragic Man'이라고 일컫는다.

비극적 인간

이자관계적 단계에서 유아는 여전히 어느 정도는 전생식기적pregenital이다. 그는 오직 자기 대 타자의 분화만을 타협 조정해야 한다. 그는 그 자신 내부의 남성 대 여성 분화를 조정할 필요는 없다. 하지만 2~3세 정도에서 시작하여 자기는 자신의 성性정체성으로 깨어난다. 그래서 이것은 무대 위에 자기, 여성 어머니, 남성 아버지라는 세 사람을 등장시킨다. 이러한 발달은 상황을 엄청나게 풍부하게 만들고 복잡하게 만든다. 새로운 역량, 새로운 욕망, 새로운 금기사항, 새로운 대상관계 같은 갈등들의 새로운 세트 모두는 광범위하게 뻗어 있는, 엄청나게 복잡한 함의를 가진 무대 위로 나와서 충돌하게 된다.

당연한 말이지만, 이자관계적(F-2) 단계에서 중심적 자기는 어느 정도는 안정된 공상-정서적-리비도적 구조를 갖는다. 이 단계에서 자기가 리비도를 소유한다는 것은 그다지 적절하지 않은 말이다. 오히려 이 단계에서 자기는 단순히 리비도적 자기다(Guntrip, 1971). 그렇지만 우리가 F-2 이자관계 수준에서 F-3 삼자관계 수준으로 옮겨 가면, 개념적 표상심rep-mind이 창발하고 (이상적으로는) 리비도적 신체로부터 분화된다. 이제 중심적 자기는 상징-개념적 구조, 즉 표상심 **자아**ego와 동일시되고 또 그렇게 존재한다. 이제 그것은 더 이상 공상-리비도적 자기가 아니라 오히려 개념-자아적 자기다.

따라서 자아적 자기는 이상적으로 보면 다음과 같은 세 가지 과제를 완수한 것이다. 1) 수평적으로는 그 자신의 새로운 개념적 대상-관계로부터 분화시켜 왔다. 2) 그리고 그 자신의 구조를 공고화시키며 통합시켜 왔고, 이는 새롭고 더 상위적 내면화(초자아, superego)를 포함한다. 3) 수직적으로는 그 이전의 자기-단계(즉, 리비도적 자기)로부터 분화시켜(또는 초월하여) 왔다. 다시 말해, **배타적으로** 리비도적인 자기를 **부정하고 초월**하였지만, 리비도 자체(혹은 원초아, id)는 기본적이며 적절하고 필요한 실존의 기본구조로 **존재하며 남아 있다**.

그렇지만 이 전반적 과정은 분기점-3 자기의 **삼자**tripartite구조, 즉 자아-초자아-원초아로 귀결된다. F-2 자기에서 대개의 갈등은 상호 개인적인 반면에, F-3 자기에서의 대개의 갈등은 개인내적(또는 정신내적)이다. 분화 및 통합이 분명하지 않거나 완료되지 않게 되면 (내면 무의식에서의) 전쟁이 있다. 즉, 초자아 대 원초아(억제), 원초아 대 자아(불안, 강박), 초자아 대 자아(죄의식, 우울) 사이에 전쟁이 일어난다. F-3 병리에서 갈등의 삼자관계적 구조는 그것들을 F-2의 보다 이자관계적으로 구조화된 병리(그리고 F-1의 단일체적 병리)로부터 분화시키는 데 있어서 중심적인 진단 보조 수단 중의 하나다. 코헛은 이것을 '비극적 인간'에 대비하여 '죄의식 인간Guilty Man'이라고 일컫는다.

또한 F-3 자기의 삼자관계적 구조도 역시 발달과 병리의 전반적 스펙트럼에

이자관계적 단계

죄의식 인간

서 정신신경증의 핵심 의미에 주요 단서를 제공하기도 한다. 그 까닭은 자기는 물질에서 신체, 마음, 혼, 영까지 순차적으로 이르는 존재의 기본구조를 올라가는 도상에 있기 때문이다. 정신신경증은 그러한 (자기의) 거대한 가지점branch point

신체적 존재에서 심적 존재까지

에 도사리고 있는데, 이때 의식은 일반적으로 신체적 존재에서 일반적으로 정신적/심적mental 존재 쪽으로 향해 필연적으로 야기되는 모든 보상과 갈등과 함께 움직이기 시작한다. 신체는 자연/본성에 속하지만 마음은 (거쳐 온) 역사에 속하고, 신체는 충동에 속하지만 마음은 이성에 속한다. 신체는 단지 주관적이지만, 마음은 (소통적 의사교환과 상징적 대화에 있어서 **다른 주체들**의 역할을 자유롭게 취하며) 상호 주관적이다. 신체는 **단지 현재**의 느낌–자기feeling-self를 구성한다. 반면에 마음은 **시간적 텍스트–자기**text-self—역사적, 해석학적, 의도적, 해석적, 의미 있는, 배려하는, 도덕적, 역할–노릇하는 대본–자기script-self—를 뒷받침한다.

하지만 F-3 수준이나 오이디푸스적 단계의 대본과 사회적 역할은 뒤따르게

분기 3의 대본과 사회적 역할

되어 있는 단계들과 비교해 보면 오히려 거칠고 단순하다. 처음에는 역할의 수와 유형들은 어린이, 부모, 형제자매들과 같이 꽤 단순하다. 더 나아가, 대본–역할들 자체는 단지 리비도적 주제/의도들에 의해 거의 전적으로(또는 최소한 지배적으로) 추동된다. 오이디푸스적 콤플렉스는 그 모든 것 중에 최초의 그리고 가장 근본적인 대본 중의 하나다. (그리고 그것은 소포클레스Sophocles가 논증했듯이, 하나의 대본이다.) 그러나 그것은 거의 전적으로 단순히 신체적 욕망에 의해 추동된 대본이다. 하지만 새로운 분기점에서의 역할들 자체는 그것들의 단순히 신체적이거나 리비도적 동기를 떨어져 나가게 하고서 그것들 특유의 더 상위적 기능과 신분 그리고 병리를 떠맡게 된다.

개인적 병리

대개의 전통적 정신역동 이론들은 F-3 단계, 즉 오이디푸스 단계와 그 해결(또는 그 결과 생기는 결핍 장애들)에 오면 '심각한' 병리에 대한 그들의 설명을 끝내려는 경향이 있다. 이것은 아마 어느 정도는 이해할 만한 것이다. 결국 (정신분열

에서 히스테리에 이르는) 고전적 병리들은 자기-발달의 처음 세 분기점들에서 가장 혼란스러운 병인病因들을 갖는 것 같아 보인다. 그렇지만 이것은 결코 병리의 스펙트럼 중에 '심각'하거나 '포괄적'인 병리의 스펙트럼조차도 다 망라하고 있는 게 아니다. 따라서 (발달적 심리치료) 연구자들은 더 상위의 혹은 '후post오이디푸스적' 단계들에서의 발달과 그것들의 (이전 단계들과의) 상관적 취약성과 질병들을 점점 더 많이 바라보기 시작하였다.

'후오이디푸스적'
발달 단계들과
그 질병들

  예를 들면, '역할 혼동'의 전체 개념을 고려해 보자. 진정한 역할 취하기의 올바른 역량은 두말할 나위 없이 후오이디푸스적 발달이다. [타인의 역할을 취하는 역량은 여하한 복잡 미묘한 양상 하에서도 7~8세 정도가 될 때까지는 출현하지 않는다 (Piaget, 1977; Loevinger, 1976). 반면에 오이디푸스 해결의 전형적 나이는 6세다.] 그러므로 이론적으로는 오이디푸스적 갈등이나 관심사와는 전적으로 무관한 이유로 인해 오로지 역할 혼란과 정체성 혼란의 해결에 매달리다 보면, 완전히 정상적이고 건강한 양상으로 오이디푸스적 갈등을 누구나 해결할 수 있다. 이것들은 전적으로 서로 다른 갈등과 취약성들을 가지고 있는 발달의 (단지 다른 라인들이 아닌) 다른 수준들인 것 같아 보인다. 이러한 갈등들은 그 본성과 기원에 있어서 정신역동적이기보다는 훨씬 더 인지적이다. 그렇지만 그런 것들도 (전개인적 수준들과) 똑같이 그만큼 허약해지고 비참해질 수 있다. 나는 인지적 정체성의 이러한 전체 범위 그리고 실존적 관심사들을 '중간 수준의' 또는 '개인적' 영역이라고 일컫는다. 그리고 최근의 연구에 바탕을 두고 나는 그것을 세 가지 주요 수준(F-4, F-5, F-6)으로 구분하였고, 이러한 수준들을 '인지-대본' '정체성' 그리고 '실존적'이라고 일컫는다.

분기점 4: 역할 자기와 인지-대본 병리

  분기점 4는 중심적 자기가 표상심(과 그 오이디푸스적 프로젝트들)과 그 자신의 배타적 동일시를 초월하면서 새롭게 출현하기 시작하고, 규칙/역할심과 자신을 동일시하기 시작한다. 피아제(1977)가 논증하였듯이, 규칙/역할심rule/role mind, 혹은 '구체적 조작심conop'은 역할을 모방할 수 있을 뿐만 아니라 타인의 역할을 실질적으로 **취할 수 있는** 최초의 구조다. 이것은 뢰빙거의 새로운 자기 감각, 매슬로의 자기-욕구의 새로운 세트, 콜버그의 새로운 도덕적 민감성, 그리고 삶의 새로운 양식mode 그리고 죽음의 새로운 양식과 함께 대상관계의 새로운 차원을 열어 놓는다. F-3 병리(정신신경증)에서 삶/죽음(또는 보존/거부preservation/negation)의 싸움은 대체로 신체적 관심사와 충동들—리비도-신체 대상에 대한 욕망, 신체적 상실(거세, 불구 등)의 공포—에 집중하였다. 하지만 F-4 자기의 삶/죽음의 싸움은 그 자신의 규칙과 역할들—다른 역할들 가운데 그 자신의 위치나 역할에 적합하고, 그것에 속하고, 그것을 찾고자 하는 욕망, 그리고 체면을 잃어버리고 역할을 잃어버리고 **규칙**을 깨뜨리는 데 관련되는 두려움과 함께 **규칙을 이해하려는** 욕망(뢰빙거의 순응자 단계, 매슬로의 소속감, 콜버그의 인습적 단계 등)—에 주로 집중한다.

'대본 병리'와 분기 4   예를 들면, '대본 병리script pathology' 혹은 '대본 신경증'이라고 할 때 나는 게임이론에 대한 교류분석Transactional Analysis과 역할 취하기에 대한 대본 및 소통이론가들의 본격적인 연구결과를 염두에 두고 하는 말이다(Selman & Byrne, 1974; Watzlawick, 1967). 명백히 개념적 게임과 대본들(그리고 그에 선행하는 것들)은 F-3 발달 쪽으로 되뻗어 있지만, 중심적이고 지배적인 영향을 가정하는 것은 F-4에 있다. 이 단계의 발군의 방어기제는 '일구이언적(이중적 자아의) 교류duplicitous transaction'다. 즉, 개인은 하나의 메시지(예: "나는 오직 당신을 위해 최선인 것만을 원한다.")로 공개적으로 소통하지만, 반면에 ("나를 떠나지 마."와 같이) 또 다른 것을 은밀하게 의미하기도 한다. 만약 은밀한 메시지가 지적되면 그 개인은 완강하게 그것을 부인한다. 은밀한 메시지나 숨겨진 의도들이 F-4 자기에서 핵심 병원病源적 구조다. 극단적인 경우 그것들은 F-3에서의 억압과 F-2에서의 분열에 유사한 텍스트-자기의 내면적 균열이나 해리로 귀결된다. 대본 병리script pathology와 그것이 정신신경적 병리로 환원될 수 없는 이유는 제5장에서 보다 상세하게 논의할 것이다.

분기점 5: 　　정체성 신경증

형식적-반성심formal-reflexive의 기본구조의 출현은 F-5 자기-발달, 즉 고도로 분화된, 반성적 그리고 내성적(성찰적) 자기-구조화의 가능성을 열어 놓는다. F-5 자기는 이제 사회적 역할과 전통적 도덕성에 (순응하는) 반성이 없이 더 이상 얽매여 있지 않게 된다. 처음으로 그것은 (콜버그의 탈인습적, 뢰빙거의 양심적-개인주의적 등의) 이성과 양심에 대한 그 자신 특유의 개인 원리에 의지할 수 있다. 또한 처음으로 역시 자기는 전적으로 새로운 목표, 새로운 가능성, 새로운 (삶의) 욕구 그리고 새로운 (죽음의) 두려움과 함께 (피아제의) **가능한**(또는 가설적) 미래를 받아들일 수 있다. 이제 F-5 자기는 전에는 결코 상상도 하지 못했던 방식으로 가능한 성공과 실패를 받아들일 수 있다. F-5는 한밤중에 모든 가능성에 대한 기대로 인해 걱정하거나 고양된 채로 꼼짝 못하고 잠 못 이루고 누워 있을 수 있다! F-5 자기는 최선의 그리고 최상의 의미에서 철학자나 몽상가가 된다. 즉, 그것은 그 자신의 실존에 경이로워하며 내면으로 비추는 거울 자기다. 그래서 '**나는 생각한다, 고로 존재한다**Cogito, ergo sum.'인 것이다.

이성, 양심, 가능성에 중점 두기

특히 '정체성 신경증'은 자기-반성적 구조의 출현에 있어서 잘못되어 갈 수도 있는 모든 것을 의미한다. F-5 자기는 규칙/역할심에서 자유롭게 벗어나서 그 자신의 양심의 원리 위에 서 있을 만큼 충분히 강한가? F-5는 필요하다면 다르게 북 치는 다른 이의 소리에 맞추어 행진할 용기를 낼 수 있는가? F-5는 그 스스로 감히 그렇게 생각할 수 있을까? F-5는 그 자신의 창발의 가망성에 대한 불안이나 우울을 극복할 수 있을 것인가? 이러한 관심사들은—애석하게도 수많은 대상-관계이론가들이 이것들을 F-2의 분리개별화 차원으로 환원시키고 있지만—F-5 자기와 그 정체성 병리의 핵심부를 형성한다. 아마도 에릭슨(Erikson, 1959, 1963)은 최초로 F-5 자기-발달('정체성 대 역할혼란identity vs. role confusion')에 관한 명확한 연구결과들을 집필했던 사람이다. **철학적 문제들**은 F-5 발달의 통합적 부분이고, 철학적 교육은 이 수준에서의 치료의 통합적이고 정당한 부분이라는 관찰이 여기서 추가될 수 있는 모든 것이다(제5장의 관련 절 참조).

'정체성 신경증'과 분기 5

분기점 6:   실존 병리

나는 먼저 자기-발달의 특정한 수준(F-6)으로서 '실존적'이란 의미와 자기-발달의 모든 수준에서 생겨날 수 있고 생겨나는 특정한 갈등으로서의 '실존적'이라는 의미 사이를 구분해야 한다고 본다. 후자(실존적 갈등)는 단순히 자기-발달의 각각의 모든 단계에서 생겨나는 삶/죽음이나 보존/거부의 싸움을 바라보는 하나의 방식이다. 출생 상흔, 재접근 위기, 분리-개별화, 오이디푸스 비극, 역할 충돌, 정체성 신경증 같은 이런 모든 것은 다 본질상 '실존적'인 것으로 기술될 수 있다. 단순히 그런 것들은 인간 실존Dasein의 코스에서 심오하고 의미심장한 사건들을 수반하기 때문이다. 실존적 접근은 단지 그 **콘텐츠**(경계선, 오이디푸스 등)에 의해서만이 아니라 또한 실존 자체의 **맥락**이나 범주, 또는 세계-내-존재being-in-the-world의 다양한 여러 양식과 단계들로부터도 발달의 각 단계를 바라본다. 이것이 바로 비록 이 실존적 전투의 외향적 형태는 명백히 수준에서 수준으로 변동하지만, 자기-발달의 각 단계의 중심 딜레마와 추동은 삶/죽음, 보존/거부 혹은 실존적 관심으로 개념화될 수 있는 까닭을 보여 주는 것이다. 이것은 내가 부분적으로 공유하고 있는 보스(Boss, 1963), 빈스방거(Binswanger, 1956), 얄롬(Yalom, 1980), 치머만(Zimmerman, 1981), 메이(May, 1977)와 같은 다른 학자들의 접근 방법이다.

특정한 수준으로서의 '실존적 수준'   이제 '실존적 수준'은 내가 여기서 이 용어를 사용하고 있듯이, 발달의 기본구조의 특정한 수준(비전-논리vision-logic)과 자기-발달의 연관되는 단계(켄타우로스centaur)를 언급한다. 다음과 같은 세 가지 이유로 인해 이것을 '실존적'이라고 명명하였다. 1) 만약 형식적-반성심은 데카르트Descartes적이고, 실존적 마음은 하이데거Heidegger적이라면, 그의 전체 철학은 의식의 이 수준과 (단지 주관적 조작이 아닌 실질적 발견으로서) 놀라울 정도로 잘 맞아떨어진다. 2) 이 수준의 자기-구조는 브로턴Broughton(1975)이 논증했듯이, '몸과 마음心身이 양쪽 다 통합된 자기의 체험이 생기는' 곳이다. 이 개인적 심신통합은, 즉 '켄타우로스Centaur'는 '인간중심-실존적humanistic-existential'이라고 명시적으로 일컬어지고 있는 제반 치료법들의 목표인 것으로 보인다. (하지만 이것은, 그것들 자체는 '인간 중심적' 또는

'실존적'이라고 일컬어지고 있지만, 사실상 **유사** 인간중심적/실존적이고 공상-정서적이 거나 자기애적 '낙원'으로의 퇴행과 찬양을 위한 강력한 치료기법을 담고 있는 수많은 인기 있는 접근법들을 언급하는 게 아니다. 그들은 이것들을 '상위의 의식'과 동일시하 는 실수를 범한 것이다.) 3) 이 수준은 수많은 진정한 인간 중심적-실존적 접근법 들이 인정하고 있는 것으로 보이는 의식의 **최상위** 수준이다.

문헌고찰에 따르면, F-6 수준 또는 실존적 자기의 주요 관심사는 개인적 자 율성과 통합(뢰빙거), 진정성(키르케고르, 하이데거) 그리고 자기-실현(매슬로, 로저 스)이라는 점을 시사하고 있다. 관련 정서는 삶(또는 세계-내-존재)의 전반적 **의미** 에 대한 관심, 개인의 필멸성(생자필멸生者必滅의 운명)과 유한성과 붙잡고 씨름하 기, 그리고 고독사와 뜻밖의 죽음에 직면하여 지녀야 할 용기 찾기 같은 것들이 다. 형식적-마음formal-mind은 삶의 **가능성**을 받아들이고 이 새로 찾은 자유 속에 막 **비행하기** 시작하는데 비해, (비전-논리를 통한) 실존적 마음은 그 가능성들을 북돋우고 그리고 '개인적 삶은 우주적 공空 속의 하나의 찰나적 불꽃이다.'라는 사실을 발견한다. 실존적 자기가 자율성과 자기실현의 새로운 가능성을 어떻게 취급하는가 그리고 그것이 유한성, 필멸성 그리고 명백한 삶의 무의미성의 문제 를 어떻게 붙잡고 씨름하는가와 같은 것들이 F-6 병리에서의 중심 인자들이다. 이 수준에서의 공통의 증후군들은 다음과 같은 것들을 포함한다.

분기 6, 일명 실존적 자기

1. **실존적 우울**: 인지된 (삶의) 무의미성에 직면하여 글로벌-확산의 우울이나 '삶 의 포로'
2. **비진정성**: 하이데거(1962)가 개인 자신의 유한성과 필멸성에 대한 심오한 자각-수용의 결핍으로 정의
3. **실존적 고립과 '초자연성**uncanniness'**: 친숙한 세계 내에서 그럼에도 '편안하 지 않은' 느낌을 가질 만큼 강인한 자기
4. **좌절된 자기-실현**: 매슬로(1971)가 말하였듯이, "내가 경고하건데, 만약 당신 이 성취할 수 있는 역량보다 고의로 (목표를) 더 적게 설정하려 한다면, 당신 은 당신 삶의 여생 동안 깊숙이 불행해질 것이다."
5. **실존적 불안**: 세계-내-존재로서의 개인의 자기-반성적 양식들의 위협으로

실존-수준의 증후군

인한 죽음이나 그런 양식들의 상실(분기점 5와 6 이전에는 형식적-반성을 하는 그런 역량이 그때까지는 일어나지 않기 때문에 생겨날 수 없는 불안)

실존-수준의 권태　예를 들면, '무의미성'의 모든 경우가 다 (실존-수준 기원의 구체적 의미에서) 실존적이라고 자동적으로 고려되지는 않는다. 이를테면 경계선 포기 우울과 정신 신경적 우울 역시 무의미성의 정서적 상태를 만들어 낸다. 그렇지만 실존적 권태는 특수하고 빗나갈 수 없는 '취향'을 갖고 있다. 말하자면, 강하고 고도로 분화-통합된 자기-구조가 이런 증상을 보여 준다. 그것은 숙고하고 꾸준하고 관심을 쏟고 심원한 우울이다. 그것은 경계선 증후군의 '넋두리'나 정신신경증의 죄의식 중 어느 것도 갖지 않고 있다. 그것은 주저함이 없이 단호하게 우주를 바라보고 나서는 어떤 이유이든 간에 어떠한 개인적 의미도 찾을 수 없다는 데 절망을 갖는다. 하위 수준의 구조에 바탕을 둔 이러한 우울의 해석은—정신신경증적이거나 경계선 장애이거나 그 어떤 것이거나 간에—관심 있는 치료자에게는 직관적 **톨스토이의 고전적** 으로도 '어리석어' 보이거나 당치도 않은 소리로 들리고 느끼게 된다. 진정한 권 **사례** 태의 전형적인 예는 톨스토이(Tolstoy, 1929)에서 찾아 볼 수 있다.

　내 나이 50세가 되어서 자살이란 생각에 떠오른 의문은 모든 사람의 영혼에 담겨 있는 의문 중에 가장 단순한 것이다. "내가 지금 하고 있는 것 그리고 내일 내가 하고 있는 것에서 무슨 의미를 찾을 수 있을 것인가? 나의 전 생애로부터 무슨 의미를 찾을 수 있을 것인가?" 그렇지 않으면 이렇게 표현했을 것이다— "나는 왜 살아야 하나? 내가 왜 어떤 것이든 원해야 하나? 나는 왜 어떤 일이든 해야 하나?" 다시 한 번 다른 말로 하면, "나를 기다리고 있는 피할 수 없는 죽음에 의해 파괴되지 않을 어떤 의미가 나의 인생에 있는 것인가?"

초개인적 병리

여기서는 전개인적이고 개인적 영역에서와 같이 초개인적(자아초월transpersonal) 영역도 발달의 세 가지 주요 수준과 상응하는 병리로 구분하였다. 나는 이를 심령적(심혼적psychic), 정묘적subtle, 원인적causal 영역이라고 일컫고 있다. 하지만 다음의 논의는 예비연구에 지나지 않는다는 것을 강조해야만 할 것 같다. 모든 경우에 나는 다른 정관/명상학파들과는 어느 정도 중립적이고 균형 잡힌 입장을 취하려고 시도해 왔다. 그렇지만 그들 중의 일부는 이러한 상위의 단계들이나 그 가능한 병리들 중 어떤 것들에 대한 나의 독특한 어법이나 서술과 일치하지 않는다는 것을 깨닫는다. 그래서 만약 어떤 정관/명상학파에서 내가 '심령적' '정묘적' '원인적'이란 용어를 사용하는 것에 반대한다면, 나는 그들에게 보다 더 중립적인 용어들, 예컨대 수련의 '입문' '중급' '고급' 단계 같은 용어들로 대치하고 나서 그들 자신의 전통에 따라 다음의 내용들을 해석하기를 정중하게 권하고 싶다. 나는 다음의 내용들을 일련의 독단적 결론으로서가 아니라 전통 학파와 정관/명상학파에서 안타깝게도 다 같이 소홀하게 다루는 주제들에 대해 논의를 열어 놓는 방식으로 제안하고자 한다.

분기점 7:   심령적 장애

심령적 기본구조의 창발은 자기-발달의 또 다른 수준 그리고 관련된 자기-병리의 가능성을 함께 초래한다. '심령적 병리'(또는 'F-7병리')라고 할 때, 나는 구체적으로 다음과 같은 '하위적-수준'의 영적 위기와 병리들을 의미한다. 즉, 그것들은 1) 어떤 비교적 발달된 혼 안에서 **자발적으로** 각성될 수 있고, 2) 심각한 스트레스(예: 정신병적 삽화episodes)를 받는 동안 발달의 어떤 하위적 수준을 침범하고, 3) 정관/명상 훈련의 **입문** 수련자를 괴롭힐 수도 있다는 말이다.

1. 가장 극적인 심령적 병리는 영적-심령 에너지氣나 심령적 능력들의 자발적이고 통상 뜻하지 않은 각성 속에 생겨난다. 잘하면 이러한 위기들은 성가신 정도에 불과하지만, 최악의 경우 그것들은 켄타우로스적 자기에 확실하게 정착된 사람들조차도 정신적으로 황폐화시킬 수 있다. 이를테면, 쿤달리니의 각성은 심리적 다이너마이트가 될 수 있다. 이러한 심령적 병리의 두

드러지게 뚜렷한 예들은 고피 크리슈나Gopi Krishna(1972), 존 화이트John White(1979), 그리고 윌리엄 제임스William James(1961)에서 찾아볼 수 있다.

정신병과 '영적 채널'
정신신경증

2. 일시적 정신분열적 파탄이나 정신병-유사 삽화들의 가장 당혹스러운 측면들 중의 하나는 그것들은 흔히 심오한 영적 통찰의 채널이기도 하다는 것이다. 하지만 그것들은 신경증적, 경계선적 또는 심지어 솔직히 정신병적(특히 편집증적 정신분열증적)인 자기-구조를 통해 그렇게 발현한다는 것이다. **영원의 철학**과 친숙한 어떤 사람은 특정한 정신병-유사 삽화적 요소들의 어느 것이 보편적-영적 구성요소들을 지니고 있는지 여부를 거의 즉각적으로 적시한다. 그래서 그는 순전히 정신병적이거나 경계선 수준에서 시작하는 보다 더 평범한(그리고 흔히 보다 쉽게 치료할 수 있는) 병리들로부터 '영적-채널'의 정신신경증을 꽤 쉽게 분간해 낼 수 있다.

3. 초보입문 수련자: 초보자를 괴롭히는 심령적 병리의 종류

a) **심령적 에너지**心靈氣 **팽창**: 심령적 수준의 보편적-초개인 에너지와 통찰들은 (특히 만약 자기-구조에서 자기애적 하부단계의 잔존 장애심이 남아 있다면) 극단적으로 균형을 상실한 정신 상태를 초래하면서 개인적 자아나 켄타우로스에 전적으로 그대로 적용된다.

b) **영적 수련 기법의 결함 있는 수행으로 인한 구조적 불균형**: 이것은 특히 크리야Kriya 요가와 차르야Charya 요가에서 그리고 만트라진언眞言같은 보다 미묘한 수련 기법들에서의 정화와 정죄淨罪의 길에 보통 있는 일이다. 그것은 온건한 자유롭게-유동하는-불안free-floating-anxiety이나 정신신체적 전환 증상들(두통, 가벼운 심장 부정맥, 장의 불편함 등)로 통상 나타난다.

c) **영혼의 어두운 밤**Dark Night of the Soul: 일단 영혼이 신성the Divine의 직접 맛봄이나 체험을 이에 수반하는 비전이나 엑스터시ecstasy나 명료성과 함께 획득하고 나서, 그러한 체험이 (그것이 애초에 그랬던 것처럼) 희미하게 사라지기 시작하면 그 영혼은 엄청난 좌절/포기 우울로 고통을 받는다. (하지만 경계선적, 신경증적 또는 실존적 우울과 혼동하지 **말아야 한다**. 이 경우 영혼은 삶에서의 자신의 의미, 자신의 수호신daemon이나 자신의 운명이 점점

희미해지는 것만을 **보아 온 것이다.** 즉, 영혼의 어두운 밤이다.)

d) **분열된 인생-목표:** 예를 들면, "나는 세상 안에 머물고 있는가 아니면 명상 수련하기 위해 (세상과) 멀어지고 있는가?" 이것은 지극히 고통스럽고 심리적으로 무력해질 수 있는 의문이다. 그것은 대본병리에서의 텍스트-분열, 정신신경증에서의 억압 등에 유사한 상위와 하위의 자기-욕구 사이에 심원한 분열의 한 형태를 표현한다.

e) **의사-고**(擬似-苦·Pseudo-duhkha): 의식현상의 참 본성의 연구가 강조되는 명상의 어떤 길[예: 위빠사나에서 알아차림 훈련의 초기 단계(특히 '성찰의 단계')]은 현현하는 실존 자체의 고통스러운 본성이 점점 더 자라나는 실존 의식의 실현을 초래한다. 이러한 실현이 압도하게 되면—훈련 자체보다 (실존 의식이) 더 심한 압도감을 야기하게 된다고 하면—우리는 '의사-고'에 대해 말하고 있는 것이다. 의사-고는 흔히 발달의 심령 분기점에서 잔존 실존적 장애, 잔존 정신신경증, 또는 보다 더 흔하게는 잔존 경계선 오염의 결과다. (보통의) 개인은 삶의 쓰디쓴 속성에 대한 올바른 이해를 획득하지 못한다. 그는 단순히 삶의 비참함을 지속한다. 이러한 심령적 우울은 효과적으로 치료하기가 가장 어려운 것 중 하나이다. 특히 그것은 흔히 (오해되고 있는) 불교사상에 따르자면 세계는 고통받게 **되어 있는 것이라는** 합리화에 의해 뒷받침되고 있기 때문이다. 그러한 경우, 정확하게 말해 보다 더 강도 높은 위빠사나 수행이 반드시 꼭 필요한 게 아니라는 것이다.

실존과 '의사-고'의 고통스러운 본성에 대한 통찰

f) **기**氣**의 장애:** 쿤달리니 에너지(신비한 생명 원기生命 元氣) 상승의 초기단계에서 기氣의 잘못된 방향으로의 흐름을 언급하는 것이다. 다양한 심령 에너지心靈氣 채널들이, 예컨대 티베트 불교에서 '풍마'(風馬rlung)장애魔障라고 일컫듯이, 과발달 또는 미발달되거나 잘못 교차되거나 미숙하게 열리게 된다. 이러한 기氣의 장애는 통상 부적절한 시각화 명상과 집중(止, 사마타) 수련에 의해 생겨난다. 특히 그런 것들은 라자Raja 요가, 시다Siddha 요가, 요가탄트라 그리고 아누Anu 요가에서 더 흔하게 생기고 있다. 극적인 정신신체적 증상들이 거의 통제 불가능한 근육 경련, 난폭한 두통,

호흡곤란 등을 포함하여 보통 흔하게 일어나는 현상이다.

g) '요가병(아우로빈도)': 아우로빈도에 따르면, 이 장애는 의식의 상위적 또는 심령적 수준의 발달이 물리적-정서적 신체에 과도한 긴장을 가져올 때 생겨난다. 심령적이고 정묘적 에너지心靈氣 · 精妙氣의 고강도는 당연히 '하위의 (에너지氣) 회로'에 과부하를 가져올 수 있고, 결과적으로 (아우로빈도에 따르면) 알레르기에서 장腸문제, 심장장애에 이르기까지 모든 것에 문제가 생기게 한다는 것이다. 아마도 만약 그가 오늘날도 살아 있다면 그는 라마나 마하리시Ramana Maharshi, 스즈키 로시Suzuki Roshi 등의 건강문제에서 입증되었듯이 '암'도 추가했을 것이다.

분기점 8:   정묘적 장애

의식의 정묘적 수준 기본구조의 창발은 이와 함께 정묘-수준 자기-발달의 가능성을 가져온다. 즉, 그것은 새로운 대상관계, 새로운 동기부여, 삶의 새로운 형태, 죽음의 새로운 형태와 함께 자기의 새롭고 상위적인 양식—그래서 가능한 병리의 새로운 형태—도 초래한다.

F-8 병리의 두 가지 취약점에 대한 관심사는 다음과 같다. 1) 이전 단계의 심적-심령적mental-psychic 차원의 분화-분리-초월differentiation-separation-transcendence, 2) 정묘적-원형적 자기와 그 대상관계의 동일시-통합-공고화identification-integration-consolidation다. 명백하게 이 병리는 중급에서 고급에 이르는 명상가들에게서 대부분 자주 생겨난다. 그 수많은 병리 형태들 중에 몇 가지만 다음에 언급하였다.

1. **통합-동일시의 실패**Integration-Identification Failure: 정묘 기본구조는—다른 여러 수행의 길들에서는 '**존재**Being' '**정신력**魂氣' '**통찰**' (경배 대상의) '**신위**神位-**형상**Deity-Form', 또는 '자기-광휘적 **현존**Presence'(이 모든 것들을 보다 단순하게 말하자면 '**원형적 현존**Archetypal Presence' 혹은 '**알아차림/자각**Awareness'으로 언급되는 것)으로 상상되거나 인지되고 있는 것으로—은유적으로는 정신-심령

적mental-psychic 의식의 '상위의 그리고 이면의 의식으로' 일단 이해되고 있다. 정관/명상이 점차로 깊어지면서 자기는 심령적 의지처로부터 자신을 차별화시키고 나서 그러한 '기저식ground' '통찰Insight' '원형적 현존Archetypal Presence' 또는 '자각awareness'과의 직관적 동일시로 상승한다. "점차적으로 우리는 '신성한 형상the Divine Form' 이나 '현존'이 우리 자신의 원형, 우리 자신의 본질적 본성의 이미지라는 것을 깨닫는다."(Hixon, 1978) 이러한 '정체성Identity'은 정묘 의식의 대상관계들―즉, 무한공간, 가청계시nada, 상승된 지식의 '브라마Brahma' 영역들(구루 요가Guru Yoga에서 이것은 또한 '원형적 자기Archetypal self'로서의 '구루Guru'와 '수행법통Lineage'과의 직관적 동일시를 포함)―의 안정된 **주시/주목**witnessing과 더불어 동시에 솟아난다. 수행자가 사실상 구조적으로 이러한 (실존에) **'선행하는 정체성-자각**Prior Identity-Awareness'에 대한 능력을 가진 **후에도** 그것을 깨닫는 데 **실패**하는 것이 이러한 증후군을 중심적으로 규정짓는 병리다. 왜냐하면 그것은 그러한 시점에서 바로 자기와 '원형' 사이의 (동일시의) 균열fracture을, 기독교 용어로는 혼의 병리를 구성하기 때문이다.

자기와 원형적 자각 사이의 균열

이러한 (동일시의) 균열이 일어나는 기본 이유 중의 하나는 '원형적 현존'이나 '자각'과, 또한 그 자체로 동일시하는 것은 곧 심적-심령적 자기의 **죽음**을 요구하기 때문이다. 이러한 (실존적) 굴욕의 고통을 받기보다 차라리 자기는 그 자신의 분리된 존재로 **위축**하게 되고, 그래서 더 상위의 그리고 선행하는 원형적 정체성을 균열시키는 쪽으로 가게 된다. 그리하여 '원형적 현존의 **균열파편**'은 (초월의식의, 그리고 직관적인) '주체'로 작용하는 전체의 '원형적 현존재' 대신 여전히 이원주의적 자각의 **대상**으로 나타난다. 다시 말해, (주체로서) 원형적 자각을 하는 **존재**가 되는 대신에 명상 속에서 자기는 (대상으로서) 그 자신의 조각만을 응시한다. (자기의 통합) 공고화(8c)에 도달한 게 아닌 것이다.

균열의 기본 이유

2. **의사-열반**Pseudo-nirvana: 이것은 단순히 정묘적 또는 원형적 형상, 계시/조명, 환희심, 엑스터시, 통찰 또는 최종의 해방을 위한 몰입을 잘못 해석한 것이다. 만약 개인이 사실상 의식의 원인적이거나 궁극의 수준을 추구하고 있

지 않는 한 이것은 병리가 아니다. 이 경우 **전체** 정묘 영역과 그 모든 체험들이 집착심을 일으킨다면, 그것은 병리적 '마장魔障/마경魔境'의 정묘적 환상으로 간주된다. 선禪에서는 실제로 그것을 '선병禪病'으로 일컫는다.

3. 의사-깨달음Pseudo-realization: 이것은 심령 수준에서의 의사-고와 같이 정묘-수준에서와 대등한 것이다. 위빠사나 명상이 정묘 수준의 자각으로 진행하게 되면서 (자아초월, 원형적 자기 동일화의) '깨달음/실현realization'이라고 일컫는 통찰의 단계가 솟아난다(이 너머에는 '무수고의 통찰', 즉 정묘 수준 발달의 최상위 단계가 놓여 있다). 이 (의사) 깨달음의 단계에서 의식의 모든 내용은 위협적이고 숨 막힐 듯 짓누르고 혐오스럽고 고통스럽고 역겨워지는 것으로 보인다. 극도의 육체적 고통과 강도 높은 정신-심령적mental-psychic 불편함이 있다. 하지만 이것은 이 단계의 병리가 아니고 오히려 이 단계에서는 **정상태**normalcy다. 이는 본체noumenon로부터 떨어져서 보았을 때 현상의 불만족스러운 본성에 대한 강도 높은 통찰을 수반하고 있는 것이다. 이 강도 높은 고통과 강한 혐오감은 열반에의 몰입 속에서 모든 상상 가능한 현현manifestation을 초월하는 동기로 작용한다. 의사-깨달음-병리는 그러한 과정이 신속하게 지나가게 하는 데 실패하고 혼이 그 자신의 고뇌의 주변에서 배회하고 있을 때 일어난다. 비록 상좌부Theravadin 이론가들은 이러한 용어와 그 함의에 반대하는지도 모르지만, 이 병리는 심층구조 형태로 모든 정묘 수준의 대상관계에 대한 '원형적 자각'과 그 안정된 주시하기에 개입하는 데 실패한 것이라고 앞에서 일컬었던 것과 동일한 듯 보인다.

동기로서의 고통과
혐오감

분기점 9:   원인적 장애

자기-발달의 마지막 주요 분기점은 그 두 개의 분기 가지(c와 d)로 '**무형상**無色·Formless' 일명 '**비현현**Unmanifest'(9c) 그리고 '형상'의 전체 세계, 일명 '**현현하는 영역**'(9d)을 갖고 있다. 정상적 발달은 그것들의 적절한 (원인 수준에서의) 분화와 (궁극 수준에서의) 그것들의 최종 통합을 포함한다. 반면에 병리는 이러한 두 가지 결정적으로 중요한 이동의 어느 한쪽에서 실착失着한 결과 생겨난다.

1. **분화의 실패**: (단순히, 분리-자기감의 최상의 정묘 수준인) 원형적 자기의 최종적 죽음을 받아들이는 데 무력하다는 것은 의식을 현현하는 영역의 어떤 국면에 집착하도록 가두어 놓는다. '**위대한 죽음**Great Death'은 결코 일어나지 않고, 그래서 '**무형상 의식**無色識'은 현현하는 영역으로부터 차별화하거나 초월하는 데 실패한다. 우주의 '**심장부**宇宙心·the Heart' 속으로의 낙하는 가장 정묘한 (수준에서 원형적 대상에 대한) 대조하기, 집착하기, 추구하기 또는 욕구하기에 의해 차단된다. 그리고 해방을 위한 욕구가 최종 차단 블럭이 된다. <!-- margin --> **해방에의 집착**

2. **통합하는 데 실패, 또는 아라한병**Arhat's Disease: '순수의식'은 의식의 모든 대상 또는 전체 현현하는 영역으로부터 자각(알아차림) 속에 아무런 대상조차도 생겨나지 않는 그런 경지(**지혜삼매** jnana samadhi, **무상삼매**nirvikalpa samadhi, **열반**nirvana)에 이르기까지, 스스로를 (모든 현현하는 대상과) 차별화하는 일을 해낸다. 비록 이것은 어떤 (수행의) 길의 '최종단계'이지만, 사실상 미묘한 분리성disjuncture, 이원론, 또는 긴장이 현재의 의식 속에, 즉 현현하는 그리고 비현현하는 영역 사이에 존재한다. 이 분리성이 (의식 속에) 침투되는 것과 마찬가지로 오직 현현하는 영역은 '순수의식'으로부터의 위축이 아닌 그것의 수정(의식)으로 생겨난다. 이것은 고전적 **사하즈-바바 삼매**sahaj-bhava samadhi다. 나는 이것을 넘어서는 수준을 말하는 어떤 문헌도 읽어 본 적이 없고, 어떤 현자에 대해 들어 본 적도 없다. <!-- margin --> **현현과 비현현 영역의 분리 상태**

[그림 4-1]은 지금까지 논의해 온 것의 구도적 요약이다. 즉, 의식의 기본구조, 상응하는 자기-발달의 분기점들, 그리고 각 분기점에서 생길 수 있는 가능한 병리들 사이의 상관성을 보여 준다.

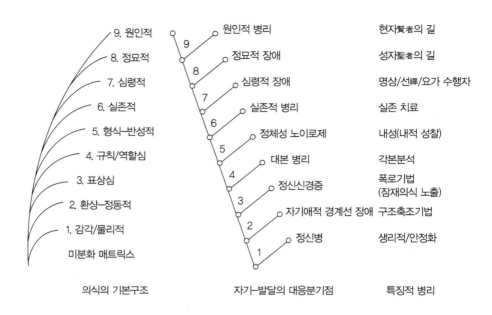

의식의 기본구조	자기-발달의 대응분기점	특징적 병리
9. 원인적	원인적 병리	현자賢者의 길
8. 정묘적	정묘적 장애	성자聖者의 길
7. 심령적	심령적 장애	명상/선禪/요가 수행자
6. 실존적	실존적 병리	실존 치료
5. 형식–반성적	정체성 노이로제	내성(내적 성찰)
4. 규칙/역할심	대본 병리	각본분석
3. 표상심	정신신경증	폭로기법 (잠재의식 노출)
2. 환상–정동적	자기애적 경계선 장애	구조축조기법
1. 감각/물리적	정신병	생리적/안정화
미분화 매트릭스		

[그림 4-1] 구조, 분기점, 정신병리의 상관성

치료양식

켄 윌버 Ken Wilber

이 장에서 윌버는 정신병리의 각 주요 수준에 가장 적당한 것으로 보이는 다양한 치료양식들treatment modalities 또는 치료적 개입들에 대한 논의로 그의 논고의 결론을 맺는다. 종결하는 절에서 그는 스펙트럼 모형의 시각에서 본 자기애, 꿈 그리고 심리치료/명상의 본성에 대해 논의한다.

우리는 질적으로 서로 다른 병리들이 자기-조직화와 자기-발달의 질적으로 다른 수준들과 연관되어 있다는 것을 보아 왔다. 그렇다면 병리의 특정한 수준은 심리치료적 개입의 어느 특정한 유형에 가장 잘 조응할 것이라고 기대할 수 있다. 이 절에서 나는 자기-병리의 각 유형이나 수준에 가장 잘 맞도록 맞추어진 그러한 치료양식의 유형들에 대해 논의하고 싶다. 이러한 치료양식들의 일부는 사실상 정신병리의 독특한 부류를 치료하도록 특수하게 고안되었고, 흔히 다른 증후군들에 대해서는 금기시되어 있다.

분기점 1(정신병): 생리학적 개입

개입의 원초적
–수준

극심하거나 (진행) 과정 중에 있는 정신병의 대부분의 형태는 정신분석학적 치료, 심리치료, 분석심리학, 가족치료 등(Greist, 1982)이—이 분야에서 반복적이고 선구적인 노력에도 불구하고(Laing, 1967)—잘 (또는 전혀) 먹혀들지 않는다. 이러한 (정신병적) 교란들은 유기체 조직의 매우 원초적 수준(감각지각적이고 생리적 수준)에서 생기는 것으로 보이기 때문에 오직 **똑같이 원초적 수준**에서의 개입—즉, (심리치료를 보조적 치료로 배제하지 않는) 약물학적이거나 생리학적 치료—만이 효과적이다(Arieti, 1967; Greist, 1982).

분기점 2(자기애적–경계선 장애): 구조–축조기법

자기애적 경계선
증후군에서의
중심 문제

자기애적이고 경계선 장애 증후군에서의 중심 문제는 개인이 자기의 어떤 충동이나 감정들을 억압하고 있는 것이 아니라 오히려 그가 애초부터 분리개별화된 자기를 지니지 못하는 데 있다(Blanck & Blanck, 1979). 어떤 의미에서 아직은 억압된 무의식(이나 '억압장애물')이 없다는 것이다(Gedo, 1981). 모든 다양한 상념과 정서들은 존재하고 대체로 의식적이지만, 이것들이 **누구에게** 속하는지에 대한 상당한 혼란이—달리 말하면, 자기와 대상 표상의 융합이나 혼동이나 분열이—있다는 것이다. 자기는 아직은 무의식 속으로 내용들을 '밀어 넣을' 만큼 충분히 강하거나 구조화되어 있지 않고, 그래서 그 대신 단순히 표층의 가구를 재배치하는 것이다. 자기와 타자 사이에 경계는 희미해져 있거나(자기애/나르시시즘) 매우 빈약한(경계선) 상태다. 그래서 자기는 자기와 타자 사이의 자신의 감정과 생각들을 무차별하게 뒤섞어 버리거나 또는 하나의 대상 주제('모두-좋은 부분-대상')에 대한 자신의 모든 좋은 감정과 또 하나의 다른 것('모두-나쁜 부분-대상')에 대한 자신의 모든 나쁜 감정을 그룹화시킨다(Masterson, 1981).

치료의 목표는
구조를 축조하는
것이다

따라서 이 수준에서 치료의 목표는 무의식적 욕동이나 충동을 다 드러나게 하는 데 있는 게 아니라 오히려 구조를 축조하는 데 있는 것이다. 그래서 사실상 이러한 신경증적으로 미급하게 구조화된 내담자에게 있어서 치료의 목표는 그들로

하여금 어느 정도는 신경증, 억압, 저항의 수준에 이르도록 하는 능력을 부여하는 것이라고 흔히 말해지기도 한다(Blanck & Blanck, 1979). 그러므로 분기점 2에 대한 치료는 억압과 정신신경증을 치료하기 위해 사용한 '폭로기법들uncovering techniques'과는 대조적으로 소위 '구조-축조기법들structure-building techniques'을 수반한다(Gedo, 1979, 1981; Blanck & Blanck, 1974, 1979).

구조-축조기법들의 목표는 매우 단순하여 개인적 재개입을 도와주고서 분리 개별화 과정(분기점 2)을 완성하도록 하는 것이다(Masterson, 1981). 그렇게 하는 것은 분리개별화가 생기는 것을 방해하기 위해 사용하는 두 가지 중심적 방어 기제—투사적 동일시(혹은 자기와 대상 표상의 융합)와 분열(Kernberg, 1976; Rinsley, 1977)—에 대한 이해(그리고 부지불식간의 약화)를 수반한다. 투사적 동일시(또는 조잡한 방어)를 하게 되면 자기는 자신 특유의 생각과 감정들(그리고 특히 자기-표상들)을 타인의 것들과 융합해 버린다. 생각과 감정들은 어느 정도는 의식으로 남아 있다는 것을 유의해야 한다. 즉, 그것들은 억압되어 있지 않다. 그리고 그것들은 단순히 타인의 것들과 융합되거나 혼동되는 경향이 있다. 자기와 다른 대상을 분화/분별하는 데 있어서 이러한 능력의 결핍은 세상을 집어삼키는 자기(자기애적 장애)나 자기를 집어삼키려고 침범하고 위협하는 세상(경계선 장애 쪽)으로 이끌려 가게 한다. 분열이 있게 되면 (관련되는) 특정한 생각과 감정들도 역시 대체로 의식으로 남아 있게 되지만 그것들은 오히려 원초적 양상으로 구분되거나 구획화된다. 분열은 명백하게 다음과 같은 방식으로 시작한다. 즉, 생후 최초 6개월 정도의 기간 동안에 만약 양육자가 영유아를 편안하게 잘 돌봐 주면, 그것은 '좋은 어머니'의 이미지를 형성한다. 반면에 그녀가 그것을 망쳐 버린다면 '나쁜 어머니'의 이미지를 형성한다. 하지만 이 초기단계에서 자기는 '좋은 이미지'와 '나쁜 이미지'가 단순히 **동일한** 사람(또는 '전체 대상'), 즉 현실의 실제 어머니의 두 가지 다른 측면이라는 것을 알아차리는 인지적 역량이 없는 것이다. 하지만 발달이 계속 되면서 유아는 '모두-좋은 부분-대상'과 '모두-나쁜 부분-대상'을 대상의 전체 이미지로 통합하는 것을, 즉 그 대상이 **때로는 좋고 때로는** 나쁘다는 것을 배워야 한다. 이것은 정말로 매우 결정적으로 중요한 과업인 것으로 생각된다. 왜냐하면 만약 '모두-나쁜 부분-대상'에 대해 지나치게 격노한다면,

'투사적 동일시' 방어

'분열' 방어

유아는 그것이 사랑하는 '모두-좋은 부분-대상'을 해칠지도 모른다는 두려움 때문에 그것과 후자를 통합하려 들지 않을 것이다. 좀 덜 전문적인 언어로 말하면, 유아는 그가 미워하는 사람이 곧 역시 그가 사랑하는 사람이라는 사실을 깨닫기를 원치 않는다. 왜냐하면 전자에 대한 죽이고 싶을 정도의 격노는 후자를 망쳐 버릴지도 모르기 때문이다. 그러므로 유아는 자신의 대상세계를 모두 좋은 조각들과 모두 나쁜 조각들로 따로 따로 따로 붙잡거나 분열하거나를 **계속한다**(그리하여 마치 그것들이 '모두-좋은'이나 '모두-나쁜'의 생사가 걸린 극적인 문제이기라도 한 것처럼 상황들에 과잉 반응한다.) (Spitz, 1965; Jacobson, 1964; Kernberg, 1976).

요약하면, F-2 병리들은 자기와 대상 표상을 분화할 만큼, 그리고 그것들의 부분-이미지들을 전체-자기whole-self 이미지와 전체-대상whole-object 세계로 통합할 만큼 **충분한** (자기) **구조가 없는** 까닭에 결국 생겨나는 것이다. 구조-축조기법들은 정확히 바로 그런 분화 및 통합differentiation-and-integration을 목표로 한다.

F-2 수준에서의
치료자의 기법들

한 문단으로 이러한 기법들이 무엇을 내포하고 있는가에 대해 기술하는 것은 매우 어려운 일이다. 한마디로 우리는 이것을 다음과 같이 말할 수 있을 것이다. 즉, 치료자는 F-2 발달의 하부단계들을 염두에 두고서 분리개별화를 향한 모든 추진력thrust을 친절하게 보상받게 해 주고, 탈분화하고 분열하는 쪽을 향한 모든 심적 움직임을 온화하게 대처하게 해 주거나 설명해 준다. 동시에, 투사적 동일시나 분열에 의해 야기되는 현실의 어떤 왜곡에 대해 가능한 순간마다 언제나 지적해 주고 도전적으로 이의를 제기한다(이것은 '적절한 환멸감optimal disillusionment' '대치/직면confrontation' 분석 등으로 알려져 있다). 문헌에서의 의미를 부연하여 말하는 일부 전형적인 치료자들의 언급들은 이 수준의 치료를 다음과 같이 설명하고 있다. "당신은 아주 사소한 언급에도 당신이 얼마나 민감한지를 알아차려 본 적이 있나요? 그것은 마치 당신은 세상에게 당신이 하는 모든 것을 완벽하게 거울같이 비추어 주기를 바라는 것과도 같은 것이지요. 그래서 만약 그렇지 못하게 되면, 당신은 상처받고 화내게 되지요."(자기애적 거울전이). "지금까지 당신은 당신의 아버지에 대해 단 한마디도 나쁜 것을 말한 적이 없어요. 그가 정말로 그렇게 모두 좋았나요?"(분열) "만약에 당신의 남편이 당신을 떠난다면요? 그건 정말로 당신이 죽고 싶을 정도로 싫은 일인가요?"(분리 포기의 불안) "혹시 당신은 삼켜져 버리거나 질식당하게 될 것이 두려웠기 때문에 진정으로 밀착된 성관계를 갖는 걸 회피해 온 건 아닌가요?"(집어삼켜지는 두려움).

구조-축조기법의 공통된 특징은 내담자들이 **그들 스스로 자신을 활성화할 수 있게 하거나 분리개별화에 개입할 수 있다는** 사실을, 그래서 그것이 그들을 또는 그들이 사랑하는 것들을 파멸시키지 않을 것이라는 사실을 알아차리게 도와주는 것이다. 이러한 기법들에 관한 근거 문헌 자료에는 블랭크와 블랭크(Blanck & Blanck, 1974, 1979), 마스터슨(Masterson, 1981), 컨버그(Kernberg, 1976) 그리고 스톤(Stone, 1980) 등이 있다.

분기점 3(정신신경증): 폭로기법

일단 충분히 강한 자기-구조가 형성되고 나면(그 전에는 안 되고), 그것은 그 자신의 존재의 국면들을 억압하거나 해리시키거나 소외시키거나 할 수 있다. 폭로기법들은 특별히 이러한 무의식적 국면들을 알아차리는 (자각) 의식으로 되돌아오게 하도록 고안되어 있다. 이렇게 되면 그것들은 중심적 자기와 재통합될 수 있다. 독자는 이러한 기법들과 아주 친숙할 수 있고, 그중에는 적절한 정신분석 (Greenson, 1967), 대부분의 게슈탈트 치료(Perls, 1971) 그리고 융학파 치료의 그림자-통합하기 측면(Jung, 1971) 등이 포함된다.

여기서 심도 있는 본격적인 치료가 시작되기 전에 각각의 사례에 수반하는 병리의 수준에 대한 어느 정도 정확한 초기 진단의 중요성을 강조할 필요가 있다(Gedo, 1981; Masterson, 1981 참조). 이를테면 만약 애초에 충분한 에고-자기 ego-self가 있지 않다면 그림자를 에고-자기와 통합하려고 애쓰는 것은 거의 소용없는 일이다. 치료양식들의 유형은 특징적으로 서로 다르고 종종 기능적으로 대립된다. 예를 들면, F-3 병리들에서 저항은 통상적으로 (억압의 징후로) 대처하게 되고 그렇게 해석된다. 그렇지만 F-2 병리들에서 저항은 통상적으로 (분리개별화의 징후로) 격려되고 도움받게 된다. 그러한 차별화된 진단에 관한 근거 문헌에는 컨버그(1975, 1976), 마스터슨(1981), 게도(Gedo, 1981), 그리고 블랭크와 블랭크(1974, 1979) 등이 있다.

폭로하기와 재통합하기

정확한 초기 진단의 중요성

분기점 4(대본병리): 인지적-대본 분석

오이디푸스 단계를
지나 관통하는
'심각한' 병리

대부분의 전통적 정신역동이론가들은 '심각한' 병리에 대한 그들의 설명을 F-3에서, 즉 오이디푸스적 단계와 그 해결(또는 그것에 관한 결핍)에서 끝내는 경향이 있다(Greenson, 1967 참조). 아마 이것은 어느 정도 이해할 만한 것이다. 그 까닭은 (정신병에서 히스테리에 이르기까지) 고전적 정신병리들은 결국 자기-발달의 처음 세 분기점에서 가장 큰 혼란을 야기하는 병인들을 갖고 있는 것처럼 보이기 때문이다(Abend, 1983; Kernberg, 1976 참조). 그렇지만 이것은 결코 병리들의 스펙트럼까지, 심지어 '심각한' 또는 '뿌리 깊은' 병리들의 스펙트럼조차도 다 망라하는 건 아니다. 따라서 그러다 보니 점점 더 많은 연구자들이 발달의 상위의 또는 후post오이디푸스 단계와 그것들 사이의 상관적 취약성과 질병들까지도 조사하기 시작했던 것이다.

후오이디푸스적 발달
갈등

예를 들면, '역할 혼동role confusion'의 의미를 예로 들어보자. 진정한 역할 취하기의 능력은 단연코 후오이디푸스 발달의 문제다. [타인의 역할을 취하는 능력은 어떤 미묘한 양상으로도 7~8세 무렵까지는 출현하지 않는다(Piaget, 1977; Loevinger, 1976). 반면에 오이디푸스 해결의 전형적 나이는 6세다.] 그러므로 누구나 이론적으로는 완벽하게 정상적이고 건강한 양상으로 오이디푸스 갈등을 해결할 수 있지만, 오이디푸스적 갈등이나 관심사들과는 전적으로 무관한 이유로 인하여 역할 혼동과 정체성 혼란에 걸려 넘어질 수 있다. 우리는 여기서 발달의 (단지 다른 계통이 아닌) 다른 수준을, 즉 다른 갈등과 취약성을 취급하고 있는 것이다. **이러한 갈등은 그 본질과 기원에 있어서 정신역동적이라기보다는 오히려 훨씬 더 인지적이다.** 왜냐하면 이 시점에서 자기는 점점 더 의식의 스펙트럼상의 신체적 수준으로부터 심적mental 수준으로 진화하고 있기 때문이다.

번(Berne, 1972)이 기여한 것들 중의 하나는 자기를 단지 정신신경적이거나 리비도적 차원으로 환원시키지 않고서 그 특유의 용어로 자기의 이런 결정적으로 중요한 수준—텍스트 자기 또는 대본 자기라고 일컫는 것—에 대한 연구를 한 것이었다. 그는 삼자 간(부모-성인-아동) 자아로 시작했다. 이것은 그가 (그래서 F-1이나 F-2 수준이 아닌) F-3 수준에서 출발하고 있었고, 그리고 나서 그는 현상학적으로 어떻게 이 자기가 대상관계의 일련의 연장된 선상에서 보다 더 복잡하고 상호주관적인 역할들을 취하는가에 대해 조사했다는 것을 보여 준다. 비슷하지만 보다 더 복잡 미묘한 유형의 연구들은 인지적 역할 이론가들(Selman, 1974), 사회적 학습이론가들(Bandura, 1971), 가족치료자들(Haley, 1968) 그리고 소통심리학자들(Watzlawick, 1967)에 의해 수행되어 왔다. 어떤 학파이든 간에 이와 같이 밀접하게 연관된 기법들을 여기서는 '인지적-대본 분석cognitive-script analysis'으로 지칭하였다.

아마 가장 널리 퍼져 있거나 공통의 병리들은 인지적-대본 병리들일 것이다. 이러한 병리들—그리고 그 치료양식의 유형들—은 매우 일반적인 두 가지 부류로 세분화되는 듯하다. 그중 하나는 개인이 하고 있는 **역할**을 수반하는 것이고, 다른 하나는 개인이 따르고 있는 **규칙**을 수반하는 것이다. 이 두 가지 부류는 비록 서로 밀접하게 연관되지만, 별개로 분리하여 논의될 수 있다.

인지적 대본 병리들

1. **역할 병리**: 이것은 전형적으로 **교류분석**Transactional Analysis(Berne, 1972), 가족치료자들(Nichols, 1984) 그리고 인지적-역할 심리학자들(Branden, 1971)에 의해 연구되어 왔다. 역할 병리에 포함되는 개인은 다중-수준의 소통 메시지들을 보내고 있는데, 그중의 한 수준은 다른 수준을 부인하거나 그것과 모순되거나 그것을 우회하기도 한다. 그러므로 그 개인은 온갖 종류의 숨겨진 의제들agendas, 교차되는 메시지, 혼동된 역할, 표리부동한 교류 등을 지니고 있다. 역할-자기 병리에 내포된 다양한 소통의 가닥들을 분리하고 얽힌 걸 풀고 명료하게 하고 통합하게 하도록 돕는 것은 대본 분석가의 일이다. 그러므로 드러난 것overt 대 숨겨진 것covert의 소통적 개입으로의 (또는 해리된 하부-텍스트들로의) 텍스트-자기의 내면적 분열은 대립되고, 해석되고, 성공적인 경우 통합된다(분화-통합의 새롭고 더 상위적인 수준).

2. **규칙 병리**: 인지치료의 중심적 원칙들 중의 하나는 "개인의 정서와 행동은 대체로 그가 세계를 구조화하는 방식에 의해 결정된다." 따라서 "그 사람의 내재된 인지구조의 내용에 변동이 생기면 그것은 그의 정서적 상태와 행동 패턴에 영향을 미친다"는 것이다(Beck, 1979). 다시 말해, 한 개인의 인지적

구도나 형태, 규칙들은 그의 감정과 행위의 주요 결정인자라는 것이다. 혼동되거나 왜곡되거나 자기-한계를 지닌 규칙과 신념들은 임상적 증상들 속에 드러나게 될 수 있다. 역으로, "심리치료를 통해 환자는 그의 인지 왜곡을 알아차리게 될 수 있다". 그리고 "이러한 결함 있는 (인지) 기능 장애적 구성물들은 임상적 개선으로 이끌어 올 수 있다."(Beck, 1979) 유사한 인지적 접근들은 역시 조지 켈리(George Kelly, 1955)와 알버트 엘리스(Albert Ellis, 1973)와 같은 이론가들에서도 찾을 수 있다.

인지적 대본 치료의 다중-수준 적용

내가 의도하는 바는 인지적-대본 치료는 오로지 F-4 병리에만 적용된다는 것을 의미하는 것은 아니라는 말이다. (그것은 F-4, F-5, F-6 범위의 병리에도 상당히 의미 있는 적용을 하는 것처럼 보인다.) 그것은 곧 단순히 F-4는 인지적-대본의 관심사들이 충분히 발달하고 나서는 그것들 스스로 이전 단계의 분기점들에서의 보다 더 정신역동적 관심사들과 차별화하기 시작한다는 것이다. 여하한 발달의 순차적 순서와 마찬가지로 초기의 그러한 단계들은 특히 병리적 왜곡에 취약하다. 성인의 성적 기능장애가 흔히 초기의 남근기/오이디푸스적 갈등으로 거슬러 올라갈 수 있는 것과 꼭 마찬가지로, 인지적-대본 병리들의 대다수는 마음의 **최초로 연장된 심적 조작이 가능하게 되었을 때**(즉, 분기점 4 동안에) 개인이 배웠던 초기의 (그리고 자칫 왜곡되거나 제한된) 규칙과 역할들 속에 그 발생 기원genesis을 갖고 있는 것으로 보인다. 그러므로 폭로기법 외에도 병원성炳源性 인지적-대본은 이상적으로는 그 특유의 수준에서 그리고 그 특유의 용어로 공략되어야 한다.

분기점 5(정체성 신경증): 내면성찰

지금까지 제시한 병리와 치료의 위계적 모형은 주류의 전통적 정신의학과 현저하게 일치하고 있다. 하나의 예를 들어, 1973년까지 멀리 거슬러 가 보면, 게도와 골드버그Goldberg는 그들이 말하고 있듯이, 다섯 가지 하부단계와 다섯 가지 치료적 양식 유형들로 구성된 위계적 모형을 제시했다. 각 양식 유형은 다른 하부단계를 특정짓는 주요 문제를 취급하도록 맞추어져 있었다. 즉, 그것들은 성인의 삶에서 예상되는 역경들에 대한 내면성찰(형식적-반성심), 정신내적 갈등에 대한 해석(정신신경증), 타인에 대한 원초적 이상화나 자기-과다증self-aggrandizement (자기애적 거울반사), 치료를 위한 적절한 환멸감, 개인적 목표들을 하나의 정합적 세트로 통합하는 데 있어서의 어떤 실패(경계선 분열)에 대한 '통일' 그리고 트라우마적 상태에 대한 (약물치료적/보호관찰적) '진정화pacification'를 포함한다.

인지적-대본 병리와 분석을 제외하면, 게도와 골드버그의 모형은 일반적인 한계 내에서 내가 지금까지 제시해 온 것(즉, F-1에서 F-5 분기점까지)과 전적으로 양립할 수 있다. 진정화는 보호관찰적이든 약물치료적이든 간에 F-1 병리를 언급한다. '적절한 환멸감'은 자기애적 장애에 대한 구조-축조기법이고, 그것은 자기애적 자기는 "자신이 생각하거나 두려워하는 만큼 과대하거나 전능하지 않다는 것을 깨닫도록 하는 양호한 방법들을 내포하고 있다." '통일'은 F-2 병리를 중심적으로 특징짓는다고 생각되는 분열을 극복하기 위한 구조-축조기법이다. '해석'은 F-3 병리(정신신경증)의 치료에서 나타나게 되는 저항(억압)과 전이를 해석하기 위해 구체적으로 언급하는 용어다. 그리고 이러한 맥락에서 (성찰적) 내성은 F-5 발달(형식적-반성적-성찰적 자기와 그 혼란)에서 생겨나는 역경이나 문제들을 취급하는 데 사용되는 기법들을 언급하는 용어다.

게도(1981)에 따르면, "심적 조직화의 후오이디푸스적 단계를 반영하는 방식은 정신분석 환자로 하여금 방어적 조작에 대한 해석이 없이 내면 성찰을 통해 그의 내면적 삶을 이해하도록 허용한다. 그와 같은 상황에서 분석가의 역할은 엄격한 증인으로서의 절차에 따라 그가 존재하는 것만으로도 도움을 주는 데 최적으로 (알맞게) 국한되어 있다". 즉, F-5 발달의 중심적이고 정의적 문제는 정신신경증적 억압도 아니고 병원病源적 대본들에의 몰입도 아닌 것들을 내포하지만, 오히려 형식적-반성심과 그 상관적·성찰적 자기-감각의 (그 독특한 취약성과 고통과 함께하는) 새로운 **발현과 개입**을 수반한다. 폭로기법이나 대본 분석을 아무리 많이 한다고 해도 이러한 문제들을 취급하기에는 충분하지 않을 것이다. 그까닭은 다름 아니고 이러한 문제들은 (심적) 조직의 그런 하위 수준들을 초월하고 나서 전적으로 그것들 특유의 새로운 특성, 기능 그리고 병리들을 보여 주는 구조들을 수반하기 때문이다.

게도와 골드버그 모형의 다중-수준 양립 가능성

형식적-반성심과 성찰적 자기-감각

물론 그렇다고 이것이 F-5 병리는 그 이전의 네 개의 분기점들에서의 발달(혹은 그 결핍)에 관계없다고 말하는 것은 아니다. COEX(COndensed EXperience: 응축된 체험) 체계에 대한 뒤에 잇따른 논의에서 알게 되겠지만, 이전의 여하한 하부단계 결핍들도 실사 그것이 어떤 하위수준에서 전적으로 발달정지로 되기에는 충분하지 않다고 해도, 특수하고 불유쾌한 방식으로 상위의 발달을 침해할 수 있고 또한 그렇게 할 것이다(Blanck & Blanck, 1979; Mahler, 1975 참조). 예를 들면, 이 경우 부분적으로만 F-2 (혹은 분리개별화) 문제를 해결한 개인은 (F-5의) 도덕적 이성과 양심의 개인적 원리에 따른 수용을 압박하는 요구와 함께하는 형식적-반성심의 개입에 매우 거부적일 수 있다. 형식적-반성심의 (억지로) 의도된 개입은 심지어 포기우울감이나 분리불안 등을 촉발할 수도 있다.

치료로서의 내면성찰과 사유하기

내면성찰內省은 철학적 **사색/사유하기**에 대한 또 다른 용어라고 볼 수 있다. 그래서 그것은 다른 어떤 명칭으로든 이 수준의 치료양식인 것으로 보이는 '사색/사유하기'다. 하지만 나는 치료자가 하는 일은 단순히 내담자의 창발적 사색하기에 침묵하는 공감적 증인이어야 한다는 게도의 말에는 동의하지 않는다. 이 시점에서 단순히 침묵한다는 것은 (치료자의 자리가) 비어 있을(즉, 그 값어치가 없을) 위협이 있는 것이다. 게도의 정신분석학적 정향은 그의 내면 속에 내담자를 역전이 재료들로 '오염시키기' 쉽다는 식의 막연한 두려움이 주입되어 있을 수 있다. 그렇지만 게도 자신의 정의에 따르면, **만약** 그런 게 일어난다면 그것은 내면성찰적 (치료)양식이 아니라 해석적 양식을 수반할 것이다. 만약 내담자가 분명히 (해석적이 아니라) 성찰적 양식 내에 있다면, 치료자가 보다 더 적극적 역할을 취하는 어떤 의미에서 공동 교육자나 공동 철학자가 됨으로써 잃을 게 아무것도 없는 것이고, 그래서 훨씬 더 많은 것을 얻는 게 있을 것이다.

소크라테스식 대화

그렇다면 정확히 이 수준에서 치료자는 내담자와 **소크라테스식 대화**에 개입할 수 있는 것이다. 그것은 동시에 내담자의 형식적-반성심에 개입할 수 있는 것이다. (만약 이 대화에서 더 하위-수준 의식의 잔류물이 표면으로 떠오르면 치료자는 해석, 구조-축조하기, 대본 분석 등으로 대화를 되돌릴 수 있다.) 여하한 소크라테스식 대화를 한다고 해도 특정한 대화 내용은 그것이 내담자의 반성적-내성심과 그 상관적 자기-감각(예: 뢰빙거의 양심적 · 개인주의자적 자기감)에 개입하고 그것을 활성화하고 끝어내고 연습한다는 사실만큼 중요하지는 않다. 그렇다면 치료자는 그 자신의 철학으로 내담자를 '오염시키는 것'에 대해 너무 지나치게 걱정할 필요가 없다. 일단 개입하고 나면 정의상 형식적 마음은 그 특유의 관점을 향해 중심을 잡아 갈 것이고, 그것의 출현을 치료자는 소크라테스식 대화로 도와줄 것이다.

분기점 6(실존 병리): 실존 치료

(자기성찰적) 내성內省과 철학적 사유하기에 개입하고 성숙해지게 되면서 '세계 내 존재'에 대한 기본적, 근본적 또는 실존적 관심이 점차로 증가하여 점점 더 힘을 갖게 된다(Maslow, 1968; May, 1958 참조). 실존 병리는 만약 이러한 관심사들이 새롭게 형성된 켄타우로스적 자기를 제압하고 그 기능의 작용을 얼어붙게 하기 시작하면 생겨난다(Wilber, 1980a). 지금껏 보아 왔듯이, 이러한 병리는 실존적 우울, 고뇌, (삶의) 비진정성, 유한성과 죽음으로부터의 탈출 등을 포함한다.

어떻게 이러한 실존 병리가 취급되고 있는가는 치료체계들에서 각 체계마다 상당히 다양하게 다르다. 어떤 체계에서는 그것은 내면성찰적 방식의 단순한 연속적이고 질적인 심화에 지나지 않는다. 그렇지만 치료적으로 공유하는 중심적 공통점은 다음과 같아 보인다. 즉, '자기'가 (신중한 성찰적 반성을 통해) 더욱더 분명해지거나 보다 더 **투명해질수록**, 또는 그것이 자아중심적이거나 권력-기반적이거나, 혹은 진정성 없는 양상의 자기 자신을 좀 더 비울 수 있게 될수록, 그것은 더욱더 **자율적**이거나 **진정한**authentic 입장이나 자세를 가지게 된다(Zimmerman, 1981). 그리고 그 (자기) **자체**가 삶에 실존적 의미를 제공하는 것, 두려움이나 불안 공포와 싸우는 것 그리고 '죽음에 이르는 병'에 직면하는 용기를 제공하는 것은 진정성과 자율성에 있어서의 이런 **근본자세**인 것이다(Tillich, 1952; May, 1977). 다시 말하면, 진정성이 있다는 것은 (내재된 실존적 본성에서 나온) 본질적intrinsic이라는 (외래적/비본질적extrinsic이 아니라는) 의미를 지니고 있다. 비진정성inauthenticity (그래서 실존적 절망)을 구성하는 것은 다름 아닌 비본질적 또는 단순히 외적 의미를 탐색한다는 것이다. 개인의 다양한 진정성이 없는—특히 '외래적으로 정향된', 비자율적인, 또는 '죽음을 거부하는'—양상들의 분석 그리고 그런 것들과의

세계 내 존재의 실존적 관심

직면은 이 수준에서의 열쇠적 치료기법인 것 같아 보인다(Koestenbaum, 1976; Yalom, 1980; May, 1958; Boss, 1963).

인본주의적-실존치료의
두 가지 특징

본질적이라는 의미의 이러한 개념(또는 내면화의 새롭고 더 상위적인 수준) 그리고 자율성의 개입(또는 자기 책임감의 새롭고 더 상위적인 수준)은 인본주의적-실존치료의 모든 진정한 학파들에 의해 강조된 두 가지 중심적 특징으로 보인다. 더 나아가 이것은 곧 발달의 더 상위적 수준을 구성한다는 그들의 주장은 임상적이고 경험적 연구의 상당한 뒷받침을 받고 있다. 즉, 예컨대 이것은 뢰빙거(1976)의 통합된-자율적 단계에서 볼 수 있다(그 앞의 양심적-개인주의적 단계와는 현저하게 대비되므로).

나는 실존적 치료자들이 현상적 (인간) '존재Being'를 위한 통로clearing나 출구opening가 되는 자기에 대해 말할 때, 그들이 말하는 자기는 어떤 순수하게 초월적이거나, 또는 무시간적이고 무공간적 존재의 양상으로의 접근이나 출구를 갖고 있다는 것을 의미하는 게 아니라는 사실을 지적하고 싶다. 자기는 '존재'의 출구이지만 그 출구는 엄격하게 유한하고 개인적이며 (죽음을 피할 수 없는) 필멸적인 것이다. 실존주의자들이 사유할 수 있는 한계 내에서 나는 그들에 동의한다. 켄타우로스 자기에는 무시간적이거나 영원한 것은 아무것도 없다. 그래서 그러한 사실을 받아들이는 것 자체가 (실존적 자기의) 진정성에 대한 바른 정의의 일부다. 그러나 이것이 전체 그림의 전부라고 말하는 것은 켄타우로스 자기가 최상의 자기라는 것이다. 반면에 **영원의 철학**philosophia perennis에 따르면, 그(실존적 자기) 위에 초의식적superconscient 전체 영역이 놓여 있다는 것이다. 이것이 옳다

현저한 방어기제

면, 이 시점에서의 영적 초월의 가능성을 거부하는 것은 현저하게 뚜렷한 방어기제를 구성하는 것이라고 본다. 실존주의자들이 자율성이라고 일컫는 것은 단순히 더 상위적 의식의 내면화라는 게 내 특유의 신념이다(뒤따르는 논의 참조). 만약 이러한 내면화가 계속되면, 그것은 심혼적 · 정묘적 발달을 쉽게 드러나게 한다. 그렇게 되면 자기는 더 이상 '존재Being'로의 출구가 아니다. 그것은 '존재' 자체와 동일시하며 그것으로 출발한다.

분기점 7(심령적 병리): 요가수행자의 길

다 프리 존(Da Free John, 1977)은 세 개의 위대한 비교秘敎적 전통을 세 개의 주요 수준으로 구분하였다. 그가 말하는 세 개의 수준은 곧, 거의 다 주로 심령 수준의 수행을 목표로 하는 '요가수행자Yogis의 길', 주로 정묘 수준의 수행을 목표로 하는 '성자Saints의 길', 주로 원인 수준의 수행을 목표로 하는 '현자Sages의 길'이다. 이러한 주제들에 관한 나의 생각이 그의 글과 상당한 부분까지 일치하기 때문에 그러한 전문용어들이 다음 절에서 그대로 사용될 것이다.

하지만 이러한 용어들은 그중에는 프리존이나 나 자신에 의해서는 의도되지 않은 것들도 많이 있지만, 여러 다른 의미를 함축하는 경향이 있으므로 누구든 이러한 수준들을 입문, 중급, 고급이나, 아니면 수행기초, 수행의 길, 수행과修行果와 같은 보다 중립적인 용어들로도 언급할 수 있다. 나는 가급적 다양한 정관/명상적 전통들을 균형 있게 나타내고자 노력해 왔지만, 만약 내 자신의 취향과 편견이 다음 논의의 어느 것들을 채색하고 있는 것으로 보인다면, 나는 독자로 하여금 그 자신의 독특한 수행의 길에서 사용하는 용어, 수련법, 철학에 따라 그것들을 재해석할 것을 정중하게 권유하고 싶다. 나의 중심적인 관점은 설사 그것이 최종적으로 여하한 방식으로 언어로 기술된다고 해도, 일반적으로 정관/명상적 발달은 (입문, 중급, 고급) 세 개의 광범위한 수준이나 단계들을 지닌다는 것이다. 그리고 각 수준에서 수행과제들과 역량들이 새롭게 생겨난다는 것이다. 그러므로 각 수준에서 서로 다른 (자아초월 의식의) 왜곡이나 병리나 장애들이 생겨날 수 있다는 것이다. 그리고 이러한 왜곡이나 병리는 서로 다른 유형의 '영적' 치료법들에 의해 잘하면 치료될 수 있다는 것이다[그중의 일부는 부수적인 현대 전통적 (심리)치료법들로부터도 역시 치료의 편익을 받을 수 있다].

> 입문·중급·고급 단계들

심령적(F-7) 병리에 대한 다음의 논의는 제4장의 것과 나란하게 똑같은 내용이다. 이는 앞 장에서 언급한 세 가지 일반 유형들—자발적 발병, 정신병 유사 증세psychotic-like, 초보수련자들—에 대해 요약한 것이다.

1. **자발적 발병**spontaneous: 영적-심령적 에너지(심령기心靈氣)나 통찰의 자발적

> 자발적, 무추구적 각성

이고 무추구적 각성으로부터 생겨나는 병리의 경우, 오직 두 가지 일반적 치료양식들만 있는 것으로 보인다. 먼저 개인은 그것을 경계선 장애나 정신병적 단초로 해석하고, 의료적 처방을 할 수도 있는 전통적 정신과 전문의의 돌봄하에 때로는 '그것을 그냥 극복해야' 한다. 이렇게 할 때 그것은 흔히 중간 코스에서 그 (병리) 과정을 그대로 얼어붙게 하고 더 이상의 향상되는 회복성 발달을 막는다(Grof, 1975). 아니면 개인은 정관/명상 수련을 함으로써 이 과정에 **의식적으로** 개입할 수도 있다.

만약 자발적 각성이 쿤달리니 그 자체로 인한 것이라면 요가수행자의 길(라자Raja 요가, 크리야Kriya 요가, 차르야Charya 요가, 쿤달리니Kundalini 요가, 시다Siddha 요가, 하타-아쉬탕가Hatha-Ashtanga 요가 등)은 아주 적절하다. 이것은 다음과 같은 독특한 이유로 인해 그렇다. 즉, 더 상위의 정묘 영역과 원인 영역의 수행을 목표로 하는 '성자의 길'과 '현자의 길'은 심령적-쿤다리니 각성의 단계에 관한 명시적 가르침을 거의 포함하지 않기 때문이다. (어느 누구든 선禪, 에크하르트Eckhart, 십자가의 성 요한St. John of the Cross 등의 문헌에서 쿤달리니에 대한 어떤 언급이나 이해를 바란다는 것은 허망한 일이다.) 만약 가급적 가능하다면, (그런 장애를 가진) 개인은 필요하다면 보다 현대의 전통적인 전문 치료사와 연계하여 함께 일할 수 있는, 자격을 갖춘 숙달된 요가수행자와 접촉할 수 있게 되어야 한다(예는 Avalon, 1974; Krishna, 1972; Mookerjee, 1982; Taimni, 1975; Da Free John, 1977; White, 1979 참조).

정신병적이거나
정신병-유사 증세의
삽화들

2. 정신병-유사 증세psychotic-like: 주기적으로 발생하지만 일그러진 영적 요소를 가진 순전히 정신병적이거나 정신병-유사한 증세의 삽화들episodes의 경우, 융학파 치료법이 권장될 수 있다(Grof, 1975; White, 1979 참조). (이들에게는) 정관/명상 수련 분야는, 요가 수행적이거나 성자적이거나 현자적이거나 간에 통상적으로 금기시된다. 이러한 수련들은 견고한 자아나 켄타우로스 수준의 자기가 요구되는데, 정신병이나 경계선 장애는 이런 것을 갖지 않고 있다(Engler, 1984). (거의 모든 융학파 치료자들이 잘 알고 있는) 구조-축조기법을 충분한 기간 동안 적용한 후에 개인은 보다 덜 엄격한 정관/명상의 길(예: 만트라 수행 같은 것)에 관여하기를 원할 수 있다('명상과 심리치료'

부분 참조).

3. 초보수련자

a) **심령적 에너지**心靈氣 **팽창**: 개인적 자아나 켄타우로스와 더불어 상위의
또는 자아초월 영역들에 대한 이러한 혼동은 흔히 '적절한 환멸optimal
disillusionment'에 대한 보다 더 미묘한 해석version, 즉 자기애적 환상으로
부터 심령적 사실의 지속적인 분리에 의해 취급될 수 있다(Jung, 1971 참
조). 만약 이것에 반복적으로 실패한다면, 그것은 통상 심령적 통찰이 자
기애적-경계선 장애나 정신병적 잔존 장애까지도 재활성화시켰기 때문
인 것이다. 그러한 시점에서 명상은 통상 즉각적으로 멈추어져야 한다.
그리고 만약 필요하다면, 구조-축조기법(정신분석이나 융학파적 분석)이 개
입되어야 한다. 개인이 이러한 것들에 제대로 대응한다면, 그리고 결국에
가서 그의 심령적 에너지 팽창에 대해 어떻게 그리고 왜 그런가를 제대
로 이해한다면, 명상 수련은 통상 다시 회복될 수 있다.

심령적 에너지 팽창

b) **구조적 불균형**(영적 수행 기법의 잘못된 수련으로 인한): 개인은 명상지도자
와 이런 점에 대해 명확히 밝혀야 한다. 이러한 (자아의 구조적) 불균형은
흔하지 않은 것이 아니므로 정관/명상훈련은 오직 자격 있는 유능한 지
도자의 가이드 하에서만 해야 한다는 게 얼마나 지극히 중요한가를 적시
하는 것이다(Aurobindo, 연대 이상; Khetsun, 1982 참조).

잘못된 수련

c) **영혼의 어두운 밤**Dark Night of the Soul: 어떻게 다른 사람들이 이 단계의 비
바람을 견디어 내었는지를 설명하는 문헌 독서도 매우 큰 도움이 될 수
있다(특히 십자가의 성 요한, 언더힐Underhill, 카플로Kapleau 참조). 아주 깊
숙한 절망의 시기에 영혼은 정관/명상과는 반대되지만, (예수, 마리아, 관
세음보살, 알라 등을 향한) 서원誓願, 기도 속으로 들어갈 수도 있다. 이것은
전혀 낙담해야 할 필요가 없는 것이다. 그것은 그 사람 자신의 상위의 원
형Archetype(Hixon, 1978; Kapleau, 1965 참조)을 향한 기도인 것이다. 아
무리 '어두운 밤'의 우울이나 고뇌가 깊숙하다고 해도 문헌에서는 그것이
자살로 이끌어 간 경우는 (예: 실존이나 경계선 우울과는 첨예하게 대비되므
로) 거의 없다고 전하고 있다. 그것은 마치 '어두운 밤'의 우울은 '더 상

어두운 밤의 고뇌

위의' 혹은 '정죄적淨罪的인' 혹은 '지성적' 목적이 있다는 것과 같은 것이다. 그리고 이것은 물론 정확히 정관/명상적 전통에서의 주장이다(예는 십자가의 성 요한St. John of the Cross, 1959 참조).

d) **분열된 삶의 목표**: 개인의 영적 수행은 일상의 삶과 일 속으로 (보살의 헌신적 삶 같이) 통합되어야 한다는 게 (특히 오늘날 우리 사회에서 그리고 특히 진화의 이 시점에서) 중요하다. 만약에 어느 개인의 길이 (그렇지 못하고) 배타적이고 칩거하는 것이라면, 아마 그는 또 다른 (수행의) 길을 고려해야만 할 것이다. 내 의견으로는 은둔자적 칩거의 길은 모두 너무나 자주 실존의 위와 아래 차원 사이에 심원한 분열을 초래하고, 일반적으로 세속적 삶의 **억제**를 세속적 삶의 초월과 혼동한다는 것이다.

분열된 삶의 혼동

e) **의사-고擬似-苦pseudo-duhkha**: 비록 이 장애에 대한 치료양식의 상세한 내용은 명상지도자와 함께 작업해야 하겠지만, 때로는 오히려 지도자가 이러한 독특한 경우에 대해 상담하기에는 최악의 사람일 수도 있다. 영적 지도자는 일반적으로 경계선이나 정신신경적 장애의 역동성에 대한 지식이 없고, 그래서 그들의 충고는 고작 "너의 정진 노력의 강도를 더욱 높여라!"라고 할지도 모른다. 이는 정확히 애초부터 문제를 촉발하는 것이다. 대개의 경우 명상자는 수개월 동안 모든 명상을 그만두어야 한다. 만약 중간 정도에서 심각한 정도까지 우울/불안이 끈질기게 지속되면, 경계선이나 정신신경적 COEX(COndensed EXperience: 응축된 체험) 증세가 재발되었을 수도 있다(이어지는 다음의 COEX 체계에 대한 논의 참조). 그래서 적절한 구조축조기법이나 폭로기법이 개입되어야 할 수도 있다. 그러한 개인으로 하여금 특정한 하부단계의 결핍이 적당한 (치료적) 주목을 받게 되기 전까지는 강도 높은 명상을 계속하도록 하는 것은 바람직한 충고가 아닌 것으로 보인다.

우울/불안

f) **기氣의 장애**: 이러한 장애들은 치료를 하지 않고 그대로 버려 두면 순전한 정신신체적 질병을 가져올 수도 있는 히스테리와 유사한 전환conversion 증상들을 유발하는 좋지 않은 쪽으로 널리 알려져 있다(Da Free John, 1978; Chang, 1974; Evans-Wentz, 1971 참조). 그것들은 요가명상 전문가

히스테리와 유사한
전환 증상들

(그리고 필요하면 전문의)와의 제휴 체제하에 가장 잘 조치되고 있다. 권장되는 특정한 요가들로는 크리야 요가, 차르야 요가, 라자 요가 그리고 (보다 더 고급의) 아누 요가Anu Yoga 등을 들 수 있다(Khetsun, 1982; Rieker, 1971; Chang, 1974). 또한 자격 있는 시술사에 의해 행해지는 침술도 매우 효과적일 수 있다.

g) 요가병: (심신은) 최상의 '돌봄cure'이 곧 최상의 예방이다. 예를 들면, 물리적-정서적 신체physical-emotional body를 강화하고 정화하는 것, 이를테면 운동, 유란乳卵 채식주의자 다이어트, 그리고 카페인, 설탕, 니코틴, 사회적 약물 등의 제한된 섭취 같은 것이다(Aurobindo, 연도 미상; Da Free John, 1978). 물리적-정서적 신체에 대한 과도한 긴장

분기점 8(정묘 병리): 성자의 길

1. **통합-동일시**integration-identification의 **실패:** 저자는 이 병리에 대해서는 정묘-수준의 정관/명상의 길('성자의 길')에 개입(하거나 강화)하는 것을 제외하고는 어떤 치료양식이 있는지에 대해 잘 모르고 있다. 이 길은 이 시점에서 통상적으로 분리된 자기감을 구성하는 **위축**을 향한, 명백하거나 숨겨진 **의문**inquiry의 어떤 형태를 수반하는 것으로 시작한다(Da Free John, 1978; Ramana Maharshi, 1972; Suzuki, 1970). 그것은 그러한 위축에 대한 실질적 '바라봄'이라고 말해지고 있다. 이것은 정묘적 또는 원형적 알아차림을 차단하고 있는 것이고 원형적 자각 자체와 동일시하기 위한 직접적인 시도는 **아니다.** 그렇게 하는 것은 특정한 장애에 대한 (정신분석에서 누구든 처음에는 저항을 그러고는 분석 내용을 취급해야 하는 것과 매우 흡사하게) 전문 치유적 치료 요건을 구성하는 것이다. 분리된 자기감을 구성하는 위축을 바라보기

어떤 전통들(예: 아우로빈도, 기독교 신비주의, 힌두교)에 따르면, 만약 이러한 위축이나 정묘-수준의 저항이 충분한 정도로 이완되지 않으면 (그것이 원인 수준에 도달하기 전까지 총체적으로 해소되지 않는다면) 원형적 자기의 공고화와 안정화는 달성되지 않을 것이다. 그렇게 되면 개인은 정묘 영역에서 풀 원형적 자기의 안정화

려난 엄청나게 강력한 에너지와 역동력에 의해 침몰되거나 제압당할 수 있다. 일부 탄트라 수행 문헌은 '광명에 의해 파멸되는 것'에 대해 말하고 있다(Evans-Wenz, 1971 참조). 기독교 신비사상 용어로는 하느님God의 사랑(또는 원형적 현존)을 거부(저항)함으로써 생기는 영혼의 손상 자체에 대해 말하기도 한다.

저항을 이해하기

이러한 장애에 대한 공통된 치료양식은 더 큰 원형적 자각에 대한 정묘적 위축이나 저항을 '바라봄'과 그러고 나서의 '이해'를 포함하는 것으로 보인다. 이때의 위축은 근본적으로는 선행하는 (또는 심적/정신적mental/psychic) 자기감과 그 집착과 욕망들—(정묘 수준으로의 변용을 막는; 예는 Aurobindo, 연도 미상; Da Free John, 1978; Trungpa, 1976; Khetsun, 1982 참조) 심령 수준에서의 병적인 고착/발달정지의 경우와 같은 것—의 죽음을 받아들이는 능력의 결핍을 수반하는 그런 것이다.

힌두교와 불교에 따르면, 어느 개인이 '심층적으로-자리잡은 염오식染汚識'(종자식種子識, 클레사스klesas와 바사나스vasanas)을 조우하거나 이해하기 시작하는 것도 역시 이 시점이다. 이 식識은 그다음의 그리고 더 상위의 무형상 또는 비현현의 알아차림을 흐릿하게 할 뿐 아니라 궁극에 가서는 (의식이) 높거나 낮거나 간에 인간 고통과 병리의 모든 형태로 생겨나는 바로 그런 것이다(Deutsche, 1969; Feuerstein, 1975; Gard, 1962; Longchenpa, 1977).

2. 의사–열반pseudo-nirvana: 정묘적 계시/조명과 원형적 형상을 궁극의 깨달음으로 잘못 받아들이는 이런 실수는 이런 찬란한 광명의 형상을 넘어서 비현현의 혹은 무형상의 지멸止滅로 이동함으로써만 처리될 수 있다. 즉, 정묘 수준으로부터 원인 수준의 발달로 이동함으로써 가능하게 된다는 말이다. 대부분의 정교한 정관/명상 전통의 대다수는 수련자가 황홀경에 빠진 광명의 찬란한 지복이 넘치는 그리고 '(그런 경지에) 빠져들게 하는' 정묘적 체험들을 (성찰적으로) 검토하도록 도와주고, 그리하여 결국에 가서는 이러한 원형적 수준을 향해 거리를 두거나 비집착의 입장을 취하는 수많은 '검사 루틴들'을 갖고 있다(당연히 처음에는 그것을 안정되게 성취하게 한 후에 그렇게

한다는 것이다; Goleman, 1977; Da Free John, 1978; Khetsun, 1982; Trungpa, 1976).

3. **의사-깨달음**pseudo-realization: 통상 명상의 중지를 요구하는 '의사-고'와는 다르게, 보다 더 명상에 정진하는 것을 제외하고는 의사-깨달음頓悟(유사 견성性)을 치유할 수 있는 것은 아무것도 없다. 명상을 계속하는 것보다 유일하게 더 고통스러운 것은 명상을 계속하는 데 실패하는 것이다. 선禪에서는 '벌겋게 달아오른 뜨거운 쇠구슬'을 삼키는 것과도 같은 '선병禪病'의 이 독특한 유형에 대해 언급하고 있다(Suzuki, 1970). 이것은 누구든 "그대의 수행 정진의 강도를 높혀라!"라고만 **치유적으로** 말할 수 있는 명백한 몇 가지 장애 중의 하나다.

지속하는 고통과 지속하지 않는 고통

대개의 정묘 수준 병리와 더불어 자명한 것이지만, 만약에 오직 다만 치료자가 초월적이거나 영적 관심사에 대해 동조적이고 그것에 대해 상당히 많은 지식이 있는 경우에는 부수적인 심리치료를 받는 게 너무 늦은 것은 아니다. 예를 들면, 억압된 정서적 에너지를 심리치유에 의해 자유롭게 풀어 주는 것은 정묘 수준의 통합을 조정하는 데 요구되는 결정적으로 중요한 (의식의) 고양 방식일 수 있다. 구조-축조기법은 비록 전혀 사용하지 않는 것은 아니지만, 점차적으로 더 이 단계에서는 덜 적용 가능하게 된다. 왜냐하면 현저한 경계선 결핍증들은 이 단계까지는 거의 발달하지 않기 때문이다.

부수적인 심리치료

분기점 9(원인 병리): 현자의 길

1. **차별화에의 실패**: 선禪, 프리 존Free John 그리고 금강승 불교와 같은 각양각색의 가르침에 따르면, (말하자면, 모든 현현하는 형상으로부터의) 이 최종 차별화나 무심(의 경지에의 도달)은 수련생과 지도자(사부/선사) 쪽에서의 미묘하지만 순간적인 협력을 수반한다. 이는 간략하게(그렇다고 꼭 적당하지는 않지만) 다음과 같이 서술될 수 있다. 말하자면, 이 시점에서 스승은 수련생의 (공空의) '심장부the Heart' (또는 원인/비현현 영역) 안에 들어와 있고, 그리고 특수한 '끌어당김'을 행사한다. 그리고 분리된 자기감각(원형적 자기)의 최종

(空의) 심장부로의 '낙하'

및 착근(종자식) 형태final and root form에 있는 수련생은 여전히 (공의) '심장부' '바깥쪽'에 (즉, 분리된 자기감각의 최종 및 총체적 해체를 저항하는) 위축된 형태로 서 있는 것이다. 수련생과 스승은 '다함께' '무수고의 수고'를 통해 이 자세를 방출하게 되고, 그래서 분리된 자기는 '심장부' 속으로 '낙하'한다. 무형상의, 비현현의 지멸止滅이나 공空 속으로서 이러한 '낙하'는 현현하는 형상과 운명에의 모든 배타적인 집착을 끊어 버린다. 그래서 '진여의식Consciousness as Such'(또는 '절대주체성Absolute Subjectivity')은 높거나 낮은 모든 대상 그리고 모든 원형적 성향이나 (종자식, 염오식의) 착근 위축(klesas, vasanas 등)으로부터 그 자신을 차별화한다. 이 '하강'의 반복—또는 현현에서 비현현으로 그리고 다시 돌아오는 반복되는 이동—은 자기-실존의 위축되고 분리된 양상들을 향한 착근 성향과 욕망들을 '태워버린다'. 이 하강은 깨달음의 단계들로 '들어가는 문'이다. [불교에서는 근본바탕(본각本覺), 수행의 길始覺, 증득求境覺의 깨달음으로 받아들이고 있고, 이는 확철대오나 '완벽하게 평상적' 수행 과위果位·estate의 세 가지 하부단계로 생각될 수 있다.]

공-형상과 지혜의 재통합

2. **통합의 실패**: 이 '궁극의 병리'(현현과 비현현의 영역을 통합하는 데 있어서의 실패)는 종자식과 바사나스(일명 원형적 형상과 그 성향들)가 **오직** 염오식으로 보일 뿐이고, 그 또한 역시 장애받지 않는 '**지혜**Wisdom'('절대 영Spirit' 또는 '존재Being')의 **표현**이나 현현의 방편으로 보이지 않을 때 그 결과로 생겨난다. 이 분리disjunction 의식의 극복과 공空-형상形相과 지혜의 재합일이나 재통합은 곧 '최상의 길' '평상심'의 길Maha Ati, '개안開眼'(Free John) 그리고 '일상심Ch'an'이다. 여기서는 모든 (심적) 현상이 높거나 낮거나 간에, 그것들이 스스로를 드러내는 정확히 그대로 이미 자연스럽게 깨어 있는 마음의 완벽한 표현이고 (궁극의 진리를 확인하는) 봉인seals으로 보인다.

[그림 5-1]은 의식의 기본구조, 상응하는 자기-발달의 분기점, 그것들의 특징적 병리 그리고 연관성 있는 치료양식들의 개략구도에 대한 요약을 보여 준다.

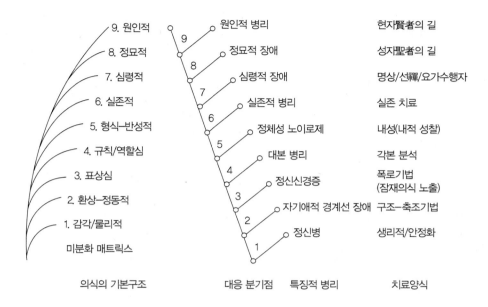

[그림 5-1] 의식의 구조, 분기점, 정신병리와 치료양식들의 상관성

관련 주제들

이 절에서 나는 발달과 병리의 전全 스펙트럼의 관점에서 차별적 진단, 그로프Grof의 COEX 체계 이론과의 연관성, 자기애, 꿈 그리고 명상/심리치료에 대해 언급하고자 한다.

차별적 진단

특히 인간 성장과 발달의 전 스펙트럼의 관점에서 보면 아주 이상적이라고 여겨져야 할 만한 차별적 진단에 대해 다시 크게 한번 세심하게 살펴보기를 강조하는 게 매우 중요하다고 본다. 예를 들면, 정신적psychic 불안, 실존적 불안, 정신 신

정확한 진단은 전체 스펙트럼에 대한 이해에 좌우된다

경적 불안 그리고 경계선 불안 등은 다른 치료양식들을 가진 명백하게 매우 다른 현상들이다. 그러므로 그 어떤 효과적이고 적절한 치료적 개입이라 해도 정확한 초기 진단에 현저하게 좌우된다. 이는 말하자면 의식의 전체 스펙트럼에 대한 숙련된 이해에 의존하게 된다는 것이다. 즉, 그것은 자기-구조화의 전반적 수준들 그리고 욕구, 동기, 인지, 대상관계, 방어기제와 (구조적 발달과 조직의 각 단계에 구체적이고 특징적인) 병리들의 특정한 유형들에 대한 이해에 달려 있다는 말이다.

정확한 진단은 전체 스펙트럼에 대한 이해에 의존

오늘날 여기서 제시하는 것보다 덜 포괄적인 모델들이 내담자를 진단하고 치료하는 데 사용되고 있다. 그 결과 매우 다른 진단 및 치료 범주로 보이는 것들에 대한 명백한 (진단) 오류가 (병리진단 체제의 붕괴로) 드러나고 있다. 예를 들면, 코헛의 두 가지 주요 진단 범주는 (경계선 장애의) '비극적 인간Tragic Man'과 (신경증의) '죄의식 인간Guilty Man' 같은 것이다. 그의 이론은 영적 병리들을 다루지 않고 있고, 따라서 그것들을 모두 하위적 수준의 관심사들로 환원시켜야만 한다. 이와 마찬가지로 그의 개념화는 마치 우주 내의 유일한 실존적 비극은 어머니로부터 유아를 떼어 내는 분리 때문이기라도 한 것처럼 보고서, 실존적 병리를 모두 경계선의 '비극적 인간'으로 환원하도록 명백하게 요구하고 있다.

전/초 오류

다양한 이론가들 가운데 주요 치료적 혼동은 내가 "전/초 오류pre/trans fallacy"(Wilber, 1980b)라고 일컬어 온 것에 기인한다. 이 경우에는 단순히 양쪽 다 비합리적이기 때문에 전합리적 구조와 초합리적 구조를 혼동하고 있는 것이다. 이러한 혼동은 다음과 같이 양쪽 방향으로 갈라지고 있다. 즉, 전합리적(환상적 · 마법적 · 신화적) 구조는 초합리적 수준(예: 융)으로 **상승**(**승화**)되거나 또는 초합리적 구조는 전합리적 유아증 수준(예: 프로이트)으로 환원된다. 특히 삼매三昧(정묘적이거나 원인적 주체-대상 동일성identity)를 자폐적, 공생적 또는 자기애적-대양 상태로 **환원하는** 게 보통이다. 이와 마찬가지로 유일한 보편적 '참나(참자기, 眞我) Self'인 '아트만Atman'조차 단일체적-자폐적monadic-autistic F-1 자기와 혼동하게 된다. 알렉산더(Alexander, 1931)는 선禪 마저도 긴장성 정신분열 상태에서의 훈련이라고 일컬었던 것이다. 내 생각으로는, 그러한 이론적 (그리고 치료적) 혼동들은 인간 성장 및 발달의 전 스펙트럼의 현상학적 타당성이 보다 더 인정을 받고 연구될 때까지는 계속하여 나타나게 될 것이라고 본다.

COEX 체계

스타니슬라프 그로프(Stanislav Grof, 1975)는 'COEX 체계'라는 용어를 '응축된 경험 체계systems of COndensed EXperience'란 의미를 지칭하기 위해 만들어 냈다. 이 의미는 심혼psyche 내에는 발달적으로 대층화된 혹은 양파 같은 복잡성이 있다는 것이다. 이것은 비록 유사한 아이디어들이 문헌에서 많이 나타나고 있지만 중요한 개념이다. 그로프는 그 개념에 가장 명확한 표현 중의 하나를 부여한 것이다.

내가 보기에 병리적 COEX 체계는 단순히 자기-구조화의 어느 특정한 분기점에서 야기되는 대사代謝가 안 된 경험이나 하부단계 결핍들의 연관되고 응축된 국면들의 합이다(Guntrip, 1971; Kernberg, 1975 참조). 분기점 1에서 출발하면, 어떤 특정한 하부단계 결핍은 (그 시점에서 발달을 전체적으로 탈선시킬 만큼 충분히 심각하지만 않다면) 자기-구조화를 현재 진행하고 있는 동안에—**자기-구조에서의 해리된 소영역/포켓으로**—생겨나게 된다. 다음 분기점에서도 이와 마찬가지로 어떤 하부단계 결핍이나 오형성식識들malformations(잘못 형성된 장애무의식들)이 자기-구조 내에서 분리 분열되고 기거하게 된다. 이때—그리고 이런 점은 그로프와 융에 의해 적시된 바와 같이—그것들은 유사한 하부단계 오형성식들과 응축되고 연관되게 된다. 현재 수준의 오형성식들은 이전의 것들과 응축될 뿐만 아니라 그것들은 **계속 이어지는** 혹은 더 상위-수준의 분기점들을 침범하고 오염시키는 경향이 있다. 그리하여 그것들의 발달은 [전적으로 그 특유의 하부단계 결핍들로 인해 발달할 수도 있는 오형성식(증상)들과는 매우 동떨어진] 유사한 병리적 오형성식들 쪽으로 기울어지게 된다. 마치 진주 조개 안에 그 초기의 형성 기간 동안에 자리 잡은 모래알 같이 각각의 이어지는 층은 그 특유의 수준에 있는 결함을 재생산하는 경향이 있다. 그 결과는 전반적 자기-구조 자체 내에 분열되거나 해리된 하부단위들(혹은 '무의식적인, 소화 안 된 경험의 포켓들')로 분기점 별로 하나씩 축조되고 자리 잡고 있는 연관되고 응축된 하부단계 오형성식들의 다층화된 단위인 병리적 COEX 체계다.

그러므로 드러나는 증상은 단지 어느 정도 상당히 방대한 병리적 COEX 체계에 대한 귀띔 정도에 지나지 않을 수 있다. 특정한 COEX는, 예컨대 F-5, F-3,

그로프의 '응축된 경험 체계'

F-2 하부단계 결핍에서 온 잔류물들로 복합적으로 구성될 수 있다. 일반적으로 심리치료의 목표 중의 하나는 필요하면 층별로 하나씩 특정한 소화 안 된 하부단계 잔류물들을 재접촉하고 재체험하고서 구조적 오형성식들을 고치도록 돕는 것이다. 즉, 이렇게 함으로써 다양한 하위적 하부단계 포켓들 속에 이전부터 기거해 오며 꼼짝 못한 채 갇혀 있는 자기-체계의 그 같은 국면들이 구조적 조직화와 발달의 현재 진행 중인 행진에 다시 참가하기 위해 해방되거나 '풀려나'도록 허용하는 것이다.

자기애

혼동되고 혼동시키는 주제

'자기애/나르시시즘Narcissism'은 전문적 치료 문헌에서 아마 가장 혼동되고 혼동시키는 주제라 해도 과언이 아니다. 그것은 문자 그대로 수십 가지의 서로 다른 그리고 때로는 모순되는 정의들로 제시되어 왔다. 말하자면, 자기애의 **수준들**(일차적, 이차적, 삼차적 등)에 대해 모호한 문헌들이 적지 않다. 그리고 마침내 정상적 자기애와 병리적 자기애가 있다고 말하고 있다. 우리는 이 모든 주장으로부터 무엇을 할 수 있다는 말인가?

대부분의 이러한 혼동은 만약 우리가 다음과 같이 구분한다면 분명하게 정리될 수 있다. 1) 자기애의 수준이나 단계들을 명시적으로 정의한다. 2) 자기애의 각 단계는 정상적이고 병리적 차원을 양쪽 다 갖고 있다는 것을 인식한다.

'자기애'란 용어의 서로 다른 의미들

처음부터 말하면, '자기애(나르시시즘)'란 용어가 문헌에 사용되고 있는 것으로 미루어 보건데, 그것은 여러 가지 주요하고 매우 다른 의미들을 갖고 있다. 중립적이거나 또는 경멸적 어조가 아닌 의미에서 '자기애'는 '자기'를 의미하기 위해 사용되고 있다. 이를테면 '자기애적 발달'이란 단순히 '자기-발달'을 의미한다. 자아중심성이나 과대증(허풍)이나 교만의 부정적 함의를 의미하는 게 아니다. 자기애의 수준들이나 자기애적 발달의 수준들이 있다고 말하는 것은 이러한 용법에서는 자기의 수준들이나 자기-발달의 수준들이 있다는 것을 의미한다. 이를테면 이 글에서 우리는 '자기애'의 아홉 가지 주요 단계들(각각 세 개의 하부단계들)에 대한 요점을 제시하고 있다.

'자기애'는 역시 '자기중심주의(이기주의)'나 또는 타인에 대해 충분한 (배려의) 자각을 할 능력이 없다는 것을 의미하기 위해서도 사용된다. 하지만 이것은 반드시 병리적이거나 병적 상태를 의미하지는 않는다. 사실 '정상적 자기애'와 '병리적 자기애' 사이를 구분하는 것은 보통 있는 일이다. 정상적 자기애는 발달의 각 단계에서 **구조적으로 불가피한** 혹은 정상적인 **자기중심주의의 정도**를 언급한다. 그러므로 예컨대 자폐적 단계에서 일차적 자기애(또는 대상 세계를 인식하는 능력조차도 없는 상태)는 불가피하거나 정상적이다. '연습' 하부단계에서 과대-과시적 자기/대상 융합은 정상이다. 비록 이것은 흔히 관습적으로 말하듯이 '자기애적 단계'로 일컬어지지만, 이 단계에서 대상에 대한 최소한의 알아차림이 있기 때문에 자기애(자기중심주의)의 정도는 이전 단계에서 보다 실질적으로 적어진다는 것이 보편적으로 인식되고 있다. 이것은 이전의 혹은 일차적 자기애에서는 전적으로 결여되었던 것이다.

정상적 자기애

표상심 단계는 과대성 단계보다는 훨씬 덜 자기애적 혹은 덜 자기중심적이다. 그렇지만 피아제가 논증했듯이, 그것은 여전히 상당한 정도의 자기중심주의(혹은 자기애)를 지니고 있다. 그 까닭은 단순히 아직은 타인들의 역할을 취할 수 없기 때문이다. 이러한 자기애는 규칙/역할심과 함께 감소한다. 타인의 역할이 이제는 인정이 되고, 형식적 마음의 창발과 더불어 더욱더 감소하기 때문이다. 이는 대안적 관점에 대한 **반성**에 의해 그 자신의 주관주의를 점차로 더 많이 빠져나갈 수 있게 해 준다.

그렇지만 이 시점에서 자기중심주의의 어느 정도는 정관/명상적 전통에 따르자면 여전히 남아 있다는 것이다. 그 까닭은 단순히 어느 정도의 분리 자기감이 여전히 남아 있기 때문이다. 다 프리 존에 따르면, 정묘 영역으로 들어가서 조차도 (그의 용어인) 나르시스Narcissus가 (비록 아주 상당히 감소되어 있지만) 여전히 남아 있다는 것이다. 왜냐하면 자기에 대한 내면의 정묘적 위축과 이에 따른 '관계의 (위축)반동'이 있기 때문이다(Da Free John, 1977).

그렇다면 첫 번째 요점은 자기애의 9개 정도의 주요 수준들이 있다는 것이다. 그 각각은 그 이전 단계(들)보다 덜 자기애적(덜 자기중심적)이다. 자기애(자기중심

자기애의 9개 수준들

주의)는 자폐적 단계(일차적 자기애)에서의 그 정점에서 출발한다. 발달의 각 축
차적인 분기점은 자기애의 감소되는 결과로 나타난다. 그 까닭은 단순히 각 상위
적 단계에서 자기는 그 이전의 보다 더 제한된 관점들을 초월하고서 그 자신 특
유의 주관주의를 넘어서 점차적으로 그 자신의 지평선들을 확장시켜 나가기 때
문이다. 이것은 자기애(자기중심주의)가 최종적으로 원인 영역에서 전적으로 사
라질 때까지 계속되는 과정이다. (그 까닭은 단순히 분리-자기감이 최종적으로 사라
지기 때문이다.)

방어적 척도로서의
병리적 자기애

이제 이와 같이 감소해 가는 자기애적 발달의 각 단계에서는 구조적으로 불가
피한 정상적이거나 건강한 정도의 자기애만 있을 뿐만 아니라 그런 수준에서 비
정상적이거나 병리적이거나 병적인 자기애의 **가능성**도 있다. 이러한 병리적 자
기애는 항상 **방어적** 강도의 척도(측정 기준)이다. 즉, 그러한 자기-대상들과의 고
통스러운 대치를 피하기 위해 그런 (방어적 척도) 수준에 대한 자기-구조는 과대
평가되고 그런 수준에 대한 자기-대상은 상관적으로 평가절하된다. (예: 심적 수
준에서 "그들이 나와 의견을 달리하면 뭐가 문제야! 그들이 도대체 누군데? 여기서 뭣
들하고 있는지 난 알아. 그들은 모두 정말이지 한 무리의 어릿광대들일 뿐이야.") 그 결
과는 **그런 단계에서** 어쩌면 구조적으로 불가피하고 기대할 수도 있는 것을 훨씬
넘어서는 상당한 정도의 자기애(혹은 자기중심주의)로 나타난다. 말러Mahler 같은
이론가들은 병리적 자기애는 자기-발달의 가장 최초의 단계들(즉, F-1과 F-2)에
서조차 생겨날 수도 있다고 주장하였다.

자기애적 방어의
척도 표시

요약하면, '자기애적 방어'는 이론적으로 자기-발달의 어느 단계에서도(발달
의 양극단의 단계들을 제외하고는) 생겨날 수 있다. 그리고 그것은 그러한 (자기-발
달 단계의) 대상들에 의해 버림받거나 모멸당하거나 상처받거나 인정받지 못하
는 데 대한 방어(기제)로서 그런 (자기-발달) 단계의 자기-구조의 과대평가와 그
런 단계의 자기-대상들의 상관적인 평가절하를 수반한다. 자기애적 방어는 단
지 매우 높은 자기-존중감에 의해서만 나타나게 되는 건 아니다. 말하자면, 만약
자기-대상들에 대해 똑같이 높은 배려가 있다면 이것은 자기애적 방어나 병리
가 아닌 것이다. 자기애적 방어의 척도를 표시하는 것은 타인들을 평가절하하는
것에 대한 **측정 기준으로서** 자기의 불균형, 즉 과도평가인 것이다.

그렇다면 '자기애적 장애'를 자기-발달의 **어느 수준에서의** 자기애적 방어의 결과로 정의하는 게 전문적으로 옳고 훨씬 덜 혼동스러울 것이다. 그러므로 F-1의 정상적 자기애가 있고, F-1의 병리적(방어적) 자기애도 있다. 그래서 F-2, F-3등에서 그리고 정묘적 분기점을 포함하여 그 위로 모든 분기점에서 정상적 그리고 병리적 자기애에 대한 유사한 잠재적 가능성이 있다.

우리는 만약 어느 한 단계의 **정상적** 자기애가 **다음** 단계에서 보다 더 성장하지 **않는다면** '자기애적 장애'에 대해서도 역시 말할 수 있다. 이 경우, 자기애적 장애는 특정한 하위적 수준의 정상적 자기애에 있어서의 발달의 정지/고착을 의미할 수 있다. 그래서 우리가 해야 할 모든 것은 어느 하위적 수준이 그렇게 되어 있는지 구체적으로 알아내는 일이다.

하지만 애석하게도 '자기애적 장애'는—그리고 이것은 이 주제를 둘러싼 독특한 오해의 일부이기도 하지만—F-2의 정상적 자기애에서의 발달적 정지로만 유일하게 정의되어 왔다. 이것에 대한 이러한 일반적 용도를 되돌릴 방도는 없기에 그래서 나도 이 장의 첫 부분에서 그대로 따랐다. 따라서 나도 F-2의 정상적 자기애에서의 병리적 정지/고착을 의미하기 위해 좁은 의미에서 '자기애적 장애'란 개념을 계속 사용할 것이다.

일반적 용도가 지닌 문제

요약하면, 자기애에는 9개 정도의 수준들이 있는데, 그 각각은 그 이전 단계(들)보다 덜 자기애적(덜 자기중심적)이다. 그 각각은 정상적이거나 구조적으로 불가피한 자기애(정상적이거나 건강한 자기애)의 어느 정도를 갖고 있다. 그리고 그 각각은 방어적 병리로, 즉 병적이거나 지나치게 팽창되거나 병리적인 자기애로 발달할 수 있다. 가장 넓은 의미에서 '자기애적 장애'란, 1) **어느** 수준에서나 발달할 수 있는 병리적 자기애, 2) 어느 **하위적** 수준의 정상적 자기애에 대한 병리적 발달 정지/고착을 의미한다. 가장 좁은 의미에서—오늘날 거의 모든 이론적 의미에서—'자기애적 장애'란 F-2의 정상적 자기애에서의 발달 정지/고착을 의미한다.

꿈과 심리치료

꿈은 오랫동안 '무의식으로 가는 왕도'로, 즉 정신병리의 진단과 치료 양쪽에 모두 크게 도움이 되는 것으로 여겨져 왔다. 그렇지만 아홉 가지 남짓한 수준의 정신병리가 주어져 있다면 어떻게 꿈이 최선으로 사용될 수 있는 것일까?

내가 개발해 온 꿈 작업의 실용적 이론에 따라 다음과 제안하고자 한다. 먼저, 선명한 꿈은 어느 또는 모든 수준에서의 병리(혹은 단순히 상서로운 메시지)의 은밀한 전달자일 수도 있고, 그래서 꿈과 작업하는 최선의 방식은 가장 하위의 수준에서 그 해석을 시작하여 점진적으로 위로 향해 작업해 나가는 것이다. 단일한 꿈의 순차적 순서에서 **똑같은 꿈**의 상징이라도 여러 다른 수준으로부터의 똑같이 중요한(병리적이거나 건강한 꿈의) 질료를 전달할 수 있다. 그래서 **모든 수준**으로부터의 해석을 추구하고 어느 것이 그 개인에게서 반응 인식을 이끌어 내는가를 보는 게 필요하다. 치료자나 분석가는 최하위의 수준들, F-1과 F-2 수준에서 착수하고, 의미 있는 꿈의 상징들이 그러한 수준들에서 가질 수 있는 의미에 따라 그것들을 해석한다. 그는 내담자와 (통상 정서적 부담을 느끼고 있는 것으로 인해) 동조하는 그런 해석들을 주시하고 나서, 그 상징을 둘러싼 부담을 꿰뚫어 보며 작업한다. 그러므로 꿈은 **그런 수준**(우리가 '그 메시지를 획득하는 수준')에서 그 감정/정서적 부담을 느끼는 데에서 벗어나게 되거나 위안받게 해 준다. 그러고 나서 해석은 그 다음 수준으로 옮겨 가고, 그래서 이 새로운 수준에서의 (그리고 병리 스펙트럼의 맨 위에 이르기까지 계속하여) 그 가능한 의미들에 따르는 각각의 의미 있는 상징을 재해석하게 된다.

분명, (꿈 치료) 실무에서 모든 하나하나의 꿈 상징이 하나하나의 수준에서 해석될 수 없다는 것은 당연한 말이다. 그렇게 하려면 몇 시간이나 몇 날 며칠이 걸려야 할지도 모른다. 오히려 그 개인의 전반적 자기-구조와 전반적 발달 수준의 일반적 식견으로부터 작업한다면, 치료자는 예컨대 서너 개의 가장 의심되는 수준들 각각에 대한 몇 가지 주요 핵심 상징들만 선정하고 나서 그것들에 초점을 맞춘다. 개인이 발달되어 있으면 있을수록 역시 반응 코드를 두드리는 성향이 있는 해석의 수준은 더욱 높아지게 된다. 비록 가장 높게 발달한 개인들조차도 결코 하위-수준의 메시지들로부터 완전히 무관한 것은 아니지만 그렇다는 것이다. [그리고 자주 이와 정반대로, 하위의 수준들은 때로는 그들의 부러워할 만한 상승에서 기껏해야 무시하는 성향이 있어 온 것들이지만, 꿈은 그들로 하여금 결코 잊지 못하게 하는

다중-수준 꿈 해석

각 수준에서 '메시지'
획득하기

(내면의) 결함을 담고 있는 것이다!]

이 (꿈 해석) 접근방법의 풍성함을 분명하게 나타내는 유일한 방식은 다양한 여러 수준에 걸친 나란한 해석들과 함께 여러 사례들을 제시하는 것일는지도 모른다. 하지만 그런 것은 이런 짧막한 절에서 다룰 범위를 넘어서는 것이므로 다음과 같은 단순한 사례가 이 스펙트럼 접근법의 일반 요점을 보여 주는 데에는 충분할 수도 있다. 예컨대, 한 중년 여인이 이러한 중심적 이미지들로 구성된 아주 고도로 부담을 주는 시나리오를 담고 있는 다음의 꿈에 대해 얘기한다고 해 보자. 그녀는 동굴(관련어: '지옥' '죽음') 속에 있고, 동굴로부터 하늘('천국' '고향')로 인도하는 은빛으로 빛나는 기둥이 있는데, 그녀는 동굴 속에서 그녀의 아들을 만난다. 그러고는 그들은 함께 기둥('해방' '안전' '영원성')을 타고 기어 올라간다는 것이다.

다중-수준 꿈 해석의 사례

예를 들면, 기둥은 무엇을 나타내는 것인가? F-1/F-2 수준에서 보면, 그것은 '다 나쁜' 어머니에 대한 부인否認 그리고 공생적 다 좋은 '어머니의 안전성을 향한 융합'이나 '배꼽 탯줄'을 나타낼 수 있다(분열). F-3 수준에서 보면, 그것은 남근적/근친상간적 소망을 나타낼 수 있다. F-4 수준에서 보면, 그것은 그녀의 아들과 좀 더 밀접하게 소통하는 수단을 상징할 수도 있다. F-6에서 보면, 실존적 죽음으로부터의 도피나 회피일 수 있다. 그리고 F-7에서 보면, (삼중 나선형) 은빛 코드 라인의 쿤달리니 에너지 통로kundalini sushumna다. (이는 신체적-지옥 영역의 첫째 차크라로부터 초월적 '자기'로의 해탈과 해방의 일곱째 차크라에 이르는 척추의 중심부 채널이라고 말하고 있다.)

요약하면, 내 관점은 기둥이 이러한 **모든** 것을 동시에 나타내고 있을 수 있다는 것이다. 꿈의 상징은 가소성plastic이기에 명백하게 끈질긴 병리의 어떤 압박하는 문제나 수준에 의해 명백하게 그 의미가 범해지고 알려지게 된다. 그러므로 꿈을 다루는 최선의 방식은 맨 아래에서부터 출발하여 위로 작업해 가며 각 의미 있는 수준에서 그 꿈과 공명하는 것이다(우리는 혹시 포함되어 있을지도 모르는 불유쾌한 하위적 수준의 메시지들을 간과함으로써 비현실적이거나 '승화주의자'적 입장을 취하지 않도록 확실하게 하기 위해 맨 밑바닥에서 출발하는 것이다. 하지만 우리는 하위적 수준에서 **멈추지** 않는데, 왜냐하면 우리는 역시 인간 조건의 실존적이고 영적인 차원에 위배되는 '환원주의자'적 입장을 피하고 싶기 때문이다).

꿈 상징의 다중-수준 본성

명상과 심리치료

자아를 도와주는 점진적
진보로서의 명상

내 의견으로는 명상은 침잠무의식의 하위적 그리고 억압된 구조 속으로 파고
되돌아 들어가는 수단이 아니라 오히려 그것은 의식의 보다 높은 구조의 창발·
성장·발달을 용이하게 촉진하는 길이라는 것이다. 이 두 가지를 혼동하게 되면
현재 매우 성행하고 있는 환원주의적 개념을 그대로 받아들이는 것이 된다. 즉, 명
상은 (기껏해야) 자아를 도와주는 퇴행에 불과하다는 것이다. 반면에 의도를 갖고
수행을 한다면, 그것은 자아를 초월하는 점진적 진보가 된다는 것이다.

하지만 개인이 강도 높은 명상을 시작할 때 침잠무의식의 심적 질료(예: 그림
자)가 자주 다시 떠오르기 시작하거나 가끔씩 의식 속으로 분출하여 솟아오르기
조차 한다. 명상은 일종의 폭로기법이고 또한 자아를 도와주고 있는 퇴행이라는
관념에 기여해 온 것이 바로 이 '그림자의 탈억압'이다. 내가 믿기로는 이 탈억압
은 사실 자주 일어나지만 (매우 다른 정신역동성을 지니고 있는) 매우 특이한 이유
로 인해 일어난다는 것이다. 명상은 구조적 조직화의 더 높은 수준이나 차원으로
의식을 발달시키거나 이동시키는 데 목표를 두고 있기 때문에 그것은 (통상, 심적/
정신적-자아) 발달의 **현재** 수준의 **배타적인** 동일시를 깨거나 중단시켜야 한다. 억
압장애를 구성하는 것은 바로 동일시의 배타성이므로 전체적이거나 부분적으로
그 동일시의 중단은 이전의 억압된 심적 질료들을 해방—그래서 탈억압—시킬
수 있다. 이것은 명상의 입문단계에서 매우 자주 생긴다. 그렇지만 그것은 분명
명상수행의 부차적 부산물이지, 그것의 목표는 아니고 그리고 확실히 그 정의定義
와는 무관한 것으로 보인다(이 주제에 대한 보다 상세한 논의는 Wilber, 1983 참조).

명상이 정신분석이나 심리치료와 연계하여 사용될 수 있는가 아니면 꼭 그래
야 하는가? 내가 믿기로는 이것은 대체로 명상의 유형과 특정한 요법으로 치료
되고 있는 병리의 수준에 좌우된다고 본다.

병리의 수준과 명상의
용도

일반적으로 명상은 F-1과 F-2 수준 병리에는 금기시되는 것으로 보인다. 그
수준들에는 명상수행에 이따금씩 수반하는 강렬한 체험에 관여하기 위한 충분한
자기-구조가 없다. 이러한 경우들에 명상은 전혀 도움이 안 되는 것으로 보일 뿐
아니라 명백하게 치명적일 수 있다. 왜냐하면 명상은 경계선 장애나 정신병증이

지니고 있을지도 모르는 어떤 미미한 (자아)구조를 와해시키는 경향이 있기 때문이다. 다시 말해, 명상은 경계선 장애나 정신병증이 애초부터 새롭게 만들어 내고 강화시켜야 할 필요가 있는 그러한 중급-수준의 자기-구조들을 원래로 되돌려 버리는 경향이 있다. 역설적이게도 잭 엥글러(Jack Engler, 1983a)에 따르면, F-2 병리를 가진 수많은 개인들이 그들의 '무자아nonego 상태에 대한 **합리화**의 수단으로, 특히 그 불교 형태의 (무아)명상에 실질적으로 이끌리고 있다는 것이다. 엥글러와 같이 나도 명상은 그러한 경우들에서는 통상적으로 금기시된다고 믿는다.

F-2 수준에서의 명상

반면에 F-3 병리의 대개의 형태들은 명백하게 명상수행으로부터 보조적 편익을 받을 수 있다(Carrington, 1975 참조). 하지만 내가 믿기로는 위빠사나 명상은 의사-고pseudo-duhkha와 정신신경증적 우울증을 연결시키려는 경향으로 인해 '온건한 정도에서 심각한 정도 사이에' 걸쳐 있는 우울증의 경우에는 조심해서 사용해야 된다고 본다. '요가수행자의 길'은 심각한 정동-성적 추동의 치솟음을 야기할 수 있다. 이는 F-3 심리치료를 받고 있는 어떤 사람이 그런 유형의 명상에 착수하기 전에 어쩌면 고려해야 할지도 모르는 사실이다. 그리고 정신신경증적 불안의 경우에 (자주 불안을 폭발의 절정으로까지 이끌어 가는) 선공안禪公案명상(간화선看話禪)은 필경 금기시되어야 한다. 그렇지만 일반적으로 대개의 명상의 기본 형태들[호흡을 따라가기, 호흡 세기, 만트라/주력呪力 수행, 지관타좌只管打坐(조동종의 묵조좌선 수행shikan-taza), 아슈탕가 요가 등]은 F-3 심리치료에 보조적 편익을 줄 수 있다. 좀 더 첨언하면, 명상 자체는 그 부산물로서 다양한 무의식의 질료의 재출현이나 탈억압을 필경 촉진할 것이고, 이는 심리치료 기간 동안 내내 작업이 진행될 수 있다.

F-3 수준에서의 명상

명상은 또한 대부분의 형태의 F-4와 F-5 병리들과 함께 사용될 수 있지만, 거기에는 다음과 같은 특수한 병발증이 발생할 수 있다. 예컨대, 역할-혼동이나 역할-순종 병리에 걸린 어떤 사람이나 혹은 형식적 자기-정체성을 확립하는 데 곤란한 시기를 겪고 있는 사람은 특히 명상을 (치료 기법으로) 사용하는 데에는 취약하다. 그리고 미해결된 정체성 신경증의 행위가 돌출하는 형태로, 특수한 명상수련의 지도적 '내부 집단in-group'에 헌신을 맹세하는 사교邪敎 양상의 다양한 명상집단들에서도 취약하다. 이로 인해 결과적으로 생겨나는 '사교적邪敎的 정신

F-4, F-5 수준에서 명상의 용도

상태'는 심리치료적으로 취급하기가 지극히 어렵다. 왜냐하면 소위 그들이 주장하는 '보편적-영적 진리'란 단순한 행위의 돌출에 대한 기껏해야 허풍으로 가득찬 합리화 수단으로 사용되고 있기 때문이다.

F-6 수준에서 명상의 용도와 한계

　내 경험상으로는 F-6 병리 또는 실존병리의 대개의 형태들은 명상에 대한 긍정적인 반응을 보여 준다. 정신신경증적 불안과는 달리 실존적 불안은 공안참선 같은 보다 용맹정진하는 명상수련에서조차도 모순되는 게 있어 보이지 않는다 (Kapleau, 1965 참조). 하지만 실존적 우울은 위빠사나 같은 고-심화高-深化 명상에서는 주의해서 사용해야 할지도 모른다. 더 나아가, 실존적 병리나 끈질긴 실존적 딜레마를 가진 개인은 삶의 모험적 기획에 대한 진정한 그리고 초월적 의미를 가리키고 있는 정관/명상적 정진 이면의 전체 철학을 통상 유익한 것으로 발견한다. 하지만 지금 우리는 실존적 병리에 대해 말하고 있음을 유의해야 한다. 이를테면 정상적 실존 수준 자체에 있는 개인은 흔히 명상/초월에는 관심이 없다(그리고 의심스러워하기까지도 한다). 그들은 그것을 죽음 부정death denial을 현혹하는 한 형태라고 생각한다.

　요약하면, 명상은 구조-축조기법도 아니고, 폭로기법도 아니고, 대본분석 기법도 아니고, 소크라테스식 대화하기도 아니다. 그것은 그러한 기법들을 대체할 수도 없고, 그러한 수준들에서 필요로 하는 어떤 주요 치료 작업을 '영적 우회 (Welwood, 1984)'하기 위한 한 수단으로 사용해서도 안 된다. 하지만 명상은 정신분석이나 심리치료와 **연계하여** F-3, F-4, F-5, F-6 병리의 대개의 형태들에서 매우 유용할 수 있다. 이는 (명상과 심리치료) 양쪽 다 그것들 특유의 내재된 본질적 장점과 편익 때문에, 그리고 그것은 정신the psyche을 '이완하게' 하고 하위의 수준(의 무의식 질료)에 대한 탈억압을 촉진하기 때문에 그래서 그러한 수준에서의 심리치료 과정에 보조적 양식으로 기여하고 있는 것이다.

명상과 내면화

명상은 자기애적인가?

　명상은 자기애적 (내면으로의) 철수라는 도발적 관점이 지금까지 상당한 오랜기간 정신분석적 그리고 인기 있는 문헌 양쪽에서 회자되어 오고 있다(Alexander,

1931; Lasch, 1979; Marin, 1975). 이 절에서 나는 정신분석 자체에서의 정의와 발견을 사용하여 그러한 주장을 도전하고 싶다.

이 논고에서 우리는 의식의 **발달**이나 **진화**에 대해 논의해 왔다. 그렇다면 정신분석학적 자아 심리학에서는 진화를 어떻게 정의하는가? 하인츠 하르트만(Heinz Hartman, 정신분석학적 발달심리학의 창시자)에 따르면, "진화는 점진적인 '내면화'의 과정이다. 그 까닭은 종의 발달에 있어 유기체는 그 환경으로부터 점점 증가해 가는 독립성을 성취하게 되고, 그 결과 '…애초에 외부 세계와 관련하여 일어났던 반응들은 유기체의 내면으로 점차적으로 더욱더 옮겨 가게 되기 때문인 것이다!' 유기체가 독립적이 되면 될수록 즉각적 환경의 자극으로부터의 독립성은 더욱더 커지게 된다."(Blank & Blank, 1974) 그런 (이론적 성향의) 정신분석학자들에게 점차로 증가하는 발달은 이에 따른 증가하는 내면화로 **정의된다**.

정신분석학적 정의

그렇다고 그와 같은 이론적 정향이, 몸으로부터 자아-심ego-mind으로의 증가하는 내면화에 박수를 쳐야 하고, 오히려 자아심에서 정묘-혼subtle-soul에, 원인-영causal-spirit에 (또는 명상 일반에 걸쳐) 이르기까지 점차로 증가하는 내면화에 충격받아 놀라서 물러나야 하는 그런 정도까지는 아닌 것이다. 그렇지만 이것은 수많은 정신분석학적으로 정향된 이론가들(Alexander, 1931; Lasch, 1979)과 근대 정신의학적 이론에 대한 전폭적 지지를 주장하는 다수의 대중적 인기 지향 작가들(예, Marin, 1975)에게서 일어나고 있는 것이다. 이러한 일은 아주 명백하게 일어나고 있는데, 그 이유는 이런 이론가들은 증가하는 내면화의 '대사슬Great Chain'의 절반 정도수준까지는 '자기애'란 용어의 사용을 이미 시작하고 있기 때문이다. 그렇지만 지금까지 우리가 보아 왔듯이, 발달의 각 상위적 수준은 덜 자기애적이라고 표시되고 있다. 다시 말하면, 완벽하게 수용 가능한 정신분석학적 정의에 따르면, 증가하는 발달 = 증가하는 내면화 = 감소하는 자기애다. 이러한 사실로부터 내면화가 점차로 증가해 가는 발달로서의 명상은 아마도 우리가 감소하는 자기애를 위해 가지고 있는 단 하나의 가장 강력한 도구라고 해도 과언이 아닐 것이다.

증가하는 내면화와 자기애

만약 우리가 '내측성insideness' 혹은 '내적 속성internalness'의 두 가지 매우 다른 종류의 (의미) 사이를 구분하지 않는다면 이러한 것은 역설적으로 들릴 수도 있다. 내적 속성의 이러한 두 종류를 '내측inside'과 '내면interior'이란 명칭으로

'내측' 대 '내면'

일컫기로 하자. 첫 번째 관점은 의식의 각 상위 수준은 그보다 하위의 혹은 선행하는 수준에 비해 '내면적'인 것으로 체험되지만, 그것의 '내측'에 있는 건 **아닌** 것으로 체험된다는 것이다. 예를 들면, 마음은 신체에 비해 내면적인 것으로 체험되지만 신체 내측에 있는 것은 아니다. 만약 내가 어떤 음식을 먹는다면 그 음식은 신체 **내측**에 있는 것으로 느낀다. 또는 만약 내가 물리적 통증을 갖고 있다면 그런 것도 역시 신체 **내측**에 있는 것으로 느낀다. 그렇지만 나의 마음이라고 지적하고 말할 수 있는 내측의 물리적 느낌이나 감각이나 경련이나 격렬한 통증 같은 것은 없다. 다시 말해, 나의 마음은 (내가 사용하고 있는 용어의 의미로는) 나의 신체 내측에 있는 것으로 구체적으로 느껴지지 않는다. 그렇지만 그것은 어쩌면 신체에 비해 오히려 모호하게 '내면적'인 것으로 느끼게 된다. 그런 느낌을 나는 '내면'이라 일컫는다.

그 차이는 단순히 의식의 각 수준은 내측과 외측과 함께 그 특유의 경계들을 갖고 있다. 하지만 하나의 상위적 수준은 그보다 하위의 수준에 대해 문자적인 의미의 그 내측으로서가 아니라 내면적으로 체험된다는 것이다. 이러한 경계들은 동등한 것으로 취급해서는 안 된다. 그것들은 전적으로 다른 수준들에서 존재하기 때문이다. 예를 들면, 나의 마음의 경계들과 나의 신체의 경계들은 똑같은 것이 아니다. 상념들은 나의 신체의 물리적 경계들을 결코 가로지르는 일이 **없이** 나의 마음을 들락날락할 수 있다.

나의 마음은 나의 신체에 대해 내면적이기 때문에 그것은 신체의 내측을 넘어서거나 벗어날 수 있다는 것에 유의해야 한다. 나의 마음속으로 나는 나라, 정치 정당, 사상의 학파와 동질감을 가질 수 있다. 상호주관적 성찰에서 나는 타인의 역할을 취하고, 그들의 관점을 가정하고, 그들과 공감하는 등을 할 수 있다. 만약 나의 마음이 **오직** 그리고 실질적으로 나의 신체 **내측**에만 있다면 나는 결코 이렇게 할 수 없을 것이다. 하지만 그것에 대해 내면적이므로 그것을 벗어나고 그것을 넘어가고 그것을 초월할 수 있다. 이것이 바로 **내면화는 더 적은 자기애를** 의미하는—한 수준이 다른 것에 대해 내면적이면 그것을 넘어설 수 있는—까닭인 것이다. 만약 그것이 정말로 오로지 그것의 **내측**에 있다면 결코 그렇게 할 수 없을 것이다.

'내면화'는 '더 적은 자기애'를 의미한다

마찬가지로 혼은 마음에 대해 내면적이다. 그것은 마음의 내측에 있는 게 아니다. 마음의 내측에 있는 유일한 것은 상념들이다. 그 이유는 바로 마음으로 내성內省을 한다고 해서 결코 혼을 밖으로 드러나게 하는 건 아니기 때문이다. 하지만 상념들이 조용히 가라앉으면 혼은 마음에 대하여 내면적으로 창발하고, 따라서 마음을 초월하고, 그것을 넘어서 보고, 그것을 벗어날 수 있다. 그리고 마찬가지로 영은 혼의 내측에 있는 게 아니고, 그것은 혼에 대해 내면적이고, 그래서 그것의 한계와 형태를 초월한다.

그렇다면 명백하게 명상은 자기애적이라고 주장하는 이론가와 명상가들은 마음의 내측으로 들어간다고 상상한다. 그러나 그들은 오히려 마음에 대하여 내면으로 들어가고 있는 것이고, 그러므로 그것을 넘어서는 것이다. 그래서 그들은 보다 덜 자기애적이고, 보다 덜 주관주의적이고, 보다 덜 자기중심적이고, 보다 더 보편적이고, 보다 더 포용적이고, 그러므로 궁극적으로 보다 더 자비심이 넘치게 된다.

> 혼은 마음에 대해 내면적이고, 영은 혼에 대해 내면적이다

결 론

이제 나는 이 논고에서 내가 제시하고자 시도했던 것을 아주 분명하게 하고 싶다. 그것은 확고하고 결론적이고 변경할 수 없는 모델을 제안한 것이 아니다. 비록 나는 모든 관점에 있어서 그것을 뛰어난 연구자들과 현장 전문가들의 이론적이고 현상학적 연구 보고서들에 바탕을 두려고 애써 왔지만, 전반적 프로젝트는 명백하게 메타이론적이고 시사적이고, 그래서 그러한 정신으로 제시되어 있다. 그렇지만 일단 누구나 인간 성장과 발달의 전 스펙트럼을 바라보기 시작하면, 비상할 정도로 풍성한 재료의 배치가 메타이론적 작업을 위해 이용 가능하게 된다. 그래서 연결의 다양성은 이전에는 명백하지 않았던 것들을 그것들 스스로 시사한다. 그래서 앞으로 후속 연구를 위한 풍부한 가설들이 당장 가용하게 된다. 더구나 전에는 대체로 양립할 수 없거나 심지어 모순되는 것으로 여겼던 다른 분석적, 심리학적 그리고 영적 체계들이 상호 간에 서로를 풍성하게 만드는 총합synthesis이나 화해의 가능성에 보다 더 가까워진 것으로 보인다.

> 전 스펙트럼과 메타이론

이 모델의 목적 이 장에서는 최종 결론보다는 강력한 가능성을 더 많이 보여 주기 위한 그와 같은 하나의 전 스펙트럼 접근법을 제시하고 있다. 만약 이러한 유형의 모델이 좀 더 나은 것들에 이르게 하는 데 유용하다면 이 글은 그 목적을 달성하게 될 것이다. 오히려 나의 관점은 우리에게 **이미** 가용한 지식의 상태가 주어져 있다면, 보다 덜 포괄적인 어떤 모델을 제시한다는 것—이에 의해 내가 의미하는 바는 인간 성장 및 발달의 (현대 서양의) 전통적ㆍ(동양 전통지혜의) 명상적 모델 양쪽 모두를 다 고려하지 않는다는 것—은 인간의 조건에 대해 매우 인색해 보인다는 것이다.

마음챙김 명상의 단계들:
타당성 연구 및 연구결과

다니엘 브라운 Daniel P. Brown[1]
잭 엥글러 Jack Engler[2]

　명상단계에 관한 기존의 설명들은 '객관적인' 사실인가라는 점에서 종종 문제가 된다. 이 단계들은 보편적으로 문화 간/통문화적cross-cultural으로도 타당성을 갖는가, 아니면 단지 주관적인 신념체계나 기대의 결과인가? 브라운과 엥글러가 쓴 바와 같이, 이 장에 보고된 연구 과제는 '이렇게 전범적 문헌text으로 기술된 설명들이 어떤 종류의 타당성을 가지는지를 결정하는 것'이다.

　이 장에서 브라운과 엥글러는 수행자들과 스승들에 대한 집중 인터뷰, 그들이 이 개발하여 '명상경험 프로파일Profile Of Meditative Experience: POME'이라고 명명한 정량적 척도, 그리고 로르샤하 검사가 포함된 연구와 이 연구의 결과를 보여준다. 로르샤하 검사는 원래 성격 측정을 위해 사용되었지만, 브라운과 엥글러는 "각기 다른 수행 단계에 있는 수행자들은 로르샤하 검사에서 상당히 분명하게 구별되는 기록을 나타낸다."는 것을 발견했다. 실제로 로르샤하 검사 결과들은 특정 명상 단계들과 관련 있는 것으로 보인다. 각각의 수행 수준마다 공통적 특징들이 개인 간 차이보다 더 두드러지게 나타난다. 브라운과 엥글러는 로르샤하 검사를 인지적 · 지각적 측정 도구로 이용하여 "각 집단에서 얻어진 독특한 정성적 특징들과 그 수행 단계의 가장 특징적인 심리적 변화에 대한 고전적 기술이 일치한다는 것을 발견했다. 한편에는 이와 같은 로르샤하 검사의 정성적 특징의 수렴성을 그리고 또 다른 한편에는 (명상의 단계에 대한) 고전적인 설명들을 놓고 보면, 수행의 주요 단계들에서의 심리적 변화에는 문화 간/통문화적 타당성 수립으로 향하는 중요한 길이 있을지 모른다."

다음 장에서는 브라운과 엥글러가 이 결과들의 의미에 대한 상세한 논의를 제시한다.

♣♣♣

예비보고 　　이것은 현대 토착 불교 명상수행자와 그들의 수행에 대한 기록된 출처인 권위 있는 전범(경전, 논서) 문헌texts적 전통들에 대한 저자들의 연구에 관한 예비 보고서다. 우리가 그들의 원래 언어로 연구한 주요 전통들은 명상경험의 전개를 단계모델stage model로 보여 준다. 예를 들면, 티베트의 대승불교 전통으로부터 마하무드라Mahamudra(Brown, 1977), 팔리 상좌부불교(남방불교) 전통으로부터 청정도론Visuddhimagga(Nyanamoli, 1976) 그리고 산스크리트 힌두 전통으로부터 요가수트라Yoga Sutras(Mishra, 1963) 등이다. 광범위한 문화적·언어적 차이와 수

단계모델 행 방식의 다름에도 불구하고, 이 모델들은 그 기저에 단계에 대한 불변의 공통 순서가 있다는 것을 시사하기에 충분할 만큼 서로 유사하다(Brown, 1980). 비록 그러한 구조적 수렴성은 경험적 토대에서 구축되는 것이라 하더라도, 단계모델에 의한 명상의 개념은 직관에 호소하는 것이다. 나아가 전통들에서는 수행을 수행 개념을 묘사하는 고전적인 비유로 설명하는데, 예컨대 (수행의) '도道·magga'와 '과果·bhavana' 같은 것을 언급하는 말이다.

위빠사나 단계 　　이 연구는 그러한 한 단계모델인 위빠사나 또는 마음챙김 명상의 남방불교 Theravadin Buddhist 전통에 관한 것이다. 이 전통에 따르면, 명상의 전체 체계에는 세 개의 주요 부문이 있다. 종종 도덕적 수행Moral Training이라고도 불리는 예비수행Preliminary Training, 집중수행Concentration Training 그리고 통찰수행Insight Training이 그것이다. 첫 번째 수행은 초심자에게 권해지는 것이고, 나머지 두 가지 수행은 공식 정좌수행에 대한 좀 더 제한적인 의미를 갖고서 명상(수행)을 구성한다.

각각의 부문들은 매우 다른 수행의 조합을 나타내며, 각기 뚜렷하게 다른 목 예비수행
표로 이어진다. 각각은 매우 다른 종류의 심리적 변용transformation을 수반한다.
예비수행에는 윤리적 지침에 따른 가르침 학습, 수행자 자신의 일상 활동과 내
면의 명상적 자세에 대한 기본적인 알아차림 수련, 수행자 자신의 생각을 관찰하
여 평온하게 되기 위해서 조용히 앉아 있는 것을 배우기, 산만함을 벗어나 자신
의 내면 경험의 흐름을 관찰하는 것을 배우기 등이 포함된다. 집중수행은 한 가 집중수행
지에 주의를 집중하는 것으로 정의되며, 이것은 산만함 없이 한 가지 대상에 지
속해서 주의를 두는 능력이다. 이것은 생각의 상대적 감소와 더 복잡한 지각 과
정을 가져온다. 충분히 집중된 명상가는 생각이나 지각적인 형태pattern 인식 단
계보다 더 단순한 단계에서 매우 미세한 마음의 활동에 대해서도 알아차림이 연
속적으로 그리고 지속적으로 유지되는, 깊은 집중의 상태인 삼매samadhi로 들어
가는 것을 배운 것이다.

통찰수행은 가장 중요한 것이며, 이에 앞선 단계들은 이것의 준비로 간주된다. 통찰수행
명상가는 자기 마음의 미묘한 작용들을 관찰하는 알아차림을 훈련해 왔고, 그래
서 이제는 가장 미세한 수준에서 마음이 어떻게 작용하는지 참되게 아는 위치
가 된다. 통찰에는 수많은 개별적 단계들이 있는데, 그 모든 단계가 전통적인 문
헌에 상당히 전문적으로 정의되어 있다. 명상가는 마음의 작동operations에 관한
근본적인 진실들을 배우도록 요구된다. 그의 알아차림은 그가 마음과 실재(현실)
의 상호작용의 탐색을 시작할 수 있을 만큼 연마되도록 요구된다. 그는 사건들
이 어떻게 존재하게 되며, 어떻게 사라지는지를 탐색한다. 그렇게 함으로써, 그
는 내부의 마음과 외부의 우주 사이에는 실제 경계가 없음을 알게 된다. 결국 본
질적인 비이원적 알아차림은 마음/실재의 작동을 직관적이고 경험적으로 이해
하여 깨달음enlightenment이라고 일컬어지는 경험의 급진적 변용으로 인도된다.
나아가, 그러한 하나의 깨달음이 아니라, 더 많은 여러 변용들이 있을 것이다. 남
방소승불교의 명상단계에 대한 고전적인 기술의 번역서로 공부하고자 하는 독
자는 다른 문헌들을 참조하기 바란다(Mahasi Sayadaw, 1965; Nyanamoli, 1976).

타당성의 문제

명상단계에 대한 전통적 불교문헌의 기술들은 주관적인 논서라는 그것들의 성

텍스트 기술의
타당성 판정

격 때문에 문제가 된다. 아마도 이 전범 문헌들texts은 현대 명상가들의 경험을 기술한다는 점에서는 타당하지 않은 고대의 역사적 유물기록들을 내포할 수 있을 것이다. 혹은 그 전범 문헌들이 현시대 명상가들의 경험과 매우 유사한 경험들을 나타낼 수도 있을 것이다. 그러나 양쪽 모두 단순한 기대 효과에 불과한 경직된 신념체계의 결과물일 수 있다. 또 한편으로는 마찬가지로 그 전범 문헌들이 외적 타당성을 가진 명상경험의 단계에 관한 잘된 기술들일 수도 있다. 우리의 현재 연구과제는 이들 텍스트적 설명들이 어떤 종류의 타당성을 갖는지 결정하는 것이다.

연구 방법

이러한 쟁점에 접근하기 위해 우선 현대의 현지 토착 수행자들을 인터뷰하고 그들의 경험이 전통 전범 문헌에 기술된 것들과 일치되는지 알아보았다(Kornfield, 1976; Engler, 연대 미상). 또한 이러한 설명들을 정량화하기 위해 '명상경험 프로파일a Profile Of Meditative Experience: POME'이라는 연구 질문지를 고안하였다(Brown et al., 1978). 두 번째로 텍스트적인 설명과 서구 심리학의 특정 전통들, 특히 인지심리학에서 가져온 구성개념constructs을 비교하기 위한 시도가 이루어졌다. 다른 곳(Brown, 1977)에 기술된 것처럼, 명상을 배우는 것은 인지적 기술skill, 구체적으로 주의를 두는 것과 알아차림 수행에 관한 기술을 획득하는 것에 비유된다. 주의와 알아차림 수행을 지속적으로 하는 사람들은 아마도 식별할 수 있는 단계들에서 매우 질서정연한 방식으로 전개되는 일련의 명상을 경험하는 것으로 보인다. 아마도 이러한 단계들은 인지/발달 단계모델에 의해 조명될 수 있을 것이다. 즉, 이는 명상 중에 복잡한 생각과 지각 과정들이 해체됨으로써 더 미세한 수준의 정보 처리를 관찰할 수 있게 되는 것이다.

독립적인 실험 측정과
로르샤하 검사

타당성 연구의 목적은 전통적인 전범 문헌들에서 그리고 현대 수행자들의 주관적 연구보고와 질문지들에 기술된 인지적 변화라고 일컬어지는 것에 대한 독립적인 경험적 측정 도구를 확립하는 것이다. 로르샤하 검사는 이러한 타당성 연구를 위한 그럴듯한 선택으로는 여겨지지 않을 것이다. 사실상 로르샤하 검사는

원래 성격 측정용으로 사용되었다. 하지만 우리는 각기 다른 수행단계에 있는 수행자들이 매우 뚜렷하게 차이 나는 점수를 제공한다는 것을 알게 되었다. 실제로, 로르샤하 검사 점수는 명상의 특정한 단계들과 상관이 있는 것으로 보인다. 명상수행의 각 수준에서 공통적으로 나타나는 특징들은 개인 간의 차이보다 더 두드러진다. 예측되지 않았던 이러한 관찰로부터 과연 로르샤하 검사에 주요 부문들 또는 수행단계들을 구분하는 정성적 특징(그리고 정량적 변수들)이 있는가에 대한 질문이 제기되었다. 만약 그렇다면, 이것은 명상의 단계모델에 대한 타당성을 수립하는 첫걸음이 될 것이다. 현재 연구에서 로르샤하 검사는 성격 측정 도구가 아니라 인지적·지각적 변화의 측정 도구로 사용된다. 여기서는 수행단계 수준에 근거해서 구분된 준거집단criterion group들에게 이것을 제공해서 단계-감수성의 타당화 도구로 사용하였다.

명상가집단

현대 명상연구에서의 본질적 문제는 명상의 독특한 인지적 기술skill에 충분히 숙련된 피험자들을 구하지 못한다는 점이다. 대개의 실험은 흔히 대학생 같은 초보적 피험자를 이용하거나, 때로는 선이나 초월명상TM 같은 특정 수련 방식에 숙련된 명상가를 이용한다. 이러한 숙련된 명상가들조차도 전통적인 기준에서 보면 초심자들이다. 한 가지 예로, 모핀(Maupin, 1965)은 선 명상가들에게 로르샤하 검사를 실시했다. 그는 1회기에 45분인 호흡집중명상을 10회 받은 초보 대학생들을 (선 명상가로) 이용하였다. 이 피험자들이 10회기 동안에 집중 기술을 숙달했다고는 보기 어렵다. 그런데도 모핀은 이 피험자들에게 일차과정사고를 감당하는 능력의 확장과 함께 그것의 증가도 경험했다는 결론을 내렸다. 이것이 명상의 효과일 수는 있겠으나, 초심자 효과일 여지가 크다. 무경험의 피험자는 의식의 저각성 상태hypoaroused state에 대한 일반적 효과를 보여 준다(Brown, 1977). 일차과정사고의 증가에 대한 유사한 연구보고들은 다른 저각성 상태인 최면 트랜스 (무아경)에 대해 보고되어 있다(Fromm, Oberlander, & Grunewald, 1970).

명상 숙련자 대 비숙련자

일차과정사고의 증가 같은 효과는 전통적 분류에서 더 숙련된 사람에 속하는 피험자의 명상에서 나타나는 효과와는 관련이 적을 것이다.

수행 기간 및 기술의 습득

데이비드슨, 골먼 및 슈워츠(Davidson, Goleman & Schwartz, 1976)는 **명상 경험의 수준**을 조절하고자 시도했던 한 횡단연구에서 피험자들을 초심자, 단기, 장기명상 집단으로 분리하였다. 장기명상 집단의 기준은 초월명상이나 불교 호흡 집중수련에서 정규 수행을 한 기간이 2년 또는 그 이상 된 것이다. 물론, **수행의 기간과 기량의 획득 간에** 강력한 상관관계가 있지 않다는 문제가 있다. 이렇게 준거집단 간 비교를 행한 횡단연구들은 전형적으로 단순히 시간적 요인, 즉 명상 시간의 길이를 초심자와 중간, 진보된 피험자를 구분하는 방법으로 삼는다. 그러나 모든 명상 스승과 수련생이 난감하게 인식하는 것처럼, 수행한 시간의 길이는 수행의 깊이에 대한 지표가 될 수 없다. 이 관계는 매우 변화무쌍하며 확정할 수도 없다. 수행 자체에서 얻어지는 보다 적절한 척도가 없으므로 이렇게 시간에 근거하여 포괄적이고 다소 인위적으로 세 가지 집단으로 분류하였다.

피험자 선택 기준

본 연구는 비록 수행 기간이라는 것을 무시하지는 않으나, 이것에만 선별의 유일한 기준으로 의존하는 것은 아니다. 먼저 피험자들은 잘 수립된 전통에서의 집중적 명상intensive meditation 경험이 충분한 사람들로 선별되었다. 집중적인 수행은 첫 번째 기준이 된다. 나아가 스승이 평가하는 등급 그리고 질문지상 피험자의 자기보고를 주된 기준으로 이용해서 명상단계에 대한 전범 문헌(텍스트)적 모델에 따라 이들 집중 명상가 집단에서 피험자의 경험 수준을 보다 잘 그려 내게 한다. 그 스승들은 명상단계에 대한 전통적 설명들을 잘 인식하고 있을 것이고, 또 피험자들이 도달한 기량skill의 수준과 경험의 형태를 인터뷰를 통해 분별할 능력이 있을 것으로 여겨진다. 명상경험 프로파일POME상에 지시된 항목에 대한 특정 반응들 또한 기량의 수준을 드러내 준다.

잘 수립된 전통

아시아와 미국적 요소들 양쪽 모두에 대한 현재의 연구는 대학생들 집단이 아닌 잘 수립된 전통의 맥락 내에서의 명상가들을 이용하였다. 즉, 수주 또는 수개월 지속되는 집중수련회intensive retreats에 참가하는 명상가들을 활용하였다. 매일의 일상수행에는 주로 한 시간에서 시작해서 18시간이 넘도록 앉기명상과 걷기명상의 지속적인 반복이 포함된다. 정오 전에 두 번의 식사를 하고, 저녁에는 한 시간의 강연이 있다. 피험자들은 집중수행 기간 동안 하루 14~16시간 지속적으로 수행을 한다. 그들은 묵언하고, 성행위와 물질 이용을 절제하는 것 등과 같은 전통적 불교 계율을 지킨다. 다른 명상가들과 상호작용하지 않는다. 시선 접촉도 없다. 이틀에 한 번씩 스승과 15분짜리 인터뷰를 하는 것을 제외하고는 말하지도 않고 쓰지도 않는다. 이러한 일상은 **집중적(용맹정진) 명상**이라 정의되며, 단기 및 장기 집중수행의 기본구조다. 이 시간 동안 수행자들은 명상 기량을 획득하기 위해 중단 없이 매진할 기회를 가지며, 이 명상 전통이 목표로 하는 단계별로 특색 있는 훈련과 수행(정신적 발달, bhavana)을 한다.

공식적인 앉기명상과 걷기명상 기간의 지침은 주요 미얀마 계통 가르침인 마하시 사야도 존사의 전통적인 마음챙김 지도법을 따른다(Mahasi Sayadaw, 1972; Goldstein, 1976). 수행은 집중연습 입문으로 시작된다. 코끝에서 호흡이 들고 나는 것, 또는 복부가 일어나고 사라지는 것에 주의를 집중한다. 이 기간이 지나 어느 정도 집중이 발전하면, 몸의 감각, 감정, 생각, 이미지, 기억, 지각, 매 순간 경험의 유쾌·불쾌하거나 중립적인 성질 등 일련의 새로운 대상들이 추가된다. 명상가는 이러한 대상들 중의 어느 것이 그의 의식의 흐름 속에서 일어나고 있는 한, 일어나는 바로 그 순간에 그것을 알아차리도록 지도 받는다. 더 이상 알아차림이 되는 어떤 대상도 떠오르지 않으면, 주의를 기본적 명상 대상인 호흡으로 되돌린다. 시시각각 떠오르고 지나가는 다양한 주제들에 대한 주의의 범위가 확장되면서 이제 이 훈련은 집중기술에서 마음챙김 기술로 전환하게 된다. 이 수행 전통에서의 두 번째 핵심 가르침은 주의는 '있는 그대로'(맨bare)이어야 한다는 것이다. 반응 없이, 즉 평가나 판단이나 선택이나 의견이나 어떤 종류의 인지적·감정적 노력을 배제하고 대상에만 주의를 두어야 한다. 만일 대상에 대해서 단순한 지각을 넘는 어떤 종류의 이러한 정신적 반응이 일어나면, 수련생은 다시 '있는 그대로의(맨) 주의' 또는 '선택 없는 알아차림'으로 돌아오도록 지도 받는다. 선택된 특정 대상은 알아차림의 마음챙김에서 그것과 거리를 두어 관찰하는 이런 특성에 비하면 그 중요성을 비교할 정도가 못된다. 그래서 '있는 그대로의 주의'란 순간순간의 두드러진 경험에 대한 비해석적·비판단적 알아차림을 의미한다. 중요한 방점은 특정한 사건이 일어나는 과정에 있는 것이며, 그것의 개별

전통적 마음챙김 지침

'있는 그대로(맨) 주의하기'

적인 내용 자체에 있는 것이 **아니다**. 걷기명상도 발의 움직임을 기본 명상 대상물로 하여 이와 같은 방식으로 행해진다. 걷는 동안 일어나는 다른 모든 사건을 포함하여 그것들이 일어남에 따라 알아차림이 확장된다. 역시 똑같이 중요한 것으로 수행자는 하루 내내 자신이 관여하는 각각의 모든 활동에 대해 그것을 하면서 마음챙김을 유지하도록 지도 받는다. 그렇게 명상은 일어나서 잠들 때까지 중단되지 않고 지속되고, 이상적으로 수행된다. 수행에서 이러한 지속성은 통찰력의 발달을 촉진할 수 있는 높은 수준의 집중을 발전시키고 유지하는 데 있어서 유일하게 가장 중요한 요인이다.

세 개의 독립된 프로젝트 데이터를 종합하기

이 연구는 독립된 세 개의 연구프로젝트에서 얻은 자료들을 결합한 것이다. 즉, 집중적 명상 수련생에 대한 '3개월 연구결과', '진보한 서양 수련생들'에 관해 수집된 자료, 그리고 깨달은 대가들에 대한 '남아시아 연구결과'다. 첫 번째 프로젝트는 서양 수련생들에게 시행되었다. 연구 장소는 메사추세츠 주 배리Barre에 있는 통찰명상회Insight Meditation Society: IMS다. 이곳에서는 연중 계속되는 2주 과정과 매년 가을마다 3개월 동안 열리는 집중수행이 있다. 자료는 이 3개월 집중수행 중 하나에서 수집되었다. 두 번째 연구프로젝트도 IMS에서 실시되었다. 3개월 명상가들에 추가해서 이 수행센터를 연중 방문한 진보된 명상가들과 센터의 집중수행 운영진staff과 스승들로부터도 자료를 수집했다. 세 번째 과제는 남아시아에서 이루어졌다. 이 독립적 연구의 피험자들에는 서양 연구에서 제시된 것과 같은 동일한 가르침 계통에 속해 있는 유명한 명상 대가들이 많이 포함되었다. 따라서 초심자로부터 깨달은 대가에 이르기까지 수행의 거의 모든 단계에 있는 사람들로부터 자료를 얻을 수 있다.

3개월 명상집단에 관한 연구

연구과제는 기대효과와 명상효과를 구별하기 위해 설계되었다. 스미스(Smith, 1976)는 그의 탁월한 연구에서 명상의 성과에 대한 열렬한 주장은 대부분 **변화의 기대**에 대한 사례들이며, 특정한 명상 기술, 예컨대 만트라 집중 같은 것 때문이 아님을 증명했다. 명상효과와 기대효과를 구별하기 위해서 IMS의 운영진들이 통제군으로 참여했다. 이 운영진들은 집중수행 명상가들과 같은 기간 동안을 같은 환경에서 지낸다. 그들은 같은 신념체계를 가지며, 매일 저녁 강연에 출석했다. 그들은 명상이 효과가 있을 것으로 기대하며, 집중수행 명상가들과 함께 매일 최소 2시간씩 명상에 전념한다. 이 운영진들과 집중수행 명상가들의 주된 차이점은 하루 수행의 양이다(2시간 대 14~16시간). 두 집단 모두 자신들이 하고 있는 명상이 어떤 긍정적 변화를 가져온다고 기대할 것으로 가정하면, 집단 사이의 차이점들은 단순한 기대효과가 아니라 (집중적 명상의) 처리효과를 시사하고 있다. 이 연구에서 보고된 평범하지 않았던 로르샤하 검사 반응들은 명상집단에서만 발견되며, 통제군에서는 발견되지 않았으므로 이러한 결과들은 온전히 기대에 의해서만 나타난 것이 아님을 시사하고 있다.

이 연구에 사용된 도구는 주로 '명상경험 프로파일POME'과 로르샤하 검사다. POME는 600개 항목의 질문지로 여러 종류의 명상들을 구별하기 위해 그리고 같은 유형의 명상 내에서 여러 수준들을 구별하기 위해 설계되었다. 이 도구는 '사회바람직성 척도Social Desirability Scale'(Crowne & Marlowe, 1960)로 인구통계학적 자료 기록지와 함께 사용되었다. 로르샤하 검사는 6명의 로르샤하 검사 임상가들에 의해 개별적으로 전통적인 방식으로 시행되었는데, 이들 임상가 중에서 이 실험의 가설을 잘 아는 사람은 단 한 사람이었으므로 실험자 편견은 최소화하였다.

실험의 최초 설계에서는 POME 반응 패턴과 함께 로르샤하 성격 평점 척도의 요인분석 평점들에 의해 측정된 개인의 유형 비교를 요구했다. 이것의 목적은 서로 다른 유형의 개인들이 3개월의 집중수행 과정을 거친 이후에 같은 지도 방식에 의해서도 다른 경험을 했는지 알아내는 것이다. 사후-로르샤하 검사 측정치에는 우리의 호기심을 넘어선 더 많은 것이 포함되었다. 놀랍게도, 사후-로르샤하 검사 측정치들은 극적으로 달랐다. 로르샤하 검사 결과는 3개월 집중수행의 처음과 끝부분에 수집되었다. 명상가들은 전 기간 중에 말을 하지 않았으며, 집중수행의 종결기인 5일의 이행 기간 중에는 다른 명상가나 직원들과의 대화나 상호작용이 허락되었으나 명상을 계속해야 했다. 사후-로르샤하 검사는 이 이행 기간의 첫째 날과 둘째 날 사이에 수집되었다. 즉, 집중수행 참가자들이 다시 말을 하게 되었지만, 3개월간의 지속적인 수행에서 축적된 의식 상태가 깨지기 전인 시기다. 이 연구에서는 사후-로르샤하 검사 결과만 보고되어 있다. 1978년 9월 중순부터 12월 중순까지의 동일한 3개월 집중수행에 참여한 총 30명의 피험자들이 검사되었으며, 한 명은 중도 탈락되었다. 여섯 명은 과거에도 3개월 집중수행에 참여했었고, 나머지 24명은 3개월 간의 집중수행이 처음이었다.

진보한 서양 명상가 집단

IMS의 스승들은 '깊은' 수행을 한다고 여겨지는 서양 수련생들의 소집단을 지명하였다. 이들 피험자들이 IMS를 방문할 때마다 3개월 연구에서와 같은 방식으로 자료를 수집하였다.

남아시아 수행자 연구

유일한 선별 기준으로서의 깨달음

남아시아 연구에서는 사전/사후-설계의 종단 연구가 가능하지 않았고, 통제집단을 세우는 것도 불가능했다. 이 연구는 두 가지 다른 전제를 기초로 수행되었다. 첫째, 3개월 연구에서는 깨달음 경험이라고 고전적으로 정의되는 경험을 가진 피험자를 대상으로 하지 않았다. 둘째, 3개월 연구에서의 명상 기간이라는 기준이나 명상에 대한 스승의 평점이라는 기준을 대신해서 (스승들의 합의된 지명으로 결정된) 깨달음 경험이라는 것이 유일한 기준으로 사용되었다. 전통적인 마음챙김 명상에 따르면, 깨달음은 지각과 경험의 영구적이고 비가역적인 변화를 가져온다. 전통에서는 서양 심리학에서 상태와 특성trait의 변화들이라고 부르는 것을 구분한다(Davidson, Goleman, & Schwartz, 1976). 전통에서 특성효과는 깨달음에 의해서만 나타나는 결과이며, 그 이전 수행단계들에서 나타나는 결과가 아니다. 명상은 상태와 특성의 변화를 모두 일으킬 수 있지만, 이 둘은 혼동되지 않아야 한다. 전통 자체는 이러한 것을 구별시키고, 자기-망상의 위험을 경고하면서 그런 구별을 강력히 강조한다. 명상가는 상태효과를 특성효과로 착각할 수 있으며, 이렇게 되면 환멸과 실의에 빠지게 되어 그의 수행에 해롭게 된다 (요가 수트라Yoga Sutras IV. 27; 청정도론Visuddhimagga, IV. 86f. xxiii. 2). 마찬가지로 연구자가 이러한 가정을 받아들이면, 수행 단계나 기량의 수준에 관계없이 깨달음 이라는 것이 기준으로 이용될 수 있다.

이러한 남방소승불교 전통에서는 뚜렷이 구분되는 4단계로 깨달음의 단계를 나눈다. 비가역적인 특성효과는 이들 각 4단계 그리고 오직 거기에서만 나타난 다고 말하고 있으므로 깨달음에 대한 하나 또는 그 이상의 이어지는 단계에서의 체험은 부차적인 기준이 되었다. 이해될 수 있듯이 이러한 점은 오히려 좀 더 특별한 피험자들을 요구하였다. 이 연구를 계획할 당시, 그런 집단은 오직 아시아에서만 발견되었다. 이들은 이미 어떤 특정한 수행 과정을 완성한 사람들이라는 것을 이해할 수 있었다. 그들에게 사전-측정은 가용하지 않았으며, 3개월 연구에서와 같은 집중적 명상 기간 직후의 검사도 받지 않았다. 사실상, 그런 요가수행자 집단이 연구의 피험자로 참여에 동의한 것은 서양뿐 아니라 남아시아에서도 이 연구가 처음이다.

종단설계가 가능하지 않은 상황이므로 종단연구 대신 유사한 연구 도구를 사용한 민족지誌적 연구의 전례를 기초로 하여 개별 사례연구 방식으로 접근하였다 (Boyer, 1964). 아동발달에 관한 연구(Flavell, 1963; Mahler, 1975)에서 이용해 온 것처럼, '개별기술적idiographic' 사례연구 방법을 사용함으로써 개별적인 사례들로부터 보편적 법칙설정적nomothetic 원리의 예를 발견하고자 희망하였다. 스승 2명이 포함된 8명의 피험자를 2명의 대가가 지명했다. 대가들 자신도 이 연구에 참여하는 데 동의하여 전체 피험자 수는 10명이 되었다. 남자 2명, 여자 8명으로, 여자들은 거의 어머니이거나 주부였다. 이들의 나이는 모두 중년이었다. 이들은 모두 랑군에 있는 마하시 사야도Ven. Mahasi Saayadaw 계통의, 미얀마식 사티빠따나Satipatthana-위빠사나 또는 마음챙김 명상을 수행하였다(Kornfield, 1977). 이어지는 통찰명상회IMS에서 이루어진 서양 명상가들의 3개월 연구에서의 수행도 여기에 기반하였다. 스승들의 평가에 따르면, 5명의 피험자는 첫 번째로 깨달음 (깨우침, 見性三昧)을, 4명은 두 번째로 깨달음을, 한 명은 세 번째로 깨달음을 얻었

깨달음의 뚜렷한
4단계

개별 사례연구 접근법

다. 서양 명상가 집단과는 대조적으로 대개의 아시아 요가수행자들에게는 이전에 집중수행을 한 경험이 매우 적었다는 게 흥미를 끌었다. 그들의 수행 대부분은 집에서 가족이나 일터의 일상 활동 맥락에서 이루어졌다. 한 사례를 제외한 모든 사례에서 깨달음의 실질적 경험이 집중수행에서 일어났는데, 단기 집중 명상수행에서 그것도 그 개인 자신이 수행했던 유일한 집중수행에서 일어났다. 첫 초심자 수행으로부터 깨달음의 경험에 이르기까지의 기간은 6일부터 3년에 걸쳐 있었다.

연구 도구   남아시아 연구에 사용된 연구 도구는 IMS의 미국 명상가 연구에서 사용된 것과 같고, 여기에 몇 가지가 추가되었다. 첫째, 각 수행자들의 사례사case history를 수집했다. 아시아 기혼 여성들은 특정 주제에 대해서는 다른 기혼 여성과만 대화를 하므로 임상심리학자인 젤레믹 스타우다머Jellemieke Stauthamer가 여성 피험자들과 사례사 인터뷰를 하여 자료 수집의 완성도를 높이고자 하였다. 같은 이유로, 인터뷰한 많은 사람 중에서 3개 국어를 구사하는 마이트리 채터리Maitri Chatterjee가 통역가로 선정되었다. 다음으로, 명상경험에 대한 절반은 구조화된 일련의 인터뷰를 각 피험자들과 실시하였다. 명상 과정과 그 명상에서 경험한 결과에 대해서 별도의 자기-보고 형식의 프로토콜을 얻기 위한 시도가 이루어졌다. 그런 다음 로르샤하 검사 실시는 동료 한 사람과 그 문화권의 로르샤하 검사 임상가 중에서 불교도가 아니며, 명상 체계나 명상에서 주장하는 것들에 대해 잘 알지 못하며, 피험자들에게 알려지지 않은 사람이 수행하였다. 다음으로 별도의 회기에서 인도 형식의 주제통각검사Thematic Apperception Test: TAT(Chowdury, 1960)가 이루어졌다. 인터뷰와 검사는 4개월 동안 이루어졌는데, 스승 두 명의 방이나 근처 불교 사원의 인접한 회당에서 실시했다. 모든 인터뷰와 검사는 녹음되었고, 연구와 관계없는 번역가가 독자적으로 번역의 정확성을 점검하였다. 끝으로, POME를 그 토착문화권의 언어로 번역하여 독립적으로 정확성을 점검한 후 검사에 사용하였다.

사례연구: 준거집단

각 준거집단들에서 로르샤하 검사 반응 패턴이 다른지 보기 위해서 명확한 준 다섯 집단
거집단을 세우기 위한 시도가 이루어졌다. 명상수행 단계의 전통적 구분에 따라
다섯 집단, 즉 1) 초심자집단, 2) 삼매집단, 3) 통찰집단, 4) 진보한 통찰집단(최
소한 첫 번째 깨달음을 얻음), 5) 대가집단(남방불교에서 깨달음의 최고 수준을 얻은
것으로 정의; 예는 Nyanamoli, 1976)으로 나누어졌다. 두 가지 독립적인 방식의 평
가에 의해 준거집단이 세워졌다. 즉, 네 명의 스승들에 의한 서양준거집단에 대
한 객관적 평점ratings과 두 명의 명상 대가들에 의한 아시아 준거집단에 대한 평
점 그리고 POME에 대한 반응패턴들이 정해졌다. 네 명의 스승들이 세 가지 다
른 척도를 가지고 3개월 집중수행에서 30명의 서양 피험자들 각각에 평점을 부
여했다. a) 감정적인 문제에 작업하기 위한 수행의 이용, b) 집중의 깊이(삼매에
숙달), c) 통찰의 깊이 등이다. 양단의 척도scale는 1점에서 10점까지다. 1점은 척도
'거의 없음', 10점은 '탁월함'을 뜻한다. 구체적 의미를 갖는 기준점이 제시되었
다. 예를 들면, 1점은 매우 미미한 집중, 매우 미미한 통찰, 감정적 문제에 대한
매우 미미한 작업의 증거를 뜻한다. 5점은 중정도moderate의 집중(초심자의 삼
매), 중정도의 통찰(마음 상태의 지속적 변화에 대한 지각과 같은 '쉬운' 통찰), 감정적
문제에 대한 중정도의 작업의 증거를 뜻한다. 10점은 깊은 집중(삼매에 접근), 깊
은 통찰('일어나고 사라짐'의 단계 또는 마음의 '평정심Equanimity' 단계의 실현), 감정
적 문제에 대한 상당한 작업의 증거를 뜻한다. '삼매에 접근' '일어나고 사라짐'
'마음의 평정심'과 같은 전문용어들은 전통(Nyanamoli, 1976)에서 인정된 단계
들을 가리키며, 수련생들의 진전 경과를 평가하기 위해 스승들(Mahasi Sayadaw,
1965)이 채택하였다. 이것들은 나중에 좀 더 상세히 논의할 것이다. 또한 POME
의 특정한 핵심 질문들이 집단들을 식별하기 위한 독립적인 수단으로 사용되었
다. POME은 통찰의 유형에 관련된 어떤 특정한 질문들을 포함하고 있다. 이런
후자의 질문들 중 몇 가지는 '접근'이라고 불리는 상태, '일어나고 사라짐'이라
고 불리는 상태에 대한 체험처럼, 즉 그 단계를 직접 경험했던 사람들에게만 이

해될 수 있는 말로 표현되었다. 자신들의 현재 수행(집중수행 후)에 대해 묻는 질문들에 대한 대답에서 '때때로, 자주, 대개 또는 항상' 같은 특징적 성향에 따라 수련생들은 몇 개 집단으로 분류되었다. 피험자를 어떤 집단 내에 소속시키기 위해서는 스승이 평점을 부여한 준거와 질문지의 준거가 **양쪽** 모두 일치해야 한다.

각 집단 내의 참여자 수

초심자집단은 감정적 문제의 척도에서 스승들에 의해 평균 6점 이상으로 평점을 받은 15명의 피험자로 구성되었다. 삼매집단은 집중과 삼매에 관한 스승들의 평점에서 평균 6점 이상을 받고, POME 질문에서 '가끔' 이상으로 최소한의 자기-보고를 한 이중 기준 척도의 일치를 보인 13명의 피험자로 구성되었다. 이들 13명은 초심자 수준에서 삼매 근접 수준에 이르기까지의 어떤 수준의 삼매에 도달한 것으로 정의되는데, 그 수준을 정확하게 정하고자 시도하지는 않았다. 마찬가지로, **통찰집단**은 3명의 피험자로 구성되며, 통찰 수준에 관련한 스승들의 평점에서는 평균 6점 이상, POME 질문에서 최소 '가끔' 이상으로 자기-보고하여 이중 척도가 일치한 피험자들이다. 통찰에 대한 스승의 평점과 자기 평점 사이에는 어떤 차이가 있었다. 스승은 평점을 할 때 보다 더 관대하다. 그들은 지속적인 사건 변화 지각과 같은 '쉬운' 통찰을 높은 점수에 포함시켰다. 총 11명의 피험자가 스승들에 의해 평균 6점 이상을 받았다. 그러나 POME에 따르면, 이 피험자들 중 8명은 단지 '더 쉬운' 통찰을 가지고 있었다. 실제로, 단 3명만이 전통적으로 정의되는 더 진보한 통찰단계로 진전하였다.

집중 및 마음 챙김 수행

똑같은 도구들을 사용한 3개월 연구에서 3개월 수행 후 피험자들의 수준에는 현저한 차이가 드러났다. 피험자들 상당수가 여전히 초기단계의 문제들을 다루며 씨름하고 있었다. 반 정도는 그다음의 주요 수행단계인 삼매단계로 진행하였다. 이 피험자들은 전통적 기준에서 말하는 진정한 명상가가 되었다. 이 피험자들의 일부는 통찰의 전근접 단계pre-access level 경험을 하기 시작하였다. 다른 사람들은 상대적으로 집중수행이 약하기는 하였지만, 마음챙김과 통찰이 더 강한 수준으로 발전했다. 이러한 차이가 나타나는 이유의 적어도 일부분은 사용된 수행 지도법의 이중 조합, 즉 호흡에 대한 집중과 어떤 대상 또는 모든 범주의 대상에 대한 마음챙김을 사용한 것에서 기인한다. 그리고 부분적으로는 호흡과 같은 주어진 명상 대상이 집중이나 통찰을 발달시키는 데 이용될 수 있다는 사실 때문일 것이다. 3개월 동안 피험자들은 이러한 지도법들을 각자 다르게 사용했다. 산만함을 느끼는 사람들은 집중을 더 수행하는 경향이 있었다. 통찰을 원하는 사람들은 마음챙김을 더 수행하였다. 삼매에 도달하는 명상가들이 왜 이렇게 많은가에 대한 이유는 전통적으로 설명하기로는 집중기술이나 마음챙김 기술 모두가 적어도 초심자 삼매 수준으로 도달하도록 이끌기 때문이다. 비록 집중기술이 삼매의 상태를 더 깊게 하는 데 반드시 필요한 기술이라도 말이다. 명상의 일련의(더 깊은 수준의) 통찰Insight Series에 도달한 사람들이 거의 없었던 이유도 설명된다. 이것은 대가가 되는데는 상당한 기술을 요구하는 것이다. 그리고 그것은 근접삼매Access Samadhi에 도달한 뒤에 이어지는 것이다. POME상에서 보이는 집중과 통찰 사이에 강력한 긍정적 상관관계가 이것을 뒷받침한다. 통찰집단 중 3명의 피험자는 이전에 같은 훈련 지도법을 따랐던 경험이 적어도 5년 이상 있었다. 또한 3명 모두 스승들로부터 집중에 대해 매우 높은 평점을 받았다. 따라서 최적의 집중을 이루지 못하고 마음챙김을 수행한 사람들은 통찰의 전근접 수준의 안정 상태plateau에 이르는 것으로 보이지만, 반면에 충분한 마음챙김 없이 집중을 수행한 사람들은 집중수행이 끝난 후 '상태효과state effects'를 상실하는 경향이 있다. 각 수련생들마다 그런 최적의 균형을 찾는 것은 어려우므로 3개월 후의 변동 편차는 상당하다.

그런데도 전통적 정의에 의한 삼매와 통찰 수준들에 대한 엄격한 준거집단을 수립하는 것이 가능하다. 통찰집단 내 피험자가 소수이므로 이들로부터 얻은 자료는 동일한 엄격한 준거에 여전히 부합하는 집중수행(수련회) 밖에서 얻어진 진보된 피험자들의 자료들과 합하여졌다. 그러나 역시 오직 총 7명의 자료만 얻어졌다. 이는 남방소승불교 전통에서 명상 중 마음 작동을 바로 지각할 수 있게 되는 근본적인 통찰이 이루어지게 되는 고전적인 단계 혹은 후근접 단계post-access stage들에 도달하는 것이 어렵다는 것을 암시한다.

네 번째 집단은 진보한 통찰집단advanced insight group이라고 명명되었다. 이 집단은 아시아 스승들에 의해 깨달음의 4단계 중 적어도 첫 단계에 도달했다고 인정되는 진보된 서양 명상가들로 구성된다. 다섯 번째 집단은 대가집단master's group으로 명명되었다. 전통은 깨달음의 '도Paths' 또는 단계들 중 처음 두 단계

엄격한 준거집단
수립하기

와 나중 두 단계 간의 근본적인 차이를 인정한다. 이는 인격적 마음에서 영구히 제거되는 '속박fetters'이나 '번뇌defilements'로 표현되는, 도달한 난이도의 질적 차이와 특성 변화의 범위에 기초하고 있고, 전통은 이 모든 것이 세 번째 도의 단계에서 두 번째와 근본적으로 다르다고 주장한다. 이 원칙에 따르면, 이 연구에서 대가집단은 세 번째나 네 번째 도, 즉 깨달음의 궁극 또는 궁극의 목전에 도달한 사람들로 정의된다.

'성인' 또는 '칭송 받을 만한 존재' 현재 연구에서 이런 집단은 단 한 사람뿐이다. 현대 남방불교에서는 이러한 '(아라한)성인ariyas' 또는 '칭송받을 만한 현자들'이 상당히 많다고 인식하지만, 한 사람의 자료만 입수할 수 있었으며, 그는 남아시아 연구의 피험자로서 남아시아에 거주 중인 사람이다. 〈표 6-1〉에 자료를 요약하였다.

〈표 6-1〉 준거집단

	초심자집단	삼매집단	통찰집단	진보한 통찰집단	대가집단
3개월 연구	15*	13	3**	-	-
진보된 IMS 연구	-	-	4	4	-
남아시아 연구	-	-	-	(9)***	1

* 초심자와 삼매집단 간에 어느 정도의 중복이 있다(5명).
** 삼매와 통찰집단 간에 어느 정도의 중복이 있다(3명). 통찰집단의 3명 모두 삼매집단의 요건을 충족시키기도 하지만 통찰집단에만 포함시킨다. 이것은 총 7명이 어떤 집단의 중복요건(dual criteria)을 충족시키지 않아 이 연구에 포함되지 않았다는 의미이다.
*** 진보한 통찰집단에서 깨달은 참가자들은 진보한 통찰명상회(IMS) 및 남아시아집단에서 뽑은 것이다. 총 9명 이상의 로르샤하 자료가 수집되었으나 연구에 포함되지 않았다. 문화 간/통문화적 로르샤하 해석의 어려움을 피하기 위해 서구민들의 로르샤하 자료만 사용되었다.

자료 분석[3]

자료의 질적 특징 이어지는 내용은 현재까지 완성된 작업에 기반한 예비 보고서다. 보고된 자료는 각 준거집단의 로르샤하 검사상에서 두드러진 특징을 대표적으로 보여 주는 것이다. '두드러진 특징'이라는 말은 주어진 준거집단에서는 특징적이지만, 다른 로르샤하 검사 자료에서는 상대적으로 비특징적인 정성적인 특성을 의미한다. 선명한 정성적 특징들이 각 집단마다 명백하므로 선행연구의 임상가와 실험가들은 공개되지 않아도 이들 로르샤하 검사들을 가려내서 선험적으로 적절히 분류할 수 있었다. 이러한 정성적 특징들이 다음에 요약되었다.

결 과

초심자집단

3개월 집중적 명상수련 후 초심자집단에서 15명의 로르샤하 검사 결과를 즉시 수집했다. 이 결과들은 같은 피험자들에게서 집중수행 직전에 실시했던 각자의 로르샤하 검사 결과들과 특별히 다르지 않았다. 유일한 차이점은 단지 피험자들 전반적으로 생산성(풍부하고 다양한 반응성)이 약간 감소된 것과 일부 피험자들에서 추동-지배적인 반응의 현저한 증가였다(Holt & Havell, 1960).

차이 거의 없음

삼매집단

삼매집단의 로르샤하 검사에서 가장 두드러진 특징은 그 외관상 반응이 **비생산적**이고 정교한 **연상 노력이 결핍**된 것이다. 검사의 지시사항들은 피험자에게 잉크반점이 "무엇처럼 보이는가?"를 묻는 것임을 상기하라. 깊은 삼매경험이 있는 명상가들은 이러한 지시사항을 자신의 변성 의식 상태의 기능과 다소 부조화된 것으로 경험한다. 많은 피험자들이 잉크반점을 지각하는 동안, 이미지를 만들어 내고 연상하는 데 '너무 많은 에너지가 든다.'고 호소했다. 한 피험자에게 그가 할 수 있다면 잉크반점이 무엇처럼 보이는지 말해 줄 수 있겠느냐고 요청하자, 그는 이미지들을 만들어 낼 수 있겠다고 하면서 그의 사전-로르샤하 검사 때에 비해서 상당히 덜 생산적이지는 않은 기록을 실제로 제공하였다. 하지만 그는 그런 이미지를 만들어 내기 위해서는 층화layering된 지각의 다양한 수준으로 들

삼매집단의 '비생산성'

어가는 것, 즉 (지각적) 패턴과 개념을 파괴하는 것을 필요로 한다고 말했다. 이 피험자처럼, 모든 삼매집단 피험자가 전반적인 (반응) 생산성의 감소를 보였다. 아마도 이 과제에 대한 요구는 자신들의 지각적 경험의 실제 조직에 반하는 것을 요구하기 때문에 지시사항에 따라 자신들을 그대로 맞추는 것은 결과를 왜곡하게 되어 생산성의 이러한 정도까지도 필경 과장하게 되므로 지각 기능에 대한 반응이라기보다는 과제 요구에 대한 반응이 되는 것이다.

잉크반점의 지각적 특성에 초점 피험자는 무엇을 경험할까? 삼매집단의 피험자들은 자신들의 지각적 과정에서 세 가지 수준을 구별하였다. 즉, 잉크반점의 **지각적 특성들**, 그 특성들에 대한 반응으로서 주어진 **내면의 이미지들**, 즉 잉크반점에 부여된 의미 그리고 그 이미지들의 **연상 작업**이라는 세 가지 수준들을 구별한 것이다. 삼매 상태 동안에 피험자들의 주의의 초점은 일차적으로 잉크반점의 지각적 특성에 모아지고, 그 특성들에 뒤따르는 이미지들과 연상들에는 단지 이차적으로 주의가 맞추어진다. 비록 잉크반점에 대한 순수한 지각적인 특징을 언급하는 것이 전반적인 경향이라 하더라도, 삼매집단의 로르샤하 검사 결과들은 세 가지 범주 각각에 대한 반응의 혼합으로 특징지어진다. 그들에게 잉크반점은 단지 잉크반점 '처럼 보이는' 것이다. 같은 피험자가 다음과 같이 말한다.

> …명상은 가공되지 않은 그대로의 지각의 꼭대기에 있는 해석적인 것들을 닦아 내 버린다 … 마치, 여기 이것이 있고 그러고 나서 (그것이 어떤 것으로 보이게 설명해 달라는 요청을 받았을 때) 나는 그 속으로, 즉 다양한 수준의 지각의 층화 layering 속으로 들어간다(IW)8*.

검정력 있는 이미지와 연상 이미지들과 연상들을 포함한 지각의 그러한 단위들은 때로 어떤 (지각의식의) 검정능력qualification, 즉 정상적이거나 병리적인 로르샤하 검사 반응에서 통상 발견되지 않는 검정능력이 인정된다. 예를 들면, 피험자들은 가공하지 않은 그대로

---

* 각 반응 뒤에 나오는 표기는 카드 숫자와 그 카드에 있는 반응의 특별한 위치를 나타낸다(Exner, 1974에 따라 인용).

의 지각적 특성으로부터 이미지와 연상들을 구별하는 데 신중을 기했다. 어떤 피험자들은 "나는 지난번부터 그것을 기억하지만, 실제로 그것을 보는 것은 아니다."와 같이 언급하면서 그들 자신의 기억을 지각으로부터 구별하였다. 어떤 사람들은 "이것을 보면서 내가 연상한 것은 박쥐인데, 아마 그것이 처음 든 생각이었을 것이고, 그러고 나서 연상 작업으로 들어갔다."와 같이 언급하면서 지각으로부터 자신의 연상 과정을 구분하였다. 많은 사람들이 그들 자신의 이미지에 대해 비판적인 태도를 취했다. 그들은 이미지가 비현실적이라고 느꼈다. 지각의 표상은 좋은 형태의 수준의 것들이라 해도, 흔히 "**정말** 그렇게 보이는 것이 아니라 … 단지 나는 투사를 하고 있다."와 같은 진술과 함께 (그 지각의 의미가) 제한된다. 때때로 피험자들은 잉크반점 특성들의 특정한 부분에 대해 이름을 붙이거나 설명을 할 만한 단어를 찾지 못하였다. 그들의 주의가 그것에 고착되어 있을 때 조차도 그랬다. 그런 경우에 하는 말들은 "이것이 뭔지는 아는데, 이름을 붙이지 못하겠다." 또는 "**정말** 흥미로운 것인데, 전에 본 적이 없는 것 같다."와 유사하다.

유동적으로 지각된 이미지들

그런데도 피험자들은 전체 카드들은 아니지만 대부분의 카드에 대해 독특한 이미지들을 보고할 수 있었다. 그런데 이러한 이미지들은 상당히 **유동적으로 지각되었다**. 예를 들면, 한 피험자는 "이미지가 계속 변하고 있다."고 토로하였다. 특정 이미지를 묘사하는 중에 그 이미지가 다른 어떤 것으로 변화하는 것은 드문 일이 아니었다. 때로 그 이미지는 너무 빨리 변해서 어떤 한 가지 이미지로 규정하기 어려울 때도 있었다는 것이다.

> 너무나 빨리 너무 많은 다른 것들로 되기 때문에 말이 나오기도 전에 획 지나가 버린다(IIW).

또는 잉크반점의 같은 부분에서 동시에 여러 이미지를 보고하는 피험자도 있었다.

> 박쥐도 되고, 나비도 되고, 날아가는 사람이 될 수도 있는 것 같이 동시에 수많은 것들이 된다(IW).

주의의 초점은 실제 이미지보다는 오히려 그것들의 의식의 흐름 속에서 이미지 자체가 나타나는 **과정**에 더 집중된다. 예를 들면, 한 피험자는 "그것은 어떤 것 … (잠간 멈춤) … 박쥐 … 같은 것이 되기 시작하는 것이다."라고 하였다.

순수한 지각 특성에 대한 높은 진술 빈도

가장 특이한 점은 사실 모든 삼매집단의 특징이기는 하지만, 잉크반점에 대한 **순수한 지각적인 특성**에 대한 진술의 빈도가 높다는 것이다. 전통적인 검사 기록 용어로 이 피험자들은 순수한 한정사determinants, 즉 형태-지배, 순수한 색깔(유색적, 무색적), 순수한 음영, 순수한 무생물적 움직임 등을 많이 사용했다. 형태-지배적 반응은 피험자들이 스스로 그것들을 연상하려는 시도 없이 주어진 잉크반점의 다양한 형상과 배열에 매혹된 그런 것들이다. 여기 전형적인 로르샤하 검사 반응의 예가 있다(Ⅷ 23'52").

1. 으음, 색깔이 전체가 … 흰색에 대비되는 색깔, 그것들은 두드러진 … (형태요?) 색깔의 모두 다른 형태, 각 색깔의 음영은 어떤 형태가 있습니다. (그것이 무엇처럼 보입니까?) 없어요, 아무것도 없어요.…지난번에는 이것이 아주 인상적이었고 … 뭔가 찾아보려고 했는데, 그래서 그걸 이리저리 돌려보고 … 한번은 어떤 사람이 그걸 돌려 본다면 정말 똑똑한 거라고 말해 줬어요. … 그게 절대 잊혀지지 않아요. 그래서 그렇게 했어요. (이번에요?) 이번에는 색깔이 풍부하고 … 아주 기분 좋고, 예쁘고, 사물처럼 보이지는 않는데 … 아주 눈에 띄는 형태를 취하는 부분이 있어요….

2. 쥐들이 기어오름: 확실히 쥐들처럼 보여요. (어떻게 그렇지요?) 모양에서 … 그리고 기어 올라가고 있는, 그리고 발, 꼬리, 얼굴을 움직이는 방식에서 내가 받는 느낌이요….

연상적 반응의 상대적 결핍

이 프로토콜 집단의 주요 특징은 비생산성, 그리고 삼매 상태를 특징짓는 연상 과정의 상대적인 결핍이었다. Ⅷ번 카드에 대해 '동물들'이라는 반응은 전체 검사에서 가장 평이하고 가장 흔한 반응 중 하나인데, 이 카드의 특징들이 꼭 동물의 형태를 나타내기 때문이다. 그러한 강력한 반응 유인 자극에도 불구하고, 카드의 즉각적인 충격 효과는 명백한 패턴이 **아니라** 오히려 색깔과 형태에 대한 순수한 지각적 특성들이다.

통찰집단

통찰집단의 로르샤하 검사 결과는 삼매집단의 것과 거의 반대 방향을 가리킨 통찰집단의
생산성 향상
다. 우선 일차적으로 그들은 **증가된 생산성**과 **연상 작업의 풍부함**으로 특징지어
진다. 이 명상가들은 잉크반점의 지각적 특성에 대해 면밀하고 현실적인 동조를
유지하면서도 자신들의 연상과 이미지 과정에 대해 명백하게 증가된 가용능력
을 행사할 기회로 이 검사 지시사항들을 경험했다.

정상적인 그리고 임상적인 로르샤하 검사에 대한 반복 측정이 똑같은 반응
들의 증명이 되는 반면에, 이 집단의 사후-검사 반응들은 사전-검사 반응과 거
의 일치하지 않았다. 이들 명상가들은 각 카드에 대한 자신들의 생산성에는 끝
이 없으며, 생각이 끊임없이 바뀐다고 주장했다. 한 사람은 다음과 같이 말했다.

> 아무것도 볼 수 없을 때는 한동안 그것과 같이 지낸다. … 공간 여유를 두고
> … 아무것도 보이지 않는다는 알아차림과 함께 머문다. … 그러고 나면 더 많은
> 이미지들이 떠오른다.

통찰집단의 로르샤하 검사에서의 특징은 내부의 연상과 이미지의 흐름에 대 흐름에 대한 개방성
한 이러한 개방성이다. 이런 경험은 아마도 재즈 음악가의 즉흥적인 음악에 비
견될 수 있을 것이다.

게다가 대부분의 연상은 상당한 변동성과 감동의 세기를 가지고 풍부하게 우
화화된다. 색깔 상징성 또는 그 이상의 비유적 색깔 사용이 풍부하였다. 내용에
있어서는 문화적 다양성이 크게 나타났다. 풍부함이라는 면에서 이러한 길고 정
교한 연상의 가장 흔치 않은 특징 중 하나는 느슨함의 상대적 부재다. 피험자들
은 감정이입성 또는 창조성이라는 두 가지 중에서 한 가지의 정교화 양식을 이용
한다. **감정이입적 양식**에서는 피험자가 그의 지각 표상 안에 자기 자신을 완전히
들어가게 한다. 이것은 피험자가 하나의 지각 표상에 대해서 어떤 '느낌'을 가지

강화된 현실 동조 게 될 때까지 천천히 그 표상을 전개함으로써 설명된다. **창조적인 양식에서도 피험자가 하나의 표상에 대해 천천히 그의 작업을 펼치지만, 반응하는 동안 같은 이미지에 대해서 한 번 또는 그 이상으로 표상이 변화한다.** 자주 피험자는 같은 이미지에다가 여러 가지 매우 다른 정서적 상태를 귀속시킨다. 이러한 프로토콜들은 매우 높은 빈도의 최초 반응들도 포함한다. 따라서 피험자들은 자신들의 순간순간 내적 세계의 흐름과 외적 실재의 변화하는 요구 사이에 높은 정도의 조화도 나타낼 수 있다. 이 **강화된 현실 동조**는 다음의 반응에서 명백하게 설명되고 있다.

> 멋져요, 역시 … 이것은 다시 (도로의) 인도들, 붉은 형체는 네 개의 다리를 가진 동물, 마치 산 사자 같은, 그리고 이제 사자가 달리고, 많은 바위와 험준한 지역 위로 뛰어 오르고 있어요. … 사자에게서 대단한 기운과 힘이 느껴져요. 그렇지만 무엇보다 가장 멋진 것은 걸음이 얼마나 당당한지 … 상당한 비행 감각 … 그는 항상 바위의 꼭대기에 바로 내려앉는데, 절대로 빗나가지 않고 … 항상 본능적으로 발걸음을 확신하며 그렇게 갈 수 있을 거예요 … 동물과 그의 세계 사이의 훌륭한 지배력과 멋진 어울림, 일종의 완벽한 조화, 비록 아주 역동적이지만 도약을 항상 하지요. 여기, 비행하는 중에 … 막 앞발로 내려앉는데 뒷발은 아직 공중에 있고 그는 감각을 느껴요. 아주 반사적이지 않고, 다만 자발적으로 그렇게 해요. 그는 대단한 에너지와 가벼움과 의욕을 느껴요. 도전을 사랑하고, 왜냐하면 그는 도전과 동일하니까. 그렇지만 그것은 언제나 그를 한계에서 벗어난 곳에 있게 하고 … 또 다른 멋진 것이 함께 있네요. 다시 색깔과 관계가 있어요. 그가 전진하면서 따스하고 멋진 색깔이 차갑게, 마침내 아주 차가운 색으로 변해요. 달리 말하면, 그는 따뜻하고 안전한 곳에서 시작해서 거기서 시작해 나아가면서 그는 차갑고 위태로운 곳을 정복할 수 있어요. 왜냐하면 그 자신이 열과 빛과 에너지와 따스함의 색인 분홍색이니까 … 그리고 그는 그렇게 나아가 세상의 차가움을 다시 정복하지요 … (Ⅷ, 조사 질문 없이, D1).

삶을 긍정하는 통찰 이러한 우화화된 인간 활동의 지각 표상들 안에는 어떤 괄목할 만한 삶을 긍정하는 통찰들도 포함되어 있다.

두 개, 두 개의 머리가 보여요. ⋯ 커다란 존재, 큰 사람과 작은 사람 같이 보이고 ⋯ 크다기보다 육중한 사람과 작은 사람 ⋯ 어른과 아이일 수도 있고 ⋯ 아버지와 아들, 또는 ⋯ 아마 아버지와 아들이 ⋯ 생각나요. ⋯ 그들은 그냥 서로 조용히 앉아서 먼 곳을 바라보고 있는데 ⋯ 서로 아주 편안하고 ⋯ 그들 사이에는 진정한 따스함이 많이 있고, 서로와의 진정한 연결감이 있어요. ⋯ 그들 사이에 올 수 있는 의사소통의 한계를 아는 느낌 ⋯ 그 한계를 받아들여서 고통이 있는 것 같지는 않고, 그리고 다만 있는 것들을 가지고 정말 행복하게 존재하는 ⋯ . 그리고 그 한계는 진정한 한계 ⋯ 세대 같은 것이 아니라, 단지 어떤 관계이든지 두 사람 사이에서 있을 수 있는 한계 같은 ⋯ 두 사람이 서로 의사소통을 하려는 두 사람의 한계 ⋯ 그런 것이 허물어지는 어떤 장소가 있는데, 당신은 더 이상 가까이 갈 수는 없는 곳, 더 이상 간격을 연결할 수 없는 곳, 그렇지만 당신은 그러한 한계에 대해 진정 깊은 수용을 할 수 있어요(Ⅳ, 조사 질문 없이, D2의 끝 Dd).

그런데도 이들 통찰집단의 로르샤하 검사에 불일치가 없는 것이 아니어서 산사자를 말했던 피험자 반응에는 성적인 그리고 공격적인 충동의 융합과 같은 불일치가 있었다. **불일치**

⋯ 내가 처음에 코끼리의 두 개의 코로 본 것이 할례한 음경으로 보여요. 처음에는 아주 단독으로 거기 있다는 것에 스스로 자부심 같은 걸 느끼는 것으로 보였어요. 그런데 이제는 위에 두 개의 빨간 공간들이 연결되면서 그것들 사이로 쑤셔 넣은 것으로 보이기 시작했어요. 하지만 그것들은 그것을 손상시킬 것처럼, 다치게 할 것처럼, 좀 위험한 것 같아요. 작은 발과 갑자기 그것에 달려들려고 밖으로 뻗은 작은 다리를 가진 똑같이 생긴 두 존재인 것 같아요. 어쩌면 그것을 할퀼 ⋯ 것 같은 느낌, 그럴 것을 예상하면서 약간 움찔거리는, 하지만 계속 움직이고, 쑤셔 넣고, 어쨌든 위로 계속 움직일 거예요. 그리고 결국 두 작은 존재는 자기 발을 거둬들이고, 자기들의 모습이 여기 바로 아래 꼭 맞기 때문에 거기에 기대서 달라붙어요. 여기 상응하는 윤곽을 보세요. 그리고 이것이

올라오고, 그것이 기분 좋게 맞아서 함께 와서 (붉은 것이 흰 공간에 들어맞는다) 그리고 다 괜찮을 거예요. 그것은 아주 좋은 경험이고, 진정한 연합과 친밀함을 나누는 느낌이에요……(II, 조사 질문 없이, D4).

진보한 통찰집단

진보한 통찰집단의 로르샤하 검사   마음챙김 명상을 하는 서양 출생 수련생들로부터 진보한 통찰집단의 로르샤하 검사 4개를 수집했다. 이들 진보된 수행자들은 전통에 의거해서 정의된 깨달음의 최소 첫 번째 단계에 도달했다고 하는 사람들이다. 이전 집단들과는 달리 이들의 로르샤하 검사 결과는 집중적 명상 기간 후에 수집되지 **않았다**. 그와 같은 단지 네 개의 프로토콜로부터 타당성 있는 주장이 거의 나올 수 없다고 생각할 수도 있다. 그런데도 네 개 중 세 개의 로르샤하 검사 프로토콜은 괄목할 만한 일관성을 보였고, 이 일관성은 깨달은 수행자들의 로르샤하 검사에 관한 예비적 주장을 보장하기에 충분한 것이다.

이 로르샤하 검사들은 삼매집단이나 통찰집단에서 발견된 것과 같이 두드러진 정성적 특성들을 증명하지 않는다. 얼핏 보면 그것들은 초심자집단의 로르샤하 검사와 더 비슷해 보인다. 내용의 범위는 상당히 다양하였다. 반응들은 거의 항상 짧은 연상 노력을 수반한 이미지였다. 삼매집단에서 확실했던 것처럼, 반응들은 거의 잉크반점의 순수한 지각적 특성에 의해 좌우되지 않았다. 반응들은 통찰집단에서 특징적이었던 것처럼, 연상 노력의 풍부함 역시 부족했다.

'잔류효과'   그런데도 프로토콜의 이 집단을 구분짓는 어떤 정성적 특징이 나타났는데, 우리는 이것을 '잔류효과residual effects'라 부른다. 우리는 이 효과들을 사전에 이미 삼매수행과 통찰수행 모두를 통달했기 때문에 나타난 결과라고 가정한다. 삼매집단의 로르샤하 검사와 같이, 이들의 로르샤하 검사에는 때때로, 그러나 덜 자주 잉크반점의 지각적 특성들, 특히 형상, 대칭, 색깔, 명암의 변화 같은 특성들에 대한 언급이 포함된다. 삼매집단에서 확실했던 것처럼, 무채색과 명암 변화에 대한 반응도 상당이 높았다. 하지만 그러한 반응들의 거의가 순수한 명암 반응이 아니다. 그보다는 명암이 마음의 어떤 특정한 **성질**이나 **상태**로 해석되는 것으로 보이는데, 진보된 수행자들의 로르샤하 검사에서 예를 찾는다면 '고통 … 아름다움' '어두움과 무거움' '불쾌감' 같은 것이다. 무생물적 운동 반응을 단독으로 또는 색깔과 명암과 연결해서 사용하는 것도 다른 어떤 집단에서보다 매우 높은, 사실 훨씬 더 높은 빈도로 사용되었다. 4명의 피험자들 각각에서 적어도 전체 반응의 10~20%는 무생물적 운동 반응이었다. 어떤 피험자의 기록에도 그 반응이 8개 이하인 것은 없다. 검사 규범과 비교하면, 이것은 비범하게 높은 수준이다. 게다가 이들 로르샤하 검사들은 통찰집단에서의 효과와 유사한 잔류효과를 증명한다. (반응) 생산성은 각 피험자에서 높았다(전체 반응 수의 범위는 55에서부터 100 이상까지). 통찰집단의 것과 비교하면, 이어지는 검사에서는 이 반응들의 변동이 적게 나타났다.

만일 로르샤하 검사가 이전의 준거집단, 특히 초심자집단의 것과 뚜렷하게 다 **가장 드문 특징** 르지 않다면 그들과 다른 독특한 것은 무엇일까? 가장 드문 특징은 네 개의 로르샤하 검사 중 3개의 많은 반응들 수에서 명백히 나타나는데, 그들이 잉크반점을 **형태와 에너지의 상호작용** 또는 **형태와 공간**의 상호작용으로 지각하는 정도를 나타낸다는 것이다. 즉, 몇 개의 반응에서 **각각**의 피험자들은 잉크반점을 일차적으로 '**움직이고 있는 에너지**'나 '**빈 공간**'으로 지각했다는 것이다. 물론 그런 반응들은 모든 카드의 다양한 특유의 이미지들 사이에 분포되어 있다. 그러나 피험자는 그 특유의 이미지들(내용)과 움직이고 있는 에너지(과정)를 뚜렷이 구별되지만 단 상호 관련된 지각의 '수준'들로 본다.

프로토콜 각각에서 5~20% 범위의 내용은 특별히 에너지에 대한 다양한 지각을 나타낸다. 예를 들면 다음과 같다.

> … 듣고나서 과학시간에 본 영화들 … 그게 … 유기체에 대해서 … 음 …. 원자와 분자, 일종의 변화하는 에너지, 변화하는 에너지에 대해 말했었던 … (IX. D. I. 속의 명암).

가장 흔한 내용은 무생물적 운동이나 무생물 운동/명암 반응과 연결되어 주어진다. 이러한 면에서 무생물적 운동과 명암에 대한 피험자의 민감성은 삼매집단의 상응하는 반응들과는 다소 다르다. 삼매 중에 명상가들은 카드 위에서 움직이는 형상 자체들(또는 명암 자체)을 보는 반면에, 이 피험자들은 거의 보지 않고, 그 대신 움직임과 명암이 통상적으로 '해석된다'. 즉, 그것에 내용이 주어지고 그 내용은 대개 어떤 에너지를 나타내는 것으로 설명한다.

다양한 에너지 조직 체계의 '수준들'　　이러한 에너지 반응들은 에너지 조직 체계의 다양한 '수준들'을 나타내는 것으로 보는 것이 가장 좋을 것이다. 가장 단순한 수준은 에너지가 전개되는 순수한 공간으로 언급되는 반응들이다. 예를 들면, 다음과 같다.

> 각 형태 사이의 공간은 어떤 목적을 돕고 있는데, 너무 압박되지는 않고, 하지만 각 특성에게 그 특유의 것이 될 수 있도록 충분한 공간을 주고 있는데, 각각 특유의 개별적 에너지를 교환하기에 충분한 여유가 있어요. … 하지만 그것은 자연스러운 에너지의 원천이고, 어떤 형태를 취하면서 전개되고 연장되고, 음 … 거의 폭발 … 폭발이 맞는 표현인지 모르겠지만 … 그런 강한 원천은 그 가운데 중심에서부터 올 수 있을 거예요. 그 가운데 오렌지 색이요. 그리고 파란 곳으로 올라가요. 약간 밀면서, 그렇게 해서 그것은 확실한, 음, 형태와 기능을 가지게 돼요…(VIIIDds 28).

다음 수준은 우주나 신체의 근본 요소의 분자 활동을 묘사하는 반응이다.

다른 수준에서도 에너지 요가의 전통 동양체계 중 어떤 것을 개념화하여 인체에서 에너지 조직화의 유형을 나타내는 반응들이 있다(Avalon, 1931; Dasgupta, 1946; Eliade, 1969; Varenne, 1976). 그러한 반응들에는 신체에 대해 특정한 방향을 갖는 에너지(III)를 포함해서 '생명력'(X) 같은 신체 에너지 확산을 포함한다. 요가 생리학에 따르면, 몸은 확산diffuse 에너지와 특수한specific 에너지를 모두 가지며, 후자의 에너지는 보이지 않는 경로로 흐른다. 특수한 흐름으로 에너지를 조직화하는 것은 근본적 요소들을 조직화하는 것보다 더 복잡한 형태의 에너지를 나타낸다는 것에 유의해야 한다. 모든 피험자가 역시 신체 안의 에너지 '중심'에 대해 언급하도록 하였다. 요가 생리학에 따르면, 신체 에너지는 몸 안에 있는 '차크라'라는 특별한 중심에 집중되어야 한다고 말하고 있다. 여기서 우리는 이제 특별하고 준 안정된quasi-stable 곳을 향해 더 조직화된 에너지를 주목한다.

> 다른 색깔들이 보여요. … 몸의 여러 에너지 중심들이 상승하며 골반 부분에
> 서 시작하여 … 복부, 가슴, 머리로 그리고 몸 부위마다 서로 다른 에너지를 나
> 타내는 각 색깔이 보여요(VIIIW).

이렇게 일반적인 내부적 '요가' 해부학의 언급에 더해서 두 명의 피험자는 세 **'추동 에너지' 반응**
포 분열(VI) 에너지나 염색체 분열 에너지처럼, 서양 생리학적 과정과 더 유사한
에너지 유형을 언급하였다. 심지어 더욱 흔한 것은 서양심리학의 '추동/욕동 에
너지drive energy'라고 일컬어 온 것과 유사한 반응이다.

> 질(D12)과 난소 또는 어떤 종류의 기관(D11), … 내부의 기관 … 같은 것들
> 이 보여요. (어떤) 바로 남근(D2)으로 보이는 … 그것에서 다량으로 분출되는
> 에너지를 내가 받는데 … 에너지 흐름 같은 게 보여요(음영 D12). 질과 남근 같
> 은 것 사이에서 … 그것은 하나의 연속체 같아요. 그것 사이로 에너지 흐름이,
> 성적인 에너지 … (VI).

이 같은 성적 에너지에 대한 직접적 언급은 네 개의 프로토콜 모두에서 발견되
었다. 한 사람은 그와 비교되는 공격적 에너지를 언급하기도 했다. 결국 상당한
수의 반응들이 무생물 대상물 내에 결합된 에너지 유형을 묘사하였고, 그렇게 함
으로써 예컨대, 회전하는 꼭대기와 같이 대상물들의 움직임이 일어나게 하였다.
이러한 반응들에서 내포하는 것은 **형태와 에너지/공간에 대한 상호관계의 이** **형태와**
해다. 이 피험자들의 로르샤하 검사 모두에서 가장 두드러진 특징은 잉크반점 **에너지/공간의**
의 형상들에 대한 반응에서 자신들의 내면적 이미지를 단지 **에너지/공간의 표현** **상호관계 이해하기**
이나 **방사**로 보는 정도다. 여기 전형적이기는 하지만 특별히 명확한 예가 있다.

> 거기서부터 나오는 에너지가, 그림에서 완전한 에너지가 느껴져요. … 강도와
> 그것에 대한 어떤 힘이 거기에 있어요. 그리고 그 밖의 모든 것은 단지, 그런 에

너지가 나오는 것을 나타내는 춤이에요(VIIWV).

여기서 우리는 진보한 수행자들이 이전의 집단들과는 상당히 다른 조망을 가지고 있음을 알게 된다. 그들은 자신들의 지각인식들을 모두 다 '마음의 춤dance of the mind'의 일부로서, 단지 에너지의 발산이라고 본다. 사실상, 검사 도중 종종 피험자들은 에너지/공간으로부터 형태로의 변형이 자신들의 눈앞에서 실제 일어났다는 것으로 보고했었다. 비록 마음의 상태에 관한 반응은 드물었지만, 그것들이 초심자의 삼매나 통찰집단 기록에서는 거의 나타나지 않는다는 것을 지적하는 것은 중요하다. 그것들은 이러한 진보한 명상수행자들의 프로토콜에서 이따금씩 나타나며, 대가집단의 기록에서는 더욱 중요한 것이 될 것이다.

'마음의 춤'   피험자들이 형태와 이미지가 실재로 나타나는 실제 과정에 대해 더 흔히 언급하는 반면, 그 반대 과정, 즉 형태와 이미지가 공간 속으로 용해되는 과정에 대해서도 빈도는 좀 적으나 자주 언급한다. 예를 들면, 한 피험자는 X번 카드에서 춤추는 곤충들과 같은 전형적인 이미지들을 수없이 많이 보았다. 그러고 나서 지각은 전혀 다르게 전환되었다. 그녀는 카드를 단지 색깔과 형태로 보기 시작했고, 그 색깔과 형태들은 안쪽으로, 카드 가운데 파란 부분으로 그것들 스스로 집중해서 움직이는 것 같이 지각했다. 그녀는 그 모든 형태와 색깔이 어떤 '통합의 힘'에 의해 연결되어 있으며, 카드상에 분리되어 있는 것 같은 이미지들은 그 힘에 의해서 가운데 '국소화된 에너지' 영역으로 흘러 돌아오는 것 같다고 설명하였다. 돌아오자마자 그 피험자는 또 다른 지각인식의 변환, 즉 그림-배경 figure-ground의 반전을 언급했다. 그녀는 결국에는 단지 카드의 흰색(이전에는 배그림-배경의 반전 및 경이었던 것)만을, 마치 모든 색깔과 형태가 그 속으로 녹아든 것처럼 보게 되었중심을 향한 움직임 다. 그러한 그림-배경의 반전과 중심의 통합점을 향한 움직임은 이 로르샤하 검사들에서 구별되는 또 다른 특징들이었다.

요약하면, 이들 피험자들의 로르샤하 검사에서 가장 구별되는 특징은 그들의 독특한 시각/조망이며, 이 독특한 시각이란 형태와 이미지로 일어나고 조직화되는 순간순간의 과정 속에서 실제로 에너지/공간을 목격하는 것, 그리고 거꾸로 에너지/공간으로 다시 흡수되어 가는 형태와 이미지들을 목격하는 것이다. 현상이 시시각각 일어나고 사라지는 것에 대한 진보한 명상가의 지각에 대해 특별히 명확한 예가 되는 반응이 하나 있다.

> 단지 어떤 힘 같은 그리고 으음, 분자 같은 … 분자의 에너지 같은 무엇 … 상당히 현미경 시야 같은 … 어떤 방식으로 보면 더 많은 에너지 양식이 … 각 색깔마다 다른 에너지가 있어요. … 마치 에너지가 들어 있는 몸속을 들여다보는 것 같고, 움직임이 있어요. 하지만 생명력에 의해 인도되기 때문에 안정적이에요. … 이런 다른 요소들의 일어남과 사라짐이 있어요. 질문: 색깔들이 매우 살아 있고 생명을 시사하는 것 같고 그리고 그것들은 형태와 크기가 모두 아주 기초적이거나 기본적으로 보여요. 그것들은 보시다시피, 묵중한 본질(실체)은 없어요. 그것들은 각각, 으음, 비교적 부서지기 쉬워요. (다른 색들이 다른 요소들을 암시해요?) 네 … 그리고 진동 같은 것을 시작해요. 부푸는 움직임이 아니라 박동이에요. 마치 기본적인 박자 (단어 선택 때문에 웃음) 삶의 박자 같은 것이 왔다갔다 (웃음) (요소들이 일어나고 사라져요?) 발생할 때는 아주 멀지만 … 더 이상 못하겠어요. 으음 … 어떤 건 척주(이전 반응)를 떠오르게 하기 때문에 … 으음, 다소 신체의 전자 망원경 사진을 생각나게 하고, 나는 단지 그것 모두가 움직인다는 이런 느낌이 들어요(XW).

어떤 사람들은 형태를 에너지의 표현으로 보거나 세계를 특별히 견고하지 않거나 영속성이 없는 것으로 보는 데에서 어떤 특정한 결과들이 나온다고 생각할 것이다. 메이먼(Mayman, 1970)에 따르면, 모호하고 무형적으로 인식되는 반응은 실재에 대한 비고정적 포착으로 해석된다. 이 자료들은 '**지각의 상대화**'라고 불리기도 하는 다소 다른 해석을 시사한다. 잉크반점에는 견고하고 지속적인 형태에 관한 지각을 시사할 만큼 충분히 강요되는 어떤 특별한 형태나 외적인 실재의 양상 같은 것은 없다. **[실재에 대한 비고정적 포착 및 지각의 상대화]**

이러한 로르샤하 검사에서의 특유한 특성들이 강조되는 한편, 앞서 논의한 반응들은 각 진보한 명상가들의 전체 로르샤하 검사 기록 중 작은 부분이라는 것을 유념하는 것이 중요하다. 그 밖의 다른 심상들은 매우 다채롭다. 이 심상에 대 **[정신 내적 갈등]**

한 조사에서 깨달음을 얻었다고 하는 진보한 명상가들에게 정신내적인 갈등이 없지 않았다는 것이 드러난다. 추동-지배적 내용에 평점을 부여하기 위해 홀트 시스템Holt system을 사용하였는데, 일관되게 낮기는 했지만 4명 중 3명의 진보한 명상가의 프로토콜에서 공격성-관련 반응들의 점수가 나왔다. 하지만 전반적으로는 비록 대개의 진보한 수행자에서 공격성의 경험이 감소되는 것으로 보이기는 했으나, 초심자와 통찰 수행자에 비해 성적 충동 같은 다른 추동 상태들에서 강화가 나타나는 것 같아 보였다. 충동의 알아차림과 처리에 대한 관심은 모든 진보한 명상가에서 어느 정도 특징적이었다.

친밀감 문제   게다가 이러한 각각의 로르샤하 검사들은 거절에 대한 두려움, 의존심과의 투쟁과 돌봄에 대한 욕구, 이성 관계에 대한 두려움과 의심, 파괴성에 대한 공포 등과 같은 개인 특유한 갈등 주제들의 증거가 되었다. 이 모든 문제는 친밀감과 관련된다. 비수도원적인 문화에서 불교 가르침의 윤리 기준을 수립하기 위해 분투하는 게 친밀한 관계를 더욱 어렵게 만들고 있는 현대 서양 문화의 맥락에서 보면, 어쩌면 그런 주제들은 깨달은 사람들의 독특한 역할을 반영한다. 어떤 경우이든지, 이러한 로르샤하 검사 반응에서 나타난 흔치 **않은** 특징은 이 사람들에게 갈등이 없다는 것이 아니라 그런 **갈등을 경험할 때의 비방어적 특성**이다. 선명한 **비방어성** 추동-지배적 내용은 (홀트 방어Holt defense 평점 기준을 사용하면) 그것에 대한 방어가 최소이거나 없을 때 흔히 나타난다. 이러한 경험적인 발견은 이들 진보한 명상가들이 추후 면접 중 개인적인 문제를 이야기할 때 보이는 솔직함과 사실성에 의해 뒷받침된다. 그들은 개인적인 역동적 본성뿐 아니라 자신들 특유의 성적 욕동, 공격적 추동들을 반드시 대단한 정도로 마음 쏟아야 할 것은 아니지만, 알아차림을 가지고 경험하고 행동할 수 있는 강력한 마음 상태로 보는 경향이 있다.

대가집단

유일하고 독특한   이 집단에 유일한 로르샤하 검사 결과가 포함된 것은 그 독특함 때문이다. 그
로르샤하 검사   것은 '정신적 발달bhavana'의 마지막 단계, 즉 깨달음의 네 수준 모두나, 한 수준을 제외한 모든 것을 달성했으며, 자신들의 인간 경험의 고통이 완전히 또는 거의

완전히 제거된 인지-감정의 재구성이 이른바 이루어졌다고 하는 단계가 되어야
만 얻을 수 있는 유일한 자료였다. 이 범위의 경험에서 얻은 자료의 비범한 독특
함과 잠재적 중요성을 강조하는 것이 꼭 필요한 것은 아니다. 이 로르샤하 검사
는 남아시아에서 수집되었는데, 몇 가지 비밀유지보장에 대한 이유로 인하여 더
이상 밝힐 수는 없다. 이 로르샤하 검사 결과 분석은 문화 간/통문화적 로르샤하
검사 해석에 대한 복잡한 문제들을 다시 꺼내놓게 된다. 그런데도 몇 가지 특징들
은 너무나 인상적인 것이어서 언급할 가치가 있다. 첫 번째는 **조망/시각에 있어서
의 그 두드러진 전환**이다. 전체 32개의 반응 중에서 13개는 마음의 특별한 상태
(41%)에 속하고, 3개는 평범한 상태와 비평범한 세계(9%)에 속한다. 거의 모든
'정상' 로르샤하 검사 피험자들은 물어볼 것도 없이 잉크반점의 물리적 '실재'를
받아들이고 나서 그 다음에 자신들의 이미지를 그것에 투사하는 데 비해, 이 대
가들은 잉크반점 자체를 마음의 투사로 본다. 다양한 마음의 상태와 분명하게 표
현되는 세계 모두 다 그 자체가 일종의 직접적인 현실이다. 그래서 검사 상황도
어떻게 보면 마음의 투사다. 따라서 대가들은 마음과 우주, 특히 다른 사람들의
고통을 완화하게 할 수 있는 것에 대해 가르치는 기회로 검사 상황을 이용한다.

프로토콜의 두 번째 흔치 않은 특징은 그 **통합 양식**이다. 각 10개의 카드들은,
제시되어 있는 그대로, 인간의 고통을 완화하는 데 관련된 부처의 가르침에 대
해 체계적인 설법을 하는 데 이용된다. 이렇게 I번 카드는 고통을 받는 자신들의
일상 생활 속에 있는 사람들과 짐승들의 네 가지 이미지로 그 단계를 설정한다.
II번 카드는 화가 난 상태의 마음의 모습을 묘사하고, III번 카드는 지옥의 존재들,
현생에서의 분노로 인해 만들어진 지옥 같은 마음 상태, 또는 화난 사람들이 내
세에 태어나게 될 것으로 믿어지는 국면을 묘사한다. 양쪽 다 증오에 기초한 카
르마 행위에 대한 불교의 가르침과 일치한다. IV와 V번 카드들은 불교심리학에
서 고통을 일으키는 두 가지 근원이라고 생각하는 마음의 무지와 갈망으로 묘사
된다. 여기까지 대가들은 마음의 세 가지 독소인 분노, 갈망, 무지(嗔, 瞋, 痴)에 대
한 전통적 교리를 밝혀온 것이다. VI번 카드는 같은 마음과 몸을 어떻게 자유(해
탈)를 얻는 데 사용되는지 묘사한다.

문화 간 해석의 문제

통합 양식

전통 교리의 설명

1. 기둥: 진리의 형태를 취한다. 이 기둥은 사람의 마음에 도달하거나 그것을 발견하는 과정을 생각나게 한다(D5).
2. 안쪽에는 검은 형상을 한 갈망, 질병, 슬픔, 증오가 있다(W).
3. 사람의 몸통(Dd25).
4. 진리를 얻은 후, 마음이 깨끗하고 희게 되었다(D11).

수행결과의 설명　　Ⅶ번 카드는 수행의 결과를 보여 준다.

1. 나는 몸통(여기, 내게 그런 생각이 나게 하는), 사원(D6)을 본다. 마음은 여기, 동굴 같이 … 또 나는 이것(그 안에 '마음'이라고 한 부분과 함께)을 물리적인 몸(사용된 용어는 원래 언어에서는 고려하는 생각이 결핍되었음을 의미)이라고 일컫기도 한다.
2. 그것으로부터, 날개들이 펼쳐졌다―충동들(D10).
3. 궁극적으로, 이 몸은 사원으로 간다(두 번째 사원을 가리킴, D8). 영적 수행의 마지막에 마음은 두 개의 사원을 여행한다(즉, 첫 번째는 사람의 몸으로, 한때 충동의 근원이었으나 이제는 그것들의 지배자이고, 두 번째는 영적 수행의 마지막에 있는 사원이다).

　　남은 카드들은 완벽한 수행의 희열뿐 아니라 완벽하지 않은 수행의 결과 또한 묘사한다.

드물게 발견된
단일한 연상적 주제　　10개의 모든 카드를 하나의 연상 주제로 통합하는 것은 극단적으로 드문 결과다. 비록 음영 반응과 그리고 모호하고 무형적으로 지각되는 형태에 상당히 의지하기는 하였으나, 현실검증으로부터 어떤 유의미한 이탈도 없이, 잉크반점의 실제적 특징에 대한 무시도 없이, 명상의 대가는 이것을 이루어 냈다는 점을 유의해야 한다.

마음챙김 명상의 단계: 타당성 연구 논의

다니엘 브라운 Daniel P. Brown
잭 엥글러 Jack Engler

앞 장에서 브라운과 엥글러는 마음챙김 명상단계에 대한 로르샤하 검사의 타당성 연구결과를 보여 주었다. 이 장에서는 그 결과들의 의미와 함축적인 뜻을 논의한다. 그들의 결론은, 이러한 로르샤하 검사가 분명하게 보여 주는 바에 의하면 "명상단계들에 대한 고전적이고 주관적인 연구보고들은 단순한 종교적 믿음 체계 그 이상이다. 그것은 강도 높은 명상에서 일어나는 지각 인식의 변화에 대한 타당한 설명이다……."라는 것이다. 브라운과 엥글러는 명상과 치료적 변화 간의 관계에 대한 성찰과 함께 연구를 끝맺었다.

각 준거집단 안에는 다른 집단들의 로르샤하 검사 결과와는 현저히 다른 독특한 질적 특성이 있다. 이러한 발견 자체는 이 (명상) 수행에 실로 다양한 단계들이 있다는 것을 보여 준다. 더욱 흥미로운 것은 각 집단의 로르샤하 검사 결과의 독특한 질적 특성은 그 수행 단계에서 가장 특징적으로 보이는 심리적 변화에 대한 전통적 해설과 일치한다는 점이다. 그러므로 초보자의 로르샤하 검사 결과는 도덕적 훈련의 예비단계에 대한 전통적 해석이라는 면에서, 그리고 삼매집단

심리적 변화에 대한
고전적 묘사와의
일관성

의 로르샤하 검사 결과는 근접집중과 삼매로 갈 수 있게 하는 집중단계의 전통적 해설의 관점에 의해 이해 가능하다. 반면 통찰집단의 로르샤하 검사 결과는 통찰의 전통적 단계에 의해, 그리고 진보한 명상가와 대가들의 로르샤하 검사 결과는 깨달음이라는 전통적 단계에 도달했을 때 항구적으로 변하는 특성에 의해 이해할 수 있다. 이 연구에서 사용된 전통적 설명들은 청정도론(Nyanamoli, 1976)과 **통찰의 진보**The Progress of Insight(Mahasi Sayadaw, 1965)에 근거한 것들이다.

문화 간 타당성　한편으로 이러한 로르샤하의 정성적 특성의 수렴성과 다른 한편으로 전통적 해설은 수행의 각 주요 단계에서의 심리적 변화에 대한 문화 간/통문화적 타당성을 확립하는 데 중요한 첫걸음이 될 것이다. 다음에 제시한 것은 각 집단의 수렴성에 대한 간략한 논의다.

초보자집단

초보자집단 15명의 피험자들에 대한 사후-로르샤하 검사 결과의 정성적 특성들은 사전-로르샤하 검사 결과와 한 가지 중요한 점을 제외하고는 특별히 다르지 않았다. 이런 피험자들 상당수의 로르샤하 검사 결과는 언어화의 형식적인 면에 있어서 중요한 변화뿐 아니라 추동-주도형drive-dominated 내용이 많아진 점을 나타낸다.(Holt & Havel, 1960; Watkins & Stauffacher, 1975)

이러한 발견들은 모핀(Maupin, 1965)의 발견들과 일치한다. 로르샤하 검사의 사용에 있어서 모핀은 초보 선Zen수행자들이 명상의 유사한 형식을 수행하는 동안 비현실적 경험에 대한 일차과정사고와 관용이 증가한다고 보고했다. 또한 모핀은 주의의 측정에서는 아니었지만, 일차과정사고와 관용의 그와 같은 증가가 명상에 대한 성공적인 반응response을 예측하는 것임을 알아냈다. 모핀의 결론은 다음과 같다.

퇴행에 대비하는 역량과 비현실적 경험에 대한 포용력은 명상에 대한 중요한 반응으로 예측되었지만, 주의의 측정에서는 그렇지 않았다. 일단 이상한 내면의 경험들을 직면하여 편안한 것과 관련된 문제들이 해결되고 나면, 수련에 필요한 주의 기능은 아마 다시 사용 가능할 것이다.

그러므로 경험이 전혀 없는 초보 수행자는 명상수행의 초기에 자신의 내적 경험의 방대한 세계를 처음으로 경험하게 된다. 모핀은 초보 명상가들의 과업이 주의집중을 훈련하는 것이지만, 대부분은 자신들의 낯선 내적 세계를 접하게 되면 그런 집중과업으로부터 벗어나 쉽게 산란심에 빠지게 된다고 옳게 지적했다.

초보자 경험의 특징

초보자의 경험에는 특징적인 격렬함이 있다. 환상과 백일몽에 대한, 끊임없는 생각에 대한 그리고 감정의 불안정함에 대한 자각/알아차림의 증가 관련 주관적인 보고가 문헌 속에 풍부하게 담겨 있다(Mahasi Sayadaw, 1965; Walsh, 1977, 1978). 로르샤하 검사에 대한 일차적 과정 평점기록과 같은 객관적 평가들은 이런 보고서들에 어떤 타당성을 제공한다. 마찬가지로, 데이비드슨, 골먼 및 슈워츠(Davidson, Goleman, & Schwatz, 1976)는 불안 상태가 진보한 명상가들에서의 감소와는 반대로, 초보 명상가에게는 증가한다고 보고하고 있다. 결과적으로, 초보자의 경험이란 크게 말해 **내적 경험의 흐름에 대한 적응의 문제**인 것이다. 아마도 적응은 심상에 수반하는 대가로 치르는 외적 세계 적응과 현실-속박으로 인해 엄청난 스트레스를 받는 문화에서 필요한 것이기도 하며, 불안을 야기하기도 하는 것이다(Hilgard, 1970). 명심해야 하는 것은 이 적응단계가 필요하긴 하지만 형식적인 의미에서는 명상과 직접적 관련이 거의 없다는 것이다.

초보 명상자의 내적 세계로의 입문은 자기최면, 백일몽, 자유연상 같은 다른 각성 저하 상태의 탐구를 시작하는 무경험 초보 피험자의 것과 본질적으로 다르지 않다. 예를 들어, 로르샤하 검사를 사용하면서 일차과정사고에서의 유사한 증가는 최면 상태인 피험자(Fromm et al., 1970)와 정신분석을 받은 바 있는 환자들(Rehyer, 1969)에게서 보고되었다. 질문지를 통해 증가된 심상자각은 자기최면이라고 보고되었다(Fromm et al., 1980). 이 연구의 결론에 따르면, 내적 환경에 적응하는 것은 의식의 일반적인 저각성 상태의 공통된 특성을 띠며 명상 그 자체의 '특수성'과는 별 관련이 없다는 것이다(Tart, 1975).

초보 명상자와 무경험자

이 말의 함축적 의미는 초보자들은 엄격한 의미에서 보면, 일정 기간 동안 명

자기-탐구 요법과
공식 명상

상자세를 취하면서 앉아 있을 때조차도 그들이 반드시 명상을 하고 있는 것은 아니라는 것이다. 그럼 그들은 무엇을 하고 있는 것일까? 이 질문은 최근에 이러한 명상을 가르치는 저명한 동양의 불교지도자에게 던져졌다. 예컨대, 이 나라에서 3개월 동안 집중적으로 명상을 수행하는 (서구의) 60명의 수련생들 중에 왜 극소수의 사람만이 전통적 기준에 따르는 좀 더 높은 단계의 집중과 통찰의 단계에 다다르게 되는지에 대해 그에게 물었다. 반면 동남아시아의 명상 센터에서 비슷한 기간 동안 같은 방법으로 수행한 대부분의 (그 나라) 수련생들은 자신이 높은 단계에 도달했다고 주장한다. 그는 일부는 문화적 믿음의 상이함에서의 차이에 그리고 일부는 수행에 임하는 수련생의 신념과 이해의 정도의 차이에 그 이유가 있다고 했다. 이에 더하여, 그는 "많은 서양 수련생들은 명상을 하지 않는다. 그들은 치료를 한다. … 그들은 마음챙김을 깊이 수행하지 않는다."라고 말했다. 여기에 딱 맞는 답이다. 이 말은 적응과 주의훈련, 즉 이 경우에는 마음챙김 사이에는 차이가 있다는 점을 제시한 것이다. 모핀의 연구결과와도 많이 일치하는데, 많은 서양인들은 그들의 내적(의식) 세계의 내용에 너무나 매혹되어, 그들은 이 내용의 탐구에 사로잡히게 된다. 아마도 그것은 흔히 처음으로 그들의 진정한 의식이 환상, 개인적 문제들, 감정 반응, 생각들 같은 것들과 맞닥뜨리는 경험이 되는 까닭에 이해 가는 것이기도 하다. 사실상, 서양인들은 이런 (의식의) 내용을 넘어서서 훈련, 집중, 마음챙김과 주의 관련 과정들의 필연적 주요 과제로 나아가는 데에는 실패한 것이다. 이런 형태의 **자기-탐구 치료**는 주의력 숙련기술을 위한 특별 훈련에 의해 정의할 수 있는 **정식 명상**과 관련된 이론적 연구문헌과 수행 양쪽을 흔히 혼동하게 만든다.

예비수행의 역할

　　이러한 혼동을 피하기 위해서 많은 동양의 수행체계들은 정식 명상에 들어가기 전 '예비수행'의 어느 정도 정교한 체계를 고안해 왔다. 이러한 수행들은 흔히 도덕 훈련(戒 수행)단계라 부른다. 이 수행들은 자신과 세계에 대한 변화하는 태도, 내적 상태의 철저한 탐구, 지각인식을 통한 외적 행동의 조절에 대한 흔히 정교한 체계의 가르침으로 구성되어 있다. 그것들은 자기 자신에 대한 자신의 관점의 급격한 변화, 자기 내적 환경의 본질을 탐구하거나 꿰뚫어보는 것을 요구하는 정도이다. 정식 명상훈련에 들어가기 전까지 이런 수행을 하는 데 상당한 시간이 걸린다. 몇몇 전통 시스템에서는 여기에 흔히 몇 년을 소요한다.

실로 주목할 만한 것은 이 나라에서 정식 명상은 매우 널리 유행을 하게 됐지만 (준비단계의) 예비 도덕훈련은 대체로 간과되고 있다는 점이다. 예비수행의 심리적 변화의 특징은 정식 명상에 들어가기 전에 필요한 선결조건이다. 만일 이 과정을 건너뛴다면? 초보자는 명상 자체를 하는 과정에서 자신의 이러한 변화들을 '꿰뚫어보게' 되어 있다는 것 정도는 누구나 예측할 수 있다. 결과적으로, 예비 치료적 변화와 정식 명상 단계를 혼동하게 되는 것이다. 이 나라에서 명상은 실로 많은 사람들에게 '치료'의 한 형태인 것이다.

불행히도, 이것은 가장 성실한 수련생들까지도 보다 정식 명상의 높은 단계로 **기대감의 역할** 가는 데 더 큰 어려움을 주고 있다. (명상) 성과 연구들에 따르면, 기대는 치료적 성과(Frank, 1961)와 명상의 성과(Smith, 1976)에 중요한 의미있는 역할을 한다는 것을 보여 주고 있다. 일단, 정식 명상이 치료의 한 형태라는 문화적 믿음이 확고하게 자리 잡게 되면, 수련생들은 주의훈련 또는 강도 높은 집중적 수행에서조차 그들의 내적 환경의 내용에 몰입하게 될 가능성이 크다. 그런 수련생들은 빠른 속도로 정식 명상의 보다 특징적 특성의 높은 단계로 올라서기는 힘든 것 같다. 이것은 아마 (명상) 경험 있는 피험자들이 하루 16시간, 3개월 동안 수행을 하고서도 계속 감정의 내용을 탐구하고 있는 하나의 이유가 될 수 있을 것이다. 하지만 몇몇은 그런 내용에 덜 산만하게 되고 수행의 높은 단계로 나아갈 수 있다. 자기-보고들과 삼매집단의 로르샤하 검사에서 그러한 높은 진보단계를 묘사하고 있다.

삼매집단

삼매집단의 로르샤하 검사 자료는 정식 명상의 첫 번째 단계, 즉 집중의 단계 **삼매에 드는 과정** 에서 일어나는 심리적 변화에 대한 고전적 묘사에 비추어 생각해 볼 수 있을 것이다. 이런 고전적 단계는 서양의 인지 및 지각 심리학과 더불어 여러 분야에서 상세하게 기술되어 왔다(Brown, 1977). 간단히 말해, 전통에 따르면 정식 명상은 요가 수행자가 생각과 상념들 같은 내적 사건들과 시야 광경과 소리들 같은 외적 사건들이 더이상 그로 하여금 내적(의식) 환경의 진행 중인 알아차림/자각으로부터 산란하여 벗어나지 않도록 자신의 자세를 훈련하고 마음을 고요하게 하는 법을 배울 때 시작된다. 명상자는 호흡처럼 어느 한 가지 대상에 집중하는 것으로 시작한다. 명상자의 집중력이 주의력 쇠퇴의 순간들이 줄어드는 것과 함께 더욱 지속적으로 안정되면, 그는 천천히 그리고 체계적으로 자신의 내부에서 변화하는 일들의 순간순간의 인식에 대한 알아차림의 범위를 넓혀 간다. 그가 더욱 능숙해지면, 사건들을 매우 빨리 알아차리게 될 수 있는데, 너무나 빨라서 그는 오히려 내용보다는 순간순간 그 변화 자체가 진행되는 바로 그 **과정**을 알아차리는 것이다. 대상들의 특정 패턴 속으로 자극들의 융합coalescence이 있기에 앞서 그 자극 흐름의 순간순간 변화의 진행과정에 대한 알아차림을 방해받지 않고 남아 있는 동안, 그는 때로는 특정 시각, 청각 그리고 기타 인지적 패턴들이 상대적으로 멈춰 있는 경험을 하게 될 수도 있다. 이 변화가 삼매의 첫 시작을 알리는 것이다.

초보자의 삼매 특징　　삼매에는 다른 단계들 또는 정밀성refinements이 있다. 여기서 **초보자의 삼매**는 대상에 대한 알아차림과 그런 알아차림의 질質이라는 두 개의 기준에 따라 규정된다. 첫째, 대상에 대한 알아차림과 관련해 초보자의 삼매는 산란심에 빠지게 하는 생각에서부터 상대적으로 자유로워지는 것으로 특징지을 수 있다. 만약 생각이 떠오른다면 그것들이 떠오르는 순간 즉각 알아차릴 것이며, 알아차리게 되는 순간 그 생각은 가라앉을 것이다. 생각의 떠오름과 함께 명상수행자는 모든 형태의 감각적 자료의 즉각적 알아차림에 맞닥뜨리게 될 것이다. 비록 구체적인 조대적 (거친) 인식 패턴, 예컨대 어떤 광경, 소리 같은 것을 통해 일어난다고 해도 중점은 그 패턴에 있는 것이 아니라 그 파급 영향에 대한 챙김registration에 있는 것이다. 예를 들어, 누군가의 손과 같은 특정 대상을 쳐다보거나 어떤 종소리를 듣거나 할 때, 수행자는 시야 광경이나 소리들의 내용을 지각하는 것보다 그가 지금 어떤 대상을 쳐다보았고, 어떠한 소리를 들었다는 것을 보다 더 알아차리고 있는 것이다. 그런데도 불구하고 초보자의 삼매에서는 현재의 생각이나 순간적 감각자료의 해석에 빠져버리게 되고, 그리하여 즉각적 감각적인 충격을 알아차리지 못하게 되는 뚜렷한 경향이 있다. 둘째, 알아차림의 질質과 관련해 초보자의 삼매는 비교적 지속성을 띠는 특징이 있다. (경험이 많은) 수행자의 알아차림은 상대적으로 계속 유지된다. 매번 앉아 있는 동안 알아차림이 없는 기간에, 즉 마음의 내용으로 인해 산란해지거나 잃어버리는 기간이 점점 줄어들게 된다.

이 수행 체계에서 삼매의 다음 단계는 **근접삼매**다. 알아차림의 대상과 관련해 근접은 생각의 뚜렷한 결여와 인식할 수 있는 지각적 패턴으로 특징지어진다. 수행자는 최소한 소위 '더 높은 (인지적) 조작'이라는 의미에서의 생각과 패턴 인식인 '멈추어진 마음'을 갖고 있다. 수행자는 생각과 감각의 자극이 **발생하는 실질적 순간**이나 **즉각적 영향**에 대해 더욱 미세한 수준에서 그의 알아차림을 유지한다. 그러므로 초보자의 삼매에서 여전히 발생하는 특정 생각이나 이미지나 지각적 패턴들을 인식하는 대신, 수행자는 그 작용 순간의 파급 영향을 더욱 잘 알아차리는 것이다. 각각의 이산적discrete인 사건은 그것이 일어나는 바로 그 순간에 더욱 민감한 움직임, 진동으로 경험된다. 비록 수행자는 순간순간 일어나는 무수한 별개의 이산적 사건들을 알아차리고 있지만, **그는 더 이상 그러한 사건들의 인지적 또는 지각적 내용에 신경쓰지 않는다.** 명상하는 기간은 별개의 이산적 사건들의 연속, 즉 특정 패턴이나 형식이 없는 맥박, 섬광, 진동 또는 움직임들을 경험하게 되는 것이다. 알아차림 그 자체와 관련하여 근접이란 완전하게 안정적이고 지속적인 주의집중으로 특징지어진다. 비록 정신적·육체적 사건은 순간순간 방해되지 않는 연속적으로 잇따르는 일들로 일어나지만, 주의는 각각의 (이산적인) 별개의 순간에 고정된 채로 남아 있다. 하나의 사건에 대한 알아차림은 (명상을 위해) 앉아있었던 기간이나 그 정도의 주의가 유지되는 한은 멈출 여유없이 또 다른 사건의 알아차림이 바로 즉각 뒤따르게 된다. 이러한 알아차림 순간들의 연속적 잇따름을 '순간적 집중'이라 부른다(Mahasi Sayadaw, 1965).

하지만 이러한 삼매 수준 간의 본질적 차이 구분은 한편으로는 알아차림 대상의 (조대적) 거칠음grossness 또는 (정묘적) 미세함subleness이고, 다른 한편으로는 흔들리지 않는 지속적 알아차림의 정도에 있는 것이다. 지속성은 가장 중요하다. 일단 안정되면, 높은 단계의 수행자는 자신의 삼매를 조대적에서 정묘적에 이르는 각 수준에서의 통찰을 목적으로, 다른 수준들에서의 그 자신의 삼매를 유지할 수 있다. 예를 들면, 그는 정신적·육체적 진행과정의 본질에 대한 통찰을 심화하기 위해 의도적으로 마음의 거친 (조대적) 내용들, 특히 생각, 느낌, 의미 있는

근접삼매의 특징

삼매수준 간
본질적인 차이

지각 패턴들을 충분한 힘을 갖고 돌아가도록 허용한다. 하지만 이 능숙한 수행자의 지속적 알아차림은 다양한 (내면의) 내용들 속에서도 계속된다. 이제 초보 명상수행자에게는 대단한 문제였던 산란심이라는 문제는 거의 없다.

삼매집단의 로르샤하 검사 자료는 삼매에 대한 전통적 서술과 일치한다. 이들의 로르샤하 검사는 다음과 같이 특징지어졌다는 것을 다시 상기해 보자. 1) 연상의 정교화associative elaboration 부족, 2) 내적 이미지 생성의 의미 있는 감소, 그리고 3) 잉크반점의 순수 자각적 특성에 대한 집중이다. 이미지를 만들고 연상을 하라는 실험자의 요구에도 불구하고, 이 피험자들은 검사 동안 그들의 삼매 상태를 부분적으로 유지하고 있다고 믿는다. 이것은 잉크반점의 즉각적 파급 영향력에 대한 증대된 알아차림과 동시에 일어나는 지각의 관념적 그리고 패턴적 인지요소들의 가용성의 현저한 감소를 설명하기 위한 가설이다. 그러므로 주로 수행자들은 순수한 지각적 특성들에, 예컨대 윤곽, 색깔, 음영, 활기 없는 움직임 등에 집중하거나 종종 빠져들어 있다.

고전적 서술을 타당화하는 증거 이 자료로부터 최소한 분명한 것은 이 집단에 있는 수행자들의 알아차림은 감각적 충격에 대한 정교화나 해석이 아닌 잉크반점의 즉각적인 지각의 파급 영향만 받는 수준에 있다는 것이다. 그러한 순수한 로르샤하 검사 반응의 결정인자는 정상적이거나 임상적 로르샤하 검사 반응과는 매우 다르며, 동일한 피험자의 사전-로르샤하 검사와 통제집단의 로르샤하 검사의 특징 또한 나타내지 않기 때문에 로르샤하 검사에 대한 이러한 반응들은 명확한 부류의 (삼매적인) 지각적 사건과 지각적 경험의 수준으로서의 삼매 상태에 대한 전통적 묘사와 그 존재를 타당화하는 증거로 보여질 수 있다.

통찰집단

명상의 고전적 단계에서 '근접삼매'는 단지 '통찰명상'의 필요조건일 뿐이다. 과학자가 섬세한 전자 기기를 만들기 위해 노고를 아끼지 않는 것과 같이, 명상자도 마음의 근본적 기능에 대한 통찰을 얻기 위해 지각수준의 변환을 동반하는

세련되고 지속적인 집중을 통해 주도면밀하게 준비하고 있다. 이렇게 해서 명상
자는 '통찰단계'에 들어설 준비가 되어 있다. 이 단계들의 묘사는 전문적이기 때
문에 독자는 다른 자료들을 참조하기 바란다(Mahasi Sayadaw, 1965; Nyanamoli,
1976). 불교의 모든 통찰의 토대는 '삼법인laksanas' 또는 세 가지 (근본 교의) 표
상marks, 즉 무상無償, 고苦, 무아無我/비실재성의 이해라고 말하면 충분할 것이
다. 전통에 따르면, 이것에 대한 진정한 경험적 이해는 근접삼매를 획득하고 난
후에야 가능하다.

알아차림의 각각의 (별개의) 이산적 순간에 명상자는 정신적·육체적 사건과
그런 사건에 대한 알아차림을 동시에 인지한다. 그는 단 한 번의 명상 회기 동안
그의 집중력이 이제 더욱더 (이산적으로) 단속적이고 빠르게 변하는 마음-순간
을 인지할 정도로 섬세해졌기 때문에 알아차림의 그러한 단속적인 순간들을 수
천 번 경험할 수 있게 된다. 순간순간의 변화가 실제적으로 경험되는 이런 수준
에 있을 때, 명상자는 모든 사건의 비영구성anicca에 대한 심오하고 근본적인 이
해로 들어갈 수 있게 된다. 또한 그는 사건들에 반응하는, 즉 어떤 사건들을 선호
하거나 다른 것들을 거부하는 경향을 알아차릴 수도 있다. 이런 반응 경향은 순
간순간 흐름의 명확한 지각을 방해하고 사실상 어떤 것을 거부하려는—붙잡거
나 밀쳐내려는—시도로 인해 흐름 그 자체가 막히는 결과를 가져온다. 명료한 알
아차림으로 이러한 현상을 계속 경험하게 되면 그것은 좋아하고 싫어하는 것, 끌
리고 혐오하는 것으로 나타나는 정상적으로 반응하는 마음과 그 경험과의 관계
에 내재된 고통dukkha을 마침내 이해할 수 있는 쪽으로 이끌어 간다. 나아가, 알
아차림의 단속적 사건/순간들의 떠오름과 멈춤이 빠르게 연속됨으로써 수행자
는 이러한 사건들의 작인作因 주체이거나 그 영향을 받는 자일 수 있는 어느 것인
지, 어느 누구인지를 가리키기가 점점 더욱더 어려워진다는 것을 알게 된다. 그
는 그들에게 귀인시킬 수 있는 사건들 이면에 있는 지속적이거나 실체적인 작인
주체를 찾을 수 없게 된다. 이 수준에서 오직 관찰할 수 있는 현실은 사건들 자체
의 흐름뿐이다. 끊임없는 변화라는 이와 같은 관점에서 보면, 한때는 고형의 몸
을, 예컨대 나무와 같이 지속적으로 지각할 수 있는 대상, 고정된 생각, 혹은 관
찰의 고정된 관점 같은 것이 더 이상은 당연히 실체적이거나 지속적이거나 또는

존재하는 것처럼 보이지 않는다. 이러한 변화하는 과정의 관점에서 보면, 수행자는 마음·몸·외적지각들의 내재된 지속적 본성이 결여 또는 무아anatta를 이해하게 된다. 마음의 근본적 조작과 그 '특징marks'에 대한 이러한 통찰은 청정도론에서 '견해의 청정화(관점의 정화)'라고 일컫는 명상자의 경험의 심오한 재구성이라는 결과를 낳는다.

'견해의 청정화'

처음에는 근접 수준에서, 즉 사건들의 미세한 순간순간의 맥동을 느끼는 수준에서 알아차림을 유지하는 것으로 이런 통찰을 얻는 것은 비교적 더 쉽다. 결과적으로, 명상자는 구체적 생각, 신체적 감각 또는 지각 패턴과 같은 일상적이고 거친 (조대) 경험의 내용으로 되돌아오도록 그의 알아차림을 허용할 때조차 똑같은 통찰을 유지할 수 있다. 완벽하게 계속 방해받지 않고 지속적으로 깨어 있으면서 그는 순간순간 이러한 다양한 내용을 관찰하고, 그리하여 그의 통찰이 모든 마음과 몸의 과정들의 세 가지 특징들(삼법인)로 깊어지게 한다. 이것은 다시 청정도론의 용어에서 "의심을 극복하다."로 일컬어진다. 결국 이러한 사건들이 일어난다는 것을 인식하게 되는 방식은 다름아닌 그 기간에 있어서 그리고 생생함에 있어서 모두 일련의 의미 있는 중요한 이행들을 통해서이다. 내용에 상관없이

'일어남과 사라짐에 대한 앎'

사건들은 빛의 파동처럼 순간순간 매우 빠르게 번쩍인다. 각 사건의 시작과 끝은 명백하게 지각된다. 이것은 사건들의 '일어남과 사라짐에 대한 앎'이라 불리는 것이고, 통찰명상에서의 핵심 단계다(Nyanamoli, 1976).

'소멸'

순간순간 일어나고 사라지는 몸과 마음의 사건들과 그것들에 수반되는 자각은 결국은 '없어지게' 된다. 이것은 '소멸Dissolution'의 경험이라 일컬어진다. 오직 이산적(단속적) 사건들이 빠르게 계속 이어지면서 사라지고, 그것들에 대한 알아차림을 지각하게 된다. 그것들의 일어남은 더 이상 중요한 것이 아니다. 그것들에 관한 사건들과 자각은 순간순간 함께 희미해지고 사라지는 것처럼 보인다. 이러한 지각 수준의 순효과는 순간순간 계속적으로 겪고 있는 소멸의 상태로서의 현실을 경험하기 위한 것이거나, 형태와 지각의 대상이 말 그대로 공空인—예컨대, 사람의 팔이나 다리나, 또는 사람의 온몸이나, 또는 사람 앞에 있는 나무 같은 외적 대상 같은 것들에 대한 지각이 전혀 없는—것을 경험하는 것이다.

소멸에 대한 반응

이러한 경험에 대한 첫 번째 반응은 흔히 유쾌함이나 엑스터시다. 만일 그렇

다면 그것은 통상 일시적인 것이다. 이러한 발견에 대한 함의가 명백해지고 가라앉게 되면서 수행의 이어지는 단계에서는 곧 두려움과 공포, 비참함과 혐오감의 상태가 뒤따라오게 된다. 이런 것들은 계속되는 소멸과 근본적 무상함의 상태로서 현실의 경험에 대한 정서적인 반응들이지만, 정상적인 의미에서의 정서적 상태는 아닌 것이다. 수행자의 자각은 이러한 감정들 배후에 지속적이고 균형 잡힌 상태로 남아 있다. 그것들은 더 이상의 반응은 없지만 마음-상태로서 충분히 경험되고 관찰된다. 그것들은 도리어 있는 그대로의 주목의 대상이 되고 한층 깊은 통찰을 향한 끊임없는 마음챙김으로 계속하여 관찰된다. 그것들은 전문적으로는 감정보다는 '지식nanas'으로 묘사되고, 여러 잇따른 통찰단계들 중 별개의 단계로 여겨진다.

이어지는 명상에서 사건들은 다시 일어난다. 수행자들은 의식 안에서 일어나는 각 사건들을 단순히 알아차리는 것만이 아니라, 그 맥락도 알아차리게 된다. 즉, 그는 각 사건은 무한한 잠재적 상호작용으로 구성된 우주의 전체 바탕조직fabric 안에 놓여 있음을 알게 되는 것이다. '연기적 발생'이라 일컬어지는 이러한 보다 포괄적인 조망으로부터 모든 잠재적 사건들은 다시 빠르게 단멸하는 것으로 보인다. 하지만 수행자는 이러한 해체되는 사건들을 향한 그의 태도를 변화시킨 것이다. 그는 어떠한 사건도 만족이나 성취의 대상이 될 수 없다는 것을 깨닫게 된다. 바로 이런 이유 때문에 그는 그것들로부터 해탈/구원deliverance되고 싶은 깊은 욕구를 경험하게 된다. 이 단계에서 파생된 전문적 용어는 '해탈의 욕구'다. 그는 그 뒤에 이어서 새롭게 노력하고 헌신하면서 이러한 사건들에 대한 재조사, 즉 '해탈의 목적을 위한 재관찰'의 단계를 시작한다. 그는 수련을 계속하면서 이제 (모든 의식 현상과 욕구의) '형성에 대한 평정심Equanimity About Formations'이라고 일컬어지는 것, 즉 무상함, 불만족, 비실체성에 관한 분명한 지각과 더불어 순간순간 빠르게 변화하고 사라지는 각각의 사건에 대해 완벽하게 균형 잡힌 **무수고와 무반응**의 자각이라고 일컬어지는 것을 그 다음에 깨닫게 된다. 총체적 내용의 수준에서의 커다란 개인차에도 불구하고, 어떤 사건들에 대한 가장 미묘한 수준의 자각이나 반응에 차이는 없다. 알아차림은 개인의 자기나 개인사에 아무 관련이 없이 자발적으로 진행된다. 시공간 조직 구성에 근본적 전

'해탈에 대한 욕구'

'무수고'와 '무반응'의 알아차림

환이 일어나게 됨으로써 수행자는 이제 마음/우주의 모든 잠재적 사건의 지속적 발생에 대해 알아차리게 된다.

상좌부불교에 있는 통찰의 단계에 관한 이러한 고전적 묘사들은 통찰집단에 의해서 만들어진 로르샤하 검사 결과들과 비교될 수 있다. 통찰집단의 로르샤하 검사는 a) (연상 의식반응) 생산성의 증가, b) 정서 변화와 더불어 연상의 정교함에 대한 (반응의) 풍부성, c) 이미지와 잉크반점에 대한 현실적 조율로 특징지어진다는 것을 상기해 보자. 이 로르샤하 검사 결과들은 삼매집단의 그것들과 현저하게 다르다. 사실 어떤 점에서 그것들은 거의 반대된다. 이러한 자료의 해석에서 우리는 통찰에 숙련된 명상자는 단일한 명상 회기 동안 자신의 마음을 통해 지나가는 매우 다양한 내용들을 허용하는 것 같다고 추측한다. 그는 흐트러지지 않는 지속적인 자각과 아무런 반응 없이 매우 풍성하게 펼쳐지는 마음 상태를 알아차릴 것이다. 그는, 제각각의 원인과 상태들(의 인과因果)에 따라서 모두 연기적으로 일어나는 순간순간의 모든 감각적·인지적 양식으로부터 생기는 정신적 사건들의 놀이를 알아차릴 것이다. 로르샤하 검사와 같은 검사 상황에서 우리는 로르샤하 검사 수행에 영향을 주는 순간순간의 비반응적 알아차림 상태를 예측할 수 있을 것이다. 통찰 단계에 대한 우리의 이해에 따르면, (검사 반응의) 풍부함뿐 아니라 그 생산성의 현저한 증가는 전혀 놀라운 일이 아니다. 주어진 잉크반점에 대한 응답으로 우리는 순간순간 떠오르는 아주 풍부한 내용을 기대할 수 있다. 그와 같이 풍부한 내용의 전개는 아무것도 유별나게 영속적이고 영원히 지속할 것 같지 않은 경험과 함께 끝이 없는 듯해 보인다. 그런데도 불교 경전에는 원인과 상태(의 연기)에 의해서 그러한 일들이 일어난다고 주장하는 것과 마찬가지로, 명상가들도 각 로르샤하 검사 카드의 상대적인 자극력을 민감하게 자각하고 있었다. 똑같은 방식으로, 그들은 잉크반점들의 현실 특성에 훌륭하게 동조되어 있다. 더구나 통찰단계 동안 수행자는 이런 미묘한 사건들에 대한 반응의 어떤 형태에 의해, 즉 그것들을 선택하거나 거부하는 것에 의해 거의 제한을 별로 받지 않는 것 같다. 그러므로 그런 명상수련자들의 로르샤하 검사에서 비방어성 non-defensiveness의 두드러진 **속성**을 발견하는 것은 놀라운 일이 아니다. 정상적으로 갈등을 유발하는 성적이며 공격적 질료일 수 있는 것이라 할지라도 그에

수용 및 사실성

대한 사실성과 당연한 인정이 있다. 게다가 정신적 · 신체적 사건들의 흐름 뒤에 견고하거나 영구적인 자아의 부재에 대한 체험에서 우러난 익숙함은, 표준적 · 임상적 로르샤하 검사의 이례적 양식과 같이 동일한 응답에 대한 시각을 바꾸는 데 있어서 이러한 수행자들의 유연성과 그대로 일치한다. 그럼에도 비실체성과 같은 그러한 통찰경험의 비개인적 본성에도 불구하고, 공허한 상태로서의 비실체성이라는 고정관념의 틀에 박힌 잘못된 개념과는 반대로, 로르샤하 검사의 결과는 몹시 인간적이며 살아 있는 과정의 풍성함으로 가득 차 있다. 우리가 삶의 체험의 매우 비범한 속성과 풍부함을 다루고 있다는 것을 보기 위해서는 누구든 오직 이 피험자들의 로르샤하 검사들을 빠르게 스캔할 수 있는 능력만 필요하다.

진보한 통찰집단

이 특별한 시점에서—마음이 완벽하게 균형 잡히고 존재의 세 가지 특징marks (삼법인三法印:무상, 고, 무아/비실재성)이 지각의 각 순간에 명확해지고, 결과적으로 모든 욕구의 형태가 중지될 때—모든 것에 대한 (의식의) 가장 근본적인 전환shift 이 일어난다. 이전에 각 순간적 사건에 얽매였던 자각이 이제는 이런 것들을 그 냥 흘려보낸다. 이 순간 동안 마음의 모든 개념적 구별과 일반적인 이해들이 떨어져 나간다. 알아차림의 모든 대상과 알아차림의 개별적 행위들이 중지된다. 한 아시아 스승이 묘사한 바와 같이, 그 어떤 사건에 의해서도 방해받음 없이 오직 순수한 자각만이 존재하는 '최상의 적정寂靜(적멸寂滅)', 오직 고요함과 광대함만 이 있을 뿐이다. 이 심원한 변화는 '지멸止滅경험Cessation Experience'이라 일컬어 지고, '깨달음의 첫 번째 또는 근본적인 순간'이다. 이어서 즉각 또 다른 변화, 즉 전문용어로 입도(入道, magga) 또는 예류(豫流, stream to nirvana)라고 일컬어지 는 또 하나의 지멸경험이 뒤따른다. 이 입도의 순간(예류sotapatti)이 경험될 때, 현실의 본질에 대한 잘못된 개념들과 감정적 오염원들은 제거된다. 이 순간 과 (果, phala)라고 일컬어지는 또 다른 변화가 여전히 뒤따르는데, 이때 입도의 과果 (예류과)가 경험된다. 마음은 여전히 고요하고 평화롭게 남아 있다. 이것은 명상

'최상의 적정' 그리고 깨달음의 첫 순간

가의 개인적 경험의 내용으로 되돌아가는 그리고 명상가는 그에게 일어난 특별한 일을 반사적으로 알아차리게 되는 어떤 자각의 점검Reviewing 순간이 빠르게 잇따라 일어난다. 일상적인 정신적 사건들이 자각을 통해 지나갈 때, 명상가의 알아차림이 더 이상 그것에 붙잡혀 있지 않게 되는 사이에 그는 자신의 비교적 사소한 자각 내용은 단순히 그냥 그대로 흘러가게 내버려 둔다. 도-과-점검Path-Fruition-Reviewing을 즉각 뒤따르는 다음 상태는 전형적으로 아주 크나큰 밝음과 기쁨(환희심) 가운데 하나이고, 이는 며칠 동안 지속될 수 있다. 하지만 중요한 사실은 (수행과의) 지속적인 **특성 변화들이 깨달음**에 의해서 일어난다는 것이다.

이 시점에서 명상가에게 몇 가지 선택들이 가능해진다. 그는 단순히 그의 일상의 사건들로 돌아올 수 있다. 만약 그렇게 한다면, 그는 정식 수련을 계속할 수도 있고 하지 않을 수도 있다. 하지만 그가 어떻게 하든지 간에 처음 도달한 도道의 이러한 경험(첫 번째 수행과)에서 얻은 것은 영구적인 것으로 사료된다. 만약 명상가가 수행을 계속한다면, 그의 일상적 삶의 방식이나 아니면 좀 더 강도 높은 집중적 수련수행 방식 중의 어느 하나일 것이고, 두 과정이 다 그에게 열려 있다. 그

첫 번째 도道와 '과의 성숙'

는 첫 번째 도道에 도달한 수준에 머물 수도 있고, 전문용어로 '과果의 성숙'이라고 불리는 단계에 오르도록 계속 수행할 수도 있다. 이것은 그가 도道 · 과果 양쪽을 실현한 최초의 순간에 경험했던 (지멸의 멸진정) 자각의 상태로 들어가기 위한 능력을 나타낸다. 이런 순간들은 양쪽 다 평범한 일상의 지각적 · 인식적 · 감정적 동기유발 활동이 멈추어지는 '지멸cessation'의 순간들이다. 그런 순간들은 각각 일상적 의식과 정신활동이 다시 시작되기 전에 아주 짧은 순간만 지속될 뿐이다. 현상학적으로 그것들은 최상의 적정의 상태로 경험된다. 그것들 사이의 다른 점은 (수행)과果에 선행하는 '입도의 순간'의 위력에 있다. 명상가의 내면에 근본적이고 반전할 수 없는 전환 또는 변화가 일어나는 것은 바로 그러한 순간에 있다. 이것은 (도 · 과에 뒤따르는 수행의) '계통lineage의 변화gotrabhu'로서 표현되고, 전통적으로 깨달음의 단계에서 영구적으로 제거되는 특정 '속박samyojanas', 또는 지각적-인지적 그리고 감정적 양식이라고 정의된다(Nynamoli, 1976). '도道'의 경험과 그것과 관련되는 변화들은 깨달음의 각 단계에 단 한 번씩, 모두 네 번 일어난다고 말해진다. 반면에 '과果'의 고요하고 평화로운 정신 상태는 무한

반복적으로 재경험될 수 있다. 이것을 '과 상태로의 입문'이라고 말한다. 수행을 해 가면서 명상수행자는 더 오랫동안 원하는 대로 '과果'의 상태를 재경험하도록 배울 수 있다.

명상을 계속하기 원하는 개인에게 열려 있는 다른 과정은 진보된 깨달음경험이라고 정의하는, 이어지는 다음 단계의 '도道'의 체험을 위한 수행이다. 이 전통에는 세 가지의 한층 더 높은 '도道'나 깨달음의 단계들이 있다. 각각은 같은 방식으로 달성된다. 이를테면, 만일 수행자가 '두 번째 도道'를 위해 수행을 하기로 했다면, 그는 '첫 번째 도道'의 '과果' 실현 상태를 정식으로 의도적으로 끊고 시작하여야 한다. 이것은 필연적인 결정이다. 전통과 동남아시아에서의 자기-탐구보고서들에 의해 확인된 바에 따르면, 일단 이런 포기를 하게 되면 '두 번째 도道'를 성공적으로 달성할 수 있을지의 여부를 떠나, 그는 '첫 번째 도道의 실현'을 다시는 경험할 수 없을 것이다. 이전 단계의 성공이 다음 단계의 성공을 보장하지는 않는다. 이런 포기를 한 후에 그는 '일어남과 사라짐'의 단계로 되돌아온다. 마지막 '입도入道'의 순간을 다시 한 번 경험할 때까지 뒤이어 오는 모든 통찰의 단계를 다시 겪어야 한다. 그 단계와 연관된 특정 변화들이 다시 일어날 것이다. 추가적인 다른 정서적 오염들은 수행자의 정신조직으로부터 영구히 사라진다. 다시 이 '입도'의 순간은 '과果'와 점검의 순간들이 뒤따를 것이고, 다시 그는 수행을 그만둘 수도 있고, 아니면 계속하는 쪽을 선택하여 '과'를 연마하거나 '세 번째와 마침내 네 번째 도道'를 위한 수행을 할 수도 있다. 이 마지막 단계는 완전한 지혜와 자비, 그리고 (여하한 고통으로부터의) 자유의 최종 상태를 이루어 낸다고 말하고 있다. 깨달음의 각 단계는 이전의 단계보다 도달하기가 더욱 어렵다. 수행자는 매번 '도道'의 경험에 앞서 수행의 똑같은 단계를 겪는다. 그러나 보다 뿌리 깊은 속박들이 소멸되고 현실의 본질에 대한 통찰이 자라게 되면서 매번 그 경험은 보다 강렬해지고, 고통은 더욱 커진다. 원칙적으로는 가능하지만, 이 연구 내의 모든 진보된 수행자나 스승들이 주장하는 것처럼, 그러한 깨달음 성취의 보다 높은 발생 사례가 여전히 기대되고 있는 아시아 불교 문화권에서의 우리 연구는 아주 소수의 수행자들만이 네 단계 모두의 도道를 달성했음이 드러났다.

진보된 통찰집단의 로르샤하 검사는 전통에 의해 명시된 깨달음의 결과들을

뒤따르는 '도'와 진보된 깨달음 경험

두 번째, 세 번째, 네 번째 도

**진보된 통찰집단의
로르샤하 검사**

생각해 봄으로써 해석될 수 있다. 깨달음은 누구든지 관점/조망이 근본적으로 변하기는 하지만, 일상적인 정신적(심적, 이지적) 경험으로 되돌아가는 게 뒤따른다고 한다. 우리는 이런 로르샤하 검사가 각 수행자들의 성격의 특질과 정신적 내용을 반영하는 것이라고 기대할는지도 모른다. 우리는 로르샤하 검사들이 전통에 의해 명시된 깨달음의 몇몇 특성들을 내포하고 있을 것이라 예상할 수도 있을 것이다. 이 특성들은 a) 지멸止滅경험 뒤에 오는 현실의 개념에 대한 변화, b) '입도入道'경험을 할 때의 어떤 오염들의 근절이다. 비록 작은 예시지만, 네 개의 로르샤하 검사들은 깨달음의 경험에 따라오는 것으로 알려진 특성trait 변화들의 고전적인 설명들과 일치하게 나타난다.

해석의 문제

이 깨달음 로르샤하 검사들은 삼매와 통찰 집단 로르샤하 검사자들의 고도의 비범한 특성들을 입증하지는 않았다는 것을 기억해야 한다. 그들은 3개월 연구의 사전-검사 검사군의 로르샤하 검사와 특별히 다르지는 않다. 그들의 직접적인 특수성의 결여는 해석에 있어서 흥미로운 문제들을 보여 준다. 장기 명상 수행의 결과는 심리적으로 중요하지 않거나 불안정한 (수행 의식) 상태 변화의 함수라고 결론지을 수 있을는지도 모른다. 아니면 로르샤하 검사는 그 무엇이 되었든간에 그러한 심리적 결과들을 평가할 수 없다고 결론지을 수도 있다. 또 다른 관점에서 보면 이런 로르샤하 검사들의 이같은 평범성은 매우 의미있는 발견으로 해석될 수도 있다. 깨달음에 대한 고전적 묘사, 특히 깨달음에 뒤따르는 점검Review과 일치하여 수행자는 자신의 평범한 마음을 계속 유지한다고 한다. 비

**경험의 내용에 대한
반응의 변화**

록 그의 관점/조망이 근본적으로 다르다 해도 **그의 경험 내용은 수행 이전과 다르지 않다. 다만, 그는 더 이상 그것에 대해 매력이나 혐오나 냉담같은 일반적 감정적 태도를 가지고 반응하지 않을 뿐이다.** 이점을 직접적으로 말하는 유명한 선가의 어록이 있다.

내가 수행을 시작하기 전에는 산은 산이고 물은 물이었는데, 내가 수행을 시작한 후에는 더 이상 산은 산이 아니고 물은 물이 아니었다. 수행을 끝내고 보니, 산은 다시 산이고 물은 다시 물이었다.

　　진보한 수행자들로부터 얻은 이번 검사의 언어로 표현하자면, "로르샤하 검사들은 다시 한번 로르샤하 검사들이다." 자기와 대상 세계의 상대화된 지각 내용에 대한 맥락임에도 불구하고, 진보한 수행자들은 그들의 독특한 인생사를 살고 있다.

　　비록 대체로 이런 것들이 통속적인 로르샤하 검사로 보이지만, 각각에는 깨달은 수행자들이 현실을 다르게 받아들인다는 증거를 담고 있다. 깨달은 사람은 **다른 수준의 자각**이 나타난다고 말하고 있다. 세속적 수준에 있는 사람들은 감정과 태도 같은 그러한 습관적인 마음 상태와 마찬가지로 외부 세계에 있는 형상들을 견고하고 영구적이라고 계속 지각한다. 깨달음에 의해 지각이 상대화되어 있는 한 절대적인 수준에서 보면 외부 향상들과 정신적 상태들은 더 이상 견고하고 항구적이라고 생각할 수 없다. 그것들은 단지 상대적 감각 내에서만 존재한다.

**상대적 현실을
지각하기**

　　이렇게 말해지는 변화들은 로르샤하 검사에 반영될 수도 있다. 깨달은 피실험자들에게 잉크반점은 정말 나비, 박쥐 등과 같은 특정한 이미지들로 보이는 것이다. 그러면서도 이러한 이미지들뿐 아니라 아픔이나 기쁨 같은 마음의 상태도 여전히 에너지/공간의 단순한 현시처럼 지각된다. 이러한 피험자들은 잉크반점 안에서의 내용뿐 아니라 에너지 진행과정도 지각한다. 하나의 가능한 해석은, 깨달은 수행자는 우리의 평범한 자각 안에서 이 지각되는 세상이 존재하게 되는 그런 과정에 관해서 어떤 근본적인 것을 이해하게 되었다는 것이다.

　　양쪽의 이러한 수준에 관한 외부적 형상과 일상적인 정신적 경험 수준들을—변화하는 에너지/공간의 비교적 실제적이지만 궁극적으로는 (형상들의) 단순한 배열형태로서—인식하는 능력을 유지하는 동안, 깨달은 수행자는 외면적 형상들이나 내면적 마음 상태에 대한 비현실적 지각이나 집착의 속박에서 자유로워진다. 하나의 수긍할 만한 주장에 의하면, 깨달은 사람은 우주에서 인간의 위치는 자기-충족적인 것이 아니라 수많은 다른 존재 방식과 잠재적 상호작용의 (우주적) 조직 안에 놓여 있고, 그 모든 것은 상호관계를 갖고 있으며 서로 조건지어 있다는 것을 알고 있다는 것이다. 삶은 그 자체의 역동성과 현현現顯 안에서 다차원적이고 다중-결정적인 것multi-determined이 된다. 이러한 지각 양식은 인간의 삶과 죽음을 보다 깊은 수용으로 이끌어 가고, 그리하여 색(형상)과 공이 모두 있는(색즉시공色即是空으로) 펼쳐지는 우주의 맥락 안에 놓여 있게 한다. 이 **무집착적,**

**지각의 무집착적,
맥락주의적 양식**

맥락주의적인 지각 양식을 설명하는 로르샤하 검사 반응의 예를 하나 들 수 있다.

> 그것은 모충 나비의 결합 같아 보인다. 그것은 움직이고 있는 것처럼 보인다. 그것은 이와 같은 창조물로, 즉 초원을 따라서 풀밭을 따라서 걷고 있는 이와 같은 존재로 느껴지게 한다. 그것이 하고 있는 … 단순하고 바른 행동을 하면서 (편안하게) 집에 있는 듯한, 그것이 하고 있는 것과 하나가 되어 있는 듯한 느낌을 준다. 그것은 단순한 움직임이다(I, W).

또한 로르샤하 검사들은 깨달은 수행자가 갈등을 다르게 경험할지도 모르는 증거들을 포함하고 있다. 이 로르샤하 검사들로부터 아주 중요한 하나의 발견은 임상적 의미에서 깨달음을 얻은 수행자들에게도 갈등이 **없는** 게 아니라는 것이다.

갈등이 여전히 존재하는 수행자

그들도 욕동/추동 상태 그리고 공포나 의존적 투쟁 등과 같은 갈등적 주제들의 경험에 대한 증거를 보여 준다. 하지만 그들은 그러한 갈등의 자각과 제시에 있어서 **보다 덜 방어적이다.** 첫 번째 깨달음이 곧 갈등에서 자유롭게 된다는 뜻은 아니다.

전통에 따르면, 개인적 갈등은 깨달음의 두 번째와 세 번째 경험 사이에서 실제로 심화되는 경향이 있다. 이것은 동서양의 문화 양쪽에서 다 갖고 있는 하나의 주요한 오해와 배치되는 것이다. 서양의 명상 수련생들은 흔히 깨달음이 개

깨달음에 대한 잘못된 전제

인의 모든 문제를 해결한다고 가정하는 식으로 오해한다. 아시아 스승들은 이것이 그렇지 않다는 것을 알고 있다. 그러나 그들은 높은 단계의 깨달음의 달성에 의해서만 비로소 제거되어질 남아 있는 '속박' 또는 '오염(염오식)'을 지적한다.

전통에 따르면, 단지 어떤 오염만이 '첫 번째 입도'의 경험에서 제거된다. **변하는 것은 갈등의 양이나 본질이 아니라 오히려 갈등에 대한 반응성과 자각이다.**

깨달음 동안 무엇이 변화하는가?

깨달음이 일어나는 동안 자각의 중심 자리는 굳이 말로 하자면, 갈등을 초월한다. 자각은 '다른 쪽 기슭shore으로 감으로써'(度彼岸) 더 이상 어떠한 정신적 상태에도 영향을 받지 않는다. 깨달음을 얻은 후에도 갈등 같은 문제들을 포함하는 (염오식의) 내용이 되돌아온다. 이런 의미에서 인생사의 반복적이고 역동적인 주제들은 계속 들락거리지만, 깨달음은 충분한 거리를 두게 하거나 또는 보다 좋은 면으로는 (삶에 대하여) 방대하게 다른 조망을 제공한다. 갈등에 대한 보다 거

대한 자각과 개방성이 있지만, 역설적이게도 동시에 충동적이며 동일시적인 그래서 그에 따른 고통스러운 방식으로의 반응은 적어지게 된다. 알아차림은 갈등 내용이나 또는 실로 이 단계에서 여하한 종류의 (염오식의) 내용이 들락거리든지 간에 상대적으로보다 덜 사로잡히게 될 것이다. 예를 들어, 성적 (욕망) 관계에 관련된 문제들은 '마음의 상태'로 보이기 쉬울 것이다. 개인은 그것들이 무엇인지에 대한 이 문제들을 분명하게 관찰할 것이고, 그러므로 그러한 상태들에 대한 그들의 가능한 반응들에서 좀 더 자유로울 수 있다. 그는 다른 모든 쉽게 변해 가는 정신 상태처럼 강렬한 욕망이 지나갈 때까지 그것을 주시할 것이다. 그들은 욕망대로 행동할 수도 있다. 그러나 그것을 충분한 자각으로 그렇게 할 것이다.

첫 번째 깨달음의 알려진 효과 중 하나는 어떤 '건강하지 않은' 정신상태라도 즉각적으로 알아차리게 되는 것이라고 한다. 마음챙김은 그런 경우에 충동이나 생각과 행동 사이에 자동적으로 끼어든다고 한다. 이 늦춤의 기제는 분명하고, 치우치지 않는 관찰과 결합되어 추동으로부터의 **새로운 자유와 충분히 숙고되고 적절한 행위를 위한 새로운 자유를 허용한다.** 이런 의미에서 그 사람이 살아있는 한, 그 후에 이어지는 깨달음들을 아직 얻지 않고 있는 한, 갈등의 요소들은 계속 발생함에도 불구하고 고통은 줄어들게 된다.

깨달음의 효과에 대한 이러한 전통적 설명들을 동역학적인 용어로 생각해 본다면, 그와 같이 깨달은 개인은 제약 없는 추동적 에너지나 억압을 제거하려는 일상의 효과들에 대한 민감성이 줄어들어 느슨한 방어 체계를 보여 준다고 말할 수 있을 것이다. 왜냐하면 그들은 반응을 강요하는, 즉 대항하거나 방어해야 하는 감정적이고 추동적인 상태를 만들어 내는, 전과 같은 (충동적) 힘을 더 이상 갖고 있지 않기 때문이다. 그렇다면 방어모델은 이러한 과정들을 설명하기에 적합하지 않은 듯하다. 통찰에 대한 개념도 마찬가지다. 깨달은 수행자들이 갈등에 관한 특정 본질에 대해 반드시 보다 큰 심리적 통찰을 갖는 것은 아니다. 대다수가 갈등적인 마음 상태들을 관대하게 다루고 그것들은 자연스럽게 사라지게 한다. 깨달은 사람들이 성취한 심리적 통찰의 정도는 개인의 심리적 세련됨의 정도에 따라 달라진다(또한 Carrington & Ephron, 1975 참조). 이 수준의 (심리) 과정에서 '그냥 내려놓을 수 있게 된' 것의 내용 수준을 다시 '꿰뚫어 볼' 필요는 적어지게 된다.

'꿰뚫어 보기' 대 '내려놓기'

그러므로 이 집단에 대해 우리가 내린 결론은 복잡하다는 것이다. 한편으로는 적어도 이 수준에서의 깨달음은 정신내적인 그리고 개인 상호 간의 갈등을 반드시 제거하는 것이 아니다. 비록 깨달음의 더 높은 수준에서 이런 것들이 일어날 가능성을 배제하지는 않지만 그렇다는 말이다. 다른 한편으로는 깨달음은 그 효과로 인해 그 개인을 보다 덜 고통스럽게 할 수 있다. 이것은 명상과 정상적 성인 발달이나 또는 치료가 정상적 발달과정을 재구성하는 한 명상과 심리치료의 상대적 위치에 관한 현행 모델에 대한 재고를 제시한다(Blanck & Blanck, 1974). 첫째, 명상은 정상 발달과 또는 심리치료 양쪽 다와 다르고 그 이상의 어떤 것이 있다. 명상은 명백히 (치료) 과정의 일부와 병행하고 정신내적인 갈등을 완화하고 성숙한 대상관계를 촉진하기 위한 일반적 치료의 일부 목표를 성취하지만, 그것은 대부분의 정신건강과 발달의 정신치료 모델에서는 목표로 두지 않고 심지어 그렇게 예상하지도 않는 지각의 변화와 어떤 목표-상태goal-state를 목표로 한다. 하지만 비록 명상과 정신치료가 양쪽 다 인간 발달에 대해 각각 다른 범위를 단순히 가리키고 있지만 어떤 상호 배타적인 방식으로 연속선 상에 위치시킬 수는 없다(Rama et al., 1976). 명상의 깨달음 후의 단계는 신경증적인 상태의 드러 냄과 관리에 명백하게 영향을 미칠 뿐만 아니라, 이런 유형의 갈등은 깨달음 후에도 지속적으로 겪게 되는 것이다. 어느 면에서 이는 아마도 심리적 성숙과 깨달음의 길이 서로 둘다 상호 보완적인 것이지, 서로 전혀 관련이 없는 것이 아니라는 점을 시사한다고 본다. 아니면 이는, 그것들은 실로 (의식의) 연속선상에서 서로 다른 건강/성장의 범위 또는 단계를 나타내는 것이지만, 이전에 상상해 왔던 것보다 그것들 둘 사이에는 훨씬 더 복잡한 관계가 있다는 점을 시사한다고 본다. 이것은 이를테면, 비록 이것이 그 주요 의도한 바는 아니지만, 깨달음의 높은 단계는 신경증이나 경계선 장애 수준의 갈등에 대한 정신내적 구조적 토대에 여전히 간접적으로 영향을 미치고 있다는 것일 수도 있다. 이것은 다음 (대가)집단의 검사 지문작성을 위한 쟁점이 될 수 있다. 이것은 또한 앞으로의 연구에 가장 중요한 쟁점 중의 하나가 될 것이다.

현재 모델에 대한 재고

추후의 경험적 연구

대가집단

깨달음의 셋째 단계에 도달한 대가들은 성적 또는 공격적 충동과 고통스러운 감정 같은 것들에 더 이상 영향을 받지 않는다고 알려져 있다. 완전한 깨달음의 단계(네 번째 도道)에 있는 대가들은 완전한 마음을 가지고 있으며, 여하한 종류의 갈등과 고통에서도 자유롭다고 알려져 있다. 이 두 가지 유형의 '아라한ariyas' 또는 '존자尊子·worthy ones'는 과거 전통과 현재 관습에 따르자면 유일한 집단을 구성하고 있다. 이 집단을 나타내고 있는 대가에 대한 단 하나의 로르샤하 검사는 확실히 일반적인 것은 아니다. (비록 필자는 깨달음의 달성에 대한 직접적인 질문은 허락되지 않았지만, 로르샤하 검사와 남아시아 연구에서 실시된 부가적 주제통각검사 TAT 프로토콜로 확인되는 사례 인터뷰 자료는 이러한 분류를 허용하고 있다.) 하지만 이 해석적인 질문은 종교적 근본주의자들의 교조적 의견들이나 또는 하나의 주제에 다양한 검사 카드를 연결시키려는 의도를 갖고 있는 것으로 예상될 수 있는 편집증적 성격의 고착 망상으로부터 구별될 수 있는지의 여부에 대한 것이다. 여기에는 명백한 차이가 있다. 검사 상황을 가르치기 위한 경우로 사용하는 것에 대한 결정은 편집증적 경력의 조심성과 속박감에 직접적으로 대비되는데 달린 것이다. 개인화된 편집증적 망상의 본질은 문화적 전통에 의해 확립된 합의적 가르침 부분에 대한 체계적 설명과 대조된다. 이것들은 욕동/추동-지배적이 아닌 문화-지배적인 인지들이다. 그 연상들은 카드와 카드가 느슨하게 관련되어 있다기보다 오히려 모든 10개의 카드가 일관적이고 통합적으로 연결되어 있다는 것이다. 우리는 (대가의) 기록의 일관성과 통합성의 그 수준과 비교되는 어떠한 편집증적 기록도 아는 바 없다. 10개의 매우 다른 카드의 다양하게 변하는 자극-인력에 대응하여 하나의 가르침으로 10개 카드 모두를 통합시킨다는 것은, 그리고 현실 검증reality testing에서 심각한 이탈 없이 그렇게 한다는 것은 매우 중대한 위업이다.

통합적 양식style의 타당성에 대해 말할 수도 있는 하나의 추가적 증거는 다른 연구 분야에서의 그것에 대한 기록 문서다. 우리가 알고 있기로는 어떠한 로르

대가의 로르샤하 검사

통합적 양식

샤하 검사도 명상 대가에 대해 보고하고 있지 않지만, 로르샤하 검사는 다른 영적인 전통에서 진보된 스승들에 대해 보고한 적이 있다. 예를 들면, 보이어 등(Boyer et al., 1964)은 아파치족 주술사shamans에게 로르샤하 검사를 적용했다. 그는 또한 인디언들에게 어느 한 주술사가 진짜로 느껴지는지 가짜로 느껴지는지 그들만의 점수를 매기게 해 주술사의 진실성에 대한 토속적 평가를 수집했다. 가짜 주술사의 로르샤하 검사는 병리적 기록 같았다. 주술사의 신뢰성 평가에 대한 기록은 이례적이었다. 다른 연구에서 클로퍼와 보이어(Klopfer & Boyer, 1961)는 '진짜' 주술사에 대한 기록protocol을 출간했다. 그것은 대가에 대한 우리의 로르샤하 검사 결과와 놀랄만큼 유사했다. 또한 주술사는 평가자에게 그가 살아 온 세계관을—이 경우, 우주를 통한 황홀한 비행에 대해—가르치는 경우에 10개의 카드를 사용했다. 또한 이때 주술사는 쉐이딩(카드의 뒷면)과 무정형적

통합적 양식에 대한 가능한 함의

으로 사용된 형태에 많이 의존했다. 보이어는 쉐이딩의 유의미성에 대해 불명확하였고 병리적인 것으로 보았다. 특히, 우리는 삼매 동안 우리의 피험자가 쉐이딩을 아주 많이 사용한 것에 비추어 보았을 때도 전혀 확신이 가지 않았다. 변성의식 상태의 수행자들이 쉐이딩을 매우 높은 빈도로 사용하는 경우, 이것은 이런 상태들에 대한 훈련된 탐구의 결과인 (쉐이딩 이미지) 자극들에서 미묘한 내적 · 외적 뉘앙스에 대한 알아차림의 유효한 척도가 될 수 있다. 이 통합적 양식은 아마도 그들의 수행 기술이 완성에 다다른 그런 개인들의 부가적인 (인지적) 특성일 것이다. 그러한 (문화 간의) 통문화적 유사성에 대한 한 가지 가능한 함의는 이 양식이 영적 전통을 불문하고 '대가에 대한 로르샤하 검사'를 시사하는지도 모른다는 것이다. 대가는 검사자에게 그의 개인적 내용을 표현하는 데에는 전혀 흥미가 없다. 대가들은 오직 자비심에서 다른 사람들이 그들을 고통에서 벗어나게 하

가르침으로서의 테스트

는 그런 방식으로 실재를 보다 명확하게 '보는' 길을 가르쳐 주는 데에만 흥미가 있을 뿐이다. 검사하는 상황은 검사자가 마음/우주의 초개인(자아초월)적 수준의 안내된 탐구에 대한 증인이 됨으로써 가르침을 펴는 상황이 된다.

두 번째 가능한 추론

대가의 프로토콜로부터 두 번째 가능한 추론은 정신내적 구조가 급진적이고 항구적으로 재구조화된다는 것이다. 이 프로토콜은 성적 · 공격적 추동에 대한 갈등의 증거나 또는 실로 어떤 본능에 기반을 둔 추동에 대한 여하한 증거도 전혀 보

이지 않는다는 것이다. 그러나 아주 놀랄 만한 것이지만, 여기에는 항구적으로 대립되는 추동/욕동과 제어라는 의미에서의 어떠한 심리내적endopsychic 구조가 없는 것으로 보인다는 것이다. 우리가 보기에 '완전히 성숙한 사람'이란 "내적 정신의 분화와 조직이 전반적으로 훌륭한 자아발달과 대상-관계 내에서 단순히 그의 다양한 관심과 능력이 표현되는 전체가 통일된 사람"(Guntrip, 1969)이라고 가정하는 것이다.

결 론

이 연구의 목적은 로르샤하 검사라는 하나의 도구를 사용해 명상의 성취에 대한 고전적 (종교)경전 해석과 현재 연구에 대한 경험적 타당성 검증을 위한 한 접근법을 설명하려는 데 두어 왔다. 각 준거 집단 내에서의 로르샤하 검사는, 비록 정량적 자료분석은 완성되지 않았지만, 이 예비 보고서의 가치로 내세울 만큼 아주 명확하게 차이를 보였다. 이러한 로르샤하 검사 결과들은 명상단계에 대한 고전적 주관적인 보고서가 단순한 종교적 믿음 체계 이상이라고 설명하고 있다. 그것들은 지각을 이해하고 고통을 완화시키려는 목표를 향해 강도 높은 명상수련을 하는 도중에 발생하는 지각적 · 정서적 변화에 대해 타당한 설명을 하고 있는 것이다.

그런 변화가 일어나면서 로르샤하 검사는 성격검사에 더하여 그러한 연구를 위한 탁월한 지각 측정방법이 된다. 뒤시(Ducey, 1975)는 로르샤하 검사가 '자기-창조한 현실'의 측정법이라고 논증했다. 그 과제는 일련의 모호한 자극들에 대해 피실험자가 의미를 부여하도록 요구하는 것이다. 이 과정에서 실험자는 피실험자가 세상에 대한 내면적 표상을 어떻게 구성하는지에 대한 어떤 것을 배우게 된다. 이 과제는 명상자 자신의 수행과 일치하는데, 즉 그의 마음이 내부와 외부 세계를 만들어 내는 과정을 분석하는 것이다. 매우 놀랍게도, 대부분의 피실험자의 로르샤하 검사에 대한 평범하지 않은 반응성능도 명상적 경로의 주요 단계에서 일어나는 정신 기능의 가장 중요한 변화에 대한 명확한 표시를 보여 주

연구의 목적

로르샤하 검사의 가치

는 것으로 보인다.

해석상의 주의   이러한 연구결과는 기대효과의 영향을 받으므로 어느 정도 조심스럽게 해석해야 한다. 우리는 3개월 연구 자료에만 그러한 영향을 제어(대조 조절)하도록 시도하였다. 그래서 명상가와 운영진staff 둘 다 그들의 명상이 효과를 발휘하기를 기대한다는 가정하에 운영진 대조군control group이 사용되었다. 명상가와 운영진 대조군의 차이는 기대효과로만 볼 수 없으며, 일일 수행 양의 차이에 있다고 봐야 할 것이다. 비록 이러한 차이는 확인되었지만, 이것은 3개월 연구에 국한된 것이었다. 이것은 초보자집단, 삼매집단, 통찰집단의 일부 피실험자들 내의 모든 피험자를 포함한다. 보다 더 흥미로운 진보한 통찰집단과 대가집단의 피험자들은 포함하지 않는다. 그러므로 자료 수집의 한계로 인해 비록 바람직하지는 않지만 후자 집단의 깨달은 사람들에서의 기대효과의 사용을 전적으로 배재할 수 없었다. 그 까닭은 이러한 후속 수행결과들은 이미 증명된 수행효과들의 결과 뒤에 아주 명백하고 일관적으로 뒤따라오기 때문이다.

명상의 진보를 위한   이러한 연구결과들이 타당하다는 범위 내에서 명상의 길을 따라 빠른 진도가
현실적인 기대   나가기를 기대한다는 것은 비현실적이다. 매일 3개월간의 지속적인 강도 높은 수행 후, 최소한 정식 명상이라는 의미로 규정했을 때, 약 절반의 피험자는 매우 작은 변화를 보였다. 다른 절반은 집중에 있어서 어느 정도의 숙달을 성취하였다. 단 세 명만이 근접삼매를 완전하게 달성했고, 명상의 통찰단계들에 대해 전통적 해석에 묘사되어 있는 것들과 유사한 통찰을 갖기 시작했다. 다시 이 중 단 한 명만이 깨달음의 짧은 순간의 단계인 평정심equanimity단계의 높은 통찰 시리즈들로 들어섰다. 이러한 진보의 느린 속도는 최소한 서양 수련생들에게는 초라해 보일 수 있지만, 이것도 역시 일반적 성장 패턴과 일치하는 것이다. 이것은 또한 자신감도 불어넣는다. 그와 같은 지각적 · 정신내적 구조의 비범하고 머나 먼 변용은 3개월이나 1년 정도의 수행작업으로는 도저히 불가능한 것이고, 또한 적절한 수행 토대가 먼저 마련되어 있지 않은 이상 지름길로 달성될 수도 없는 것이다. 참을성, 인내 그리고 오래 견딜 수 있는 마음가짐(인욕忍辱) 또는 '항상심(정진精進)(Suzuki Roshi, 1970)'이 수행자에게 요구되는 전통적 '육바라밀paramitas · 六波羅蜜' 또는 완전함인 것이다. 반면에, 남아시아와 미국 양쪽의 연구로부터의

검사 자료뿐 아니라 자기탐구-보고서들은 명상이 **스트레스 감소나 심리치료보다 훨씬 더 그 이상의 어떤 것이라는 것**, 그리고 명상의 명백한 목표 상태는 그것들이 필수적으로 요구하는 노력과 인내와 잘 맞아떨어진다는 가정을 타당화하는 것으로 보인다.

명상은 정확히 말하면 치료의 한 형태가 아닌 구원, 즉 해방의 수단이다. 그것은 어떤 특정한 종착점으로 이끄는 성장 발달의 아주 광범위한 길이라고 한다. 그 종착점은 일상적인 인간의 고통과 참된 지혜를 얻는 경험으로부터의 총체적 해방과, 마음의 본성과 현실의 구성에 대한 진실한 통찰력으로부터 나오는 진정한 지혜의 달성인 것이다. 서양의 치료법은 궁극적으로 행동적 · 감정적 변화의 목표로 가기 위해 관념적 · 감정적 과정을 치료의 수단으로 활용하고 있다. 이것은 정식 명상의 그런 어떤 것이 아니다. 로르샤하 검사 결과에서 보았듯이, 관념적 · 감정적 진행과정들은 비록 통찰을 위한 수단이 아닌 대상으로 나중에 다시 일어나긴 하지만, 삼매의 초기 발달에서 그 어떤 의미 있는 정도로 조차도 일어나지 않는다. 비록 명상은 정신적mental—관념적 · 감정적 · 지각적—조작의 철저한 분석 그 자체로 관심을 두고 있지만, 그것은 일차적으로 지각과 현실의 구성에 대한 그리고 지각 과정의 무지가 인간의 고통에 어떻게 기여하는지에 대한 분석인 것이다. (개인의) 특성의 변용/변혁은 참으로 달성하기 힘든 것이다. 명상으로 얻을 수 있는 지속적이고 혁신적인 특성에 대한 편익은 수행을 시도하는 극소수에게만 제공될 수 있다. 그렇지만 여기에 로르샤하 검사 결과가 주어진 그런 극소수의 대가들과 우연히 만나게 되고, 그래서 그들을 연구할 기회를 갖게 되었던 우리 중 대부분에게는, 그들은 극히 드문 살아 있는 이상형ideal—불만족을 넘어선 문명화—의 예로서 현존하고 있는 참으로 비범하고 깊은 연민을 가진 개인들인 것이다.

명상과 치료의 차이

제8장

명상단계에 관한 문화 간 관점

다니엘 브라운 Daniel P. Brown

'명상단계'에 대한 논쟁은 통상 두 가지 질문에 집중되어 왔다. 첫째, 이러한 단계들이 어떤 객관적인 방식으로 존재할 수 있는지(즉, 외적 타당성을 갖는지) 아닌지, 둘째, 만일 이런 단계들이 외적 타당성을 지니고 있다면, 이 단계들은 어느 정도 문화 간/통문화적cross cultural이거나 유사-보편적인가?

제6~7장에서 브라운과 엥글러는 명상의 단계들은 사실상 '실재real'한다는 상당한 증거를 제시하였다. 즉, 이 단계들은 발달단계 모델을 따르는 인지적이고 지각적이며 정서적인 변화를 나타내는 것 같다는 것이다.

이 장에서 다니엘 브라운은 두 번째 질문을 다루기 위해 세 가지 다른 전통—티베트의 마하무드라, 힌두 요가수트라, 상좌부 위빠사나—에서 가져온 명상단계들의 심층 지도 작도법을 제기한다. (이 작도법은 후에 기독교, 중국 등의 다른 정관 명상 텍스트들과 상호 확인하였다.) 이러한 결과들은 명상의 단계들이 사실상 문화간/통문화적이며 보편적인 적용성이 (표층이 아닌 심층분석 차원에서) 있다는 것을 강력하게 시사한다.

이러한 작도법은 '종교(들)의 초월적 통일성'이라는 문자 그대로의 (직설적) 주장을 지지하는 경향이 있을 뿐만 아니라, 관상에 대한 '유신론적' 그리고 '비유신론적' 접근 사이(예: 힌두교 대 불교)의 주요 갈등의 일부를 해결하는 데 많은 도움이 된다. 충분히 심층적인 수준에서 분석을 시행함으로써 브라운은 힌두교와 불교 명상가들이 어떻게 동일한 명상의 18단계들을 통해 진보해 나가는지, 그러면서도 그들이 가진 다른 관점의 차이 때문에 그 단계들을 어떻게 다르게 경험하는지를 논증적으로 보여 주고 있다. 여하한 다른 양식의 탐구에서처럼 명상에서 조망(관점)주의perspectivism는 피할 수 없기 때문에 각 전통들에서 명상경험에 대한 각각의 묘사는 다르지만 유효하다. 하지만 그 조망/관점은 경험의 진전 결과에 영향을 미친다. 문화를 가로질러 명상단계의 경로는 유사하지만, 그 결과의 경험, 즉 깨달음은 그렇지 않다. 이러한 의미에서 브라운의 결론은 영원의 철학자들이 통상 '종교(들)의 초월적 통일성', 즉 동일한 목적에 수많은 길이 존재한다고 말해 온 신비적 경험(신비체험)에 대한 판에 박힌 생각들과 반대되는 것이다. 명상경험에 대한 브라운의 심층분석은 그 반대를 시사하고 있다. 다른 목적들, 다른 깨달음의 경험들에 이르는 하나의 길이 있다는 것이다.

서 론

비교신비주의
연구의 문제점　　비교 신비주의comparative mysticism 연구에서(의) 오래된 문제 중 하나는 광범위하게 다른 문화들과 역사의 시기들에 걸쳐 관상(정관/명상) 전통 사이의 명백한 유사성과 차이점에 관련된 것이다. 어떤 학자들은 관상 전통들이 광범위하게 매우 다르다고 가정해 왔는데, 그래서 각 문화들은 궁극적 실재에 대한 독특한 이해를 창조한다고 보았다(von Hugel, 1908; Tucci, 1958). 반면에 모든 관상 전통은 동일한 신비체험 또는 공통의 목표를 기술한다고 가정하는 다른 학자들도 있다(Otto, 1969; Huxley, 1944; Stace, 1960). 어떤 학자들은 이러한 목표에 대한 단일한 길을 기술하고자 시도한 바 있다(Underhill, 1955). 반면에 수많은 길이 존재하고 그 모두가 동일한 목표에 이르게 한다고 믿는 다른 사람들도 있다(Naranjo, 1972). 또 다른 이들은 중간적인 입장을 취하며 신비의 전통을 별개의 뚜렷한 유형들로 분류한다(Zaehner, 1957). 하지만 이러한 열정에도 불구하고, 그 논쟁은 불행하게도 전혀 해결되지 않았는데, 그 이유는 비교 신비주의의 대부분의 학자들은 엘리아드Eliade의 백과사전적 저술을 제외하고는, 다양한 관상 전통들에 대한 직접적 지식이 부족하기 때문이다. 대부분의 학자들은 하나의 전통은 아주 익숙하게 잘 알지만 다른 전통에 대해서는 피상적으로 안다. 그 결과, 비교들은 흔히 환원주의적인데, 예컨대 기독교 신비주의를 표준으로 사용하여 동양 전통을 비교하는 경우가 그러하다(Otto, 1932). 역사적으로 신과의 합일, 그리고 현시대적으로 단일한 초개인적 차원은 그러한 가정들이 불교와 같이 비유신론적인 주요 전통들과 터무니없이 모순될 때조차도 의심할 여지 없이 신비주의의 유일한 목표로 간주되어 왔다.

이 연구 발표는 관상(정관/명상) 전통들을 가로지르는 그러한 유사성과 상이성을 해결하기 위한 또 하나의 시도다. 이것은 힌두 요가, 상좌부 불교, 대승불교라는 세 가지 동양 명상 전통에 대한 12년간의 연구를 대변한다. 이러한 문화들이 어떻게 자신들을 이해하고 있는가의 조망/관점에서 이런 전통들을 연구하기 위해 모든 노력이 기울여졌다. 이 과정은 종교의 정전正典 언어를 배우고 고전 명상 텍스트들을 번역하며 현존하는 명상수행가들과 그들의 스승들을 면담하며, 무엇보다도 그 전통들에 의거하여 명상법들을 수행하는 것을 필요로 하였다. 불교에서는 주지주의와 방향 잃은 명상 수행의 두 극단을 피하는 데 교학과 (참선)수행 사이의 균형이 필요한 것으로 간주된다.[1]

세 가지 전통에 대한 12년간의 연구

동양 명상 텍스트를 번역하는 것을 배우는 서구의 심리학자로서 나는 신비체험에 대한 소위 형언 불가능이라는 주장에 관한 서구의 가정들이 틀렸다는 사실을 처음 발견했다. 이러한 전통들은, 특히 티베트 불교에서는 계보 전통(법통)이다. 티베트의 수도원 사회는 많은 수의 승려들이 대부분의 삶을 수행을 하거나, 수행을 토론하거나 (경전)공부를 하면서 지내는 그런 방식으로 조직되어 있다. 이러한 접근법은 흔히 영적 공동체로부터 떨어져서 수행하는 서양의 신비주의자들과는 아주 예리한 대조를 이룬다. 이 티베트 수행자들은 명상자와 자신들의 경험을 비교해 볼 수 있는 가르침의 체계를 가지고 있었다. 명상체험을 토론하기 위한 지속적인 토론 광장이 있었다. 명상수련이 사회적으로 조직화된

첫 발견

그러한 전통들에서는 명상체험을 위한 전문적인 언어가 진화했다. 이 언어는 세대를 거치면서 다듬어졌다. 이러한 전문용어들은, 예컨대 '집'과 같은 외부적인 지시 대상물을 갖지 않지만, 동일한 수행을 하는 사람에 의해 확인될 수 있는, 예컨대 '에너지 흐름' 또는 '종자 명상seed meditation' 같은 반복 가능한 내면적인 상태들을 언급한다. 수학, 화학 또는 물리학 같은 고도의 전문화된 언어들과 마찬가지로 전문적인 명상 언어는 보통 언급되는 경험에 익숙한 고도로 전문화된 수행자들에게만 지적으로 이해될 수 있다. 이러한 전문언어들을 이해하려면 문헌학, 해석학, 기호 인류학에서 가져온 것들과 같은 고도의 전문적인 도구들이 필요하다.

두 번째 발견과
두 가지 종류의 길

두 번째 발견은 대부분 명상 전통들이 영적 발달의 체계적 진보, 즉 '길道·path'을 묘사한다는 것이다. 두 가지 종류의 (수행의) 길이 존재하는데, 점진적인 (수행의) 길(점수漸修)과 빠른 (깨달음의) 길(돈오頓悟)이다. '점진적인' 길은 명상경험을 분명하게 정의할 수 있는, 깨달음으로 완성되는 일련의 단계들의 전개로서 묘사한다. '빠른' 길은 분명한 단계들을 밝히고 있지는 않지만, 깨달음은 수행에 익숙해지게 된 후에 갑자기 오는 것으로 기술되고 있다. 이 연구는 명상의 다양한 점진적인 길에 대한 비교에 한정될 것이다.

이 장은 세 가지 전통에서의 명상의 길을 비교하고 있는데, 이는 모두 명상 발달을 위한 단계-모델을 기술한다. 설명을 위해 나는 세 가지 각 전통별로 하나의 권위 있는 (경전)텍스트(그리고 그에 대한 주요 해설 논서들)를 사용하는 단계들을 예시하는 방법을 선택해 왔다. 권위 있는 텍스트란 의미는, 각 고유의 전통 수행을 하는 수행자들이 자신이 속한 전통의 대표적인 것으로 종종 인용하는 텍스트들(경전, 논

사용된 텍스트들

서들)을 일컫는다. 이 텍스트들은 산스크리트에서 번역한 힌두요가 경전text인 파탄잘리의 『요가수트라(Yogasrūtra, 요가에 대한 금언)』, 팔리어에서 번역한 상좌부불교 논서text인 붓다고사의 『청정도론(Path of Purification, 정화의 길)』, 그리고 티베트어를 번역한 대승불교 논서text인 마하무드라에 대한 Bkrá shis rnam rgyal의 주요 논서, Mahāmudrā, Nges don…zla zer(『마하무드라의 어떤 진리에 대한 달빛Moon Light on the Certain Truth of Mahāmudrā』)이다. 이 텍스트 자료들의 영어 번역을 보고 싶은 독자는 각각 Mishra(1963), Nyanamoli(1976), Brown(1981)

을 참조하기 바란다.

각 전통의 텍스트들을 연구하는 방법은 각 단계에서 경험을 표현하는 데 사용된 전문 용어뿐만 아니라 그 길에 따른 명상의 주요 단계들을 확인하는 것으로 시작했다. 이 방법의 신뢰성을 높이기 위해서 권위 있는 해설서들과 관련 텍스트들도 사용되었다. 이러한 방법은 함의된 용어군을 선호하여 특이한 단어 사용을 피하도록 도와주었고, 요가수트라의 경우처럼 수행의 전체 단계가 단일한 경구로 되어 있을 수 있는 텍스트들에서의 요소요소에 지나치게 간략하게 또는 애매하게 묘사된 경험의 지식을 채우는 데에도 도움이 되었다. 그 결과, 명상의 각 단계에서의 그리고 각 전통의 단계들의 전 과정에서의 경험들에 대한 상세한 전문적 기술을 할 수 있었다. 이러한 접근법에 대한 상세한 내용은 다른 문헌(Brown, 1981)에 설명되어 있다.

텍스트들의 조사 방법

다음으로, (전통 명상수행들의) 기저에 어떤 순차적 순서가 있는지 확인하기 위해 요가수트라Yogasūtras, 청정도론Visuddhimagga 그리고 마하무드라Mahāmudrā를 개괄적으로 하나하나 단계별로 비교하였다. 각 전통은 수행의 단계들을 다른 방식으로 구분하였다. 그 단계들에 대한 텍스트적 개요들은 공통의 구조를 검증하기에는 신뢰할 수 없는 (접근) 방식임을 확인하였다. 하지만 각 텍스트에 사용된 전문 언어들에 대한 신중한 분석은 보다 유용하다는 것을 확인하였다. 이러한 접근 방법을 사용하여 명상단계들에 대한 하나의 분명한 기저구조, 즉 그 전통들을 가로지르는 고도로 일관된 구조를 발견하는 것이 가능하였다. 그 단계들의 순차적 순서는 전통들을 가로질러 그것들이 개념화되고 묘사되는 매우 광범위하게 다른 방식에도 불구하고 보편적인 것으로 가정되어 있다. 이러한 순서는 수행을 하는 누구에게나 이용가능한 자연스러운 인간발달을 나타내는 것으로 믿어지고 있다. 그 순차적 순서는 불변적인 것으로 가정되고 있는데, 다시 말해 단계들의 순위(위계적 순서order)가 실제 경험에서 바뀌어지지 않는다는 것이다. 더구나, 전통들을 가로질러 유사하면서도 다른 방식들에 따라 수행의 최종 결과인 깨달음의 본성을 구체적으로 명시하는 것 또한 가능하였다.

각 전통들을 가로지르는 매우 일관된 구조의 발견

세 전통들은 수행에는 세 가지 주요 부분이 있다는, 즉 예비연습, 집중명상 그리고 통찰명상으로 나누고 있다는 것에 동의한다. 이 연구에 사용된 개요적

세 가지 주요
분할과 여섯 가지
주요 단계들

분석에 따르면, 수행의 여섯 가지 주요 단계가 발견되었는데, 이는 두 개의 예비단계, 두 개의 집중단계 그리고 두 개의 통찰단계다. 즉, 1) 예비 윤리 훈련, 2) 예비 몸/마음 훈련, 3) 지지가 있는 집중, 4) 지지가 없는 집중, 5) 통상적 통찰명상, 6) 특별한 마음과 깨달음이 이러한 것들이다. 이러한 여섯 단계 각각은 세 가지 하부 단계로 더욱 세분화될 수 있다. 예를 들면, 예비 윤리 훈련에 세 가지 하부 단계, 예비 몸/마음 훈련에 세 가지 하부단계 등으로 나눌 수 있다. 각 전통들은 단계들을 조직화하는 각각 특유의 방식이 있을 것이지만, 이 연구의 개요적 방법은 불변의 순차적 순서로 전개되는 18개(6×3)의 뚜렷하게 구분되는 단계들을 가진 공통의 기저구조를 밝히고 있다. 그 결과는 〈표 8-1〉의 단계 1~4에 나타나 있다.

지식과 경험의 상태-
결합적 특성

이러한 단계모델과 더불어 명상에서의 지식과 경험이 상태-결합되어state-bound 있다는 인식이 있다(Fischer, 1971). 이것이 의미하는 바는 상태들의 순서에서 뿐만 아니라 각 상태에서 인지의 구조는 오직 그 상태에만 독특한 것이고 다른 상태들의 것과는 불연속적이라는 말이다. 이러한 점에 있어서 이 접근은 부르기뇽(Bourguignon, 1965)의 문화 간/통문화적 방언方言연구와 어느 정도 유사성을 갖는다. 부르기뇽은 방언 사용자들의 수많은 서로 다른 문화들에 의해 경험되는 유사한 저각성 트랜스 상태의 독특성에 근거하여 방언에 내재하는 기저의 공통 구조를 설명할 수 있었다. 비록 차이점들이 문화적 요소들과 관련이 되어 있지만 유사성들은 의식의 공유되는 상태의 구조와 연관되어 있다. 마찬가지로, 명상의 길에서 문화 간/통문화적 유사성들은 의식의 명상 상태들의 구조에 기인하는 것이며, 여기에서 우리는 단지 하나의 상태가 아니라 관련된 명상 상태들의 연속을 다루고 있는 것이다. 그리하여 18단계로 된 기본 길path이 또 하나의 개념적 모델 이상의 어떤 것으로 제시되어 있다. 그것은 인간경험의 구조 안에 내재된 무엇인가를 나타낼 수도 있다.

예비 철학적 훈련의
편향화 요소

단계들의 순서는 고정되어 있지만, 각 단계의 실제적 경험은 세 전통에 걸쳐 상당히 변하고 있다. 그 이유는 각 전통이 예비 철학 훈련을 통해 어떤 편향화 요소biasing factor를 제시하기 때문이다. 철학적 훈련은 각 전통들 속에서 각각 특유의 관점/조망을 강화시킨다. 결과적으로 이러한 관점은 명상에 대한 접근방식에 영향을 주지만, 더욱 중요한 것은 명상경험 자체의 특성에 영향을 미친다. 이 장은 힌두 또는 불교, 상좌부 또는 대승 불교 명상가가 명상의 동일한 18단계를 진보해 나가면서도 각자 취하는 다른 관점들 때문에 단계들을 따라 어떻게 다른 경험들을 하는지를 보여 줄 것이다. 이러한 관점/조망들은 인간 지식의 습득에 내재된 어떤 것을 표상하기 때문에 개념적 편향들을 넘어서는 것이다. 그러므로 조망주의perspectivism는 다른 어떤 양식의 탐구에서처럼, 아마도 깨달음의 최초의 순간(에서의 경험)을 제외하면, 명상에서 피할 수 없는 것이지만, 각 전통에서의 명상경험에 대한 각각의 묘사는 서로 다르지만 타당하다.

가장 서로 다른 두 가지의 관점들로는 한쪽으로는 힌두 요가전통의 관점과 또 다른 한쪽으로는 두 개의 불교전통이 갖는 관점을 들 수 있다. 물질주의적 가정을 가진 이원론적인 상키야Saṃkhya 철학은 어느 면에서 힌두 명상에 영향을 주었고, 또 다른 면에서는 불교의 무아와 연기緣起교리에 영향을 미치고 있다. 힌두교도들과 불교도들은 경험에서 그 차이점들을 잘 자각하고 있으며 각각은 상대방이 틀리다고 믿고 있다. 예를 들면, 요가수트라(1:32)에 대한 한 해설논서는 불교도들의 경험을 논박하기 위해 명시적으로 언급하고 있다.[2] 이러한 논쟁은 다양한 해설논서 전통에서 흔히 가열되는 양상을 띠고 있다. 그 철학적 체계의 복잡성을 파헤쳐 들어가지 않고서도 '에카타바ekatattva'와 '코사니카kṣanika'라는 용어에 의해 그 다른 경험들이 가장 잘 묘사될 수 있다는 사실을 말하는 것으로 충분하다. 에카타바는 힌두의 입장을 잘 나타내며 문자 그대로 '동일한 것same stuff'을 의미한다. 코사니카는 불교 전통을 잘 대변하며 '덧없음momentariness'을 의미한다. 이 용어들은 명상의 다양한 단계들에서 마음의 내용이 경험되는 방식을 언급한다. 힌두교도들에게 있어서 정신적/심적 사건의 부침의 변화는 모두 다 '동일한 것'의 현현이다. 불교도들에게 정신적/심적 사건들의 이어지는 (생멸의) 전개과정에서 각각 (이산적인) 불연속적 관찰 가능한 사건은 '덧없는momentary' 것이다. 양쪽 전통 모두 정신적 사건들이 끊임없는 변화를 거친다는 것에 동의하고 있지만, 그 변화의 본성은 서로 다르게 경험될 수 있다. 힌두 수행자에게는 정신적 사건들이 연속적인 방식으로, 반면에 불교수행자에게는 불연속적인 방식으로 일어나는 것으로 인식된다.

두 개의
서로 다른 관점

동일한 것과
덧없는 것

서구과학과 연속성/불연속성 패러독스

이와 동일한 논쟁은 서구 과학자들에게 낯선 것이 아니다. 연속성/불연속성 패러독스는 물리학과 사회과학, 예컨대 물리학의 장이론 대 양자이론, 사회과학에서 정신진단의 연속성 대 비연속성 모델에 널리 퍼져 있다(Strauss, 1973). 아마도 이 연속성–불연속성 패러독스를 가장 잘 설명하고 있는 것은 빛의 본질에 대한 연구다. 아마도 빛은 단일의 현상이지만 (연속적) 파장과 소립자 같은 (불연속적) 광자로 묘사되어 왔다. 각각의 입장을 지지하도록 실험이 행해질 수 있다. 이 단일의 '파입자wavelicle'는 관찰점point of observation에 따라서 보다 파장같이 또는 입자같이 보인다.

명상전통과 연속성/불연속성 패러독스

명상가들은 관찰점과 관찰 가능한 사건들 사이의 관계에서 자유롭지 않다. 관찰점이 무엇이든지 그것은 명상의 실제 경험에 영향을 준다. 각 명상 전통은 자기self에 대한 다른 이론을 갖고 있는데, 이는 명상 중 취한 관찰점에 영향을 준다. 이 장에서 보여 주고 있듯이, 힌두 요가에서의 관찰의 반성적 관점reflective point은 관찰 가능한 사건들을 편향시키고, 그래서 이 사건들은 마음질료(마음과 관련된 것)mindstuff의 연속적인 변형transformation으로 나타나게 된다. 반면에 불교의 수반적concomitant 관점은 관찰 가능한 사건에 영향을 주게 되어 이 사건들이 분리된 불연속적 사건들의 연속적 이어짐으로 나타나게 된다. 불교와 힌두교에서 동일한 18단계들이 확인될 수 있지만 명상에서 일어나는 사건들의 (생멸적) 변화는 각 전통에서—연속적인 변형 또는 불연속적인 연속적 이어짐 같이—아주 다르게 경험될 수 있다. 명상경험에 대한 언어적 개념적 표현에서의 문화적 차이로서 여겨질 수 있는 것이 명상 지식의 바로 그 구조에 내재된 패러독스를 표상할 수 있다. 실제적 경험에서 참으로 중요한 차이점들의 대부분은 연속성/불연속성의 패러독스 관점에서 이해할 수 있는 것이다. 이 장의 나머지 부분에서는 각 단계들 하나하나와 연속성/불연속 패러독스를 보다 상세하게 검토할 것이다.

명상의 단계

단계 1. 예비 윤리 수행

A. 보통의 예비단계: 태도 변화

예비 윤리 수행은 초보자들을 나중에 어떤 시점에 정식 명상을 할 수 있게 준 윤리적 수행
비시키기 위한 완전한 심리-행동적 변용/변혁에 영향을 준다. 이 윤리 수행은 초
보자가 일상생활을 계속하면서 실행된다. 대부분의 초심자들은 깨달음을 달성하
기 위한 그들 자신의 능력을 의심하기 때문에 적어도 마하무드라의 경우, 수행은
'신심을 깨우기'(M, dad pái 'don pa)[3] 위한 연습부터 시작한다. 예를 들면, 반
두라(Bandura, 1977)와 같은 행동주의적 치료사들은 '자기-효능감self-efficacy'을
촉진하는 것의 가치를 유사하게 인정할 것이다. 즉, 그것은 어떤 기대되는 행동
변화를 시작할 때 자신이 결과를, 이 경우에는 깨달음이라는 것을 성공적으로 도
출할 수 있다는 어떤 확신을 말한다. 더구나, 세속적인 집착을 내려놓기 위해 초
보자는 일상생활을 향한 자세를 바꾸는 것을 배워야만 하며 점차로 수행에 더 큰
동기가 부여되어야 한다. 그러한 변화는 일련의 '보통 예비단계 마하무드라'(M,
thun mong yin pa)와 함께 올 수 있는데, 마하무드라에서는 '네 가지 개념'(Four
Notions, M, blo bzhi)이라고 불린다. 초보자는 먼저 이 희귀하고 소중한 기회가
수행에 유리한 상황임을 성찰한 후, 이 세상의 다양한 존재들이 경험하는 고통
에 대해 심상화함은 물론 자신의 일상행동과 그 결과를 상세하게 심상화한다. 하
나의 단위로서 이러한 수행은 동기가 충만한 상태를 가져오고, 초보자는 서서히 동기가 충만한
일상행위에 대한 흥미를 서서히 잃게 되며, 반면 불법佛法 수행에 임하는 강한 동 상태 만들기
기를 갖게 된다. 그러한 과동기 상태는 사회심리학자들이 '감응저항reactance'이
라고 부르는 것과 유사하다(Brehm, 1972). 이 상태는 개인의 자유가 위협받을 때
일어난다. 기회와 죽음에 대한 성찰은 일상적 일들에 비하여 상대적으로 정신적
인 일들에 대한 강한 긍정적 재평가와 수행하고자 하는 강한 욕구로 귀결된다.

B. 특별한 예비단계: 심리내적인 변화

'내면으로 들어가기'　이러한 동기를 함양한 후 초보자는 일상사들을 포기하고 '내면으로 들어갈'[M, 'Jug sgo; 요가수트라(YS), svādhyāya 2:32] 준비를 한다.[4] 자각은 이제 의식의 흐름이 되고, 수행의 목적을 분명히 명심하게 된다. 마하무드라는 '깨어 있는 자세'의 개발을 통해서 목표에 대한 반복적인 성찰을 정식으로 할 것을 권고한다. 요가수트라에는 초보자는 '초월적 자각'(M, byang chub sems pa)인 푸루샤purusa(YS, samprayogah, 2:44)와의 연결을 확립하도록 지도받는다. 그 목표에 대한 내적인 성찰은 수행의 철학적 토대에 대한 엄격한 정식 수학(교학공부)修學에 의해 외적인 행동으로 보완된다. 이러한 방식으로 초보자들을 서서히 그러나 철저하게 수행에 대한 기대감과 신념을 변화시켜 간다. 행동 심리학자들은 한 개인의 수행 결과에 대한 기대감과 신념 체계의 변화는 모든 종류의 행동 변화에 중대한 영향을 준다고 밝혀 왔다. 예를 들면, 프랭크(Frank, 1961)는 (명상가의) 이 내면적 성찰과 정식 수학을 개인의 (신념의) '가정 체계'와 '심리적 건강에 대한 기대'를 솜씨 있게 다루는 것으로 해석하고서, 명상가는 점점 더 그 수행이 깨달음을 통해 긍정적이고 환원 불가능한 경험의 변화를 가져올 것이라고 믿게 된다고 보고 있다. 더 나아가 스미스(Smith, 1976)는 (수행) 결과에 대한 기대감이 명상을 통해 경험된 감정적·행동적 변화에 대해 상당한 수준의 엄청난 영향을 끼친다는 것을 잘 보여 주었다.

철학적 토대에 대한
정식 연구

의식의 흐름
변형하기와 내적 조화/
함양하기　정식 명상을 준비하기 위해 초보자는 의식의 흐름의 급격한 변형(변환)을 가져와야 하며 내적인 삶에 조화를 가져와야 한다. 이것은 마하무드라에서 '특별한 예비(준비)단계(M, thun mong ma yin pa)'라고 부르고, 요가수트라(2: 40-45)에서 '권계勸戒/준수'(YS, niyamas)라고 부르는 일련의 연습으로 가능하다. 의식의 흐름은 다양한 '정신 요소들'(M, sems 'byung; 문자 그대로 '마음에서 일어나는 것')로 구성된다. 고통스러운 정서 상태와 연관된 생각, 이미지, 기억들은 매우 빈번히 일어나며 이 모든 것은 요가수트라가 말하였듯이, '의심에 기여한다'(YS, vitarkā, 1: 32). 초보자는 (의식의) 흐름의 내용을 변경시키기 위해 그 흐름 속의 사건들을 관찰하고 반응하는 법을 배운다. '고백'(M, gshogs pa)이나 '정화'(Ys, shaucha, 2: 40-41)를 통해서 초보자는 고통스러운 상태를 찾아내고 소멸시킨다. '보시'(M, mchod pa)의 병행과 '만족감'(YS, saṃtoṣa, 2: 42)의 함양을 통해서 초보자는, 예컨대 인내와 같은 적극적으로 유쾌한 상태를 기른다. 궁극적인 실재에 대한 어떤 상징의 표상을 통해서—마하무드라의 '구루 요가'의 경우처럼 시각적으로 또는 '옴(OM)'을 찬송하는 요가수트라의 "이슈바라Ishvara예배신과의 동일시"(YS, ishvarapranidhanani, 2: 45)처럼 (속으로) 목소리를 거의 내지 않고—초보자들은 의식의 흐름에서 나오는 자발적인 '개념'(M, blo)을 철학적 신념이나 수련의 궁극적 목표와 보다 더욱 조화되도록 궁극적인 실재에 관한 개념들을 재구성하는 법을 배운다.

하나의 단위로서 이러한 연습들은 심원한 심리내적 변화를 가져온다. 그 연습들은 사회심리학에서 "객관적 자기-자각 이론"이라 부르는 것을 생각하게 한다(Duval & Wicklund, 1973). 권계observances라는 동양적 수행과 자기-집중self-focus이라는 서양 수행—그리고 그런 문제에 대한 정신분석—은 모두 의식의 흐름에 있어서 사건의 자각에 기초하고 있다. 이는 모두 자신에 대한 느낌과 사고의 흐름에서 심리내적 변화가 일어나도록 고안된 것이다. 자기-집중을 조작하고 내향적으로 주의에 초점을 맞추도록 요구하는 조건하에서 실험실 피험자들에 대한 연구가 진행되었다. 첫 번째 반응은 부정적 정서에 대한 보다 민감한 자각이다(Scheir, 1976; Scheir & Caver, 1977). 이러한 초기의 부정적 반응들을 넘어서 이케스, 위클룬트 및 페리스(Ickes, Wicklund, & Ferris, 1973)는 자기-집중하는 동안, 어떤 특정 조건들이 긍정적인 정서를 증가시킬 수 있다는 것을 밝혔다. 겔러와 세이버(Geller & Shaver, 1976)도 역시 자기-집중이 자신에 대한 인지를 변화시킬 수 있다는 것을 보여 주었다. 의식의 흐름에 있어서 사건에 대한 명상적 자기-집중은 고통스러운 정서 상태를 제거하고, 유쾌한 상태를 함양하며, 자신의 자발적인 연상이 궁극적인 목표와 보다 잘 조화되게 하는 방식으로 행해질 수 있다.

C. 진보된 예비단계: 행동 변화

권계(준수)observances는 각각 '진보된 준비'(M, Khyad pa), '계율precepts'[청정도론(VM), śīla] 그리고 '금계restraints'(요가수트라YS의 yamas)라고 부르는 일련의 행동 수련에 의해 보완된다. 이러한 것들은 1) 생활양식과 사회행동, 2) 감각적 **행동 수련**

입력, 3) 자각의 정도에서의 수정 변화들을 포함한다. 초보자는 해로운 행동을 알아내고 "반대의 행동을 수행"(M, stobs bzhi; YS, prati pakṣabhāvanam, 2:33) 하는 것을 배운다. 원인과 결과因果의 법칙에 따라 그러한 반대 행동은 시간의 변화에 따른 의식의 흐름에 긍정적인 변화로서 나타날 것이고 행동변화는 심리내적 변화에 기여하게 된다.

생활양식과 사회 행동은 제1계율와 제2계율 목록들을 통해 조절된다. 이 계율들은 개인의 모든 행동—고정된 일상생활과 습관, 일과 여가, 식사와 수면—을 자세히 조사하기 위해서 매일의 삶의 요소들을 열거하도록 고안된 것이다. 개인의 일상적 행위들, 그리고 과도한 감각 입력은 의식의 흐름에 혼란을 야기한다. 초보자는 또한 하나의 훈련을 통해 감각을 통제하는 것을 배우게 되는데, 마하무드라에서는 '감각을 묶는 것'(M, dbang po'i sgo sdom pa), 요가수트라에서는 '혹독한heated 훈련'(YS, tapas) (요가수트라에서는 고행tapas)으로 부른다. 이러한 금계禁戒(억제 혹은 통제)는 엄격한 자각훈련으로 마무리되며 정식 좌선(M, dran pa; VM, saṭi)과 일상활동(M, shes bzhin; VM, samprajñanna)을 통해 함양하게 된다. 목표는 밤낮으로 부단不斷의 연속된 자각상태를 성취하는 것이다.

내적 현실, 외적 행동 그리고 주의/자각 사이의 상호작용

보다 최근의 인지행동이론만이 외적 행동과 내적 과정 사이의 어떤 연결을 강조하고 있지만(Bandura, 1977), 행동치료자들은 오랫동안 행동 변화의 중요성을 강조해 왔다. 행동의학과 바이오피드백biofeedback 옹호자들은 주의/자각과 내적과정(Green et al., 1970) 사이의 연결을 강조해 왔다. 명상 전통들은 내적 실재, 외적 현실 그리고 주의/자각 사이의 상호작용을 분명히 보여 주고 있다. 동양(아시아)의 행동 이론, 특히 모리타 요법Morita therapy(Reynolds, 1976)은 단순작업을 통한 외부행동의 조절은 내적인 삶에 크게 영향을 줄 수 있다는 가정에 있어서는 명상 전통들과 유사하다. 일부 서구 행동 치료들도 마찬가지로 내적 발달(Erikson, 1976)을 위한 행동의 가치를 인정해 왔다. 명상의 목표가 의식의 흐름을 변화시키는 것이므로 외적 생활을 보다 질서 있게 하는 것은 균형을 맞추는 데 필요한 일이다. 의식의 흐름에서 사건들이 보다 잦아지면 정식 명상에 매우 필수적인 자각훈련을 하는 것이 보다 쉬워진다.

어떤 서구 연구자들은 초보 명상가들의 내면적인 과정을 조사하기 시작하였

다. 예를 들면, 초보 명상가들의 경우 (몰입)집중absorption이 증가하고(Davidson, Goleman, & Schwartz, 1976), 주의산만이 감소한다(Van Nuys, 1973). 그러한 연구는 정식 명상에 적용되지만, 칙센트미하이(Csikzentmihalyi, 1975)의 '몰입flow' 개념은 일상 활동을 하는 동안의 자각에 적용된다. 몰입은 (현재) 목전의 과업으로부터 주의를 빼앗기지 않고 행동과 자각을 결합하는 것과 관계된다. 최적의 몰입 상태에서는 의식의 흐름 내용이 조율되고 부적절하지 않게 현실의 요구에 따라 변화한다. 일단 외적 행동과 내적 삶이 조화를 이루게 되면, 초보자는 자각이 더해질 때 정식 명상에 더 잘 준비가 된다.

단계 2. 예비 단계의 몸/마음 훈련

A. 몸 자각 훈련

진보된 준비단계들은 최초의 자각-훈련에서 주의분산 요인을 제거하기 위해 고안된 반면, 예비단계의 몸/마음 훈련은 자각-훈련을 보다 광범위하게 내적인 영역, 즉 "의식의 흐름"(M, rgyun; VM, bhavanga)으로 이동시켜 준다. 이제 명상가는 의식의 흐름에서 "마음을 산란하게 하는 행위"(M, byas ba; Ys, vṛtti)를 분명히 확인하고 또한 자각에서 벗어나지 않도록 하는 것을 배운다. 이 작업은 다양한 종류의 산란심을 조심스럽게 분별하는 법을 수반하기 때문에 이 연습을 마하무드라에서는 "세 가지 고립isolations"(M, dben gsum)이라고 부른다. 명상가는 의식의 흐름에서 혼돈으로부터 질서를 찾기 위해 활동의 본질을 분리해서 명시한다.

명상가는 신체과정을 자각하는 훈련을 하는 것으로 시작한다. 그는 한적한 장소로 들어가서 신체운동을 줄이고, 안정적인 자세를 취한다. 요가수트라는 많은 자세들을 추천한다(YS, āsanas, 2:46-48). 마하무드라는 하나의 자세, 연화좌를 사용하지만 이 자세에서 일곱 가지 '지점points'(M, lus gnas), 즉 다리, 등허리 spine, 가슴, 목, 손, 혀, 눈을 알아차릴 것을 시사한다. 요가수트라와 마하무드라는 그 자세를 위한 이상적 모델을 제시하는데, 바로 이슈바라신Ishvara과 우주적 부처인 비로자나불Vairocana이다. 이 자세를 완벽하게 취한 뒤 명상가는 조심스럽게 몸의 상태를 관찰하여 자세에 어떤 부족한 점이 있는지 어떤 불안정한 움

몸 자각과
의식의 흐름

안정적인 자세
취하기

직임이 있는지 알아차린다. 명상가는 몸이 지속적으로 무작위적인 내적 움직임을 발산하는 것을 금방 알게 된다. "움직임에 대한 이런 지속적인 통제를 하는 것, 즉 노력"(M, 'bad pa)으로 완전한 자세를 "빠르게 취하는 것"(M, sgrim ba)으로써 일상의 무작위적인 행위에 대응한다. 그 결과 몸의 거친 움직임은 마하무드라가 '자리잡기settlement'(M, rang babs; 문자적으로 '그것 자체에 빠져듦'), 요가수트라가 "지속적 안정성steadiness"(YS, sthira 2:46)이라고 부르는 변화를 겪게 된다. 이 변화를 통해서 피로 없이 오랫동안 안정된 자세를 유지하기가 쉬워

근육활동의 재배치 진다. 자리잡기나 안정성은 신체행동의 중지를 의미하는 것이 아니라, 보다 정확히 말하면, 근육활동을 재배치함으로써 몸이 '적절한 기능 상태'(M, las rung)로 회복되는 것이다. 명상 자세에 대한 대규모의 연구(Ikegami, 1970)는 명상 텍스트들의 주장을 입증하였다. 명상 자세는 무작위적 근육 움직임의 전반적인 감소라는 의미에서 기술적으로 이완하는 것이 아니라 근육 출력의 분배라는 점에서 규칙성의 증가라는 의미로 안정화하는 것이다. 더구나, 자각은 몸에서의 에너지 조류(氣의 流周)의 흐름으로 경험되는 신체행동의 미묘한 수준에까지 미친다. 더 많은 경험을 함에 따라 명상가는 분명한 에너지 패턴을 분리하는 것을 배우고, 시간이 지나면서 규칙성의 증진이라는 방향으로 (에너지의) 중요한 '재배치'(M, sgrigs pa)를 경험한다. 그 흐름(기의 유주들)이 정신활동과 상관있는 것으로 알려져 있기 때문에 자세 훈련도 마하무드라에서 "확고부동firmness"(M, bstan pa)이라고 불리고, 요가수트라에서 "균형"(sama patti 2:47)(조심調心)이라고 부르는 마음의 보다 균형 있는 상태에 기여한다.

B. 호흡과 생각을 고요하게 함

몸이 안정됨에 따라 호흡의 무작위적인 움직임과 의식의 흐름에서 사건들의

고요한 호흡과 무작위적인 일어남은 점점 더 자각된다. 그러한 무질서한 의식 흐름의 혼란은

생각의 감소 생각에서 오는 "망상"(YS, indrajāla 2: 52)과 내적인 대화 그리고/또는 백일몽의 끊임없는 활동(M, ngag)이라는 형태를 취하게 된다. 불규칙한 호흡과 내적인 대화는 티베트의 용어 '언어'(M, ngag)에 포함되어 있고, 이 연습은 마하무드라에서 '언어의 분리'(M, ngag dben)라고 불리며, 요가수트라에서는 '호흡조절'(YS, prāṇāyāma)이라고 불린다. 호흡이나 내적인 대화로 시작하는 명상의 목표는 호흡 주기와 또는 내적인 대화의 다른 측면을 분리해 내어 그것들의 무작위적 활동을 감소시키거나 요가수트라에서 말하는 것처럼 "움직임을 중단시킨다"(YS, gativicchedaḥ 2:49). 마하무드라는 내적인 대화로 시작하며 요가수트라는 호흡으로 시작한다. 마하무드라의 경우 명상가는 몸의 자리잡기를 경험한 뒤에 어떤 노력도 '내려놓는'(M, lhod pa) 내적인 대화의 '자리잡기'(M, rang babs)가 일어날 때까지 (의식의) 흐름의 결과적 활동을 그저 알아차리도록 지도받는다. 그렇게 되면 정신적 수다와 백일몽은 배경으로 물러난다. 후자(요가수트라)의 경우에, 명상가는 호흡의 방향, 길이와 순서를 능숙히 다룸으로써 일상적인 호흡 리듬에 적극 개입한다. 이로써 의식의 흐름에서 뿐만 아니라 호흡 주기에서 분명한 "변화"(YS, vṛtti)가 일어난다(YS, 2: 50).

두 접근방법 모두 호흡 주기에서 규칙성의 증가를 가져오는데, 이 발견은 명상가들에 대한 실험적 연구를 통해서 타당성이 확인되었다(Kasamutsu & Harai, 1966; Wallace, 1970). 또한 두 접근법 모두 일상적인 사고의 감소로 이어졌는데, 마하무드라에서는 '인식하지 않는'(M, mi rtog) 그리고 요가수트라에서는 "[자각의] 빛을 덮는 인지를 타파하는"(YS, Kseeyate prakāsha/āvaranam, 2:52) 것으로 불린다. 사고가 감소한다는 주장은 집중적 명상수련자들에 대한 로르샤하 검사 연구를 통해 경험적 지지를 받아 왔는데, 이 연구에서 (사고의) 생산성과 연상적 사고에서 상당히 의미있는 감소가 보고되었다(제6, 7장 참조). 결과적으로 나타나는 흐름의 질서정연함의 향상은 첫 번째 '관상'(M, bsam gtam, 문자적으로 '성찰의 안정화')에 상당한다.

C. 의식의 흐름의 재배치: 사고를 해체하기

이제 명상가는 명상에 이로운 내적인 환경을 창조하여 '자각'(M, rig pa; YS, sattva)을 가지고 이 환경을 조심스럽게 조사하는 입장에 있게 된다. 그렇지만 보통의 의식적 자각은 외부를 향해 집중된다. 이 첫 번째 과업은 마하무드라에서 "내향성"(M, nang du)으로, 요가수트라에서 "자기 자신으로 돌아오기"(YS, pratyahāra, 2:54)라 불리는 자각의 '스타일'(M, lugs)을 개발하는 것이다. 명상가

외적 현실에서 '떨어지기'

는 외적인 현실과 감각 대상의 영향으로부터 "떨어지기"(YS, asamprayoge 2:54)
를 배워 자각을 조심스럽게 의식의 흐름에 가져간다. 그래서 이 연습은 요가수트
라에서는 '감각-철수'(YS, pratyahāra)라고 부른다. 명상가는 또한 그 특징들을
'분리해 내고' 의식 속의 사건들이 어떻게 일어나는지 보는 것을 배운다. 그래서
이 연습은 마하무드라에서 '마음의 분리'(M, dben sems)라고 부른다.

그 결과 명상가는 외적 사건에 덜 민감해지고 내적인 사건에 더 민감해지게
된다. 이 주장과 일치하는 경험적 연구에 따르면, 명상 중에 자동운동autokinetic
효과가 증가한다고 보고한다(Pelletier, 1974). 증가된 자동운동 효과가 외적인 현
실로부터 거리를 더 두도록 하는 것으로 해석되었다(Mayman & Voth, 1969). 이
와 관련된 결과 중 하나는 의식의 흐름에 남아 있는 내용은 이 시점에서 특별한
기억, 미래 사건에 대한 기대, 그리고 현재 지각적 사건의 분류화라는 것이 명백
해진다는 것이다.

'내용'에서 '과정'으로
이동하기

폭넓은 수행을 통해서 얻은 가장 중요한 결과는 자각이 내용을 넘어 사건들이
의식 속에서 어떻게 일어나는가 하는 바로 그 과정에까지 미친다는 것이다. 사
고의 내용물은 빠져나가 버린다. 또한 그러한 꿰뚫어 보는 자각은 질서정연함이
증가하는 방향으로 의식의 흐름에서 '재배치'(M, sgrigs pa)를 야기한다. 하지만
이 두 전통이 갈라지는 것은 이 지점이다. 불교 명상가는 그 흐름의 불연속성을
알아차리게 되고 힌두 수행자는 연속성을 알아차린다. 그러나 두 가지 전통 모두
이 연습의 본질적 과업은 의식의 내용이 아니라 의식의 흐름의 구조를 알아차리
는 것이다. 불교의 불연속적 경험에 대한 전문 용어는 "펼쳐짐spreading"(M, spros
ba), 즉 사건들 사이에 틈이 있는 하나의 (이산적인) 단속적斷續的 사건과 또다른
사건의 연속이다. 힌두의 연속적인 경험에 대한 전문 용어는 "마음질료mindstuff
의 연속적인 변화"(YS, chittavṛtti, 1:1)다. 보통 마음질료는 연속적으로 변화하여
계속 변화하는 감각 자료의 모양을 띤다. 이 연습을 통해 요가수행자는 '(감각 자
료의 형태가 아니라) 그 특유의 형태 속에서 마음질료의 동일시'(YS, 2:54)를 배
운다. 하지만 두 개의 전통 모두에서 명상가는 내적인 환경에서 규칙성의 증가
를 감지할 수 있으며, 이렇게 되면 변화하는 외적인 사건에 의해 더 이상 즉각적
으로 영향을 받지는 않는다.

단계 3. 지지가 있는 집중

A-a. 전면의 대상에 집중하기

명상가는 좌선 장소를 선택하고 편안한 자리를 마련하며 안정된 자세를 취함으로써 "먼저 전면에 집중"(M, mngon du; YS, dhāraṇā, 3:1)을 시작한다. 집중의 목표는 지속된 기간 동안에 무언가에 주의를 고정하는 것이기 때문에 '자각의 대상'(M, dmigs pa; VM, nimitta; YS, alambana)은 실체가 있고 그리고 집중을 '지지支持'(M, rten)할 수 있을 만큼 분명히 정의된 속성을 가지고 있어야 한다. 마하무드라는 주로 시각적인 대상, 예컨대 돌 또는 나무조각을, 요가수트라는 만트라를, 그리고 청정도론은 개인의 기질에 따라 선택된 다양한 대상(VM, kasiṇa)을 사용한다. 그 대상을 '전면에'(M, mngon du; VM, parikamma; YS, traṭākam) 적당한 거리에 놓아두는데, 마하무드라에서는 쟁기yoke 하나의 거리, 청정도론에서는 두 팔 반의 거리다. 이 전통들은 집중수련의 몇 가지 기본요소들에 동의한다. 마하무드라의 경우처럼 전면을 똑바로 쳐다보거나 청정도론에서처럼 양쪽 눈을 반쯤 감는 것으로써 시선을 조절하는 것은 감각 입력을 감소시켜 줌으로써 의식의 흐름의 현현을 줄여 준다. 시선을, 예컨대 색깔, 형태와 같은 지각적 '속성attributes'(M, mtshan ma)에 확고하게 고정시키는 것은 매우 중요하다(M, sems gzung, 문자적으로 마음을 붙들어 매는 것; YS, dhāraṇā). '집중을 유지하려는 노력'(M, sgrim ba; YS, dhāraṇā)도 마찬가지로 중요하다.

> '외부 대상'에 대한 집중

관찰점의 시각에서 본 하나의 결과는 끊어짐 없이 자각을 더욱더 길게 유지하는 능력이다. 마하무드라에 따르면, "자각이 부분적으로 대상에 머무른다"(M, gnas cha)라고 말한다. 관찰 가능한 사건들이란 시각에서 본 또 하나의 결론은 자각-대상에 대한 경험에서의 변화다. 명상가는 그 대상의 '단순한 속성'(M, mtshan ma tsam)만을 경험할 뿐이다. 대상에 대해 '분류하고'(M, rtsis gdab) 분별하는 사고'(M, rtog pa)는 멈춘다.

> '단순한 속성' 경험하기

예를 들면, 대상이 막대기일 경우, 그 색깔과 형태만이 남고 막대기로서의 특별한 의미는 없다. 서양의 인지심리학에서 보면, 집중은 일상적인 정보처리를 방해한다. 지각 스캐닝에서 중요한 미세한 순간적인 안구의 움직임은 시선을 고정함으로써 억제된다(Fischer, 1971). 더구나, 일상적인 정보처리의 분류화 기능도 중단된다. 브루너(Bruner, 1973)에 따르면, 지각은 지각적 정보를 최소한으로 정의된 물리적 특성의 기초 위에서 여러 가지 범주로 분류하는 구성적 활동이다. 범주화를 통해 '주어진 정보를 넘어서는' 세상에 대한 어느 정도는 실제적 모델이 구성된다. 상징적인 범주들은 최소의 자극 단서가 있는 곳에서조차도 정보의 빠른 입력을 허용하지만 정확성을 떨어뜨리며 그렇게 한다. 세계는 통상적으로 추상적 범주의 광대한 연결망network으로 여과되어 '보여진다'. 그러나 지속적인 집중을 통하여 명상가는 범주화를 중단하고 지각적 대상의 실제 물리적 특성으로 돌아가거나 텍스트에서 말하듯이 '단순한 속성들'로 돌아간다.

A-b. 내면 집중

'내적 대상'에 대한 집중

전면에 집중하기는 주요 연습인 '내부 집중'(M, nang du)을 위한 준비단계다. 목표는 의식 흐름의 잠재적 산만에도 불구하고 내적인 자각-대상을 활용하여 자각이 '머무르게' 훈련하는 것이다. 이제 명상가는 이전의 외부 대상에 대한 내적인 표상으로 전환한다. 불교 전통은 시각적인 표상(M, gzugs brnyan, 문자적으로 '반영적 심상reflected image', VM, uggahanimitta, '직관적 심상eidetic image')을 사용하고, 요가수트라는 몸의 미묘한 에너지 흐름의 표상을 사용한다. "눈을 뜨거나 감은 상태에서 자각-대상 사이에 '차이가 없을' 때까지(VM, 4:30) 내적인 집중을 수련한다. 그리고 나서 이러한 내적 대상들에 집중이 유지될 수 있을 때, 명상가는 보다 상세한 대상으로 전환한다. 즉, 마하무드라에서의 32가지 주요 지각적 특징 그리고 80개의 보다 작은 지각적 특징을 가진 여래(부처)의 신체 표준 이미지, 그리고 마찬가지로 요가수트라에서의 예배신, 하리Hari의 이미지로 전환하는 것이다"(YS, dhāraṇācakra, 3:1).

끊어짐 없는 집중 또는 '머무르는 마음' 얻기

관찰점의 관점에서 볼 때 하나의 결과는 명상가가 마하무드라에서 '머무르는 마음'(M, sems gnas)이라고 부르는 끊김 없는 집중의 상태를 달성한다는 것이다. 관찰 가능한 사건의 관점에서 볼 때 또 다른 결과는 의식의 흐름이 변화(변용)를 거친다는 것이다. 첫째, 내적인 대상이 점점 더 의식 흐름을 지배하여 그것이 의식의 흐름에서 시시각각 계속해서 일어나는 유일한 사건일 수 있다. 둘째, 그 대상은 점차로 불안정해진다. 그 대상은 크기, 형상, 위치, 밝기를 변화시킨다. 예를 들면, 그것은 바다처럼 크거나 겨자 씨처럼 작을 수 있다. 고정된 내적 표상인 것 같던 것이 이제 끊임없는 변화 속의 하나의 이미지로 경험된다. 셋째, 의식의 흐름은 점점 더 자각-대상에 근접하도록 '스스로 재배열시킨다'(M, rten 'brel byed pa). 만약 이미지가 표준적 특질을 가진 부처 혹은 하리Hari이면 의식의 흐름은 그러한 특징들과 속성들에 근접하여 펼쳐지기 시작한다. 인지심리학에 의하면 명상가는 대상 항상성을 불안정하게 하고 있는 것이다. 강도 높은 집중명상 중에 대상 항상성의 변화에 대한 경험적 연구가 없기는 하지만, 대상 항상성의 상실은 감각 상실 상태(Zubek, 1969) 동안에, 그리고 지속적인 집중 상태(Hochberg, 1970) 동안에 일어난다고 보고된 바 있다.

대상 항상성을 불안정하게 하기

B. 종자를 인지하는 기술: 패턴 인식

집중이 개발됨에 따라 자각-대상에 심오한 변화가 일어난다. 그것은 '종자 seed'(M, thig le; VM, paṭibhāga; YS, bindu)라고 부르는 새로운 형태 속에서 일어난다. 이 종자와의 초기 조우는 매우 인상적이다. 집중의 장場은 공간 속에서 떠다니는 하나의 조밀한 작은 종자로 축소된다(VM, 4:31). 이 종자는 또한 그 고유의 빛을 발산하는 것처럼 보인다. 이 종자는 모든 감각 체계—모든 형태, 소리, 향기 등—로부터의 결합된 통합정보를 포함하고 있다. 각 감각 체계에서 오는 정보는 이전의 명상에서는 분리되는 데 비하여, 종자 명상에서는 그렇지가 않다. 감각정보는 합쳐진다. 원래의 대상이 시각적 대상 또는 만트라인지 여부에 관계없이 그 종자에는 다중의 감각 양식으로부터의 동일한 정보가 들어 있다. 이 종자는 일상적인 지각에서는 인식할 수 없는 수많은 미묘한 지각적 속성(M, mtshan ma 'phra mo)들에 대한 정보를 포함하기도 한다. 종자는 많은 양의 '특별한'(M, bye brag) 그리고 '다양한'(M, sna tshogs) 속성들에 대한 정보를 포함한다. 이 종자는 끊임없는 변화(변모)transformation를 겪는다.

지각 대상의 지속적 변화

변화의 정확한 본질은 불교와 힌두교 두 체계의 경우가 다르다. 두 체계 모두 종자가 자각 속에서 영원히 변하고 있다는 것에는 동의하지만, 그 변화는 불교에

불교와 힌두교
체계에서의
끊임없는 변화

서는 불연속적인 것으로 그리고 힌두교의 경우에는 연속적인 것으로 경험된다. 마하무드라는 이 종자(M, thig le)를 다양하고 별개의 지각적 사건들을 '발산하는'(M, 'char ba'i thig le) 것으로 묘사하고 있다. 특별한 이미지, 색깔 있는 빛, 진동 패턴, 향기, 감각 등이 종자로부터 끊임없이 고동쳐 나온다. 이 발산하는 사건들 사이에 틈이 있다. 요가수트라는 이 종자(YS, bindu)를 '동일한 연속체'(YS, ekatānatā, 3:2)의 '연속적인 변화'(YS, vṛtti)로 기술하고 있다. 특별한 이미지, 빛, 진동 패턴 등은 에셔Escher의 그림에서처럼 연속된 사건들 간의 식별 가능한 경계가 없이 서로서로 접히고 펼쳐진다.

종자명상은 집중의 본질에 수정 변화를 요구한다. (집중) 노력이 종자로부터 일어나는 사건들에 간섭하기 때문에 명상가는 '이완된'(M, glod pa) 집중 스타일로 전환하도록 교육받는다. 이것은 마하무드라에서 연습이라고 불리는 것처럼 '기술'(M, rtsal)이 필요하다. 이완으로의 전환은 일어나는 사건들을 보다 분명하게 보여 준다. 이 사건들은 '중단 없이'(M, ma 'gag pa) 일어난다. 명상가는 종자가 출현하게 됨에 따라 의식의 흐름 속에서 일어나는 사건들에 조심스럽게 초점을 맞추는 법을 배운다. 그래서 이 연습은 요가수트라에서는 '관상 contemplation'(YS, dhyāna)으로 불린다(3:2). 이 자각의 속성에 대한 전문 용어는 '인식recognition'(M, ngo shes ba; 문자적으로, '대상을 알다know the stuff', YS, pratyaya, 3:2)이다. 명상가는 단순히 집중을 완화하고 마하무드라에서 '춤추는 발산의 힘'(M, sgyu 'phrul gar dbang phyug)이라고 불리는 것을 알아차린다.

그러한 인식의 결과로, 마하무드라에서 '응축된 종자'(M, bsdu ba'i thig le)라고 불리는 종자의 새로운 조건이 스스로 확립된다. 명상가는 특별하고 다양한 지각 패턴을 인식하는 것이 점점 더 어렵다는 것을 알게 된다. 기술이 늘어감에 따라 이런 패턴들은 '빛 덩어리'(M, od kyi gong bu)가 된다. 마찬가지로, '닮은 표상'(paṭibhāga; 문자적으로 '유사한 표시')은 청정도론에서 달이나 별 같은 아주 선명한 원반으로 묘사된다. '직관적 심상uggaha 표시'보다도 수천 배나 더 정화된 것이다. 이 '발달된 종자'(VM, saññapaṭibbhāga)는 특별한 색깔이나 모양이 없다(VM, 4:31). 요가수트라에서는 이와 유사하게 특별한 패턴의 소멸과 함께 오는

특별한 지각 패턴과
고통스러운
정서 상태의 소멸

빛의 발산은 '초보자의 삼매'(YS, 3:3)라는 수행의 다음 단계의 시작을 알리는 것으로 이 단계에서 종자는 소중한 보석처럼 나타난다(YS, 1:41). 모든 전통은 특별한 패턴들이 사라지는 것에 동의한다. '고통스러운 정서 상태'(M, nyon mong; YS, kleshas)도 사라진다. 명상가는 더 이상 그러한 패턴들을 자세히(M, yid la byed pa) 다루지 않는다. 자각 속에 남아 있는 모든 것은 변화하고 있는 빛 덩어리다. 그러한 인식은 '위대한 명료함'(M, gsal bde ba)이라고 불린다. 대상은 더 이상 원래의 주체를 닮지 않기 때문에 이것은 '단순한 양식의 드러남' 또는 청정도론에서 '닮음ikeness'이라고 불린다(VM, 4:31).

이 기술 훈련은 인지심리학자들이 '패턴 인식patern recognition'이라고 부르는 것을 묘사하는데, 이 과정은 분명한 패턴은 좀 더 제한된 정보로부터 만들어진다는 것을 말한다. 지각의 구성주의 이론에 따르면, 패턴 형성은 두 단계의 과정이다. 먼저 전체적 지각 종합global perceptual synthesis에 뒤따르는 인식 가능한 패턴의 (구체적) 명확화specification가 온다(Hebb, 1949; Allport, 1967; Neisser, 1967). 명상가는 이 단계들을 역으로 관찰한다. 발산하는 종자 속에서 명상가는 수많은 독특한 패턴들을 알아차리게 된다.

C. 마음 멈추기: 지각 합성

응축된 종자에 대한 자각을 유지하기는 매우 어렵다. 독특한 패턴은 쉽게 재현될 수 있거나 종자에 대한 자각은 완전히 상실될 수 있다. 집중을 심화하기 위해서는 그 훈련이 청정도론에서 불리는 것처럼 그 종자가 '보호되어야' 한다(VM, 4: 34). 명상가meditator는 종자의 자각을 잃게 만들 수 있는 어떤 남아 있는 인지적·지각적 내용물이라도 '제거해야'(M, zad pa)만 한다. 마하무드라에서 이 훈련을 일컫듯이, 그는 '마음을 멈추어야'(M, sems med)만 한다. 요가수트라에서는 이것을 '(초보자의) 삼매'라고 부르는데, 이 속에서 '마음의 거친 흐름들이 사라져 버린다'(YS, kseenavṛtti, 1: 41). 하나의 문제는 자각-대상이 점점 더 미세해지는 것이다. 집중을 유지하는 문제는 감각체계의 '활동'(M, byas ba)과 관계가 있다. 진행되는 감각입력을 기록하는 일에 마음은 끊임없이 활동한다. '마음은 감각 대상을 배회한다'(M, sems yul la phyan). 마음은 감각입력의 한 순간에서 다음

집중 강화 및
'마음 멈추기'

순간으로 '전환한다'(M, 'pho ba). 그러한 활동은 지각세계가 '구성되는'(M, bcos pa) 전체 과정의 순서를 촉발한다." 명상가는 감각 인상들이 등록되고 처리되는 이러한 미세하지만 지속적인 활동을 정지시키고 일상적인 패턴 지각을 해체하는 법을 배워야 한다. 그러므로 이 훈련을 '마음 멈추기'라고 부른다.

정지한 마음으로서의
단순한 자각

마음을 정지하는 길은 어떠한 활동도 없는 단순한 자각을 개발하는 것이다. 마하무드라에서 명상가는 특별한 패턴들이 인식되는 활동을 억누르며 자신의 자각을 텅 빈 공간에 놓는다. 요가수트라에서 명상가는 '동요가 모두 정지되게 하고 있는 동안'(YS, kseenavṛtti, 1:41) 자각이 '그것(인식활동) 위에 머무르고'(YS, tatstha) '그것을 꿰뚫어 들어가고'(YS, tananjanatā) 그리고 "대상과의 동일성을 갖도록 하는 자각력을 개발한다."(YS, samāpattita, 1:41) 만일 명상가가 활동이 없는 자각을 개발하지 못하면 '호흡을 멈추는 훈련'(M, bum ba can; YS, kumbhaka)을 수행할 수 있다. 호흡이 더욱더 긴 간격으로 멈추어질 때 마음의 활동은 순간적으로 정지한다. 일단 마음이 멈춘다는 것이 무엇인지에 대한 어떤 감을 갖게 되면, 명상가는 그런 생리적인 조작 없이 그 훈련을 개발해 나가게 된다.

집중삼매에
들어감으로서의
끊어짐 없는 자각

관찰점이란 관점에서 나오는 한 가지 결과는 자각이 끊이지 않게 된다는 점이다. 더 이상 자각이 끊어짐이 없다. 자각은 "지속적으로 머무르고"(M, gnas bái rgyun) 또는 "그것에 머무르면서 그것으로 꿰뚫고 들어간다"(YS, 1:41). 거친 마음의 내용물들이 잠잠해졌기 때문에 자각을 방해하는 것은 아무것도 없다. 관찰할 만한 사건이란 측면에서 나오는 또 하나의 결과는 명상가가 "마음을 멈추었다"(M, sems med)는 점이다. 그는 삼매라고 하는 깊은 집중 상태로 들어간다. 이제 그는 다른 감각의 문에 자각을 유지하고 자각으로 들어오는 거친 마음의 내용을 구성하는 행위들을 멈출 수 있다. 명상가가 비록 감각의 문에서 여전히 (마음의 내용물들의) 움직임을 주목할 수는 있지만, 이것들은 거친 지각 패턴 또는 인지 패턴으로 '구성되지'(M, bcos pa) 않는다. 명상가는 '발산하는 [감각의] 문'에서(M, 'char sgo) 활동을 억제한다. 마하무드라에 따르면, 사고, 지각, 감정 등의 '거친 인지'(M, rags rtog)는 정지되고 반면에 보다 더 '미세한'(M, 'phra rtog) 활동들은 지속된다. 요가수트라에 따르면, 자각-대상은 그 독특한 형태를 상실한다. 그것은 "그 특유의 고유한 형태가 전혀 없다"(YS, svarupashunyam, 3:3). 자각은 일상적 지각의 기층(근저), 즉 자각의 흐름 속에서 빛의 끊임없는 흐름에까지 도달한다. 이러한 훈련들은 인지심리학자들이 '지각의 통합perceptual synthesis'(Hebb, 1949; Neisser, 1967), 즉 패턴인지 전에 일어나는 지각 구성의 가장 기본적 단계라고 부르는 것을 해체하는 데 도움이 된다. 그렇게 하는 데 있어서 명상가는 거친 지각적 세계를 해체하고 마음을 멈추는 법을 배우게 된다.

단계 4. 지지가 없는 집중

A. 빛의 흐름에 단단히 고정하기

다음 훈련은 명상수행자가 어떻게 관찰 가능한 사건들의 새로운 차원에서 새로운 관찰점, 즉 빛의 흐름으로서 경험하는 일상적 지각의 기층을 개발하고 안정시키는가 하는 사실과 관계되어 있다. 명상가는 이제 더 이상 거친 인지 또는 지각을 자각-대상으로 편리하게 택할 수 없다. 대상은 점차 더 '미세하게'(M, 'phra rtog; YS, sūkṣmaviṣayā, 1: 44) 되고 생각 또는 지각 같은 거친 대상과 똑같은 방식으로 집중을 지지할 수 없다. 그래서 이 훈련을 마하무드라에서 '지지가 없는 집중'이라고 부른다. 이 빛의 미세한 흐름에 자각을 유지하는 것은 상당한 기술을 요하기 때문에 청정도론에서는 '접근의 열 가지 기술'이라고 불린다. 하지만 요가수트라는 빛의 흐름을 미세하지만 집중을 위한 형체가 있는 '지지'(YS, alambana)로 간주하고 이 훈련을 '종자 삼매samprajñata'라고 부른다. *(여백 주: 대상이 보다 미세해짐)*

명상 시간 동안 마음을 멈추는 것은 보통의 거친 인지적·지각적 과정의 습성習性 때문에 쉬운 일이 아니다. 삼매는 거친 내용을 정화해야만 한다. 마하무드라에 따르면, 마음은 거친 사건들을 '구성'(M, bcos pa)하려는 강한 '힘'(M, mthu)을 가지고 있다. 그러한 습관은, 거친 내용에 의해 빛의 흐름이 '끊기지 않도록'(M, rgyun mi chad) 노력하여 '빠르게 움켜쥠'(M, sgrim ba)으로써, 보다 강도 높은 집중 명상에 의해서만 극복될 수 있을 뿐이다. 요가수트라에서 분별적 삼매(vitarkāsamādhi)는 '기억'(YS, smṛti)의 '거친'(YS, sthūla) 내용에 의해 끊임없이 방해받는다. 이것은 '빛의 흐름'(YS, arthamatranirbhāsa)을 배경으로 '그것 스스로의 형태가 없이'(YS, svarupashunuaiva, 1:43) '인식'될지 모른다. 이 수 *(여백 주: 거친 내용물에 대한 집중삼매 정화하기)*

준의 삼매는 비분별적 삼매nirvitarkāsamādhi라고 부른다.

마하무드라에 따르면, 명상가는 '미묘하게 잠들어'(M, byīng ba) 이 지각의 기층에 이른다. 빛의 미묘한 흐름을 알아차림은 단순히 일상적인 의식의 부분이 아니다. 평범한 개인은 보통 바깥 세상과 의식의 흐름 속에서 내부의 사건들을 빛 에너지의 변화하는 모습으로 보지 않는다. 심지어 처음으로 이러한 빛의 흐름을 알아차리게 될 때 그것은 매우 어둑하다. 빛의 흐름을 조율하는 핵심은 각성의 수준이다. 각성 수준이 꾸준한 노력의 양과 관련이 있기 때문에 요가수행자가 그 빛을 깨어나 알아차리기 위해서는 처음 숙달하기까지 엄청난 양의 노력을 필요로 한다. 그 수행 방법은 빛의 흐름에 대한 알아차림을 유지하기 위해 '빠르게 포착하거나'(M, sgrim ba) 또는 '있는 힘껏 노력하는 것'(VM, 4:51-56; 63)이다. 생각이나 지각이 일어날 때마다 더 많은 노력이 요구된다.

마하무드라에서 관찰 가능한 사건이란 관점에서 본 결과는 빛의 흐름이 좀 더 분명해진다는 것이다. 빛의 변화하는 모습의 빈도는 크게 증가한다. 즉, '점점 더 빨라진다'(M, 'phral 'phral). 빛의 강도 또한 '더 밝아진다'(M, dwangs cha). 빛의 흐름이 완전히 선명해질 때의 상태를 '전 선명foreclarity'(M, gsal ngar)이라고 부른다. 그 이유는 알아차림이 거친gross 정신적 내용의 구성에 앞서 빛의 미묘한 단계에 사로잡혀 있기 때문이다. 마찬가지로 요가수트라에서는 "그 특유의 형태가 없는 단지 빛의 반짝임"(YS, 1:43)이라고 말한다. 관찰점의 견지에서 그 **자기의 붕괴** 결과는 일상적인 자기-표상의 붕괴다. 일상적인 알아차림은 감각 자료를 해석하기 위해 중심적인 조직화 원리 역할을 하는 언급 기준이나 자기-표상의 안정적인 틀을 통해서 작동한다. 이러한 '구성'을 마하무드라에서는 '나'(M, nga)라고 부르고, 요가수트라에서는 감각 마음sense-mind(YS, manas)이라고 부른다. 거친 정신적 내용을 멈추고 빛의 미묘한 흐름을 재빨리 포착함으로써 거친 자기-표상 또한 떨어져 나간다. 알아차림은 거칠거나 미묘한 경험의 내용과는 덜 동일시하게 되고, 경험 활동과는 더 많이 동일시하게 된다. 남아 있는 것은 행위자로서의 자아에 대한 알아차림이다.

B. 빛의 흐름을 관찰하기 위해서 내려놓기

다음으로 명상가는 안정적이고 분명한 방법으로 빛의 흐름을 '인식'(M, ngo shes ba; YS, pratyaya)하는 것을 배운다. 안정성이란 주의집중을 흩뜨리기 위한 거친 인지적·지각적 구성이 더 이상 일어나지 않는다는 것을 의미한다. 명료성이란 빛의 흐름이 스스로 선명하게 드러나는 방법에 대한 더 세심한 식별력을 의미한다. 일상적인 알아차림과 연관된 활동성 또는 오히려 반응성으로 인해 어느 정도의 명료성을 가지고서 빛의 흐름을 인식하는 것이 처음에는 어렵다. 명상으로부터 일상적인 자기-표상을 뿌리 뽑는 것이지만, 반면 명상가는 마하무드라에서는 '행동하는 것acting'(M, byas ba) 또는 요가수트라에서는 '내가 행동한다는 것I-acting'(ahaṃkāra)으로 부르는 일상적인 자기-주체의 감sense of self-agency을 아직 뿌리 뽑지는 못한 것이다. 이러한 용어들은 삼매가 일어나는 동안 다양한 유형의 활동에 대한 알아차림—예컨대, '주의를 보내는 것'(M, sems gtan), 그 미묘한 흐름을 거친 인지(M, dgasgrub)로 돌리기를 '거부하거나 또는 (그렇게 하도록) 개발하는 것' 그리고 '힘껏 노력하는 것'(M, sgrim ba)—과 관련이 있다. 바로 이러한 (거친 인지) 활동들은 빛의 흐름에 대한 재인식과 세심한 식별을 방해하고 빛의 흐름이 스스로 분명해지는 길을 방해한다.

능숙한 요가수행자는 삼매에서 바로 그 올바른 시점에 노력의 양을 느슨하게 하고서 수련하는 법을 배운다. 그리하여 이러한 연습을 불교 체계에서는 '내려놓기放下着·letting go'(M, lhod pa)라고 부른다. 요가수행자는 빛의 흐름에 대한 면밀한 조사를 방해할 수 있는 모든 활동을 내려놓는다.

그 결과, 관찰점에 관한 일상적인 자기-주체성self-agency 감각은 떨어져 나간다. 사건들은 명상가 편에서의 어떠한 활동들과도 별개로 단순히 '스스로 일어난다'(M, rang 'byung). 결과적으로, 관찰 가능한 사건들에 대해서 빛의 흐름은 훨씬 더 선명해지고 새로운 방식으로 저절로 나타난다. 그것은 끊임없이 변화하는 빛의 현현의 '연속'(M, rgyun; YS, krama)으로서 나타난다. 빛의 이러한 변화하는 시점들은 '천천히'(M, cham me) 그리고 '서로 가까이 함께'(M, shig ge) 나타난다. 거친 내용물로 나타날 수도 있는 어떤 잠재적인 방해들(혼란)도 '스스로 가라앉게'(고요하게)(M, rang zhi) 된다. 요가수행자는 연속적으로 집중하면서 그

빛의 흐름을 관찰하기

미묘한 흐름과 우여곡절을 인식하는 법을 배우게 된다. 이러한 보다 더 '초점화된 분석'(M, dpyad pa; Ys, vicarā) 때문에 그 훈련을 요가수트라에서는 비카라삼매vicarāsamādhi라고 부른다.

C. 빛의 흐름 균형 잡기

빛의 흐름에 대한 자각 정제하기 진리를 직접적으로 이해하는 열쇠는 이러한 빛의 흐름에 대한 자각을 정제하고 그것에 대한 다양한 관점들 중에서 하나를 조심스럽게 개발하는 것이다. 그래서 청정도론은 이 훈련을 '근접access'(VM, upacāra)이라고 부른다. 일상적인 관찰점—자기-표상과 자기-주체성self-agency—이 떨어져 나감에 따라 수많은 대체적 관찰점들이 가능하게 된다. 불교와 힌두요가는 두 가지 매우 다른 관점을 대표한다. 각 전통은 각각의 독특한 관점을 정련하여 어떤 진리는 명상가에게 직접 접근 가능하게 된다. 빛의 흐름은 각각의 가능한 관점으로부터 역시 다르게 보일 수도 있을 것이다.

청정도론에서 이 훈련이 불리는 것처럼, 빛의 흐름에 대한 '능숙한 개발'은 명상가가 빛의 흐름을 다루는 동안 꼭 알맞은 만큼의 노력을 확립할 것을 요구한다. 그러한 노력은 마하무드라에서 이 훈련을 명명하는 것처럼 "균형 잡힌"(M, btang snyoms; VM, upekkā, 4:64) 것으로 불린다. 명상가는 삼매 중에 특별한 관찰점이나 관찰 가능한 사건에 '무게'를 두는 것을 배워야만 한다.

명상가가 동시에 관찰점과 관찰 가능한 사건을 모두 '전반적으로 알아차릴'(M, rtog pa; YS, vitarkā) 수도 있지만, 삼매 중에 관찰 가능한 사건이나 관찰점의 어느 하나에 '특별한 초점 두기'(M, dpyad pa; YS, vicarā)를 배우고, 또한 한쪽에서 다른 쪽으로 '무게를 실어' 전환하는 것도 배운다. 그러한 전환은 일상적인 주의 기울이기에 걸리는 시간에 앞서 매우 빨리 일어난다.

'공존하는 자각' 불교도들은 빛의 흐름이 불연속적으로 보이는 '수반하는 자각'이라고 불리는 관찰점을 개발하는 것을 배운다. 명상가는 빛의 명멸이 그 사이에 틈을 가진 파동 또는 '움직임'(M, 'gyu ba)으로 '(이산적) 불연속적인'(M, val le) 것으로 될 때까지 면밀하게 관찰함으로써 관찰 가능한 사건, 즉 빛의 흐름을 능숙하게 개발한다. 이러한 번쩍임은 '가까이 합쳐져서'(M, shig ge), 즉 매우 빠르게 연속적으로 이어지며 발산된다. 관찰점에 대한 능숙한 개발은 특별한 초점을 각각의 분리된 사건에 '머무르는'(M, gnas ba) 자각으로 초점을 전환함으로써 생긴다. 자각을 자각 자체로 되돌림으로써 자각도 좀 더 불연속으로 된다. 빛의 흐름과 그 자각 모두를 불연속적으로 경험하는 것을 마하무드라에서는 '수반성concomitance'(M, lhan ne), 청정도론에서는 '정신성/물질성mentality/materiality'(VM, nāmarūpa)이라고 부른다.

힌두 수행자는 빛의 흐름이 연속적으로 보이게 하는 '반조 자각reflecting awareness'이라 불리는 관찰점을 개발하는 것을 배운다. 수행자가 관찰 가능한 사건, 즉 빛의 흐름을 세련화시키게 되면서 그것은 점점 더 연속적인 전파상태에 있는 탄마트라tanmārtra(문자적으로, '그 전의 거친 내용물의 조정자')라고 불리는 연속적으로 진동하는 에너지 장으로서 자신을 드러내기 시작한다. 자각은 연속적으로 변형하는 장에서 분명하게 보이는 점들을 구체적으로 식별해 낼 수 있다. 관찰점의 능숙한 개발은 자각을 진동하는 에너지 장에서의 분명하게 보이는 점들에서 벗어나 모든 물질 상태를 초월하는 '영원한 자각'(YS, puruṣa) 쪽으로 돌리는 것으로써 얻어진다. 그래서 이 훈련은 우주에 대한 충만한 자각을 선호하여 사건들에 대한 어떤 특정한 초점이 모두 포기된다는 점에서 비분별적 삼매nirvicārasamādhi라고 불린다. 관찰에 대한 이 새로운 관점은 마음의 가장 미묘한 사건들을 우주에 충만해 있는 영원한 자각에 결합할 수 있기 때문에 '반조 자각'(YS, buddhi)이라 불린다. 요가수트라에 따르면, 비분별적 삼매 경험이 있을 때 관찰점의 초월과 관찰 가능한 사건들의 진정됨(寂靜)이 있다"(1:47)고 말한다.

'반조 자각'

명상 텍스트들은 정보 처리의 가장 초기 단계에 대한 하나의 현상학을 시사한다. 서구에서의 지각에 대한 구성주의 이론들에 따르면, 패턴 인지는 입력-자극 이내에서 시간적인 동요의 식별을 통해서 일어난다(Neisser, 1967). 그러한 이론의 주목할 만한 예로, 프리브람Pribram의 '지각의 홀로노믹holonomic 이론'은 인지가 물리세계에서 대상의 특성에 의해 구성되는 것이 아니고 이러한 특성들이 (빛과 소리의) 시간적 패턴으로 변환translation하는 것을 통해 구성된다고 제시한다. 정보는 시간에 따른 주파수의 변동에 의해 야기된 간섭 패턴들에서의 차이

서구의 지각이론

를 식별함으로써 처리되며, 그 간섭 효과는 상당 부분 홀로그램영상holography과 매우 유사하게 그 세계에 대한 이미지로서 나타나게 된다(Pribram, 1974). 프리브람은 또한 홀로노믹holonormic 지각에서 관찰점에 대한 질문은 명상 텍스트들에서의 경우처럼 (지각에 대한 보다 심원한 현상학적 이해가 요구되는) 문제의 소지가 있다고 지적했다.

분기 경로: 몰입과 최초의 초능력

가용한 특정 분기 경로   어떤 특정한 분기 경로가 이 단계에서 가용하게 되는 주요 이유는 일상적인 관찰점의 해체와 지각의 바로 기층까지 관찰 가능한 사건들의 환원 때문이다. 첫째, 집중을 지속하는 것이 가능해짐으로써 일반적 자각과 특별한 초점마저 빠져나가고 명상가는 각각 "위대한 종자 명상"(M, thig le chen po), 선정/몰입(VM, appanā), "존재 상태의 인식"(YS, bhāvapratyaya, 1:19)이라고 불리는 또 다른 길로 들어간다. 청정도론에 따르면 여덟 가지 선정이 있는데, 처음 네 가지는 '색계 선정rūpa'이고, 나머지 네 가지는 '무색계 선정arūpa'이다. 둘째, (심령적) '초능력psychic power'(M, mngon shes)의 자발적인 경험은 모든 전통, 예컨대 기술(기량)의 열 가지 징표Ten Signs of Skill, 초능력에 대한 두 개의 장후(VM, 12-13), 신체적 현실(문제)의 통달(YS, 1:40)로 각각 알려져 있다. 이러한 최초의 경험들은 수행자가 장애심들을 완전히 제거하지 못했기 때문에 불안정하다. (심령적) 초능력의 안정된 경험은 단계5가 끝날 때 또다시 일어나게 되는데, 그 이유는 단계5가 장애심들의 근절과 관계하기 때문이다.

단계5. 통찰명상

A. 관점을 얻음

새로운 측면의 관찰뿐 아니라, 의식의 흐름에서 어떻게 사건들이 펼쳐지는지에 대해 인식하게 되면서, 이제 명상가는 일련의 새로운 명상인 통찰명상을 통해서 일상적으로 경험되는 세상과 자기가 어떻게 구성되어 있는지에 대한 통찰을 얻게 되는 지점에 도달한 것이다. 비록 세 가지 전통 각각에서 통찰의 의미가 상당히 다르긴 하지만, 모든 체계는 시작 지점으로서 빛의 흐름에 대한 상세한 분석을 하고 있다. 이러한 흐름이 나오는 방식에 대한 명상가들의 초기 인식이 잘못되었다는 것에 전통들은 합의한다. 일상적인 지각의 습관적인 비진실성은 가장 근본적인 수준에서 바로 그 지각의 구조 안에 들어가 있는 '성향'(M, bag chags) 또는 '인상'(YS, saṃskāras)이라고 불리는 미묘한 편향 요인에 기반하고 있다. 통찰명상의 목적은 이러한 편향 요소들을 뿌리 뽑고, 그 (치우친) 흐름에 대한 명상가의 관점을 교정해서 이어지는 연속적인 사건들은 편견이 제거된 의미 있는 수준의 변형을 겪도록 하는 것이다. 이것이 불교 전통에서 초기 수행이 '관점을 얻는 것'(M, lta ba; VM, diṭṭhi visuddhi)이라 불리는 이유다. 통찰은 '편견의 미묘한 씨앗이 없는' 삼매로 이끌기 때문에 요가수트라에서 통찰은 "무종자 삼매"(1:15)라 불린다.

통찰명상의 목적

통찰명상은 불연속적인 혹은 연속적인 움직임들의 '잇따름'으로서, 시간의 흐름에 따라 펼쳐지는 의식 흐름에 대한 빠른 속도의 분석이다(M, rgyun; VM, bhavanga; YS, krama). 명상의 매우 짧은 순간에서조차 수천 가지의 그러한 움직임들이 일어날 수 있다. 명상을 하는 사람은 일상적인 지각으로서는 알아채지 못할 정도로 매우 빠르게 일어나는 '각각의 모든 움직임의 분석'(M, so, sor rtog pa)을 수행한다. 이러한 흐름은 변화의 과정 속에 변함없이 거듭된다. 이러한 미묘한 변화들을 설명하기 위해 새로운 용어가 나오게 된다. 불교는 변화 속에서 '[단속斷續적으로discretely] 일어나는 여하한 어떤 것들'(M, gang shar)에 대해서도 불연속성을 보고, 반면에 힌두 요가수행자들은 에너지 장의 '변형'(YS, parināma)에서 연속성을 본다.

각 전통은 삼매samādhi 수행 전에 예비 철학적인 훈련을 통해서 그 흐름들이 어떻게 보여질지에 대해 그 편향들을 명시적으로 드러나도록 만든다. 수행에서 이러한 두 단계는 마하무드라에서 '조사調査-명상'(M, dpyad sgom)과 '삼매 명상'(M, 'jog sgom)이라고 불린다. 전자는 대승불교의 기초 교리敎理다. 청정도론의 14~17장과 요가수트라의 1장은 그들의 상대적인 철학적 입장을 보여 준다. 그러한 예비 '지성적 이해'(M, go ba)는 비록 각 전통에서 다르긴 하지만, 뒤이

각 전통의 명시적 편향

은 삼매 수행으로 안내하는 역할을 한다. 철학적 입장에 대한 개략적인 인지적 이해가 삼매로 들어가면서 떨어져 나가지만, 그럼에도 그 입장에 대한 인상은 '단일한 범주'(M, rtog gcig)의 형태로 지속되고, 삼매에 '영향'(M, dbang)을 미친다. 빛의 흐름에서 각각의 모든 변화는 이러한 범주에 비교될 수 있다. 삼매에 대한 그러한 접근은 마하무드라에서 '조사 작업search task'(M, rtshol ba)이라고 불린다. 삼매가 그러한 범주에서 기원하지 않는 한 어떠한 통찰도 가능하지 않다. 조사 작업에서 사용되는 통찰의 초기 범주는—'비실체성'(M, ngo bo nyid med) '연기緣起'(VM, pratītyasamutpāda), '동일성'(YS, tulya), '변화'(YS, pariṇāma) 등으로—각 전통마다 다르다.

편견 바로 잡기와 통찰의 진보

이러한 관점이 각 전통마다 다르지만, 각 전통은 지각에 의한 편향성을 각 전통 내에서 동일한 단계를 거치는 통찰의 진보를 통해서 바로잡는다. 우선 적절한 수준의 삼매와 범주에 따른 올바른 관점을 확립하기 위한 예비적인 단계가 온다. 그 다음에 범주에 따른 통찰과 일치하는지 알아보는 매 순간의 일련의 철저한 조사가 뒤따른다. 마지막으로, 명상가는 의식 흐름 속에서 사건들이 현현하는 방식에서 심원한 변형을 인식할 수 있다. 이러한 동일한 세 가지 단계들은 식별 가능한 사건 그리고 관찰점에 대한 '독특한 초점화'(M, dpyad pa; YS, vicarā, 1:17)를 위해 일어난다. 이 두 가지 조망은 '인간에 대한 그리고 현상에 대한 (텅 비어 있음) 공空'과 '몸과 마음에 대한 앎'(VM, nāmarūpa), 그리고 '[알아차림을 성찰하는] 수단에 대한 인식'(YS, upāyapratyaya, 1:20)과 '물질의 상태에 대한 인식'(YS, bhavapratyaya, 1:19)으로 각 전통들에서 불린다. 〈표 8-1〉에는 단계5StageV가 세 가지 전통에서의 두 가지 조망 각각으로부터 세부 단계별로 요약되어 있다.

마하무드라에서의 단계들

마하무드라에서 명상가는 개인(我相, 人相)의 공空·Emptiness of the person에 대한 조사-명상을 시작한다. 그는 공空에 대한 권위 있는 경전들을 연구하고 나서, 이에 대한 이해는 즉각적 경험으로는 확인될 수 없다는 점에서 자기는 '비실체non-entity'(M, ngo bo nyid med)인 것으로 결론날 때까지 자기에 대한 그 자신 특유의 경험에 이러한 이해를 적용한다. 그리고 나서, 명상가는 (이산적) 불연속적discrete인 빛의 파동들과 그것에 수반하는 불연속적인 알아차림의 순간들이 일어나는 삼매의 수준으로 돌아온다. 첫 번째 단계는 삼매에 이르는 통찰의 범주로서 비실체성을 지님으로써 '마음에 대해 (견해를) 바르게 하는'(M, sems gtan la phebs) 것이다. 다음 단계는 '통찰이 생겨나게 하기'(M, skabs su bab pa'i lhag mthong) 위한 범주로 각 매순간의 알아차림을 반복해서 비교하는 것을 수반한다. 마지막 단계는 명상가가 '분석의 한계에 도달'(M, dpyad pái mthar)하고 빛의 흐름이 심오한 '재조정'(M, gtan la phebs)을 겪을 때 일어난다. 이때 지각적 편향의 뿌리가 '잘려 나간다'(M, rsta bcod). 즉, '알아차림 그 자체'(M, rang rig)라고 불리는 이러한 비실재적이고 순간적인 관찰의 지점은 어떤 '(이지적) 마음의 [편향된] 표상'(M, sems dmigs)을 관찰적 지점으로 대체한다. 그러고 나서 명상가는 현상들의 공空함을 깨우칠 때까지 관찰 가능한 사건들에 대한 시각으로부터 똑같은 단계를 반복한다.

또한 청정도론은 불교심리학에 따라서 총체적 요체, 감각 시스템 등을 기술하는 일련의 철학적인 성찰(14~17장)로 시작한다. 가장 중요한 것은 연기緣起에 대한 서술이다. 이것들을 이해하면 명상가는 삼매로 돌아가고 관찰되는 사건(VM, rūpa)과 관찰 지점(VM, nāma), 즉 '물질성과 정신성mentality'(VM, 18:39)이라는 두 가지 수반 관점으로 별개의 불연속적 사건들을 관찰한다(VM, 18:39). 관점/시각으로서 관찰점을 취하는 명상가는 마치 '집으로 가는 뱀을 따르는 것'(VM, 18:4)과 같이 마음의 순간적인 알아차림에 대한 '지지'를 조심스럽게 찾는다. 그는 (이산적인) 불연속적 사건들보다 더 도움을 주는 것을 찾을 수 없을 것이다. 자각nāma의 구별되는 순간은 뒤따르는 별개의 사건rūpa에 의해서만 유지된다. 관점으로서 관찰 가능한 사건을 취한다는 점에서 결론은 비슷하다. 정신성과 물질성은 상호의존적이라는 것이다.

또한 요가수트라는 이원론적 상키야 철학(1장)에 대한 자세한 이해로부터 시작한다. 명상에서 마음질료mindstuff(마음 현상을 구성하는 의식·무의식의 이미지·상념 같은 것들)의 활동으로 관찰되듯이, 물리적 우주(YS, prākṛti)의 현상은 계속 변화하는 것으로 보이지만, '초월적 자기'(YS, pruṣa)는 변하지 않는다. 요가수행자는 지적으로 자연 또는 물리적인 속성(prākrty)과 프루샤(pruṣa: 정신, 초월적 자기)의 이중성을 이해하기에 이르고, 이를 삼매 경험에 적용한다. 명상가는 총체적인 내용이 전혀 없는 단지 인상들만 남아 있는 곳에서 무종자 삼매로 들어간

청정도론에서의
단계들

요가수트라에서의
단계들

다. 그는 에너지 장에서 계속되는 변화를 비교하기 위해서 '동일성'(YS, tulya)의 범주를 사용한다. 삼매가 시작될 때, 명상가는 '외견상 현현'(YS, prādurbhāva)과 '비현현'(YS, abhibhāva), 즉 연속적인 변화의 장場 속에서의 패턴을 관찰하는 것과 같다. '지속적인 수행'(YS, abhyāspurva, 1:18) 중에 동일성의 범주를 사용하는 것은 '지멸止滅로의 변형'(YS, nirodhaparināma, 3:9)이라고 불리는 에너지 장의 변형을 낳는다. 잠깐 동안 특정한 파동 패턴의 변형은 그치고 마음질료는 좀 더 정제된 상태를 얻게 된다. 편향된 인상은 뿌리째 뽑힌다. 이러한 지멸의 순간들은 특유의 고유한 인상을 남기고, 그 결과로서 에너지 장의 연속적인 변화 경험에 영향을 미친다. 에너지 장은 이제 '고요한 흐름'(YS, prashāntavihīti, 3:10)이 된다. 이러한 가운데 파동의 패턴은 덜 두드러진다. 고요한 흐름은 '깨달음으로 가는 수단'(YS, upāya)이다. 강조되는 중요한 변화가 일어난 것이다. 알아차림은 관찰할 수 있는 사건들에서 초월적인 쪽으로 변화한다. 그래서 이 알아차림은 '반조reflecting하는 본성'(YS, buddhi)이라고 불린다.

빠른 속도의 정보 처리에 대한 서구의 연구

명상 동안의 각 매순간에 대한 조사는 순간-노출기T-scope를 사용하여 대규모로 연구했던 고속 정보처리 과정에 대한 서양의 실험연구들과 비슷하다. T-scope는 초점화된 주의 집중보다 훨씬 더 빠르게, 수천 분의 일초의 매우 빠른 속도로 실험실 피험자들에게 개별적 시각 영상표시를 보여 주는 장치다(Neisser, 1967). T-scope는 인간이 의식적인 주의 기울임 이전의 수준에서 무엇을 알아차릴 수 있는지를 연구하기 위해 사용되어 왔다. 객관적인 T-scope 관찰과 요가 수행적 내관內觀과 같은 다양한 접근들에서 근본적인 지각의 작용에 관해서 찾아낸 것들의 놀랄 만한 수렴 현상이 있다. 대부분의 T-scope 연구자들은 시각적 인지의 기본구조는 일시적이라는 것에 동의한다. 인간의 마음은 자극을 (인지) 에너지 양자로 분해해서 이것들을 시간에 걸쳐 연속하게 배열한다. 복잡한 인지패턴들, 즉 세상에 대한 이미지들은 양자 에너지의 상호작용(Eriksen, 1967)과 잇따르는 서로 다른 주파수들로 만들어진다(Pribram, 1974). "연속"(M, spros ba; VM, bhavanga; YS, krama)과 "순간"(M, 'byung ba; YS, kṣāna)에 대한 요가의 용어에 대비할 수 있는 "시각적 지각의 일시적인 특성"과 "심리적인 순간"(Eriksen,

비교 가능한 서구 개념과 요가 용어들

1967) 같은 개념을 T-scope 관계자가 제기한다는 것은 아마 우연이 아닐 것이다. 명상 텍스트들은 그러한 인식에 관한 현상학을 제공한다.

T-scope는 피험자가 임계치(역치)보다 훨씬 위의 자극을 받을 때 빠른 속도의 탐색 작업(Sternberg, 1966)을 하기 위해 사용되어 왔다. 피험자는 자극을 단기 기억으로 부호화하고 곧 다가올 조사 작업에 맞게 자극을 사용하기 때문에 이 자극은 '기억 세트'가 된다. 그리고 일단의 개별적인 자극들은 매우 빨리 전달되고, 피험자는 그 자극 세트가 기억으로 코드화된 원래 자극을 포함하고 있는지를 '추측하려는' 시도를 한다. 그래서 기억 세트가 문자 'X'라면, 뒤따르는 자극의 집합은 다른 문자들 'A, C, Y, T' 등을 포함할 것이다. 어떤 집합들은 표적물 'X'를 포함할 수도 있고, 어떤 집합들은 그렇지 않을 수도 있다. 그러한 실험들은 실험실 피험자들이 의식적으로 주목하는 그들의 능력에 앞서 정확하게 정보를 매우 빠르게 지각하고 처리한다는 것을 밝혔다. 수행은 또한 정보처리 과정을 개선시킨다. 통찰명상을 하는 수행자는 T-scope 연구자들이 고속 탐색 작업이라고 부르는 것을 하고 있는 것이다. 통찰의 범주들—비실체성, 연기, 변화 속에서의 동일성—은 기억 집합들의 종류들이다. 수행자는 원래 범주와 일치하는 것이 있는지 알아보기 위해 각 매순간의 빛의 흐름을 살핀다. 완전한 알아차림으로 수행자는 일상적인 주의로는 따라가는 게 불가능할 정도로 매우 빨리 지나가는 사건들을 살펴본다. 수행자는 인식의 구조와 작용을 익히고 일상적인 인식의 편향성을 제거하기 위해 이러한 고속의 탐색 작업을 지속한다.

수행자와 빠른 속도의 탐색 작업

B. 기술: 반전 삼매

일시적인 지각 인식은 바로 그 기층에서 재배열되기 때문에 삼매를 단지 미묘한 빛의 흐름만이 관찰되는 정제된 수준에서 유지하는 것은 더 이상 필요치 않다. 마하무드라에서 그 연습은 '기술skill'(M, rstal) 또는 '반전反轉 삼매(환관環觀 삼매) reverse samādhi'(M, zlog pa'i sgom pa)라고 불린다. 왜냐하면 명상가들은 총체적인 마음의 내용—생각, 감정, 느낌 그리고 지각—의 한가운데에서 새로이 달성한 치우치지 않는 통찰을 유지하기 위해 노력하기 때문이다. 반전 삼매는 그러한 전체적인 마음의 사건들로 되돌아오는 특징이 있다. 이제 공空에 익숙해진 명상가

**무슨 일이 일어나도
주의 기울이기**

는 노력을 '놓아버릴'(M, lhod pa) 수 있고, 소위 '여러 가지의'(M, sna thsogs) 사건들이 매우 빨리 잇따라 연속해서, '아무리 무슨 일이 일어난다 하더라도'(M, gang shar) 알아차림으로 돌아갈 수 있을 수도 있다. 마찬가지로, 청정도론은 총체적인 마음의 사건들, 특히 다양한 고통스러운 감각들과 시각적인 이미지가 이러한 삼매에서는 일반적이라고 언급했다. 요가수트라에서는 요가수행자가 "반조反照하는 알아차림"(YS, buddhi)을 "사물의 다양성"(YS, sarvārthata, 3:11), 즉 다양한 현상 사건들이 일어나는 동안 유지할 것을 요구하고 있다.

다시 한번, 이것은 새로운 유형의 복잡한 사건들에 의해 더욱 어려워진 고속의 탐색 작업이다. 전형적으로 맞닥뜨리는 문제는 명상가가 총체적인 마음 내용이 급증하여 마음이 산란해지게 되면서 생기는 통찰의 상실이다. 명상가는 삼매 동

**안정된 통찰 대비한
산란심 극복하기**

안 관찰 가능한 사건들에서 급진적인 변화가 일어나도 통찰을 안정적으로 유지하는 것을 배워야 한다. 조망/관점이 비실체성이든, 연기적이든, 동일성이든 아니든지 간에, 명상가는 각각의 범주에 빠르게 연속적으로 이어져 나오는 다양한 총체적인 사건들을 비교하는 것을 배워야 한다. 쉽게 예측할 수 있듯이, 동일한 각각의 통찰들이 나타난다. 동일한 통찰들이 새로운 맥락에서 드러나기 때문에 불교도들은 이 삼매를 '의심을 극복하는 것' 또는 '기술'이라 부른다. 요가수트라는 얻어진 삼매의 대단한 안정성 때문에(YS, 3:11) 그것을 '삼매의 변형'(YS, samādhi parināma)이라고 부른다. 일상적인 마음의 사건이 회상되는 동안 동일한 통찰—공空, 무아, 변화에서의 동일성(무상)이 각각—은 그대로 남아 있다. 이러한 통찰들은 거칠고 정묘한 수준 모두에서 바로 그 지각의 구조로 만들어지게 되는 직접적인 경험이 된다.

반전 삼매와의 계속되는 경험은 부가적인 기술, 즉 자동적인 알아차림의 연속과 동시에 여러 유형의 사건들 사이의 알아차림을 구분하는 능력을 가져온다. 내용물에 초점을 두는 것 외에 명상가는 또한 사건들이 즉각적인 경험 속에 오고 사라져 가는 과정을 알아차리게 된다. 마하무드라에 따르면, 발달의 몇몇 단계들이 있다. 맨 먼저, 명상가는 생각, 인식 등의 총체적 내용으로 완성되기에 앞서 각 사건들이 영향을 주는 정확한 순간들만을 알아차린다. 보다 더 이상의 경험은 각 사건의 전 기간에 걸친 분별력, 즉 일어나고 그것이 잠시 지속되고, 알

아차림에서 지나가는 정확한 순간에 대한 자각을 가져온다. 청정도론에도 역시 기록되어 있듯이 각각의 연속적인 사건에 대한 이러한 앎은 "분명한 이해"(VM, 20:1-92)라고 한다. 마지막으로, 중간 단계와 그 지속 기간이 알아차림에서 사라지는 순간에 사건이 존재 안으로 들어오고, 존재 밖으로 사라지는 분명한 순간들이 매우 명확해진다. 그래서 내용의 본질을 구별하는 것은 어렵다. 각 순간들은 강렬한 백색 광속으로 침잠되어 매우 빨리 지나간다. 이 마지막 단계는 순간 순간 빛의 섬광 때문에 마하무드라에서는 "오고가는 것"이라 하고, 청정도론에서는 "일어나고 사라지는 것"(VM, 20:93-130)이라고 불린다. 요가수트라는 이러한 단계를 "일점 집중으로의 변형"(YS, ekagratāpariṇāma, 3:12)이라 부른다. 둘 다 집중된 빛을 수반하는 반면에, 불교수행자의 불연속적인 경험은 섬광촬영장치stroboscope의 빠른 순간 펄스와 비슷하고, 힌두수행자의 연속적인 경험은 공(신호용 악기)의 소리들이 매우 빨리 연달아 울려 서로 섞여서 동일한 연속된 진동으로 보이는 것과 비슷하다.

'오고 가는' '일어나고 사라지는' 또는 '일점 집중'의 과정에 대한 알아차림

고속의 순간-노출기 조사에 대한 슈나이더와 쉬프린(Schneider & Shiffrin, 1977)의 연구는 반전 삼매를 이해하는 데 사용될 수 있다. 이들의 연구는 고속의 탐색 동안 일련의 탐색 자극집합들이 원래 기억집합과 같기도 하고 다르기도 할 때 피험자들의 반응 성능을 비교한다. 예를 들어, 만약 기억집합이 'X'였다면, 자극의 집합들이 빠른 속도로 지나가고 모든 문자와 숫자들을 포함하고, 그리고 그 자극들 중 일부가 표적물 'X'를 포함할 때 탐색이 일어날 수 있다. 피험자들은 기억집합과 탐색 프레임들이 같은 범주(모든 문자들)일 때 고속의 탐색을 학습한다. 그러한 탐색은 지속되는 노력을 필요로 하고, 주의집중력은 학습하는 동안으로 제한된다. 이것을 '통제된 조사'라고 한다. 보통의 피험자들은 수천 번의 시도 후에 그러한 조건 하에서 정보처리의 정확성과 속도를 증가시킨다. 그리고 나면 피험자들은 자동적인 탐색이라고 일컫는 또 다른 정보처리 모드를 현시한다. 피험자들은 기억 세트와 탐색 프레임들이 다른 범주(문자, 숫자)일 때 별 노력 없이 빠른 속도의 정확한 탐색을 수행할 수 있다. 게다가 피험자들은 동시에 하나와 여러 자극들 사이에서 주의를 분리할 수 있게 된다.

서구의 고속의 순간-노출기 조사와의 유사점

보통의 실험실 피험자들이 고속의 탐색을 학습할 수 있듯이, 삼매 상태에 있

고속의 탐색에서와
삼매에서의 학습

는 명상가들도 똑같은 것을 하는 것 같다. 통찰을 배우는 동안, 명상가들은 비슷한 범주들(비실체성, 또는 동일성 대 거친 마음 내용)을 사용한다. T-scope 실험에서와 똑같이 통찰은 자동적이 된다. 게다가 수행자는 거친 마음 내용과 탐색 작업동안 일어나는 과정 사이에서 알아차림을 구분하는 것을 학습한다. 그 결과, 사건들의 지각된 지속 기간은 변화한다. 블로크의 법칙Bloch's Law에 따라 광도光度의증가를 기대할 수 있다. 블로크의 법칙은 지각된 기간과 광도는 역비례한다고 한다. 지각에 대한 연구에 따르면, 이 수행 단계에서 일어나는 백색광은 예측된다.

C. 삼매의 일어남/사라짐

마음과 우주의 접점

삼매가 일어나고 지나가는 것은 명상의 단계 중에서 가장 중요한 단계 가운데하나다. 왜냐하면 명상가는 빛의 흐름에 대한 알아차림을 그 극한까지 일상적인지각인식의 일시적인 구조까지 다 정화하고 있기 때문이다. 이제 안정적이고 치우침이 없는 유리한 입장에서 명상가는 현상들이 존재로 들어오고 나가는 것처럼 보이는 바로 그 과정을 식별할 수 있게 된다. 어떻게 마음 현상이 존재로 들어오고 나가는지를 관장하는 동일한 법칙이 더 넓은 우주에서도 조작 가능하기 때문에 명상가는 마음과 우주의 접점에 이르게 된다.

전통들은 사건들이 존재로 들어오고 나가는 방식에 대한 관찰이 수행의 주요한특징이라는 것에 동의하는 반면, 실제 경험은 갖게 되는 비연속적 · 연속적 시각/조망으로 인해 매우 다르다. 불교에서의 경험은 고주파의 섬광촬영장치와 같이 빠르게 존재로 들어오고 나가는 매우 강렬한 빛과 같이 보이는 (이산적) 불연속적인사건들의 연속이다. 힌두교에서의 경험은 파형(파동 패턴)의 더 많은 '[관찰 가능한]양상들'(YS, dharma)에 대한 변화들의 연속(YS, parināma)이다. 이는 마치 악보에서 최고점과 최저점이 펼쳐지는 것처럼 어떤 순간에도 어느 정도는 나타난다.

통찰에 대한
새로운 질문과
새로운 범주

명상가가 파동현상의 불연속적인 오고감이나 어느 정도 연속적인 나타남을 관찰할 때, 강조되고 있는 중요한 변화가 일어난다. 알아차림이 빛의 흐름의 바로그 시공간적 구조에 나타나고 개입한다. 새로운 질문이 일어난다. 오고가는 듯해보이는 그 자체가 지각의 편향성 탓인가? 보이는 수많은 현현 현상들이 하나의단일한 현상으로 환원하는 것인가? 이러한 질문들에 답하기 위해 명상가는 일상적인 지각이 각인되어 있는 바로 그 미묘하게 인과적이며 공간적인 관계를 탐색하기 시작한다. 그렇게 하기 위해 그는 흔히 역설적이고 변증법적인 본성을 지닌 통찰의 새로운 범주를 채택한다.

청정도론은 소멸의 범주를 사용한다. 관찰 가능한 사건들에 대해서 수행자는 그 일어남을 무시하면서(VM, 21:10) 매순간 각 개별적인 섬광의 사라짐에 초점을 맞춘다. 그 결과, 모든 사건은 분해된다. 이는 '소멸'(VM, bhaṅgañyana)이라고 불리는 경험이다. 관찰점에 관해서 수행자는 모든 알아차림의 순간이 잠깐 동안 멈추는 시점까지 알아차림의 (이산적) 불연속적인 매순간들이 사라지는 것에 초점을 둔다. 야기되는 경험이 심오해지는 동안, 경험은 여전히 시공간 매트릭스의 모양을 띤다. 대승불교는 시공간에 대한 편견을 완전히 해체하지 못한 것에 대해 상좌부 전통을 비판해 왔다. 그러므로 대승 불교는 용수Nāgārjuna의 유명한 가르침에서처럼, 그렇게 하기 위한 범주로 변증법적인 부정을 채택했다.

이미 사라진 것gatam은 사라짐이 아니다gamyate. 더구나 아직 사라지지 않은 것 agatam은 사라짐이 아니다. 이미 사라진 것gatam과 그리고 아직 사라지지 않은 것 agatam과 구분되는 사라짐gamyamāna은 알려진 바가 없다.[5]

이러한 삼매의 일어남/사라짐에 적용되는 그러한 변증법은 '비소멸non-dissolution' (M, ma 'gag pa) 경험, 또는 '중도로 들어감'을 야기하고, 이때 동시에 일어나는 우주의 모든 가능한 다양한 사건들은 각기 자신의 존재를 위해 서로 상호의존한다. 요가수트라에서 수행자는 변화하는 사건(YS, pariṇāma)뿐 아니라, 이러한 사건들을 이제는 시간적인 구성체로 그 범주를 적용함으로써 동일성과 변화의 관계를 완전히 해결한다. 요가수행자는 먼저 에너지장(YS, 3:13)의 패턴과 속성과 상태에 있어서의 변화들(YS, dharma)을 관찰하고 나서, 그 저변에 있는 '변하지 않는 양상'(YS, dharmin)을 관찰한다.

동일한 기층dharmin이 관찰 가능한 국면dharma에 깔려 있다. 이는 현현하게 되거나udīta, 나타남을 멈추거나śānta, 또는 잠재적으로 나타나게 된다

상좌부불교의 소멸에 대한 범주

대승불교의 변증법적 부정

요가수트라에서 변화와 동일성

avyapadeshya(3:14).

변화하는 것dharma과 변하지 않는 것dharmin을 대조하여 요가 수행자는 변화와 동일성 사이의 인과적 관계를 조사한다.

연속적으로 잇따르는 것krama의 다름은 변형parināma에서의 다름의 원인이 된다(3:15).

그 결과, 우주의 모든 잠재적인 사건들이 그 바탕에 있는 동일한 기층 차원으로서 동시에 나타나는 통일unity 경험이 나타난다.

마하무드라와 요가수트라에는 적어도 공통되는 경험의 구조가 있다. 각각은 상호연결성이란 주제에 대한 변형이다. 일상적인 지각에서의 보통의 시공간 구조는 초월되고, 알아차림은 우주의 모든 잠재적인 사건과 이러한 사건들의 잠재적 연결의 바탕 조직fabric에서 드러나는 또 하나의 질서에 완전히 열려 있게 된다. 우주의 이러한 분할되지 않는 상호 연결성 안에서 상호작용은 인과법칙때문이 아니라 모든 다른 것과의 상대적인 상호작용 때문에 발생한다. 또한 공간에서의 위치성과 속성들도 다른 모든 것과의 상대적인 관계에 의존한다.

허무주의자, 중도, 영겁주의자의 입장 각 전통이 일상적인 시공간 인식의 초월성을 기술하지만, 허무주의자, 중도, 영겁주의자eternalist의 입장 차이를 기술한 것처럼 그 경험들은 다르다. 상좌부 전통의 소멸 경험은 연속적으로 잇따르는 사건들과 알아차림의 순간들이 사라진다는 점에서 허무주의적이다. 힌두의 통일 경험은 경험된 상호 연결성이 우주에 대한 일종의 바탕 기층을 가지고 있고(YS, parākṛti), 그 반조하는 알아차림이 변화하지 않기(YS, puruṣa) 때문에 영겁주의다. 마하무드라의 경험은 중도다. 왜냐하면 상호 연관된 사건들과 알아차림이 변화하기 때문이다. 상호 연관적으로 경험된 특정한 사건들은 모든 잠재적인 사건들과의 관계에 의존하고, 사건들이 변화하듯이 수반되는 알아차림도 변화한다.

단계6. 특별한 마음과 깨달음

A. 일상적인 지각과 마음의 특별한 상호 연결성 사이의 관계

일상적인 지각인식의 시공간 매트릭스를 뛰어넘는 수준으로 알아차림을 확장하는 것은 의식에서 심오한 변화를 구성한다. 이것을 마하무드라에서는 "특별한 마음"(M, thun mong ma yin pa'i sems)이라 하고, 요가수트라에서는 "또 다른 부류의 존재"(YS, 4:2)라고 한다. 첫 번째 과업은 삼매를 보다 더 오랜 기간 동안 경험하는 것이다. 명상가는 이제는 총체적으로 새로운 맥락에서 적용되고 있는 초기 통찰의 범주의 궤를 벗어나지 않도록 하면서도 잘못된 지각과 부정한 영향을 뿌리째 뽑아야 한다. 청정도론은, 심지어는 모든 형성물들의 사라짐만을 볼 때조차도 명상가에게 찰나의 지나감에도 초점을 두라고 일깨우고 있다(VM, 21:29). 마하무드라는 또 다른 조사-명상인 "적시하기pointing out"(M, ngo, sprod ba)를 제시하고 있다. 이 명상수행은 수행자들로 하여금 일어나는 듯이 보이는 방대한 상호 연결성은 실재하는 것도 아니고 스스로 존재하는 것도 아니며 오히려 마치 꿈꾸는 사람이 만드는 꿈과 같은 마음의 소산이라는 것을 상기시키는 역할을 한다. 요가수트라는 변화의 동일성이란 범주를 새로운 맥락에 적용한다. 명상가는 특별한 삼매 동안 잠재적인 사건들 사이의 '업습'業習(vāsanās; karmic imprint-역자주)이라 불리는 미묘한 인과적 상호작용을 깨닫게 된다. 초기에 명상가는 이러한 미묘한 상호작용들에서 유래하는 '활동들에서의 차이들'(YS, pravṛttibhede)을 알아챌 수도 있다. 만약 변화의 동일성이란 범주가 '업습'에 적용되고 나면, "동일하지 않은 것에 대한 자극은 동일한 것이다."(YS, 4:5)

특별한 삼매 동안에 보여지는 특정한 범주를 유지하게 되면 허무주의자, 중도, 영겁주의자들의 입장으로 요약되는 실제 경험에 영향을 준다. 시간 속에 사라지는 것에 초점을 맞추게 되면서, 청정도론에서 '형상화formation의 수준들'이 텍스트(VM, 21:29)에 시사되고 있음에도 불구하고, 잠재적인 상호작용들의 전체성은 충분히 알려져 있지 않다. 마하무드라에서는 중도의 변증법에 초점을 둠으로써 사건의 동시성은 연기緣起의 경험에 따라 나타난다. 사건들은 상대적인 실재성을 가지고는 있지만, 지속하는 실체는 전혀 아니다. 마찬가지로, 알아차림도

통찰에 대한 다양한 전통적 범주들

사건들의 변화에 따라 상대적으로 머문다. 요가수트라에서는 변화의 동일성에 초점을 둠으로써 사건들의 동시성은 영겁하는 실체āshreya, 즉 영원히 변하지 않는 초월적 알아차림puruṣa을 성찰할 수 있는 원초적 프라크리티prākṛti(유일의 본성)로 나타난다.

그러한 변화들에도 불구하고, 특별한 삼매는 전통을 가로질러 공통적인 구조를 가지고 있다. 구조의 관점에서 보면 특별한 삼매는 나눌 수 없는 전체성(M, kun gzhi; 문자적으로, '모든 것의 기초'; YS, āshreya, vastu)을 나타낸다. 그 점에서 부분들은 단지 모든 다른 부분들과의 관계 속에서만 존재한다. 하나의 상대적인 마음-순간은 상호연결성을 통해 전체 우주의 정보를 담고 있다. 활동성의 관점에서 보면, 그것은 모든 미묘한 활동은 모든 다른 미묘한 활동들로 이동해 가는 우주의 운동을 나타낸다. 불교의 연기 개념과 힌두의 업습vāsanās의 서술은 그러한 미묘한 인과의 상호작용을 뜻한다.

명상가는 특별한 삼매로 들어가는 통찰의 범주를 지니는 것을 배워야만 한다. 그리고 이전의 일상적 통찰들의 그것과 새로운 통찰을 비교할 수 있어야 한다. 명상가는 현현하지 않은 잠재적인 상호작용들과 미묘하고 거친 마음의 현현된 사건들 사이의 연결을 확립한다. 그는 특별한 마음과 일상적인 마음 사이에 "간격을 결합연결couple"(M, zung 'jug)하고 "제거하는"(YS, ānantara, 4:9) 법을 배운다. 이것은 먼저 특별한 삼매로 들어가는 것으로써 그리고 점변하고 있는 일상적인 마음이 깨어나는 의식으로 되돌아오는 것(M, rjes thob)을 관찰함으로써 행해진다. 반복된 수행을 통해서 그 상태는 연속적으로 된다. 마하무드라에서 이러한 결합연결 수행은 '마음의 동시성'(M, lhan cig skyes sbyes sbyor pa'i sems)이라 불린다. 그런 면에서 모든 잠재적인 사건이 상호 연결되어 있다는 동시적인 경험은 잇따르는 연속된 미묘한 흐름과 일상 명상 수행의 거친 내용들과 짝지어진다. 명상의 결과적인 상태는 역설적으로 (시간 속으로 들어가서 시간에서 벗어나는, 즉) 시간을 들락거리는 것이다. 청정도론에서 "고통misery"(VM, 21:29-42)이라 불리는, 비교 가능한 경험은 "사건들/알아차림의 연속적인 잇따르는 단절에 많은 중점을 두지만, 과거 · 현재 · 미래 사건들 사이의 상호작용이 명확해지도록 모든 곳에서의 모든 형성물들"(VM, 21:29)에까지 범위를 넓힌다. 요가수트라에서 수행자는 먼저 일상적인 명상으로 이행하는 동안 미묘한 인과의 상호작용들vāsanās과 마음 내용의 거친 활동들vṛtti로 알아차림을 확장시킨다. 모든 변화에 있어서 관통하는 동일성이란 범주를 사용해서 수행자는 비범함과 평범함 수준들은 그 사이에 "아무런 간격이 없다"(ānantara, YS, 4:9)는 것을 깨닫게 된다.

특별한 삼매의 경험이 아주 강렬하기 때문에 명상가는 이에 반응하는 경향이 있다. 그들은 "무관심하고"(M, rang lugs) "감정에 좌우되지 않거나"(VM, 21:43-44) 또는 "욕망을 끊을" 때까지 수행을 반복(YS, 4:10)해야 한다. 그런 후에 일련의 카르마적 활동의 순환사슬의 연결고리들이 명확해진다. 상대적인 상호연결된 사건들 사이의 미묘한 인과의 상호작용들(M, las; VM, kamma; YS, vāsanā)은 카 **인과법과** 르마적 활동의 "저장고(藏識)"다(YS, 4:6). 이러한 상호작용 영향은 일상적인 미묘 **카르마의 순환** 한 수준에서 빛의 흐름을 변화시키고(M, spros ba; VM, bhavanga; YS, pariṇāma), 이는 차례로 의식 흐름에서 거친 마음의 내용에서의 명료하게 드러나는 변화(M, spros ba; YS, vṛtti)를 일으킨다. 명상가는 인과법the Doctrine of Cause and Effect에 따라서 시간에 따른 매 행위들이 드러나게 되는 단계들을 배울 뿐만 아니라, 카르마의 순환사슬을 멈추는 것이 가능하다는 것을 알게 된다. 그러한 통찰은 각 전통들에서 "깨달음의 출현"(M, ye shes skyes ba) "(중생) 구제의 욕망"(VM, 21:45-46) 그리고 "(가능한) 업습vāsanās의 비실재성"(YS, 4:11)이라 부른다.

다음으로, 수행자는 미묘한 카르마적 활동과 그 현현을 좀 더 주의 깊게 관찰하기 위해 나아간다. 이는 "인지와 지각의 동시성"(M, lhan skyes rtog snang) "재관찰"(VM, 21:47-60) "다양한 마음질료에서의 동일한 실체"(YS, 4:4-17)를 보는 것이라고 각 문헌들에서 언급한다. 명상가는 모든 관찰 가능한 사건은—동시적이거나 연속적으로 이어지는, 미묘하거나 거친—미묘한 카르마 활동의 결과로서 나타난 것이라는 것을 인식하게 된다. 게다가 회기를 거듭한 수행을 통해서 미묘한 반응성은 차츰 줄어들고, 명상가는 마치 사건들이 그 원초적인 상태에 있 **새로운 방식으로** 는 것처럼 새로운 방식으로 사건들을 깨닫게 된다. 마하무드라에 따르면, '반응 **인식된 사건들** 성byas ba'과 '거짓된 인지rtog pa'는 점차 사라지게 되고 (사건들의) 발산은 본래의 '자발성spontaneity'(gnyug ma)으로 '새롭게' 경험된다. 이는 '일상적인 앎'(M, tha mal gyi shes ba)이라 불린다. 청정도론에서는 반응성 역시 사라지고, 세 가지 표지(삼법인三法印)—일시성無常, 무아 그리고 반응성(苦)—는 각각의 생성에서 명확해진다. 이는 '평정심(평상심)'이라 불린다. 불교 전통들 모두에서 근원적인 primordial 상태는 하나의 즉각성이다. 사건들은 그것들이 구성물—시공간, 자기, 거친 인식과 생각 등—로 되기 전에 재빨리 자리 잡는다. 요가수트라는 근원적인 상태를 "실체의 그러함Thatness of an entity"(YS, 4:14)이라 부른다. 그것은 실재성의 하나이다. 힌두 요가수행자는 모든 연속적으로 변화하고 끊임없이 달라져 보이는 현현물들과 마음질료들을 동일한 "실체vatsu"인 근원적인 프라크리티 prākṛti(유일의 물질적 본성)로 본다(YS, 4:17). 이는 단순히 업습vāsanās의 활동 때문에 다르게 나타난다. 근원적인 상태에서의 차이에도 불구하고, 전통들은 관찰 가능한 사건들에 대해서 어떤 본래의 상태로 돌아오는 것이 있다는 것에는 동의한다. 관찰점의 측면에서 알아차림은 반응성 없이 주어진 대로의 원래의 경험에 대한 심상心像과 함께 진행된다. 일어남/사라짐, 하나/다수, 이어짐(연속적)/동시성의 역설들은 특별한 마음의 미묘한 인과적 상호작용에 대한 이해를 통해 모두 해결 가능하게 된다.

태곳적 상태로의 돌아감

B. 특별한 상호 연결된 마음과 깨달은 마음 사이의 관계

특별한 마음과 일상적인 심적 사건들과의 관계에 대한 카르마 활동의 본성에 대한 통찰을 갖게 되고 나서 명상가는 카르마 활동에 대한 평정심의 알아차림이 깨달음과 어떻게 연관이 되는지에 대해 의문을 갖는다. 두 가지 조건들이 만족되어야만 한다. 하나는 관찰점의 시각에 대한 것이고, 다른 하나는 관찰 가능한 사건들에 대한 것이다.

그 자체로 돌아선 알아차림

관찰의 관점에서 알아차림은 드러나 퍼져 나가는 상호 연결된 사건들에서 벗어나 알아차림 자체로 그 방향을 바꾼다. 알아차림이 자신을 향해 돌아서게 되면 마치 변화하는 사건들의 한복판에서 공간이 열리는 것처럼 흔히 경험에서의 이동 변화가 아주 뚜렷해진다. 마하무드라에서 이는 '(변화하는 사건들의) 연속체에서 지혜를 인식하는 것'이라고 말한다. 티베트 사람들은 전문적인 용어인 '마음 챙김-알아차림'(M, dranrig)을, 순간순간의 알아차림 그 자체가 마음챙김의 대상이 된다는 의미로 소개한다. 청정도론에서 비교 가능한 이동 변화는 '창발적 발생으로 이끄는 통찰'(VM, 21:83-110)이라고 부른다. 세 가지 표지들(삼법인)은 매순간 명확하다. 그 결과, 매순간순간의 알아차림은 더 이상 우연히 발견하는 어떤 것이 아니고, 그래서 깨달음(열반)nibbana은 알아차림의 대상이 된다고 말한다. 요가수트라에서 연속적인 알아차림은 동일한 실체의 연속적인 활동들vāsanās(업습), 즉 근원적인 프라크리트prākṛti:(물질적 본성)로부터 초월적인 자각puruṣa(순수한 정신) 그 자체로 이동한다(YS, 4:18-23).

마음챙김의 대상으로서 알아차림 그 자체

관찰 가능한 사건들의 시각에서 평정심이 있는 동안 관찰된 활동은 점점 더 완벽한 근원적인 상태와 가까워진다. 그것은 깨달음이 일어날 수 있도록 마음의 활동의 본성적 상태를 따르게 되어야 하기 때문이다. 수행의 이 단계를 이해하는 핵심은 마음의 활동성이다. 인위적인 '활동'(M, byas ba)—깨달음의 실현에 방해가 되는 거친 활동과 미묘한 활동들—과 근원적인 상태의 자발적인 활동 사이에 중요한 차이가 있다. 명상가는 기대, 의심, 평가하는 생각, 그리고 펼쳐진 경험에 대한 범주화를 위한 그치지 않는 시도와 같은 좀 더 일반적인 형태의 반응성을 부인하는 것을 배워야만 한다. 또한 명상가는 깨달음에 방해되는 명상의 미묘한 활동들을 부인해야만 한다. 이를테면 '마음챙김'(M, dran pa)과 '마음으로 가져가기'(M, yid la byed pa) 같은 명상의 바로 그 수단이 깨달음에 방해물이 되고 그래서 부인될 필요가 있다. 이것은 곧 티베트 사람들이 그 일단의 훈련들을 '비非-명상요가'(M, sgom med)라고 명명하는 이유인 것이다. 마찬가지로 요가수트라에서도 깨달음은 "달성prapya"되거나 "획득utpadya"(YS, 2:20)되는 활동이 될 수 없다고 말한다. 깨달음을 가져오는 활동에 대해서 말하는 것 대신에, 티베트 사람들은 깨달음의 개연성을 증가시키는, 이름하여 '확립하는 수단'(M, bzhag thabs)이라고 부르는 조건들을 확립하는 것에 대해 말한다. 명상가는 인위적인 활동을 부인하는 것뿐만 아니라 또한 깨달음이 일어날 때 자연적인 자발적 활동을 인식하고 '안전장치로 보호'(M, skyongba)해야 한다. 청정도론에서 유사한 가르침은 "지식의 준수"(VM, 21:128-136)라 한다. 이는 또한 '냉철함'(VM, nibbida)이라는 부정의 가르침과 안전장치로서의 가르침인 '깨달음의 일곱 가지 요소七覺支'를 포함하고 있다. 요가수트라는 단지 하나의 주어진 경구로 안전장치

마음 챙김이라는 수단이 깨달음의 장애가 된다

적 가르침을 다음과 같이 말하고 있다.

> 그런 것(마음질료들)은, 비록 무수한 업습vāsanās에 의해 다양하게 변화되지만, 그것의 기능이 상호작용에 영향을 주는 것이기 때문에 '다른 것'the Other (puruṣa)을 위한 것이다(YS, 4:24).

'다른 것the Other들을 위한 것'이라는 이 문구는 업습vāsanās의 활동은 바로 초월적인 알아차림을 지지하기 위해 존재하는 것으로 보인다는 중요한 깨달음을 묘사한다. 명상가는 순수한 알아차림은 업습vāsanās의 무수한 활동들의 연속적인 배경으로서 존재한다는 것을 깨닫는다.

깨달음의 순간들, 정확한 조건들이 충족될 때 깨달음은 나타난다. 모든 전통은 깨달음이 알아차
즉 기반, 경로 림에서 일련의 세 가지 순간적인 이동 변화로 온다는 것에 동의한다. 이것들은
그리고 실현 깨달음의 순간들이라고 불리며, 기반, 경로 그리고 실현果이다. 깨달음의 구조는
전통들을 가로질러 동일하다. 그러나 명상의 전체적인 경로를 통해 갖게 된 다른
시각들 때문에 깨달음의 뒤의 두 가지 순간들(경로, 실현)은 다르다.

기반 – 깨달음과 첫 번째 순간의 경험인 깨달음의 기반은 전통들을 가로질러 동일하다. 관찰 가
'떨어져 나감' 능한 사건들의 시각에서 볼 때 모든 사건들, 내용 및 활동, 이 모든 것은 사라진다.
이는 "중단止滅"(VM, nirodha; VS, vinivṛtti; 4:25-26)이라고 불린다. 그러면 무엇이
남는가? 방대한 알아차림이다. 관찰점의 시각에서 볼 때, 사건들이 알아차림에
서 멀어져 가면서 알아차림의 중심지(장소)가 이동한다. 즉, "다른 쪽(彼岸)으로"
가거나 "알아차림의 계통이 변화한다."(VM, 22:3-9) 깨달음 이전에 알아차림은
불가분하게 마음의 활동과 사건들에 묶여 있다. 관찰점과 관찰 가능한 사건들
이 분리할 수 없는 것처럼 발생한다. 알아차림이 기반-깨달음 동안 알아차림의
중심지(장소)가 이동할 때, 사건과 알아차림 사이의 연관성이 영구히 끊어진다.

관찰 가능한 사건과 깨달음의 두 번째 순간인 경로-깨달음은 지금 알아차림의 다른 중심지(장소)
관련한 반응성과 에서 보이는 관찰 가능한 사건들로의 회귀에 의해 특징지어진다(VM, 22:10-14;
활동성으로부터의 자유 YS, 4:27-28). 알아차림은 더 이상 관찰 가능한 사건들과 연관되어 있지 않기 때
문에 어떠한 것도 사건들의 자연적인 활동에 간섭할 수 없다. 어떤 새로운 업보

도 만들어지지 않는다. 전통들은 카르마 활동의 뿌리 뽑음이 경로-깨달음 동안
에 일어난다는 것에 동의한다. 관찰 가능한 사건들에 관한 반응성과 활동성으로
부터 자유로운 그런 사건들로의 회귀는 본래적인 흐름으로 흘러 들어가는 것과
같다(VM, sotapanna; 문자적으로, '흐름으로 들어가는 자'). 마하무드라에서는 모든
잠재적인 사건은 알아차림으로 가득 차고, 역설적으로, 동시에 그리고 연이어서
나타난다. 청정도론에서는 관찰 가능한 사건들은 알아차림에서 사라지고, 그리
하여 또 다른 이동의 경험과 그 결과, 카르마가 소멸되는 것을 제하고는 경로-깨
달음의 내용은 기반-깨달음의 내용과 크게 다르지 않다. 요가수트라에서는 업습
vāsanās의 동시적인 활동과 삼스까라(행온行蘊)saṃskāras의 이어지는 연속적인 활
동은 다음과 같이 인식된다.

> (이어지는) 휴지기 동안, 삼스까라saṃskāras('많은 것들이 함께 모여서 형성됨'
> 이 본래의 뜻으로 '行'으로 번역하나, 이 한자만으로 상카라의 의미를 파악하기
> 는 어렵다. 문맥을 통해서 의도적 행위나 작용, 형성된 것, 유위법有爲法, 업, 윤회, 형
> 성력, 마음의 작용 등으로 달리 해석이 가능하다—역자 주)에서 오는 다른 인식들
> Recognitions이 있다(4:27).

마하무드라와 요가수트라에서 관찰 가능한 사건들 사이의 주된 차이는 불교
에서의 불연속적인 사건들의 상호연결된 비실체적인 상대성이다. 이는 힌두교
에서의 실재적인 프라크리티prākṛti(유일의 물질적 본성)의 상호연관된 연속적인
활동과 대비된다.

실현果-깨달음은 영속하는 의식의 변형이 일어나는 마지막 순간이다. 변형의   **깨달음의 실현**
본성은 전통들마다 다시 다양하게 변한다. 마하무드라에서 명상가는 '세 가지 부
처의 몸'으로 된다. 하나는 알아차림의 (원인계) 몸法身(M, chos sku)이고, 하나
는 다양한 잠재하는 상호 연관적인 우주적 영역의 (정묘계) 몸報身(M, longs sku)
이고, 하나는 일상적인 시공간 존재의 (조대계) 몸化身(M, sprul sku)이다. 이러
한 세 가지 조건들은 명상가의 의식의 부분으로서 공존한다. 청정도론에서 명상
가는 관련이 없는 마음의 활동 없이 깊은 평화와 고요함을 경험한다(VM, 22:15-

18). 요가수트라에서 명상가는 "비구름 삼매"(YS, dharmameghasamādhi, 4:29)를 경험한다. 이는 모든 가능한 앎과 존재의 형태가 마치 비구름이 가득한 것처럼 쏟아지기 때문이다.

C. 점검

깨달음의 이러한 세 가지 순간에 이어서 일상적인 시공간 경험이 거친 마음의 내용과 함께 되돌아온다. 일상적인 의식은 어떤 명상 경험에 앞서 마치 깨어 있는 상태처럼 펼쳐진다. 하지만 명상가는 재귀(return, reflection: 원래의 자리로 되돌아감—역자 주)적으로 심오한 이동 변화가 일어났다는 것을 알아차린다. 일상적인 경험의 내용은 되돌아왔지만, 이제 시각/조망perspective은 완전히 다르다. 점검하는review 동안, 깨달은 알아차림과 일상적인 깨어있는 의식 사이의 관계가 강조된다. 더 나아가 명상가는 잘못된 인식과 편견을 뿌리 뽑는다. 그로 인해 깨달음의 관점을 잃을 수도 있다. 하지만 그리하여 깨달음을 일상적인 깨어 있는 경험의 차원으로서 안정화시킬 수 있다.

일상적인 깨어 있는 경험의 차원으로 깨달음을 안정화하기

요 약

명상의 경로

기저에 깔린 변치 않는 순차적 단계들

명상(의) 전통들 사이의 분명한 차이점들에도 불구하고, 기저에는 변하지 않는 단일한 순차적 단계들이 있다는 강력한 증거가 있다. 이러한 단계들은 심리적인 구조에서의 예측 가능한 변화의 진전을 나타내고 주관적으로 의식의 별개의 뚜렷한 단계들이 체계적으로 펼쳐지는 것으로서 경험된다. 이러한 기저에 있는 (단계적) 경로는 일상적인 깨어 있는 의식의 구조를 체계적으로 해체하는 것으로서 가장 잘 개념화된다. 〈표 8-2〉에 설명되어 있는 것처럼, 모든 전통에서의 명상의 경로들은 이러한 일상적인 깨어 있는 의식의 태도와 행동적인 구도(단계 1), 생각(단계2), 거친 인식(단계3), 자기 체계(단계4), 시공간 매트릭스(단계5) 각

체계적 해체

각에 대한 점진적인 해체를 수반한다. 일상적인 인식의 좌표를 해체한 결과로 명상가는 비일상적이거나 특별한 의식의 구조에 접근하게 된다. 이는 일상적인 심리학의 법칙으로 작동하지 않는다. 심지어 이 깊은 구조의 해체로 깨달음(단계6)이 일어나게 된다. 이러한 이동 변화들 각각은 '상태의 특수성'(Tart, 1971)을 나타내고 개개인의 의식 상태에 따라서 분명한 별개의 이동 변화로 경험된다. 이러한 의식 상태 각각에 대한 경험과 통찰의 본성은 그런 상태에 특수한 것이고, 상태를 가로질러 이동하지 않는다. 경험은 '상태 지향적인'(Fischer, 1971) 것이다.

상태 지향적인 경험

의식의 구조에서 변경이 진행되는 것은 특정한 조건들 하에서 촉발된다. 유기체와 환경 사이의 감각/운동 상관작용이 줄어드는 것이 전제조건이 된다.[6] '하지만 주된 공헌 요인은 주의의 전개다. 선택적인 주의, 노력, 순수한 알아차림을 길게 유지하는 것, 그리고 주의 기술로서의 이러한 것들의 개발은 명상의 경로에 따라 변화의 활성화를 위해 필수적이다. 라파포트(Rapaport, 1967)와 네이서(Neisser, 1976)는 인지 구조의 변화에 영향을 미치는 데 있어서 주의의 역할을 그 의미와 연관지었다. 타르트(Tart, 1975a)는 특히 어떻게 주의가 일상의 깨어 있는 의식의 안정성을 '와해'시키고 변성의식 상태를 만들어 내는 데 사용될 수 있는지에 대해 구체적으로 논증했다. 브라운(Brown, 1977)은 더 나아가 어떻게 주의가 티베트 명상에서 의식 상태의 진보를 만들어 내는 데 사용될 수 있는지를 보여 주었다.

주의-전개의 중요성

서구 이론가들, 특히 타르트 그리고 마하무드라의 저자들은 (의식의) 구조적인 변화 메커니즘을 설명하는 유사한 이론을 제시했다. 양쪽 다 알아차림과 심리적인 구조 사이의 관계를 중요시한다. 타르트에 따르면, 의식은 세 가지 요소로 구성되어 있다. 즉, 구조(비교적 안정적인 조직), 에너지(구조를 활성화시키거나 비활성화시키는 것) 그리고 주의/알아차림(의지적인 주의 혹은 순수한 알아차림)이 그것이다. 개인은 (의지적) 노력의 적용으로 깨어 있는 상태와 같이 상대적으로 안정적인 (의식 상태의) 조직을 와해시킬 수도 있다. (이산적인) 불연속적 변성 의식 상태가—깨어 있는 상태와 다른 독특한 구조를 가진 상대적으로 안정적인 패턴이—뒤따를 수 있다. 그러한 안정적인 상태는 노력을 덜 들이고도 관찰될 수 있다. 그 상태와 관련된 한 가지 경험은 또한 '알아차림을 구조로부터 자유롭게 하는 것'을 배울 수도 있고 순수한 알아차림을 경험할 수도 있다.

타르트에 의한 (의식의) 구조적인 변화 메커니즘

서구에서 우리가 일상적으로 알고 있는 것으로서의 의식은 순수한 알아차림이 아니라, 오히려 마음 혹은 뇌의 심리적인 구조로 구현된 것으로서의 알아차림이다. 일상적인 경험은 순수한 알아차림도 아니고 순수한 심리적인 구조도 아니며, 오히려 단지 마음/뇌의 구조에 의해 각인되고 수정된 알아차림이고, 알아차림에 의해 각인되고 수정된 마음/뇌의 구조에 대한 것이다. 이 두 가지 구성요소인 알아차림과 심리적인 구조는 의식을 구성하는 전반적으로 상호작용하는 역동적인 시스템인 게슈탈트를 형성한다.[7]

하지만 구조의 지배, 즉 문화적으로 개인에게 프로그램되어 온 시스템의 지배로부터 그의 알아차림을 자유롭게 하도록 의도된 기법들이 존재한다.[8]

'빠르게 장악하기'
'내려놓음' 그리고
'순수의식'

유사하게, 마하무드라는 주의기울임의 세 가지 '스타일'(M, lugs)에 대해서 말한다. 즉, 노력을 가지고 '빠르게 장악하기'(M, sgrim ba), 노력을 '내려놓음'(M, lhod pa) 그리고 '순수한 알아차림'(M, rig pa)이 그것이다. 마하무드라는 타르트Tart의 연구에서 부족한 어떤 부분을 채워 주고 있다. 다시 말해서, 이 세 가지 주의기울임의 스타일이 명상의 주요한 각각의 단계에 어떻게 적용되는지를 설명해 준다. 각 단계에서 의문시되는 구조를 해체하기 위해서 노력이 사용된다. 노력에 집착하지 않고 내려놓음으로써 명상가는 그 결과로 생긴 분명한 안정적인 의식의 상태를 관찰할 수 있다. 마지막으로, 재조직화가 일어나며 이곳에서 구조는 분해되고, 알아차림은 일시적으로 그 구조에서 자유로워진다. 하부단계 A는 구조가 분해되는 곳이고, 하부단계 B는 그 결과적인 단계가 관찰되는 곳이고, 하부단계 C는 재조직화가 일어나고 알아차림이 자유로워지는 곳이다.

심리적 구조로부터
벗어난 자유로서의
깨달음

전체적인 명상의 경로는 반복되는 주제를 가진 음악 악보와 같이 펼쳐진다. 심오한 규칙성을 주목하라. 즉, 1, A, B, C; 2, A, B, C … 6, A, B, C에서 1A 분해하고, 1B 그 결과적 상태를 관찰하고, 1C 해체하고 순수한 알아차림을 개발한다. 태도, 생각, 거친 인식 등과 같은 습관적인 구조들은 하부단계 C의 각 단계 동안 차츰 없어진다. 그러한 것은 그 마음의 악보이고 단계6에서 절정을 이룬다. 이때 가장 정묘한 지각의 구조가 사라지고 알아차림이 영구히 심리적인 구조에서 자유로워진다. 이것이 깨달음이다.

최근까지 서구 발달이론과 인지 이론에서 '주의'가 소홀히 다루어져 왔기 때문에(Brown, 1977) 명상의 경로가 동양의 다소 이해하기 어려운 산물이 된 것은 놀라운 것이 아니다. 명상은 단순히 집중적인 주의 훈련과 그 결과들의 한 형태이고, 그 가운데 주요한 결과는 성인成人 발달에 대한 이례적인 일련의 사건들을 촉발한다는 것이다. 그것은 명상-개발의 경로가 모든 성인에게 가용하지 않고, 단지 엄밀하게 주의 훈련을 받은 사람들에게만 가용하다는 점에서 이례적이다. 그런 사람들은 타고난 마음의 음악의 위대한 걸작의 거장들이 된 사람들이다.

집중적 주의기울임
훈련으로서의 명상

전통을 가로질러 기저에 하나의 단일한 경로가 있다는 확실한 증거들이 있음에도 불구하고, 취할 수 있는 다른 관점/조망들이 있다. 이는 경로에 따라 차례로 비교 가능한 단계들에서 다른 경험을 낳게 된다. 이러한 차이들은 경로를 따른 각 단계들의 세 번째 하부단계(C) 동안 분명해진다. 왜냐하면 해체가 일어나면서 생각의 해체(2C), 거친 지각 인식(3C), 자기(4C), 시공간(5C) 그리고 특별한 상호작용(6C) 같은 이런 하부단계를 거치는 동안 알아차림이 구조 내의 그 각인성에서 해방되기 때문이다. 일단 알아차림이 해방되면 다른 관점들을 취하는 것이 가능해진다. 예컨대, 불교에서의 수반concomitance 또는 힌두 요가에서의 반조反照하는 알아차림 같은 것들이 있다. 다른 관점에 따르는 그러한 알아차림의 재적용은 동일한 하부단계에서 다른 경험을 낳는다. 이러한 차이들은 비연속성과 연속성의 용어로 요약된다. 즉, 비연속적 대 연속적 생각(2C), 빛의 흐름(5C), 상호연결성(5C), 깨달은 마음(5C)이다. 그 결과, 마지막 깨달은 마음은 전통에 따라서 다르다.

비교 가능
단계들에서의
다른 시각,
다른 경험들

여기서 내린 결론은 많은 영적인 경로들이 동일한 목적으로 향한다고 하는 영원의(영속) 철학의 판에 박힌 개념과는 거의 반대다. 전통들을 주의 깊게 비교해 본 것에 따르면, 다음과 같은 것을 결론 내릴 수 있다. **오직 하나의 경로가 있으나, 그것은 여러 가지의 깨달음 결과를 낳는다.** 비록 그 모두는 심리적인 구조로부터 알아차림을 자유롭게 하고 고통을 완화함에도 불구하고 여러 가지의 깨달음이 있다는 것이다.

하나의 길,
여러 결과들

의식의 상태들은 문화에 따른 패턴을 가진다(Wallace, 1959). 예비적인 수행방식들은 명상적 상태들의 패턴화에 기여한다. 초보자는 철학적 교의들이 삼매 동

안 취하게 되는 관점에 '영향'을 미칠 때까지 엄격하게 전통의 기초적인 교의들을 습득한다. 기본적인 깨달음의 순간을 제외하고는, 즉 알아차림이 영구히 심리적인 구조로부터 자유롭지 않는 한, 그러한 영향으로부터 자유로울 수 있는 건 아무것도 없다. 대부분 명상 전통들은 편향을 갖게 하는 철학적인 관점/시각의 역할을 명시적으로 인정하고 있다. 특정한 관점과의 체계적인 마주침은 특정한 관점들과 경험들을 향한 (이산적) 별개의 명상적인 상태들을 끌어낼 것이다. 수행자는 오직 전통에 의해 인식된 통찰을 경험할 것이라는 게 어느 정도는 꽤 확실하다. 인간 잠재력의 가능한 배열의 부분으로서의 다른 경험들도 틀림없이 가능하다. 이는 아마도 각각 다른 전통의 경험의 타당성을 부인하는 전통들 사이의 엄청난 논쟁이 있는 이유일 것이다. 대승불교도들은 자신들의 경험을 좀 더 심오한

다른 경험들과 깨달음들의 타당성

것으로 보긴 하지만 솔직하게 다른 경험들의 타당성을 인정한다. 그러므로 그들은 수행의 각 하부단계 이후의 지침들에서 '안전장치'(M, skyon ba)를 포함한다. 이때 요가수행자의 경험은 전통에 의해 받아들여진 것들과 비교된다. 하지만 논쟁과 편견을 제쳐두고라도 결론은 다음과 같아야 할 것이다. 깨달음의 종류들뿐 아니라 모든 경험은 타당하지만 각각은 하나의 다른 관점을 나타낸다는 것이다.

관점/시각에서의 또 다른 차이점은 (잇따른) 연속성과 동시성 사이의 차이다. 알아차림이 일상적인 지각(단계5C)에 대한 근본적인 시공간 구조로부터 일시적으로 자유로워짐에 따라, 그 알아차림은 (잇따른) 연속적인 것(청정도론)이나 동시적인 것(요가수트라)이나 혹은 양쪽 다의 관점(마하무드라)인 것(단계6A, B)들로부터 인간 경험을 보는 것이 가능해지게 된다. 사실, 이러한 특별한 상태로부터 명상의 전체적인 경로를 연속적이거나 동시적이거나 혹은 둘 다로 보는 것이 가능하다. 이것은 점진적인 경로(점수漸修)와 빠른 경로(돈수頓修) 사이의, 즉

점수·돈수모델

(잇따르는) 연속적이거나 동시적인 것 사이의 차이점이다. 이 논고에서는 체험적인heuristic(스스로 발견하게 하는) 목적으로 연속적인 (점수) 관점을 취하고 있지만 양쪽 다 이치에 맞다. 관점/시각에 따라 마음이 (잇따라) 연속적으로 혹은 동시적으로 작동할 수 있다고 말하는 것이 옳을 것이다. 이러한 입장은 현대 인지 심리학의 연구와 일치한다. 순차적인(연속적인) 그리고 병렬적인(동시적인) 모델의 두 가지 정보처리 과정이 존재한다(Hoffman, 1979). 설득적인 증거가 각 모델별로

예증되어 왔다. 둘 다 옳다고 말함으로써 이러한 모델들 사이의 열띤 논쟁을 (우회적으로) 피할 수 있다. 마음은 조건과 취해진 관점에 따라서 연속적으로 그리고 동시적으로 정보를 처리하도록 갖추어져 있다. 마찬가지로 명상 상태에서 마음은 관점에 따라서 연속적이거나 동시적인 방식으로 전개된다.

최종 결과: 깨달음의 효과

깨달음은 두 가지 주요 변화를 가져온다고 전통들은 동의한다. 즉, 외적 실재를 보는 관점이 항구적으로 변하게 되고, 고통에 대한 내적 경험이 완화된다. 두 가지 변화들은 깨달음 동안에 일어나는 알아차림과 정신적mental 사건들 사이의 관계 변동으로부터 비롯된다.

깨달음이 만들어 낸 두 가지 주요한 변화

명상가는 실재에 관한 일상적인 관점에서 몇 가지 심원한 충격을 경험한다. 몇몇은 깨달음 이전에 발생하고, 몇몇은 깨달음 동안에 일어난다. 깨달음 훨씬 이전에 집중적인 명상 동안, 명상가는 일상적인 지각을 해체하기 위해서 마음을 멈추는 것을 배운다. 명상가는 세상이 단순히 보이는 것, 들리는 것 등이 아니라는 결론에 도달한다.

실재에 대한 일상적 지각 해체하기

실재에 관한 일상적인 관점에 대한 도전은 심지어 심령적/초자연적인psychic 힘의 발견으로 더욱 커지게 된다. 특히 수많은 초자연적인 힘들은 물리적 실재에 마음의 영향을 수반하기 때문이다. 경전들에 따르면, 초자연적인 힘은 수행 경로에서 두 시점, 단계4C와 단계5C에서 이용 가능해진다. 이것은 놀랄 일이 아니다. 거친 지각과 일상적인 자아-체계(단계4C)를 해체한 후 그리고 일상적 지각의 시공간 매트릭스(단계5C)를 해체한 후에 초자연적인 힘이 이용 가능해진다. 다시 말해서, 초자연적인 힘은 지각 인식적인 경험의 결과로 나오는 것이다. 이는 우리 인간 잠재력의 일부이지만, 우리의 대부분 습관적인 지각 인식적 구조들이 제거된 이후에야 나타난다. 이러한 발견은, 예컨대 최면 상태와 같은 의식의 변성 transitional 상태 동안 심령적/초자연적 능력들이 최고조로 증가함을 보여 주는 초자연적 능력에 관한 서구의 연구와 일치한다(Ulman Q Krippner, 1973). 많은 텍

일상적 실재에 대한 도전으로서 초자연적인 힘

스트들은 수행자가 단계4C 동안에 심령적/초자연적인 힘을 완전히 통달하는 것은 어렵다는 데 동의하고 있다. 이는 수행자가 아직은 통찰명상에 통달되지 않았기 때문이다. 단계4C에 일어나는 그와 같은 심령적/초자연적인 힘은 오로지 강도 높은 집중에 의해서만 나온다. 하지만 일단 수행자가 통찰명상에 통달하게 되면, 그는 가장 미세한 편향 요인조차도 제거하고서 일상적인 지각의 바로 그 기반인 시공간 매트릭스를 해체한 것이다. 그러한 통찰을 지각 인식으로 성취함으로써 초자연적인 힘은 안정적인 방식으로 가능해지게 된다. 요가수트라에서 일련의 연속적 통찰이 일어나는 동안 초자연적인 힘들을 굉장히 강조했지만, 집중명상을 기술하는 부분에서 그러한 힘들을 언급하지 못한 것은 아마 이러한 이유에서 일 것이다(YS, 3: 16-52).

특별한 삼매의 일상적 실재에 대한 도전

심지어 일상적인 실재의 관점에 대한 더 큰 도전조차 특별한 삼매를 발견하면서 따라온다. 시각/관점에서의 중요한 차이점들에도 불구하고, 모든 전통에서는 특별한 삼매는 마음/우주의 모든 잠재적인 원인이 되는 상호작용에 대한 어떤 종류의 상호연결성의 경험을 수반한다는 데 동의하고 있다. 이러한 마음의 가장 정묘한 구조의 직접적인 경험을 통해서 명상가는 일상적인 정신물리학적 psychophysical 법칙과는 완전히 다른 마음의 조작들의 집합을 깨닫는다. 이러한 가장 깊은 조작 수준에서 마음은 우주의 상호연결성과 상대성이라는 다른 종류의 법칙의 지배를 받는다. 게다가 일상적인 법칙에서 특별한 법칙으로 변이가 일어나는 정확한 단계도 기술할 수 있다. 핵심은 일상적 지각에서의 시공간 매트릭스의 해체다.

깨달음의 일상적 실재에 대한 도전

일상적 실재의 관점에 대한 가장 큰 도전은 깨달음과 함께 온다. 경험이 허무주의나 중도주의나 영겁주의의 관점에서 오든지 아니 오든지 간에, 기본-깨달음은 전통들을 가로질러 동일하다. 기본-깨달음 동안 경험의 내용은 떨어져 나가고, 알아차림은 그 중심부를 옮긴다. 알아차림과 (마음의) 구조와의 관계는 항구적으로 변경된다. 알아차림은 단 한 번에 완전히 마음의 구조에서 벗어나 자유로워진다. 이어서 다시 이는 깨달음 이후에 실재를 보는 관점을 변경시킨다. 명상가는 이제 일상적인 실재가 단지 정교한 '구조construction'(M, bcos pa), 즉 단순히 마음속에서 끊임없는 비인과적 · 인과적인 상호관계에서 구성되는 모델 구조라는 것을

'알아차린다'. 그러한 모델은 실재의 본성에 관한 '잘못된 생각들'(M, rtog pa)을 만들어 낸다. 그러나 일단 알아차림이 그러한 구조들에서 자유로워지면, 수행자는 이러한 모델과 개념들이 그 자체가 실재에 관한 정확한 진술이 아니라는 것을 깨닫는다. 요가수트라에 따르면, 그러한 것들은 '환영'(YS, māyā)과 연관된다.

그러한 서술들은 서구의 구성주의자들의 지각 이론과 매우 유사하다(Bruner, 1973; Neisser, 1967; Pribram, 1974). 브루너에 의하면, 일상적인 지각은 '(현실적) 진실veridical이 아니다.' 유기체는 적극적으로 자극들을 정보의 단위로 해석하고, 범주화 작용을 통해서 자극들에 대한 모델을 만들어 낸다. 범주들이 비록 세계의 물리적 특징들과 닮아 있다 하더라도, 그래서 지각에 의한 구성물들이 물리적인 세상의 특징들과 가깝지만, 그런데도 이러한 구성 행위는 흔히 '주어진 정보의 범위를 넘어선다.' 그래서 지각은 항상 어느 정도 편향되어 있어 (현실적) 실제가 아니다. 일상적인 지각의 (현실적) 비진실성에 관한 브루너의 연구는 대승불교도의 공空의 이론이나, 요가에서 마야幻·maya의 개념에 비교되는 이론이다. 이러한 구성주의자들과 해체주의자들의 지각에 관한 이론들이 공유하는 것은 일상적 세계에 대한 관점은 단지 거친 근삿값에 지나지 않는다는 이해다. 그것에 지나치게 집착하지 않는 편이 좋을 것이다. 깨달은 명상가들에 대한 경험적인 연구들에 의하면, 그들이 일상적인 실재를 어떻게 '보고', 그리고 어떻게 '꿰뚫어 본다'는 것인지를 둘다 보여 주었다(제6, 7장 참조).

서구의 지각에 대한 구성주의 이론들

(마음의) 구조와 알아차림 사이에서 관계의 이동은 또한 인간 괴로움苦의 경험에 심원한 영향을 준다. 주된 주장은, 그러므로 우선 명상을 하는 이유는 깨달음이 인간의 괴로움을 덜어줄 수 있기 때문이다. 특히 (수행) 경로–깨달음 동안에 마음은 그 내용물에 대해 반응하는 것을 그치게 된다. 그리하여 더 이상 새로운 카르마가 생성될 수가 없다. 더 이상 새로운 카르마가 생성되지 않음에도 불구하고, 깨달음 이후에 다시 일어나는 경험의 내용은 과거의 카르마가 익어서 (이숙식異熟識이) 나온 것이다. 알아차림은 그 중심 장소를 옮겨 왔기 때문에 새로 만들어지는 내용에 대해서 반응성이 없게 된다. 비록 감정적인 반응들에 대한 (교의적 해석의) 숙명이 각 전통들마다 다름에도 불구하고, 모든 전통에서 반응성이 멈춘다는 것에 의견의 일치를 본다. 허무주의자 상좌부 불교 전통에서는 강렬한

인간 괴로움(苦)의 경험에 미치는 영향

감정적인 상태는 여러 수많은 깨달음의 경험들 이후에야 모두 완전히 멈추게 된다고 한다. 영겁주의 힌두 요가수행에 따르면, 지복의 상태는 어떠한 감정도 존재하지 않는 이런 곳조차 넘어선 경험이 있음에도 불구하고 상대적 의미에서 어느 정도까지 지속한다(sagunam versus nirgunam puruṣa, YS, 4:38). 중도에 따르면, 강렬한 감정의 상태는 상대적이고 종속적인 방식으로 일어나지만 궁극적으로는 비워진다. 어떤 경우에라도, 어떻게 감정에 대한 정보가 처리되는가에 따라 변화하기 때문에 괴로움苦에 대한 인간의 경험은 달라진다.

이러한 견해는 감정emotions에 대한 인지 정보처리 이론과 매우 비슷하다(Tompkins, 1962~1963; Singer & Antrobus, 1972). 정서affect는 정보처리 그 자체에 대해서 피드백을 주는 기능을 하면서 동기와 행동의 기초로 기능하는 정보처리 체계의 일부분이다. 예를 들면, 처리할 새로운 자극들이 너무 많게 되면, 깜짝 놀라게 하는 반응이 뒤따를 수 있다. 적당한 정보처리는 호기심을 일으킨다. 모순되는 자극들은 걱정을 일으킨다. 정보처리 방식에서 주요하고 영구적인 변화는 감정적 경험에서 주요하고 영구적인 변화를 가져온다는 것은 이치에 맞다.

감정적 고통에 대한 경험이 없는 삶

명상 텍스트들에서 주장하는 것은 상당히 급진적이다. 감정적인 고통 경험이 없는 삶은 없다. 프로이트Freud는 정신분석에서 더 비관적이었다. 정신분석을 통한 자유 연상의 해석은 단지 신경증적인 괴로움을 일상적인 인간의 불행으로 바꿀 뿐이라는 것이다. 명상지도자들은 프로이트가 내버린 곳을 되찾았다. 붓다의 가르침에서는 "내가 가르칠 것이 하나 있다면, 그것은 괴로움의 소멸이다."[9] 라고 한다. 영구히 인간의 정보처리를 변화시키는 훈련된 주의의 재배치야말로 모든 일상의 불행을 완화시켜 줄 것이다.

<표 8-1> 명상단계

1단계 예비적인 윤리수행

기초구조	마하무드라(M)	청정도론(VM)	요가수트라(YS)	심리학
신념	원인이 되는 신념이 일어남 (dad pa'i 'don pa) 각성 인지			자기-효능감
1-A. 태도 변화	일상적인 준비 기회 / 영원하지 않음/죽음 원인/결과 윤회Saṃsāra의 괴로움			태도 변화 유도저항 인지된 통제
1-B. 정신 내적 변화 내부로 선회 외부결과와 기대를 가름 공부/성찰 의식의 흐름의 변화 부정적인 상태의 제거 긍정적인 상태의 배양 연속적인 인지의 변화	특별한 준비 세아 귀부 욕망하는 깨달은 태도 유지되는 깨달은 태도 정신적 요인들 참회/명상 제공물들/만달라 제공 요가지도자		규칙들(niyama) 자신으로 돌이감 (svādhyāyāḥ, 2:32) 연결을 확립함 (samprayogaḥ) 수행(abhyāsa) 의심의 제거 (vitarkābandhane) 정화(shaucha) 만족(saṃtoṣa) Ishvara와의 동일시 (Ishvarapraṇidhanan)	기대 효과들 객관적인 자기-지각 부정적인 정서 상태 긍정적인 정서 상태 인지
1-C. 행동적인 변화 생활-스타일과 사회적 행동의 조절 감각 입력의 제한 알아차림 훈련	진전된 준비 닉행 감각 제한 무상/완전한 알아차림	계율śīla 13 금욕 수행 (dhutaganiddesa)	금지(yamas) 오계 몸/마음의 조복(tapas)	행동치료 환경적/환경 요법 몰두/몰입

2단계 예비적인 몸과 마음의 훈련

기초구조	마하무드라(M)	청정도론(VM)	요가수트라(YS)	심리학
2-A. 신체 알아차림 훈련	세 가지 분리[신체의 분리] (lus dben)		자세(āsana, 2:46~53)	근육 출력의 조절
2-B. 호흡과 생각의 고요함	말의 분리(ngag dben)		호흡 조절 (prāṇāyāma, 2:49~53)	호흡 리듬의 자발적인 조절, 사고의 감소
2-C. 의식의 흐름의 재배열 사고의 해체	마음의 분리(sems dben)		감각-철수 (pratyāhāra, 2:54~55)	증가된 신체 간격 사고의 탈각성화

3단계 지지(물) 있는 집중

기초구조	마하무드라(M)	청정도론(VM)	요가수트라(YS)	심리학
3-A-a. 외부 대상에 대한 집중 노력	전방에 집중(mngon du)	시각자의 신호 (parikammanimitta, 4:22)	집중(외부로) (dhāraṇā traṭākam)(3:1)	범주화
3-A-b. 내부 대상에 대한 노력 없는 집중의 유지	내부에 집중(nang du) 여래[tathāgatā의 신체 시각화	직관적인 신호 (uggahanimitta, 4:30)	집중(내부로) (dhāraṇā cakra)(3:1) 하리[Hari 신의 시각화	대상 항상성
3-B. 안에서 생성되는 사건들의 변화에 대한 이원된 인지	기술(rtsal) 불연속적으로 방사되는 중 자('Char ba'i thig le)의 다양한(sna tshogs) 사건들의 인지(ngo shes)	닮음의 신호 (paṭibhāganimitta, 4:31)	무상(dhyāna)(3:2) 동일한 연속체(ekātanatā)의 연속적인 변행(vṛtti)에 대한 인지(pratyāya)	패턴 인식
3-C. 가진 사고의 정지 빛의 흐름에 대한 알아차림	행해짐(zad pa) 호흡 염즘(bum ba can) 공 간 요가 마음의 염즘(sems med)	보호하는 신호(4:34)	감소하는 (마음 물질의) 변동 (kṣeṇavṛtti, 1:41) 호흡 염즘(kumbhaka) 심메의 종자 가진 대상들(sthūla)(3:3)	전주의적 지각의 통합

4단계 지지(물) 없는 집중

기초구조	마하무드라(M)	청정도론(VM)	요가수트라(YS)	심리학
4-A. 정묘한 지각으로 전환 자기-표상의 상실 거친 구성 없이 빛의 흐름을 발견	빼곡하게 보유함(sarim ba) '나'의 상실(nga) 미묘한 인지('phra rtog)	접근의 열 가지 기술(upacāra)(4:51-56)	삼매의 종자 정묘한 대상(sukṣma)(1:44) nirvitarkāsamādhi 감각-해석의 상실(manas)(밖으로 빛나는 빛) 자신의 형태가 없는 빛만이 뿜어져 나옴(svarupashunya, 1:48)	자기-체계의 변화 자기-표상의 상실
4-B. 미묘한 흐름의 인식 자기-작용의 상실 연속된 빛의 흐름	내려 놓음(lhod pa) '행위'의 상실(byas ba) 빛의 흐름에 대한 인식(ngo shes)	이완(4:57-62)	savicārasamādhi "나-행동"의 상실(ahaṃkara) 빛의 흐름에 대한 인식(pratyaya)	자기-작용의 상실
4-C. 일상적인 관찰자의 붕괴; 관점의 재구조화 알아차림의 새로운 관점 불연속적/연속적 흐름 분과 정로	균형(btang snyoms) 수반되는 알아차림(lhan ne; sgo nas) 별개의 불연속적인 섬광(val le) 거대한 종자 영적인 힘	느슨한 전개(4:50) 미음/물질성(nāmarūpa) 전념	nirvicārasamādhi(비분별적 삼매) 알아차림의 반영(buddhi) (에너지 장의) 연속적(인)으로 진동하는 에너지 장(tanmātra)(1:47)[영적인 힘]	자기-체계로부터 디구조가 없는 알아차림(의 자유화) 일시적인 홀로노믹 정보처리 지각

5단계 통찰명상

기초구조	마하무드라(M)	청정도론(VM)	요가수트라(YS)	심리학
5-A. 정묘한 흐름의 고속 탐색 발생 요인 흐름의 특성 통찰 범주의 획득 통찰 범주 명상 흐름에 내재한 범주	관점view 성향(bag chags) 붙연수성(sa sor rtog pa) 조사-명상(dpyad sgom) 비실체성 (ngo bo nyid med) 삼매 명상('jog sgom)	관점의 정화(18:1-36) 은혜에 대한 14~17장 연기 몸과 마음에 대한 앎	자기(물) 없는 삼매 인상(saṃskāras) 연속(pariṇāma) 1장 변화(pariṇāma)에서의 동일성(tulya) 중단으로의 변행 (nirodhapariṇāma, 3:9)	고속 탐색
	사람에 대한 공(空) / 현상에 대한 공(空)	정신 / 물질	의미의 인식 / 물질의 인식	
획득 일련의 철저한 탐색 흐름의 인지식	정도 (안-선)통찰을 가져옴 재매열		nirodhapariṇāma(3:9) 고요한 흐름 (prashāntavahita, 3:10)	
5-B. 거친 마음 내용의 고속 탐색 거친 사건들의 탐색 분리된 주의	기술, 삼매의 이면 (gangshar) 일어나는 어떤 것이든 즉각적으로 일어나는 일어남, 마무름, 사라짐 일어나고/사라짐	의심의 극복(19:1-27) 연속 조건부 정로/정로 아님 (20:1-130) 분명한 이해 (20:13-92)	삼매로의 변행 (samādhipariṇāma) 사물의 다양성 (sarvārthata, 3:11) 한 점으로 응축되는 것으로의 변행 (ekagratāpariṇāma, 3:12) '일어나서 유사한 것이 됨'	고속의 자동 탐색(의 고속)
5-C. 시간적 상호작용에 대한 고속 탐색 범주	펼쳐지 않는 요가 불연속적인 빛이 일어나고 사라짐	삼매의 일어남/ 사라짐(20:93-104; 21:3-9) 불연속적인 빛이 일어나고 사라짐	연속된 장의 현현에 대한 변화의 동일성	일시적인 상호작용의 고속 탐색

	용수(Nāgārjuna)의 변증법	사라짐에 초점	다르마의 변화 때 변화하지 않는 기저의 고정성(단일성)(dharmin)(3:14)
분석			
결과: 상호연결성	비소멸(maʾgag pa)	소멸(21:10–28)	단일성(3:53–55) "지혜는 우주 전체와 관련된 것(시간 밖의 모든 것에 속하는 것)이다."
분과 정로	열 가지 번집	열 가지 번집	영적인 힘

6단계 특별한 마음과 깨달음

기초 구조	마하무드라(M)	청정도론(VM)	요가수트라(YS)	심리학
6-A. 상호연결된 마음과 (관계와) 일상적인 시/공간 마음의 관계 관점의 유지 범주 결합 비-반응성 마음의 수준에 따른 카르마 행동의 사슬 미묘한 카르마 상호작용 인식 특별한 마음의 절대적인 자연스러운 상호작용(의 결과)	일미(一味) 요가 (비실체성의) 지적 비실체성 마음의 동시성(zung 'jug) 스스로 발생함 (rang 'byung) 지혜의 조짐 인지와 지각의 동시성 일상에 대한 앎	앎 & 환영 중단 불행(21:29-42) 냉정(21:43-44) 해방의 욕망(21:45-46) 재관찰(21:47-60) 균형평정(21:61-78)	경향성(Vasanas)의 분석 변화에서의 동일성 잔적의 제거 (anantarya, 4:9) 영원한 욕망(4:10) 업보(vasanas) 경향성의 비 실제성의 가능(4:11) 다양한 마음/동일한 실제 (vastu, 4:14-17) 하나의 실제(의) 그것(4:14)	
6-B. 상호 연결된 마음과 음과(과 상호 연결성)의 관계 일어차림의 작동 마음 상호성의 원시적인 상태의 확립 경로 깨달음	비명상요가 연속성에서 지혜의 인식 화립하는 수단 기초 경로 기쁨 실현(세 가지 부처의 몸)	통찰의 출현 (21:83-110) " " 일지(21:128-136) 계통의 변화(22:3-9) 경로 기쁨 실현(지고의 고요, 22:15-18)	프라크리티(prakṛti)와 푸루샤(puruṣa)의 관계 (4:18-23) " " [마음 타인을 위한] (parārtham, 4:24) 중단(vinivṛtti, 4:25-26) 다른 인식 (pratyayātarani, 4:27) 비구름 삼매 (dharmameghasamādhi, 4:29)	양자 이동
6-C 일상적인 마음과 깨달은 마음의 관계	제고	제고(22:19) 두 번째, 세 번째, 네 번 째 깨달음(22:22-30)	제고(4:33-38)	

〈표 8-2〉 명상의 단계와 시각 관점

	명상의 단계	시각 관점 불교	시각 관점 요가
태도, 정서 행동	1. 준비적인 윤리적 수행들 A. 믿음의 생성, 태도의 변화 B. 선행 공부, 심리내적인 변형 C. 감각/행동 규제 방해받지 않는 일어서처럼 수행	(광자와 유사)	마음으로서 빛 (파동과 유사)
사고	2. 준비적인 마음/몸 훈련 A. 신체 일어서림 훈련 B. 호흡과 사고를 차분히 하기 C. 의식 흐름의 제배열	불연속성 불연속적인 찰나	동일한 것에 대한 연속적인 변형
지각	3. 지각(물) 있는 검증 A.1. 검증 훈련, 범주 제거 A.2. 내면화, 이미지의 재배열 B. 씨앗에서 생겨나는 모든 감각 양상의 다양한 패턴을 인식 C. 마음(의 몸춤, 즉 가진 지각단계 몸춤	불연속적으로 씨앗의 발산	연속적으로 씨앗의 변형
자아	4. 지각(물) 없는 검증 A. 정묘한 지각으로의 조율 B. 정묘한 호름의 인지 C. 일상적인 판설서의 붕괴, 지각의 재구조화	불연속적인 즉각적 사건들 부수하는 지각	감각 자체(tamātras)의 연속적인 진동 푸루샤(puruṣa)의 반영 (buddhi)

시공간	5. 통찰 수행 A. 미묘한 흐름의 고속 탐색 자아의 뿌리 뽑음, 현실감 상실 B. 개진 마음 사건의 고속 탐색, 지각된 기간의 변화, 미묘한 흐름이 사건의 빈도수 변화, 단독으로 일어남, 습윤수 모 선으로 가득한 사건, 영혼의 힘이 감자기 반득임, 큰 기쁨, 밝은 빛 C. 연속 순간순간의 마음과 그 연속적인 마음의 분석, 지각된 시공간의 문제 모든 잠재적인 사건의 상호 연결성	공(空) 비실체성 (ngo bo nyid med) 명확한 빛 비소멸 모든 영역과 시간의 상호 의존 기원	감각-인상의 소멸 동일성(tulya) 토대의 변형(dharmin) 단일성 현현의 단일성 우주(prākṛti)
유주	6. 진전된 통찰 A. 상호연관된 사건들의 평정 특정 사건들의 상호작용 B. 모든 마음 작용/반작용의 중단 깨달음의 순간 기조: 마음 내용의 소멸, 방대한 알아차림 경로: 변화된 알아차림 장소에서 마음의 내용으로 돌아옴	비소멸	현현된 것의 모든 상호 작용 우주 비규를 삼매

제9장

동방정교회에서의 발달단계

존 치어반 John T. Chirban

앞의 장들에서 월버와 브라운 둘 다 (비록, 월버의 견해로는 다른 관상적 전통들은 영적 발달의 다른 차원의 수준에 도달한다고 보지만) 관상(정관/명상)단계stages of contemplation의 심층구조의 문화 간/통문화적cross-cultural 또는 유사 보편적인quasi-universal 특징에 대해 논하였다. 이 장에서 치어반은 동방정교회의 위대한 성인saints 몇 명의 삶을 살펴본다. 동방정교회는 기독교 전통 내에서 관상적인 길을 독특하게 살려 오고 있다. '비록 각 성인들이 자신의 고유한 경험을 (종종 자신의 독특한 방식으로) 묘사하고 있지만', 치어반은 "이 성인들이 도달한 단계들을 다른 성인의 것들과 비교하면 기본적인 유사점이 드러나고, 이 동일성은 그들 경험의 보편성을 확인해 준다…."고 보고 있다. 치어반은 열 명의 성인과 신학자들 모두에게서 기본적으로 일관성 있는 다섯 단계가 확인될 수 있다고 결론지었다. 이 단계들은 1) 이미지Image(형상), 2) 메타노이아Metanoia(전환/회심conversion; 회개, 즉 신자들의 공동 유대 체험), 3) 아파테이아Apatheia(정화 또는 변형purification or transformation; 모든 정념情念에서 해방된 상태), 4) 빛Light(광명illumination; 계시, 깨달음), 5) 디오시스Theosis(신성 합일union; 신과의 합일)이다.

비교를 위해 우리는 월버의 모델과의 유사성을 주목할 것이다. 이미지Image 단계는 '그 사람의 자연스러운 상태', 즉 관상 발달이 시작되기 전의 (개인적 영역) 상태다. 전환metanoia은 관상의 삶을 시작하려는 의식적인 결정으로 윌버, 브라운, 엡스타인 등이 기술한 '예비수행'과 유사하다. 정화/변형apatheia은 '정화'의 단계로서 배타적인 세상의 추구를 처음으로 초월하는, 즉 초기 관상 몰입의 심령psychic 단계다. 빛light은 밝음의 단계로서 들리는 계시audible illumination와 전형적인 광명의 정묘subtle 영역이다. 신성 합일theosis은 신과의 합일단계로, 성인들이 '알지 못하는', '보이지 않는', '어둠', '신비', '영광스러운 무glarious nothingness' 등으로 기술할 때 현현되지 않는 영역이나 원인causal 영역을 분명히 언급하고 있다. 유사한 (발달단계의) 상관성들을 브라운의 모델에서도 이끌어 낼 수 있는데, 이는 정관/명상적 발달의 보편성에 대한 추가적인 증거를 제공하는 것이다.

♣♣♣

기독교 전통 교리   인간의 본성에 대한 기독교 교리는 전통적으로 신God이 자신의 형상과 모습에 따라서 인간을 창조했다고 말하는 표현(κατ᾽εἰκόνα καί καθ᾽ὁμοίωσιν)의 해석에 기초하고 있다.* 기독교 작가들은 '형상image'과 '모습likeness'이라는 단어

'형상'과 '모습' 사이의 구별 의 구별에 있어서 성 바실리우스St. Basil에게 빛을 지고 있다. '형상'이라는 단어는 개인의 타고난 자연스러운 본성을 가리키고, '모습'이라는 말은 신과 같아지려고 하는 소망을 가진 개인의 차원을 의미한다. 그러므로 인간은 신과 같이 되려는 잠재력을 가지고 창조되었다.

'형상'에서 '모습'으로의 영적 성장   '형상'에서 '모습'으로의 영적 성장의 과정은 무엇인가? 동방정교회의 영성 내에서 발달 또는 단계에 관한 단 하나의 체계적인 논고나 지시적인 방침도 정교회에 존재하지는 않지만 성장에 대한 관심은 그 신앙에 기본적이고 본질적인 것이

---

* 많은 초기 기독교 문헌을 다룰 때 오늘날 성차별 언어로 확인될 수 있는 문헌들을 그것들 자체에 대한 가혹한 손질을 함이 없이 제거하는 것은 사실상 불가능하다. 그 이유는 단순히 이러한 문헌들의 다수는 현대의 기준으로 볼 때 사실상 성차별주의의 문화 속에서 발생한 것들이기 때문이다. 편집자나 치어반 박사 어느 쪽도 (성별gender 구분에 반대되는 의미로서의) 성차별을 지지하지 않는다. 그런데도 이 문구를 "신이 남자/여자를 그/그녀의 형상으로 그리고 그/그녀의 모습으로 창조하였다."라고 번역하는 것은 사실상 이해하기 힘들다. 우리가 성차별적 언어를 여러 곳에서 제거하려고 노력하였지만 때로는 성별 용어에 대해 문자그대로의 번역을 따를 수밖에 없었다.—켄 윌버.

다. 이 장에서는 첫째로, 동방정교회에 있어서 성장과 발달에 관련된 태도들의 하나를 알리는 요소들을 확인하고, 그리고 두번째로, 동방정교회에서의 성인들의 전통에서 일관적이고 온전하며 위계적인 경험들로 드러나는 단계들을 확인한다. 지금까지는 개인의 삶 속에서 영적인 성장의 단계들을 병행하는 개인의 경험으로부터 나타나는 별개의 패턴들을 확인하려는 노력이 없었다고 해도 과언이 아니다.

성장과 발달

인류학

'형상'과 '모습'이라는 용어의 의미는 많은 교부들의 사상에 영향을 미쳤다. 그것들은 남자와 여자는 처음에 완전하게 창조되지는 않았지만 창조주와 (영적) 교감을 하는 데 필요한 모든 재능을 부여받았다는 동방정교회의 기본적인 가르침을 표현하는 목적에 공헌하였다(성 바실리우스St. Basil, 닛사Nyssa의 성 그레고리St. Gregory, 예루살렘의 키릴로스Cyril, 모두 연대 미상).

그러므로 인간은 **고유한 재능**을 부여받았다. 이레나이우스Irenaeus에 따르면 "인간은 어린아이로 창조되었으며(νήπιον)" 순수의 상태에서 나와 성장하고 성숙하도록 운명지어지고 권한을 부여받았다(Irenaeus, 연대 미상). **'고유한 재능'의 부여**

교부들의 저작에서 '형상'이라는 용어는 개인의 **이성적**rational **기능**의 자질을 포함한다(알렉산드리아Alexandria의 클레멘트Clement, 성 오리게네스St. Origen, 성 아타나시오스St. Athanasios, 성 바실리우스, 닛사의 성 그레고리, 성 요한 크리소스토무스St. John Chrysostom, 모두 연대 미상). 교부들은 이성의 적절한 사용에 의해 개인이 자신의 창조주에 대해 알 수 있고 창조주와의 영적 교감을 좋아하게 될 수 있다고 믿었기 때문에 이성을 강조해 왔다. 인간의 이성적 본성을 강조함으로써 교부들은 다른 피조물보다 인류에게 우수성을 안겨 준 이성적 기능을 강조하려고 애썼다. **이성적인 기능의 재능**

많은 교부들은 사람에 대한 '신의 형상'을 인류의 원래 상태인 원죄 없음과 순

도덕적 완성 수성에, 뿐만 아니라 **도덕적 완성**을 위한 개인의 능력에도 연관시킨다. 이러한 능력은 인간에게 잠재적(δυνάμει)으로 주어지며 인간들로 하여금 순수한 어린이 단계로부터 성숙한 신성함으로까지 발전하게 하고, 나아가 신의 계명(Εσεσθε οὖν ὑμεῖς τέλειοι ὡς ὁ Πατὴρ ὑμῶν ἐν οὐρανοῖς τέλειος ἔστιν)에 따라 신의 신성함에 아주 가까이 가게 하는 데 요구되는 것이다(마태복음 5: 48).

다마스쿠스Damascus의 성 요한은 지적하기를, 비록 이러한 재능을 가지고 있기는 하지만 남녀 인간이 신의 신성함과 유사한 정도를 성취할 수 있기 위해서는 신의 은총을 지속시키는 힘을 필요로 한다는 것이다(John of Damascus, 연대 미상). 이러한 방법으로 인간 안에는 신과 이웃과 나누는 사랑에 대해 타고난 관계적인 '의존성'이 있다는 것이 시사된다.

창조성 더구나 인간은 초기기독교 교부의 문헌 출처에서 '**창조적 존재**(δημιουργικόν ζῶον)'로서 제시된다(Johan Chrysostom, Therodoret of Cyrus, St. John of Damascus, 모두 연대 미상). 사람은 문명과 문화를 창조할 수 있고 최초의 창조주의 예를 반영하여 자신이 품고 있는 관념들을 실현할 수 있다. 즉, "그리고 신이 말했다. 우리의 형상과 모습으로 인간을 만듭시다. 그리고 그들이 바다의 물고기, 지상에 기어다니는 모든 것들을 지배하게 합시다."(창세기 1: 26) 키루스Cyrus의 데오도레트Theodoret는 창조하는 이 권능의 행사에 있어서 사람은 신과 다르다는 방식에 대해 설명한다(Theodoret of Cyrus, 연대 미상). 그는 신은 혼자서 노력과 고통 없이(ex nihilo) 창조할 수 있음을 주목한다. 그러나 인간은 창조하기 위해 이미 존재하는 물질을 필요로 하며 인간의 창조성은 시간과 노력을 필요로 한다.

자유의지 교부들에 따르면, 인간의 가장 중요한 특징 중 하나는 행동을 위한 선택, 즉 자유의지(αὐτεξούσιον)다. 신의 무조건적인 사랑에 밀접하게 연관된 개인은 선과 악을 선택할 자유를 가지고 있다. 자신의 자유의지를 행사하는 방식에 따라서 사람은 자기와 신을 알 수 있다(St. Basil, Cyril of Jerusalem, St. Gregory of Nyssa, St. John Chrysostom, St. John of Damascus, 모두 연대 미상).

충동을 넘어서 일어날 수 있는 능력 인간을 영적인 존재로 각광받게 하는 '(이미지) 형상'의 또 하나의 중요한 요소는 **인간이 자신의 충동을 극복할 수 있고**(Basil, 연대 미상), 자연적인 것들이 아닌 실재를 향해 자신의 **영적인 힘**을 향하게 할 수 있다(Tatian, 연대 미상)는 사실이다. 물질적 존재를 초월하는 인간의 이러한 힘은 교부들에 의하면 '내재된' 것으로 불린다(Basil, Caesarios, Cyril of Alexandria, 모두 연대 미상).

또한 우리는 남자와 여자 속에 있는 신의 형상은 개인의 사랑할 수 있는 능 **사랑** 력이라는 관점에서 교부들에 의해 논의되었음을 주목한다. 성 바실리우스는 이 능력을 인간성에 내재된 것으로 느꼈던 것이다(Basil, 연대 미상) 닛사의 성 그레고리는 형상의 자질로서의 사랑의 중요성에 관하여 강조하고 있다. 그는 이 사랑이 부족하면 그 형상의 전체 특성이 변한다는 의견을 가지고 있다(Gregory of Nyssa, 연대 미상).

신학과 삶

동방정교회의 영성의 특징은 절제와 관상(정관/명상)이다. 이것은 우연이 아니 **'침묵의 신학'** 라 신학이 삶에 영향을 미치는 방법의 직접적인 결과다. 특히 동방정교회가 신을 닮고자 추구하는 방법은 내적인 평안과 '혼의 움직임'에 주의기울임을 반드시 필요로 한다. 여기에서 제시한 것처럼, '형상'의 의미를 경험하기 위해서는 관상이 필수적이다. 그러한 관상을 통해 우리가 정교회의 '침묵의 신학'에 대해 말할 수 있을 거라고 필자는 제안한다. '침묵'의 근본적인 목적은 자신의 진실로 진정한 본래의 동일성인 신의 형상의 재확인을 위한 토대, 기회를 제공하는 것이다.

> 만약 당신이 자신을 주의 깊게 주시한다면 신에 대한 앎으로 당신을 적절히 이끌게 될 것이다. 만약 당신 자신에 대해 성찰한다면 당신은 조물주를 찾는 데 우주의 구조를 필요로 하지 않을 것이나 소우주로서의 당신 자신 속에서 당신은 당신의 창조주의 위대한 지혜를 분명히 보게 될 것이다(Basil, pp. 213D-316A).

시리아의 성 이삭Isaac은 다음과 같이 경고한다.

> 당신 속에 놓여 있는 보물 창고에 열심히 들어가라. 그러면 당신은 하늘의 보

물창고를 보게 될 것이다. 그 두 개는 동일한 것이며 그 둘에 들어가는 단 하나의 입구만 있기 때문이다. 그 왕국으로 이르는 사다리는 당신 속에 감추어져 있고 당신 자신의 혼 속에서 발견된다. 당신 자신과 당신의 혼 속으로 뛰어들어라. 그러면 당신은 올라가는 사다리를 발견하게 될 것이다(Chariton, p. 164).

내면화와 내재적 신앙의 함양

자신의 내재적인 신앙을 키우고 '모습likeness'을 향해 나아가게 하는 것은 정확히 이런 종류의 자기-평가와 내면화다. 이것은 곧 동방정교회의 영성 속에서 이런 침묵의 특성이 어떤 신체적 자세 하나로만 특징지어진다는 것이거나 그것이 영성주의자 종파라는 것을 시사하는 것은 아니다. 사실은 정반대다. 정교회의 영성적 성장과 발달 속에는 절제의 색조가 있기는 하지만 이 과정에서의 작업은 아주 엄격하고 활동적이다.

신약성서에서는 자신의 '형상'을 함양하기 위한 이러한 침묵의 영혼을 명료화하기 위한 방법들에 대한 수많은 언급—깨어 있으라(γρηγορεῖτε; 로마서 7: 5-25)' 잠들지 말고 있으라(ἀγρυπνεῖτε; 마태복음 26: 38-43 , 마가복음 14: 34-40, 마가복음 13: 33-37) 깨어나라(ἔγειρε; 누가복음 21, 24, 36장), 보라(Βλέπετε; 에베소서 5: 14-15).—이 있다. 이러한 지시어들은 사막의 교부들에 의하여 더 큰 정의적 의미마저 띠게 되었다. 이들은 자신들의 경험으로부터 적극적인 관상의 개념을 확장하였다. 그들은 주의(προσοχή), 깨어 있음(νήψις), 마주봄(αντίρρησις) opposition, 관찰(ἔρευνα), 마음 지킴(φύλαξις νοός), 정신적 고요(νοερά ἡσυχία)를 권고한다(φιλοκαλία, 1893).[2]

성인들의 삶을 통해 영적인 발달을 이해하기

요약하면, 기독교 전통에서 인간의 본성에는 인간 속에 신성godliness인 '형상'과 자기-완성으로 성장하기 위한 잠재력인 '모습'이 있다고 강조한다. 하지만 종종 종교 문헌은 빠진 연결고리가 있다는, 또는 현재와 미래의(완전해진) 상태 사이의 과정에 관하여 명료성이 부족하다는 인상을 남긴다는 의미에서의 어떤 공백 상태에서 목표, 즉 완성에 대해 말한다. 영적 발달에 대한 더 많은 이해가 정교회의 성인들의 목표는 물론 변화를 위한 과정으로서의 그들의 삶에 초점을 맞추는 것을 통해서 제시된다. 성인들의 자서전이나 그들의 다른 저작물들은 그들의 인간적 분투를 보여 주고, 전기들이 흔히 실수로 생략하는 변화를 위한 가치 있는 과정들을 문헌화하여 보여 준다. 성인들이 자신에 대해 이야기할 때 우리는 그들의 인간성과 쉽게 연관지을 수 있게 되고, 그리하여 발달단계 속에서 그들의 성장을 이해할 수 있다. 그들을 그들답게 만드는 것은 자아와 접촉하고 영적인 목표를 향한 움직임에 참여하는 바로 그들의 활동이다.

나지안주스Nazianzos의 성 그레고리는 성 바실리우스의 사후를 다음과 같이 기술하고 있다.

> 당신은 내가 어떠한가 하고 묻는다. … 글쎄, 나는 아주 좋지 않다. 내 곁에는 더 이상 바실리우스가 없다. 체사리우스Caesarios도 더 이상 곁에 있지 않다. 지적인 그리고 육체적인 형제들은 모두 죽었다. "나의 부모는 나를 떠났다."고 나는 다윗David과 같이 말할 수 있다. 육체적으로 나는 아프고 나이는 내 머리 위에 내려앉고 있다. 걱정이 나를 질식시키고 있다. 일들이 나를 짓누르고 있다. 친구들에 대한 신뢰가 없고 교회에는 목자들이 없다. 선은 사라지고 있고 악은 아주 노골적으로 나타난다. 우리는 어둠 속에서 여행하고 있다. 등대는 없으며, 그리스도는 잠들어 있다. 개인이 무엇을 할 수 있는가? 나는 이러한 곤경들로부터 한 가지 구제만 알고 있는데, 그것은 죽음이다. 그러나 도래할 세계조차도 현재 세상에 의해 판단하기에 혹독해 보인다(Campenhausen, 1955, pp. 101-102).

그러나 이렇게 심한 암울함에도 불구하고 성 그레고리는 포기하지 않았다. 왜냐하면 자신의 인생의 목표인 신과의 합일theosis이 앞에서 가물거리고 그래서 그는 자신의 영적인 길을 추구하기 때문이다. 개인적인 분투와 영적인 힘 사이의 역동성은 동방기독교의 발달을 이해하기 위한 매우 필수적인 요점이다. 성인들은 변화 없이 고정되고 완벽하지 않지만 자신을 발전시키기 위해 노력하고 궁극적으로 성장하게 된다.

신과의 합일, 신성화 또는 성령의 획득은 정교회 삶의 목표다. 예수 그리스도의 삶은 **합일**을 위한 모델로 작용한다. 성 아타나시오스St. Athanasios는 자신보다 앞서 존재했던 성 이레나이우스St. Irenaeus처럼, "신이 인간이 되었기 때문에 인

정교회 삶의 목표

간은 신이 될 수 있다."고 말한다. 그리스도가 이 땅에 아직은 완전히 실현되지 않은 신의 왕국을 도래시켰다고 한다. 그러나 신과의 합일은 종말론적인 가능성이나 단순한 약속이 아니라 **금생의 현재 삶에서** 그 왕국을 찾도록 은총을 입고 분투하는 사람의 치열한 상승이다. 신과의 합일은 신학적이고 영적인 교리의 탁월한 예이며, 이것은 개인이 신과의 합일을 성취하기 위해 갈망할 때 기독교인의 깨어 있는 고된 영적 훈련askesis이나 발달 속에서 증명된다.

현재의 삶 속에서
신의 왕국

아주 초기 기독교 시대로부터 정교회 영성의 특징은 신과의 합일을 목표로 한다는 것이다. 서구 기독교는 자주 '신비주의'를 주관적이고 감성적인 종교 상태로서 취급하는 것을 관찰할 수 있을 것이다. 결국 이러한 이해는 신비주의란 불안정하고 논증할 수 없는 것이라는 감정을 불러일으킨다. 동방정교회가 신비주의 또는 신과의 합일로의 발달을 해석할 때 그것은 정적靜的 관념적인 것도, 추상적 개념도 아니고, 인간을 위한 이상주의적 잠재적 가능성도 아니다. 동방정교회의 신비주의는 자신의 인간화(육화, 인간으로의 탄생)와 죽음과 부활에 의해 인류를 구원한 예수 그리스도에 의해 처음으로 그리고 완전히 성취된 객관적이고 역사적인 현실이다. 마찬가지로, 그리스도 몸의 '신비적인' 관여에 대한 동방정교회의 이해는 상징적이거나 형이상학적인 의미가 아니라 "그리스도 본성의 보이지 않는 관여"(Monk, 1968)를 암시한다. 신과의 **합일**을 향한 영성적인 과정은 수많은 교회 성인들의 평생 동안의 분투와 생활양식에서 드러나 있는데, 그들 중 일부는 이 장에서 소개될 것이다. 그러므로 그 성인들의 삶은 그들이 묘사하는 그리고 필자가 동방정교회의 영성 개발이라고 간주하는 객관적 현실의 증거로 기여한다.

증거로서의
성인들의 삶

지식과 경험

'앎'과 '신앙'

동방정교회의 전통에서 앎과 신앙을 정의했던 사람들은 자신들의 삶의 기반 위에서 그렇게 해 왔다. 그들이 비록 자신들의 교리적 신념에서 합의를 표현하지만 '앎'과 '신앙'(자신들의 믿음에서 비롯되는 행위)에서 그들의 경험들은 그만큼 독특한 묘사를 지닌다. (신의 본질을 이해하는 것은 불가능하기 때문에) 앎에 대한 동방정교회 접근의 요점은 개념적이거나 공식적인 방식이 아니라 인간의 지적 범주와 표현을 초월하는 합일을 통해서다. 그리스도의 형상을 바꾸는 메시지와 '전일적holistic(몸, 마음, 혼)' 조화 속에서 삶의 불가피성을 강조함으로써 개인은 영원히 지속되는 앎의 길에 뛰어든다. 보다 충분히 참여하는 앎의 길은 이해해야 할 더 많은 것들이 항상 존재한다는 것을 발견하는 쪽으로 이끈다(Turner, 1975).

14세기에 성 그레고리 팔라마스Gregory Palamas는 신과의 영적 교감 속에 있음으로써 개인은 순전히 지적인 과정과는 차별화되는 신에 대한 직접적인 앎을 향유할 수 있다는 것을 강조하며 앎의 체험적 개념을 발전시켰다. 이 앎은 인간이 신의 형상을 닮았다는 신학에 기초하고 있는데, 이는 사람이 본래 자신을 초월하고 신성에 도달하는 속성을 지니고 있다는 것을 강조한다(Meyendorff, 1975).[3]

초기 그리스도교 교부 사상에서 '앎'에 대한 이해는 앎이 내면의 빛/광명(계시/깨달음)의 열매라는 영적 행위인 것을 강조하는 그리스 철학 전통을 부분적으로 따른다. 그러므로 신학은 그리스 철학에서 사용되는 철저하고 심오한 앎(ἐπιστήμη)에 대한 **순수과학**을 의미한다. 이성과 영적 실재 사이에 이분법이 존재하지 않는다는 것을 나타내는 것은 앎에 대한 이러한 용법이다. (예를 들어, 닛사의 성 그레고리는 삼위일체 신학을 둘러싼 '신비'에도 불구하고, 어떤 망설임도 없이 삼위일체 교리는 '이성적 앎의 정확한 표준'과 일치한다고 말한다.) 그리고 동시에 동방정교회 인식론은 이상주의와 경험주의 모두에 정반대로 대립 각을 세우게 된다. 왜냐하면 그 둘 다 개인을 관념이나 물질의 영역에 각각 가두는 한계를 갖고 있기 때문이다. 최종분석에서 정교회 인식론은 (완전히 작동하는) 이성은 성령과의 교감을 유지하는 정도에 따라서 진리로 이끄는 안내자라는 것을 단언한다(Stephanou, 1976). 앎에 대한 이러한 접근법은 정교회가 학술적 연구와 저작에만 한정하지 않고 삶에서 신앙의 경험, 즉 고독의 경지, 기도, 적정寂靜을 위한 장소를 필요하다고 한 이유를 설명해 준다.

성 바실리우스는 사실적eo ipso 그리고 선험적a priori 앎 모두를 가질 수 있음을 아주 분명하게 설명하고 있다. 그의 설명에 따르면, 이러한 앎의 과정은 선악의 힘 그리고 자신의 내부에서 혼돈으로 이끄는 현상을 알아차리는 제3의 힘(ἀπαθῆ 또는 ἀδιάφορα)에 의해 영향을 받는다. 하지만 마음의 목적은 진리에 대한 이해이

'앎'을 이해하기

이상주의와 경험주의
둘 다에 대한 반대(대립)

마음의 목적

고 그리고 신은 진리라고 그는 말한다. 그러므로 카파도시안(Cappadocians: 3~5세기 동방의 교부 중 한 사람으로 그 추종 교파)은 이성이 개인을 '진정한 앎'으로 인도할 수 있음을 주장하며 이성의 긍정적 가치를 강조하였다. 성 그레고리 팔라마스는 진정한 이성은 개인으로 하여금 (앎의 결과로서 ―모두가 두 가지 사랑의 계율로 이어지는― 기도, 단식, 성찬, 자선 그리고 행위에 대한 형식뿐만 아니라 내용경험을 포함하는 것으로 이해되고 있는) 신의 율법을 따르고 그리고 신에 근접 가능한 앎에 가까이 가도록 인도한다고 말한다(Krivoshine, 1955).

자연적인 앎과 진정한 앎   자연적인 앎은 '진정한 앎'을 강조하려고 애쓰는 어떤 틀 안에서 이해될 수 있다. 하지만 그것 자체가 목적으로 간주될 때 그것은 자기-기만적이고 공허한 것으로 간주된다.

> 감각과 지성의 힘을 소유할 뿐만 아니라 영적이고 초자연적인 은총을 받고 있기도 한 사람들은 그들 자신의 앎에 한정되지 않고 감각과 지성에 대해 영성적으로도, 즉 신은 영spirit임을 안다. 온전히 그들 (존재) 그대로 그들은 신이 되고 신 속에서 신을 안다(Meyendorff, 1964, p. 127).

그러므로 동방정교회에서 자연적 앎은 언제나 가치를 인정받기는 하지만, 진정한 앎에 대해 부분적이고 가끔은 빗나간 접근법일 뿐이라고 간주되어 왔다. 분명히, 지적인 앎에 대한 거부가 암시되지는 않는다. 진정한 지식은 **지적인 · 실존적인** 차원을 모두 포함한다. 지식적인 차원은 약간의 통찰을 제공하고 실존적 차원으로 인도하거나 신과의 교감이나 구원으로 이끈다. 하지만 보다 높은 종류의 앎으로 간주되는 것은 영적인 차원이다.

교부들이 말하는 앎은 지적인 것 이상이다. 그것은 도덕적이고 정서적이고 경험적이고 존재론적이고 타고난 본성과 일치한다. 지적인 지식 하나만으로는 주체와 객체에 제한을 두는 것으로 간주된다. 그래서 보다 높은 정도의 (개념적 그리고 지적인 것으로서의) 앎조차도 도덕적이고 정서적이고 경험적인 것 없이는 부분적인 것으로 남는다. 진정한 이해는 이러한 모든 차원의 역동성에서 온다.

앎의 두 가지 측면   성 바실리우스는 기본적으로 두 가지 측면의 앎을 기술한다. 첫째는 감각적-지적 앎으로서 철학적이다. 둘째는 초감각적 앎으로서 윤리적이고 경험적인 것이다. 그는 감각적-지적 앎이 초감각적 앎이나 신앙적 앎으로 이어진다고 믿는다(Basil, 1955, Letter 235).

성 바실리우스는 지적인 앎은 그 경계 지어진 조건을 넘어설 수 없다고 말한다. 따라서 진정한 앎은 마음의 인지적 능력을 초월한다. 그래서 신앙적 앎은 개인이 지성을 넘어서 앎의 두 번째 범주를 경험할(거칠) 것을 요구한다. 성 바실리우스는 지적 앎은 신앙적 앎으로 귀결한다고 설명한다. 신앙은 감정적 · 도덕적 요소들이 있음으로써 단순한 믿음이 아니다. 그것은 진실성이 있는 바로 "온전한whole 경험"(Basil, 1955, Letter 234)이다.

성 그레고리 팔라마스에 따르면, 앎은 기도를 통해서 온다. 그는 서술하기를, 경험적 학문을 통하지 않고는 앎에 대해 아무것도 모르는 사람들이 있다는 것이다. 다시 말하자면, 팔라마스나 다른 동방정교회 저자들이 일반적으로 자연과학 또는 학문의 가치를 무시한다고 추론한다면 정확하지 않을 것이다.[4] 오히려 그들은 '진정한 이성적 앎을 무시하고서' 다음과 같이 주장한다. 어느 사람이 앎에 대한 이렇게 더 기초적인 접근만 자신의 일을 지배하도록 허용할 때, 성 그레고리에 따르면, "그들은 자신들의 과학에 대한 무지로 인해 어떠한 것도 알지 못한다."

기도를 통한 앎

성 그레고리는 더 나아가 자연적 앎은 "신에 대한 앎"이 묘사될 수 없기 때문에 개인이 신을 이해하는 데 도움을 줄 수 없다고 강조한다. 더 정확히 말하자면, 세상에 대한 '참된' 시각으로 개인에게 명료함을 주는 것은 신에의 참여에서 나오는 앎이다.

'신에 대한 앎'과 '신에의 참여'

「지식의 세 가지 단계(On the Three Degrees of Knowlege)」라는 논문에서 시리아의 성 이삭은 요점을 더욱 분명히 한다.

1. 앎의 첫 번째 형태는 신체에 비유된다. 이 앎은 재물, 자만심, 명예와 우아한 것, 신체의 안락함, 신체를 보호하는 수단 … 이성적 지혜를 위한 열정 … 에서 지적 양식들을 모아 … 기술과 학습을 위한 지혜가 일어나게 하고 … 인간의 지식에 의존하여 이것은 어둠 속에서 작동한다.
2. 앎의 두 번째 형태는 명상과 심혼의 사랑을 향해서 나아간다. 비록 이 앎이

앎의 세 가지 단계

아직은 신체적인 본성을 갖고 있지만, 개인의 우수성으로 채워진다. 외형적 단계로서 이 앎은 몸의 감각으로 지각될 수 있는 행위에 의해 그 활동이 이루어진다.

3. 신의 현존(ϑεωρία)이라 불리는 이 단계는 세상에 대한 돌봄 너머로 상승하게 된다. 앎이 세상사를 초월하여 일어날 때 … 신앙은 앎을 받아들여 그것을 새롭게 탄생토록 한다. 그것은 이제 단순하고 미묘한 지성에 의해 얻어진 영적인 신비를 검토할 수 있다. 이 빛은 그리스도의 말씀—'내가 너희에게 위로자인 성령을 보내니, 세상은 그를 받아들일 수 없고 그는 진실로 너희를 안내할 것이다.'(요한복음 16 : 13)—에 따르면 (세속적인 인간의 눈에 의해 감추어진) 영적인 눈에 의해 감지된다.

성 이삭은 앎의 첫 번째 단계는 "혼을 서늘케 하며" 실제로 신의 역사를 방해한다. 두 번째 단계는 "혼을 따뜻하게 하며 신앙으로 인도한다". 그리고 세 번째 단계는 "휴식과 신앙을 가져온다". 앎의 이러한 방향은 세상에 대해 무감각함을 목표로 하지 않고(실제로는 정반대다) '세속적인' 것에 대한 동기부여에 흥미가 없는 것임을 주목해야 한다(Isaac, 연대 미상).

마지막으로, 분명하게 되는 것은 지식과 경험에 대한 동방정교회의 태도와 접근법이 개인 속의 신의 형상의 성장과 직접적으로 관련되어 있다는 것이다. 성 바실리우스는 그 형상 속에서 신의 은총의 '작은 조각 하나'가 개인을 신으로 지향하게 한다고 말한다. 성 바실리우스에게 그 형상은 앎으로 가는 여정의 출발점이다. 그래서 마음은 자연스럽게 신을 알게 되는 것으로 향한다.

마음은 놀라운 것이며, 그 속에 우리는 창조주의 형상을 닮은 것을 소유하고 있다. 그리고 마음의 작동은 놀랍다. 지각적인 움직임 안에서 그것은 종종 진리에 이르게 된다는 점에서 그렇다(Basil, Letter 233).

단계들

비록 많은 사람이 자신의 신앙 속에서 성장하기를 희구하지만, 그들은 그 과정, 즉 개인이 자신의 목표를 성취하는 과정이 어떻게 일어나는지 항상 분명하게 알지는 못한다. 교회의 성인들이 '그 길을 비추기' 때문에 정교회 교인들에게 그 과정은 그렇게 불투명하지는 않다.

정교회 문헌에서는 신앙에서 개인이 발전함에 따라 가질 수 있는 다른 욕구에 대한 민감성을 반영하는 구분이 성인들에 의해 만들어진다고 언급하고 있다. 성인들은 자신의 고유한 경험으로부터 '성장의 단계들'을 구분할 수도 있다. 예를 들면, 성 바울st. Paul은 어떤 이는 (영적으로) 우유를 먹고 그리고 다른 어떤 이들은 고기를 먹는다고 구분한다. 이처럼 성 바울은 개인의 능력이나 역량에 주목한다. 증거자證據者 성 막시모스st. Maximos는 발달의 세 단계에 대해 서술한다. 1) 존재(εἶναι), 2) 참 존재(εὖ εἶναι), 3) 영원한 존재(ἀεί εἶναι)가 그것이다. 이러한 식으로 성 막시모스는 영적 발달의 실제적 단계들에 주목한다(Lossky, 1963).[5]

성인들의 경험에서의 유사한 토대

비록 교회 문헌에서 영적인 '발달'에 대한 언급을 자주 만날 수 있지만, 정교회에서의 영적 발달의 과정에 관한 서술이나 체계적 설명은 찾아지지 않는다. "정교회 교도의 발달을 위한 모델은 무엇인가?"라는 질문에 대답하려는 시도에 있어서 (이 장에서 논의된 바처럼) '진정한 앎'에 대한 이해를 가지고, 즉 성인들의 삶에서 성장의 지적이고 실존적인 차원에 대한 이해와 함께 답을 찾기 위한 질문과 탐색에의 접근을 통해서 그 답을 알 수 있는 것 같다.

교회 성인들의 삶에 대해 읽고 나서 모든 영적인 발달에 있어서 유일한 길을 묘사하는 단 하나의 패턴은 없지만, 성인들의 경험에서 유사한 토대가 있다는 것이 발견되었다. 이에 따르면, (개인은) 첫째, '올바른 신앙', 즉 성경, 성령 전통에 기반을 두어야 하는데, 성 이레나이우스는 이 모든 것을 '신앙의 병기고'로 포함시키고 있다. 둘째, 성령을 직접 체험하여야 한다는 것이다.

성인들과 성장의 단계들

열 명의 성인들과 두 명의 초기 기독교 신학자들의 삶을 그들의 영적인 성장 패턴에 특별한 주의를 두며 읽어 보면서 우리가 발견한 사실은, 비록 각 성인이

나 신학자들이 자신의 영적인 발달을 말하기 위해 다른 언어를 사용하는 데에
도 불구하고 유사한 경험 또는 성장 단계를 목격하고 조우한다는 점이다. 그 성
인들과 신학자들에게 있어서 '다른 언어'는 그들의 성장에 대한 논의가 발달에
있어서 공식적 경험이라기보다는 **사적인** 경험의 산물이라는 사실을 설명한다고
할 수 있다. 하지만 특별히 흥미로운 사실은 각 성인들이 자신의 경험을 (흔히 자
신의 독특한 방식으로) 기술하지만, 성인들의 단계들을 서로 비교해 보면 기본적
인 유사성이 드러난다는 것이다. 이러한 동일성은 그들의 경험의 보편성을 확인
해 주는 것이며, 그들의 '올바른 신앙'을 지지하는 것이다. 이들 열 명의 성인들
과 두 명의 신학자들 사이에서 기본적으로 다섯 단계들이 일관성이 있는 것으로
확인될 수 있는 것 같아 보인다.[6]

정교회의
영적 발달에서의
다섯 단계

이들 12명의 교회 지도자들의 영적 발달에 대한 연구에 기초하여, 필자는 정
교회 영적 발달의 다섯 단계를 1) 이미지Image(형상), 2) 메타노이아Metanoia(전
환, 회심, 회개, 즉 신자들의 공동 유대 체험), 3) 아파테이아Apatheia(정화/변형, 모든
정념情念에서 해방된 상태), 4) 빛Light(광명, 계시/깨달음), 5) 디오시스Theosis(합일/
신과의 합일)로 정의하였다.

1단계: 이미지(Image, 형상)

형상

'형상'은 개인의 자연적인 상태를—이 장에서 이미 '인간의 본성', 즉 발전하
는(사랑하고, 추론하고 창조하는) 개인의 잠재능력으로 논의되어 왔던 것을—가리
킨다. 이러한 방식으로 발달의 모델을 시작함으로써 모든 인간은 태어나면서부
터 영적 성장의 과정에 있다.

2단계: 메타노이아(Metanoia, 전환)

전환

메타노이아는 개인이 '그리스도 안에서' 자신의 삶을 지향하기 위한 의식적인
헌신, 선택을 하는 전환의 단계다.

3단계: 아파테이아(Apatheia, 정화/변형)

아파테이아(정화/변형)는 개인이 세속적인 열정으로부터 느슨해지고, 그 개인   정화
으로 하여금 자신의 목표로부터 이탈하게 만든 것들로부터 자신의 영혼이 자유
로워질 때 일어난다. 성인들에 따르면, 이 단계에서 개인은 '정화된다'고 말한다.
종종 이 용어는 '무열정성(욕망 없음)'으로 번역되는데, 그 의미는 이 단계에서의
사람은 (정동적) 감정이 없다는 것이다. 이 번역은 이 용어의 의미를 부정확하게
표현한 것으로, 그 이유는 아파테이아의 단계는 감정을 배제하는 게 아니라 개인
의 정서가 자신의 목표와 동조하는 단계를 반영하기 때문이다.

4단계: 빛(Light, 광명, 계시/깨달음)

빛은 계시/깨달음, 즉 신의 광명을 경험하는 단계다. 교부들은 창조의 산물로   계시/깨달음
서의 인간(쇠)이 신의 빛(불)에 다가갈 때 어떻게 빛/광명을 체험하게 되는지를
묘사하기 위해 불과 쇠의 이미지를 사용한다.

5단계: 디오시스(Theosis, 합일)

디오시스(합일)는 최종 상태가 아니라 개인이 진입하는 하나의 목표인데, 닛사   합일
의 성 그레고리는 '영광에서 영광으로'라고 표현한다. 이것은 삶에서 성령과 "교
감, 참여"하고 있는 상태다. [그림 9-1]은 5단계 모델을 가지고 영적 발달의 단
계들에 관한 이 탐구의 결과들을 설명해 준다. 성인과 신학자들의 삶에서 발달을
간략하게 요약하여 다음 절에서 제시한다.

사례들

다음의 요약은 성인들과 신학자들의 영적 발달단계를 보여 준다. 이 절의 내

부정적(apophatic) 접근

단계	시리아의 성 이삭	사도교부의 성 세라핌	성 그레고리 팔라마스	성 요한 클라마쿠스	성 막시무스	성 디오니시오스
5 디오시스(신과의 합일)(theosis)	(3) 완전	성령의 획득 / 환구 정의 평화	(3) 디오시스(함일)	단계30 비유하기	(3) Ἀεὶ Εἶναι 영원한 존재	(3) 통일 함일의 기도 / (고요함의 기도)
4 빛(light)		Illumination(빛 모든 깨달음)	(2) 신의 빛 순수한 헤시카즘(Hesychasm, 침묵, 고요함)	단계 29, 단계 28 단계 27 헤시카즘(침묵, 고요함)		(2) 빛 모든 깨달음 / (묵상의 기도)
3 아파테이아(정화)(apatheia)	(2) 정화					(1) 정화 / (마음의 기도)
2 메타노이아(전환)(metanoia)	(1) 회개	기도 단식 보시	(1) 기도 노동	영적 발달 / (1) 단계 1-26	(2) Eὖ Εἶναι 웰빙(well-being) 참존재	(단순함의 기도)
1 이미지(형상)(image)					(1) Εἶναι	

[그림 9-1] 영적 발달의 개관도

		부정적 접근		긍정적 접근	
	닛사의 성 그레고리	성 바실리우스	성 마카리우스	에바그리우스	오리게네스
5	(3) 신의 지식 (2) 구름(어둠)	(3) Θέωσις 빛나는	Ἀποκάλυψις		Ὁμοίωσις (3) Πνευματικός Γάμος Θεολογία
4	(빛)	빛	φωτισμός	(2) Θεωρία (Γνῶσις)	(2) Φυσική Θεωρία
3	Ἀπάθεια Παρρησία (신에 대한 확신)	(2) Καθαρότης Καρδίας		(1) Πρᾶξις (Πνευματική)	Πρακτικός
2	Ἐπίκτασις (긴장) (죄의 어둠)	(1) Σοφία (지성적 지식) (지식의 여정)	(세례) Γλυκήτις		
1	(신의 형상)			지성적 상태 (Εἰκών)	

오리게네스와
에바그리오스
그리고 이지적 ·
지성적인 접근

용들을 [그림 9-1]에서의 영적 발달의 도식적인 그림들과 비교하는 것이 도움
이 될 것이다.[7]

오리게네스Origen와 에바그리오스Evagrios는 모두 동방정교회 교부들의 예로
서라기보다는 배경으로 제시된다. 그들은 이지적 · 지성적인 접근들을 전형적으
로 대표한다.

오리게네스: 체계화된 영성

오리게네스의 관상적
삶에 대한 개요

기도라는 주제는 교부들에게서 지속적으로 반복된다. 기도를 우선시하고 반복
적으로 하는데, 왜냐하면 교부들이란 이러한 배운 이들이 먼저 사제였다는 것을
가리키고 있기 때문이다. 비록 그는 신부로 간주되지 않지만, 영성 발달에 대한
토론은 "최상의 언어적 의미에서 신비의 저술가"(Cayre, 1969)인 오리게네스의
공헌을 주목하지 않고는 불완전할 것이다. 오리게네스는 기독교인들이 삶의 유
형 · 진영들로, 즉 활동적active인 진영과 관상적(묵상적)contemplative인 진영으로
분류된다는 것을 '관찰'함으로써 관상적인 삶을 개관했다. 그는 활동적인 진영은
"신전의 바깥마당에 서 있고"[마르다Martha처럼], 관상적 진영은 "신의 집안으로
들어간다."[마리Mari처럼]고 말했다. 그는 기독교인들이 세 가지 수준—아파테이
아와 사랑을 위한 분투(πρακτική), 신의 신비에 대한 앎(φυσική θεωρία), 창조
의 신비에 대한 앎(θεολογία)—으로 나아가야 한다고 설명한다. 오리게네스는 만
약 인간의 마음이 '신과 한 마음'으로 만들어진 것이라면, 의식의 총체성 속에서
마음은 신을 이해하기 때문일 것이라고 말한 성 바울을 주목하면서, 완전함이란
신과의 동화됨 속에 있다고 강조하였다. 이러한 단계들에 따르면, 관상은 개인을
신격화되게 할 수 있다. 민수기民數記에 대한 자신의 27번째 설교에서 오리게네스
는 사막 속에서 고대 히브리인의 '위치'는 신의 비전/세계vision로 가는 여정에 있
는 단계들이라고 설명한다. 오리게네스는 이 여정을 '혼의 대이동'이라고 부르면
서, 육신적인 것들로부터의 점진적인 탈집착에 의한 성장을 분명하게 묘사한다.

로스키Lossky는 영적 성장에 대한 오리게네스의 개념을 다음과 같이 설명한다.

하느님의 말씀은 영적인 감각—혼의 신과의 첫 번째 접촉—에 의한 신성의 지각과 분명히 일치하는 환영visions이나 강림의 방법으로 혼을 위안한다. 그러나 좀 더 높은 수준에서는 환영은 정지하고, 영지靈智·gnosis(영적 인식)를 위한, 즉 하나의 관상이 되는 경향이 있는 그리고 이미 관상—신의 현존(θεωρία)—이 자리한 오직 순수하게 지성적인 질서의 조명/계시를 위한 공간을 내어 준다. 그러나 영지에서의 지성적 요소들은 처음에만 나타난다. 혼이 그리스도와 결합하고 하느님의 말씀the Logos과 영적인 결혼이 이루어진 정도에 이르게 되면서 그 요소들은 점점 지워진다(Lossky, 1963, pp. 48-52).

오리게네스는 하느님의 말씀 안에서 혼은 형상(εἰϰών)이며, 신의 환영에 의해 혼이 신성시되어 (신의) 모습(ὁμοίωσις)을 회복한다고 견해를 밝힌다.

에바그리오스: 순수한 기도

비록 위대한 카파도키아 교부들과 함께였을지라도, 폰티코스Ponticos의 에바그리오스Evagrios는 오리게네스의 지성적인 체계를 통하여 윤곽이 잡힌 관상의 이상을 실현하려고 시도하였다. 에바그리오스의 단계들은 오리게네스의 패턴을 따라간다. 하지만 그는 자신의 영적인 상승 시스템 안에서 이집트 사막의 은자들의 삶을 채택하고자 하였다. 에바그리오스는 πρᾶξις 또는 πρακτική μέθοδος와 θεωρία 또는 γνῶσις을 구분했다. 전자는 욕망/격정passions에 대항하는 싸움이고, 본질적으로 '지성적' 또는 끊임 없는 기도에 들어가는 선행조건이며, 후자는 금욕적 수행의 정점으로 성 바울St. Paul은 "끊임없는 기도"(데살로니가 전서 5:17)라고 했다. 진정한 기도는 오리게네스의 마지막 단계인 θεολογία(창조의 신비에 대한 앎)에 대한 에바그리오스의 비유다. (그가 폭식, 음란, 탐욕, 슬픔, 분노, 허영, 자만 등을 극복한 것으로 분석하는) **아파테이아**를 통과한 후에라야 개인은 이 '지고의 사랑'에 들어갈 수 있으며, 이 사랑은 개인을 '지성의 정상'으로 데려간다. 여기서 삼위일체의 빛은 '정화된 사람의 영에서 빛난다'. '지성'의 이러한 상태는 지고의 상태이며, 이것을 통해 기도는 비전으로, 즉 모든 미덕보다 더 신성한 것의 환영vision에 비유된다(Meyendorff, 1969).

지고의 상태로서 신의 빛의 환영

에바그리오스의 θεωρία(끊임없는 기도)에 대한 교리는 (간략히 소개될) 닛사의 성 그레고리의 영성에서 사용된다. 에바그리오스는 '초월을 허용하지 않는 최종 점'인 지고의 절정 상태로서의 신성시된 νοῦς(심적 경향 또는 기질)로 신의 빛의 환영을 이해한다. 그는 모든 볼 수 있는 신의 현현을 강하게 거부한다. 그는 이러한 교리는, 물리적(신체적) 본질이 없는 신이 사람에게 나타내 보이기 위해서 신 자신의 의지에 따라서 외관 모습을 띤다고 상상했던, 금욕주의자들에게 속한다고 주장한다. 그는 이것을 귀신 들린 환상으로 간주한다(Lossky, 1963).

성 마카리오스: 가슴의 신비주의

성 마카리오스St. Macarios는 동방정교회의 영성 그리고 오리고네스와 에바그리오스와 같은 사상가들의 신비주의에 대한 지성적 체계 사이의 주요한 변화를 보여 준다. '경험'은 공식formulae이라기보다는 진리의 증거다. 성 마카리오스는 "우리는 신을 맛보았으며 신을 경험했다(ἐγεύσαμεν καί πείραν ἔσχυμεν…)."고 말한다. 그는 개인이 '제한된 지성'이 아니라 모든 감각을 통해 영성적으로 발달한다고 강조한다. 그는 삶을 지성에 적절한 활동으로 보지 않고 '성령'의 방식으로 더 깊은 '세례'의 성취를 향해 능동적으로 창출된 것으로 바라본다. 그래서 그리스도가 인간의 몸을 가졌(육신의 옷을 입었)듯이, 우리의 응답은 성령 안에서 이루어(입혀)지는 것이다. 즉, "성령으로 촛불이 붙어 … '신의 아들' 앞에서 초처럼 자신들을 태운다. 이러한 신성의 불은 인간의 의지에 요동을 불어넣어 이제 신성의 불이 전 존재를 포용함에 따라 환하게 빛나고 있다. 이제 그 빛은 약해지고 욕정에 의해 어두워진 가슴속에 빛을 더 이상 발산하지 않는다. … "(Meyendorff, 1974, pp. 26-29). 성 마카리오스에게는 수도승의 끊임없는 기도는 육체에서 영혼을 해방시키는 것을 열망하지 않고 오히려 인간이 신의 왕국의 종말론적인 현실로 들어가도록 허용한다. 그래서 "몸과 혼이라는 전체 인간은 신의 형상으로 창조되었고 전체 인간은 신의 영광에 초대된다."고 그는 강조한다. "기독교인들은 다른 세상에 산다. 그들은 자신들에게만 속한 성찬대, 즉 기쁨,　　　　　(

가슴으로의 주요한 변화

영적) 교감 그리고 자신들의 것들을 독특하게 사고하는 방식"을 가지고 있다고 그는 설명한다. 그리고 다른 곳에서 "성령 속에서 '새로운 성약'의 하인(성직자)인 빛의 아들들은 인간에게서 배울 것이 아무것도 없다. 그들은 신에 의해 가르침을 받는다. 은총 자체가 그들의 가슴에 영의 율법을 각인한다. ⋯ 왜냐하면 지성이 머무는 곳은 가슴이기 때문이다."라고 그는 설명한다. 성 마카리오스는 신은 우리가 은총의 달콤함(γλυκήτις) 속에서 맛보는 음식이며 마실 것이라고 설명한다. "빛(φωτισμός)을 즐기는 사람은 단지 맛보기만 하는 사람보다 위대하다. 왜냐하면 그는 자신 속에 (신의) 환영(τίνα ὀράσεων)에 대한 확신을 가지고 있기 때문이다."라고 그는 말한다. 그러나 (신의) 계시(ἀποκάλυψις)는 이것조차 넘어선 곳에 있다고 그는 설명한다. 여기에서 뚜렷한 신비로운 것(신비 현상)들이 혼에 드러나게 된다(Lossky, 1963).

위대한 성 바실리우스: 앎의 여정

성 바실리우스는 개인의 영적 발달을 모든 사람 속에 있는 신의 형상으로부터 '원형Archetype'으로의 '영적 여정'으로 논의한다. 어느 개인이 신을 '알게' 해 주는 것은 하나의 여정이다. 성 바실리우스는 개인들이 앎에서 '진보'함에 따라 그들은 자신의 약점을 깨닫는다고 설명한다. 아브라함과 모세도 그러한 경우다. 즉, "어느 한 사람이 신을 볼 수 있는 만큼 보았을 때 그 개개인은 자신의 면목을 잃어버렸다. 아브라함은 자신을 '진흙과 먼지', 모세는 자신을 '말수가 적음 그리고 말을 더듬거림'으로 묘사한다." 성 바실리우스는 이러한 여행에서 앎의 상태에 대하여 다음과 같이 말한다.

'진정한 앎'으로의 '영적 여정'

지혜로운(σοφός)이란 말은 지혜를 바라는 누구에게나 그리고 지혜의 관상 속에 진보하여 이미 자신을 발견한 사람들은 누구나 그리고 습관화(ἕξις)에 의해 이러한 관상 속에 이미 (수행을) 완성한(ὁ τετελειωμένος) 누구에게나 동등하게 적용된다. 이제 지혜를 사랑하는 사람(ἐραστής) 또는 지혜 안에서 이미 진보한 사람, 그들 모두는 '신의 교리(Θείων δογμάτων)'에 대한 앎에서 항상 진보하면서 더욱 현명해질 것이다.

성 바실리우스는 예컨대 신의 율법을 준수함을 통한 신에 대한 앎은 제한된 의미에서 신을 '반쯤(ἐξ ἡμισείας)' 아는 '지적인' 앎이라고 말한다. 그는 신을 '아는 것'은 ' … 원초의 선함에 귀의하는 … 참된 삶에' 참여함으로써 일어난다고 주장한다. 이 참여에서 신은 신에 대한 우리의 '정서적'이고 '도덕적'인 앎의 결과인 '친근감'을 제공한다. 더구나 성 바실리우스는 이 여정에서의 진보는 "미혹한 욕망의 줄기에 얽혀 자신을 타락시키는 옛사람을 벗어 버리고 꾸준히 진정한 앎을 향해 애쓰며 새로운 사람으로 (자신을) 단장함으로써" 온다고 자세히 말한다. 권고하는 방향으로의 지속적인 쇄신과 진보는 정화와 고행의 영적 훈련을 전제로 한다. 성 바실리우스는 "신의 말씀은 모든 사람을 위해 쓴 것이 아니라 내면적 인간의 기준에 따른 귀를 가지고 있는 사람들을 위한 것이다."라고 강조한다. 이것은 두 가지 단계를 통한 준비에 의해 개발된다. 첫째는 '신의 앎(κατά τῆς γνώσεως)에 대항해서 일어나는 모든 오만한 힘(ὕψωμα)과 궤변의 파괴'이고, 그리고 둘째는 '모든 생각을 그리스도에게 복종하게 이르도록 만드는 것'이다. 나중에 그는 '진보'를 구성하는 '요소들'을 제시한다. 부정의 단계라는 관점에서 개인은 '삶에 대한 불안(τήν βιωτικήν)'과 감각에 대한 노예 상태와 신체에 대한 욕정(πάθη)을 멈추어야 한다.

긍정의 단계에서 개인은 '가슴의 정화(καθαρότης καρδίας)'에 관심을 가져야 하며, 영이 빛나도록 허용해야만 한다. 성 바실리우스의 삼위일체 공식은 그렇게 함으로써 가능하다. '영의 내재(ἐνοίκησις)는 하느님의 아들(성자) (παρενοικήσαντες…δια…'τόν Χριστόν)이 우리를 아버지 하느님(성부)(ἐπάνοδος εἰς οἰκείωσιν Θεοῦ)에게로 인도하는 것'을 수반한다. 최종 분석에서 성 바실리우스는 마지막 단계를 "양심에서 신으로의 여정"이라고 설명한다. 그의 말에 따르면, 이것은(요약한 것에 따르면) 신을 가치 있게 여기는 사람들에게 온다고 한다. 최종적으로 개인은 공적에 의해 성취하는 것이 아니라 "주를 믿어 온 사람들에게 주 스스로 허락한 것이다."(Aghiorgousis, 1964)라는 의미다.

영적 훈련을 위한 두 단계 준비

'양심에서 신으로의 여정'

닛사의 성 그레고리: 영광에서 영광으로의 성장 발달

성 그레고리는 세 단계의 영적 성장 발달을 지적한다. 하지만 이러한 단계들 영적 성장 발달의\n세 단계
은 오리게네스의 이해를 넘어서 나아간다. 대부분 영적인 체계의 정점인 빛의 길
은 성 그레고리에게는 시작에 불과하다. 그는 신에 대한 "모세의 환영은 빛과 함
께 시작되었다고 말한다. 뒤에 신이 그에게 구름 속에서 말했다. 그러나 모세가
더 높이 상승하고 보다 완벽해졌을 때 그는 어둠 속에서 신을 보았다."(Gregory
of Nyssa, 1969) 이러한 '어둠'은 '죄의 어둠' 같은 것이 아니다. 그 이유는 매우
명백하게 '죄의 어둠'은 개인이 욕망과 싸우는 첫 번째 단계보다 먼저 일어나기
때문이다. 지금 아파테이아의 한 수준에서 성 그레고리는 '두려움과 수치심'이
사라질 때 숨김없이 솔직히 말함(parrhesia; παρρησία) 또는 신에 대한 어린아이
같은 신뢰가 오는 것이 개발된다고 설명한다. 그러고 나서 성 그레고리가 구름
으로 비교하는 두 번째 단계가 보인다. 성 그레고리는 수사학적인 질문을 제기
하고 그러고 나서 답변한다.

> 모세가 구름 속으로 들어감과 그가 신에 대한 환영을 봄은 어떤 의미인가? 신에 대해서 알 수\n없음
> … 모든 드러나는 것들을 뒤에 남겨 두고 … 마음의 노력으로 눈에 보이지 않
> 고 알 수 없는 것들조차 꿰뚫어서 결국 신을 마주할 때까지 내면의 세계로 항
> 상 더 많이 돌아서 있다. 사실 개인이 추구하는 진정한 앎과 진정한 환영은 '주'
> 는 마치 구름에 의한 것처럼 '주'의 알 수 없음His Unknowability으로 모든 것을
> 뒤덮은, 눈에 보이지 않는 것을 보는 것으로 되어 있기 때문이다(Meyendorff,
> 1974, pp. 42-43).

모든 드러나는 것들을 빛을 잃게 만들고 '혼이 숨겨진 것을 볼 수 있도록' 천천
히 인도하는 것은 '혼의 거울(반영) 안에 있는' 신에 대한 앎이다. 약간은 모호한
소리처럼 들리는 단계가 '은총에 대한 알아차림', 즉 신의 존재에 대한 경험이다.
신은 (신) 자신에 대해 알 수 있는 모든 것을 무한히 초월한다는 것을 혼이 발
견하면 할수록, 세 번째 단계, 즉 성 그레고리St. Gregory가 모세의 삶에서 다음과

같이 설명한, 신에 대한 앎에 더욱더 가까이 다가간다.

'보지 않음'으로
표현된 것으로 보이는
진정한 환영과
진정한 앎

> … 혼이 성장을 함에 따라서 더 크고 더 완벽한 집중에 의해 진리에 대한 앎이 무엇인지를 알게 될수록 혼은 이러한 환영에 더 많이 접근하게 되고, 그만큼 신성의 본성이 보이지 않는 것임을 더 많이 알게 된다. 그리하여 혼은 감각에 의해 알아지는 것뿐만 아니라 마음이 스스로 보는 듯한 모든 표면적인 드러남들도 놓아버리고, 그리고 영의 작용에 의해서 눈에 보이지 않고 이해할 수 없는 것들을 꿰뚫을 때까지 계속 깊어지고 바로 거기에서 신을 본다. 우리가 추구하는 것에 대한 진정한 환영과 진정한 앎은 정확히 보지 않음을 아는 데에 있다. … 그리하여 선명한 어둠 속을 꿰뚫어 본 심오한 사도요한John은 인간은—물론 어떤 창조된 지성도—신에 대한 앎을 얻을 수 없다는 이러한 거부(배제)를 우리에게 가르치면서 어떠한 인간도 어느 때에도 신을 볼 수는 없다고 우리에게 말한다(Gregory of Nyssa, 1969, p. 29).

어둠은 부정적이지 않고 '선명한 어둠'이다. 신에 대한 우리의 알아차림이 항상 충분하지 않기 때문에 더 많은 그리고 더 완벽한 앎으로 계속해서 이끌리고, 그러한 앎은 항상 무지와 혼재된다. 그리하여 성 그레고리는 자신이 긴장 · 확장(ἐπέκτασις)이라고 불렀던 끊임없이 계속되는 성장, 지속적인 진보에 대한 교리를 강조했다. 이 말은 혼의 진보에 대한 두 가지가 혼재된 양상을 담고 있다. 즉, 참여, 신성화에 있다는 의미에서 '~에, ~로(ἐπί)', 그리고 개인은 도달했던 단계 너머로 계속적으로 나아가야 한다고 할 때처럼 동시에 신은 변함없이 너머에 있다는 의미에서 ~로부터(ἐκ)라는 두 가지 양상이다. 결국 성 그레고리는 모든 단계는 훌륭하고 그리고 성장의 길에 참여한 개인들에게 각 단계는 너머에 항상적으로 존재하는 새로운 '영광'에 의해 항상 가려진다고 말한다(Boyer, 1961).

디오니소스 아레오파기타: 부정 신학과 기도라는 사다리

다음으로, 디오니소스Dionysios the Areopagite는 영적 발달의 세 가지 수준을 구분한다. 즉, 첫째는 정화의 단계, 두 번째는 빛/계시illumination의 단계, 세 번째는 통일(통합)unification의 단계. 닛사의 성 그레고리처럼, 디오니소스는 신성한 어둠을 통한 신비신학에 대해서 말한다. 그는 '부정apophatic' 신학을 사용한다. 신에 대한 한정된 앎으로 신을 드러내 보일 수 없다는 깨달음인 모름, 어둠(ἀγνωσία)을 가지고서 개인은 신을 더 잘 알 수도 있다. 디오니소스는 빛의 (눈부신) 과잉이 (눈이) 보이지 않게 하는 어둠을 만드는 것처럼, 앎에 대한 이와 같은 과잉 접근은 무지를 파괴해서 신으로 이끈다고 설명한다. 디오니소스는 열망하는 혼을 유한에서 무한으로 이끄는 사다리가 되는 기도와 관상의 정도에 따른 5가지 상승 단계를 설명한다. 즉, 1) 단순함의 기도(음성으로), 2) 마음의 기도(무음성의), 3) 침잠recollection의 기도(향료 또는 응답기도), 4) 고요함의 기도(생각을 너머서), 5) 합일의 기도(황홀감, 황홀경, '장엄한 무/공'의 정도)로 설명한다(Dionysios, 1965).

성 막시모스: 인간과 신의 의지

성 막시모스St. Maximos 증거자는 영성적 삶에 그리스도론의 교리를 굉장히 매력적으로 적용함으로써 신성화를 논한다. 그는 신성의 의지를 가진 인간의 의지를 발견함으로써 이렇게 한다. 그는 그리스도의 1) 인간화(육화, 탄생), 2) 죽음 그리고 3) 부활에 대한 우리의 경험들이, 합리적이고 이해할 수 있는 창조의 전체에 숨겨진 의미뿐만 아니라, 성서에 대한 모든 기호와 수수께끼들의 의미를 내포한다고 설명한다. 삼각도식을 채택함으로써, 다시 막시모스는 완전함에 대한 세 개의 (잇따르는) 연속적인 수준, 즉 인간화(육화 탄생)를 통한 존재의 달성(εἶναι), 십자가에 이르는 신의 의지에 순응하여 따름으로써 참 존재의 달성(εὖ εἶναι), 부활을 통한 영원한 존재의 달성(ἀεί εἶναι)을 논한다. 이런 체계에서 성 막시모스는 마지막 단계에서 디오니소스의 '어둠'을 가지고 에바그리오스 프로그램을 다시 만든다. 완성이란 면에서 지적인 참여를 중심(에바그리오스)으로 보기보다는, 막시모스는 다음과 같이 예수 그리수도의 '완전한 참여'를 강조한다.

존경하는 바울Paul은 그 자신의 존재를 부인했고 그 자신의 삶을 그가 소유하고 있는지를 알지 못했다. 즉, "그리스도가 내 안에 살고 있으므로 나는 더 이상 남아 있지 않다. … "(Gal. 2:20) … 신의 형상(인간)은 신성화에 의해 신이 되고, 그 자신의 본성 모두를 버림으로 크게 기뻐한다. … 그 이유는 성령의 은총이 신 안에서 승리를 거두고 명백히 오직 신만이 그(인간) 안에서 임하고 있기 때문이다 … (Meyendorff, 1974, pp. 44-45).

매우 중요하게, 성 막시모스는 사랑(ἀγάπη)이 성장의 매개체임을 주시한다.

성장의 매개체로서 사랑
　　… 신에 대한 앎은 순전히 목적을 위한 수단으로 관용을 만든다는 의미에서 관용이 목표는 아니다. 만약 우리가 앎은 신이 사랑으로 야기한 합일의 결과, 징후이지만 그 원인으로부터 순차적으로 발생한 결과이며 그 사랑을 강화시키는 것이라고 말한다면, 우리는 좀 더 정확하게 말하는 것일지도 모른다(Lossky, 1963, pp. 105-109).

시리아의 성 이삭: 균형의 영성

영성에 대한 지적·경험적 접근들의 결합
　　영성에 대한 지적 접근에 가치를 뒀던 전통의 산물이 오리게네스와 에바그리오스에 의한 저작물들에 반영되어 있었듯이, 그리고 대단히 경험적인 접근이 성 막시모스의 증거자the Confessor와 성 디오니소스의 아레오빠지타St. Dionysios the Areopagite란 저작물들에 반영되어 있는 것처럼, 성 이삭Isaac의 영적 발달은 영성에 대한 이러한 양쪽 흐름 둘 다를 융합한다. 그의 글들은 예수 그리스도의 인간적 모습에 초점을 맞춰 '은자들'에게로 간 '은자solitary' 형식으로 쓰여 있다. 성장의 과정은 개인의 전환/회심metanoia, 즉 급진적인 '행동의 변화'와 태도의 변화에 대한 지속적인 경험을 통해 펼쳐진다. 그는 변화에 대한 이러한 알아차림은 '하루 24시간 중 매순간에' 생생히 유지되어야 한다고 권한다. 그것은 신의 존재에 대한 계속적인 알아차림, 즉 '신을 기억하는 것'이다.
　　이 전환/회심metanoia의 과정에서 성 이삭은 개인은 신을 완전히 신뢰하고 있음이 분명하고 성장을 위한 기회와 같은 것을 제외하고는 어떤 것도 단순히 우연으로 일어나지 않는다는 '어떤 우연한 사건도 없음'을 알고 있어야 한다고 강조한다. 개인의 영적 성장에 대한 자세는 개인이 '어린아이와 같은 마음을 가지고 신에 접근하는' 것을 필요로 한다. 성 이삭은 황홀경 또는 '영적 취함'의 상태를 이런 영적 경험으로 논한다. 하지만 성 이삭은 영적 여행은 대부분의 개인들이 따르지 않는 것의 하나라고 지적한다. 그는 그것에 대해서 "만 명 가운데 단한 명만이 그 가치를 발견한다."고 지적한다(Brock, 1975). 성 이삭의 영성은 개인의 영에 숨을 불어넣는다. 그리고 개인적·신비적·영적 상승을 통해서 개인은 1) 회개로부터, 2) 정화로, 3) 완성으로 이동한다고 그는 말한다(Wensink, 1969).

세 단계의 영적 상승
(향상)

성 요한 클라마코스: 낙원으로의 단계들

성 요한 클라마코스St. John Climacos는 신성한 '상승의 사다리The Ladder of Divine Ascent'라 명명된 영적 성취에 대한 가장 주목할 만한 매뉴얼 중 하나를 마련했다. 성 요한은 30단계를 통한 영적 성취의 길을 묘사한다. 각 단계는 영적인 미덕과 죄를 언급하고, 사다리의 성화icon에 묘사된 대로 천사들 또는 악마들은 각각 그들을 돕거나 좌절시키는 충직한 신자로 기능한다. 토대는 땅 위에 고정되고, 그 가장 높은 곳인 천국에 이르는 30개의 발판을 가진 사다리는 (묘사된 대로) (개인이 좀 더 쉽게 오를 수 있도록) 첫 번째 계단들은 비스듬하고, 뒤의 계단들은 (더 높은 영적 수준을 달성하는 데 더 많은 어려움이 있다는 것을 나타내면서) 수직으로 올라감을 보여 준다. 30개의 단계들은 만약 영적 진보가 성취된다면 통달되었음이 분명하다. 일반적으로 단계들은 순서적이거나 발달적이지 않고 종종 주제와 관련되어 있다. 예를 들면, 17~30단계는 긍정적인 성취의 미덕, 즉 고독, 기도, 사랑을 언급한다.

영적 성취로 가는
30단계의 사다리

(야곱의 사다리의 환영에서 아마도 영감을 받은 듯한) 그 제목에서 '사다리'라는 단어의 선택은 영적 삶의 온전한 목적과 진보라는 저자의 개념을 상징한다. 그러므로 그것은 성장을 위한 체계적인 프로그램을 제시하지는 않는다. 즉, 그것은 단계14는 반드시 단계20을 선행한다고 주장하지 않는다. 그 과정은 역동적이고 전일적holistic이다. 성 요한은, 예컨대 단계1 복종은 사다리에서 가장 긴 것들 중의

역동적인,
전일적 과정

하나로, 이와 같이 삽화의 방식으로 일화를 사용하면서 각 단계를 분석적으로 접근한다. 그 방법은 영적 교부에 의한 (방향) 지시를 전제로 하고 강조한다. 그의 저술 요약문에서 저자는 다음과 같이 쓰고 있다.

> … 우리가 신에 대한 믿음과 앎의 통일성을 얻을 때까지, 성숙한 성인이 될 때까지, 그리스도가 그의 육신의 나이가 30세(성 요한의 사다리에서 그 상관성 언급에 유의)에 세례를 받았던 때 영적 사다리의 (미덕 가운데 지고至高의 삼위일체를 함께 연결하는 것에 관한) 서른 번째 단계를 얻었던 그의 완전성의 위상을 측정할 수 있을 때까지 서둘러 가자. 신은 확실히 사랑이므로 그에게 (신은) 그 자신 안에 무한한 시대를 걸쳐서 모든 선함의 원인이고, 이었고, 이 될 칭송, (신성한) 지배권, 권능인 것이다. 아멘(John Climacos, 1959, p. 226).

새로운 신학자 성 시므온: 영적 경험과 사실주의

강렬한 사실주의　　인용된 정교회의 영적 발달에 대한 '지침들' 중 어떤 것보다도 더 많이 성 시므온St. Symeon은 신성에 대한 경험의 선명함과 권위 그리고 그리스도 중심의 신비주의에서 강렬한 사실주의의 중요성을 강조한다. 성 시므온은 신앙심이 깊어 다음과 같이 기록한다.

> … 신의 은총으로 나는 여전히 엄청난 신비를 관상하도록 허락을 받았다. 나는 신이 나를 당신에게로 이끄심을 보았고, 나는 하늘로 오른다. 나는 내가 나의 몸속에 여전히 있는지 아닌지를 알지 못한다. 오직 나를 창조하신 당신만이 안다. 처음으로 당신은 나쁜 죄인인 나에게 당신의 달콤한 목소리를 듣게 허락하였다. 당신은 아주 상냥하게 얘기했고 나는 놀라 주저앉았고, 나는 어떻게 하여 왜 신의 선물을 받게 되었는지를 궁금해했다. 당신(신)은 나에게 이렇게 말했다. '나는 너희에 대한 사랑으로 인간이 되었던 신이다. 너희는 나를 갈망해 왔고 너희들의 온전한 혼으로 나를 찾았다. 그리하여 향후 너희는 나의 형제, 나의 친구, 내 영광의 공동 상속인으로 있을 것이다. … (Meyendorff, 1974, pp. 49-51).

당연하게도 성 시므온의 진심어린 형태로의 접근과 강조는 기독교의 도발을 야기했고, 선지자(예언자) 대 사제(신부) 그리고 경험 대 제도(관습)의 갈등을 불러일으켰다. 비록 그가 예배, 기도 또는 성체에서 기계화된 어떤 제안도 반대했지만, 이러한 방법들은 그의 '영적 세계'의 통합적인 한 부분이었다(그 이유는 성 시므온은 발달적 접근을 권하지 않기 때문에 그는 도식적 그림으로 나타내지 않는다).

선지자 대 사제 그리고 경험 대 제도의 갈등

성 그레고리 팔라마스: 테오프티아의 경험

헤시카즘hesychasm(침묵, 고요, 정적주의 수행 위주의 14세기 그리스도교 신비 사상)[8]과 종종 연관되어 성 그레고리 팔라마스St. Gregory Palamas는 실제로 풍부한 영적 전통과 헤시카즘의 계승자였다. 헤시카즘은 정말로 초기 사막의 교부들에 그 뿌리를 두고 있다. 하지만 성 그레고리는 헤시카즘을 신의 환영 테오프티아 Theoptia(Θεοπτία)를 얻고 그렇게 함으로써 신과의 합일theosis을 성취하기 위한 실행 가능한 방법으로서 옹호했다. 헤시카스트(신비적 정적靜寂주의자의 일종)들에 의해 기도의 비논리적인 체계에 대해서 그들을 고발하는 질문들이 제기되었다. 칼라브리안의 발램Barlaam the Calabrian은 두 가지 점에서 그들을 비난했다. 특히 1) 신에 대한 앎을 포함해서 모든 앎은 경험에 대한 지각을 통해서 얻어진다는 아리스토텔레스 학파의 가정, 2) 신을 감각적 경험 너머에 존재하는 것으로, 그리하여 알 수 없는 것으로서 설명하는 신플라톤주의적 가정이 그것이다. 성 팔라마스는 "신은 사실 알 수 없지만 그는 스스로를 드러내지 않는가?"라고 말함으로써 대답했다.

개인이 관상(정관/명상)을 성취하기 위해서 그는 지적 완전함의 부정 단계를 통과해야만 한다. 그는 다음과 같이 적고 있다.

지적 완전함

> 빛(계시, 깨달음)은 모든 개념으로부터 자유로워지고 형태가 없어지게 되는 정도로까지 순수한 지성으로 드러난다. … 지성에게 하나의 모습을 보이는 모든 환영은 말하자면, 심상화되어 욕망하는 부분에 의한 행위에 대한 언급이고 … 적에 대한 하나의 계략으로부터 비롯된다(Meyendorff, 1964, p. 141).

그때 성 그레고리는 '독백의 기도(προσευχή μονολόγιστος ἀδιάλειπτος)'로 개인들이 영성의 긍정적인 영역으로 들어간다고 설명한다. 이것이 성 바울의 '끊임없는 기도'다. 그는 "우리는 신을 확신시키기 위해서가 아니라 … 그에게 우리 자신을 끌어올려 주기를 이런 계속적인 애원(기원, 서원)으로 간청한다."라고 말한다. 이런 기도는 기계적일 수가 없고 의식적이고 능동적이다. 팔라마스는 영적 삶에서의 성취는 내면을 향한 진보(συνεξέλιξις)를 통해서 온다고 설명한다. 초보 헤시카스트는 이 단계를 특별한 기술로 여긴다. 그러나 성숙한 헤시카스트 **끊임없는 예수기도** 는 자신의 강한 의지와 끊임없는 예수기도*를 통해서 이를 실현한다. 온전한 개인(몸, 마음 그리고 혼)은 엘리아Elias가 신을 보았을 때, 신성의 빛에 대한 경험의 한 부분으로서 그가 언급한 영원한 따뜻함인 그 불에 뛰어들어 경험한다. 헤시카즘은 신의 즉각적인 환영에 큰 강조를 두지만 이것이 범신론과 혼동되어서는 안 된다. 성 그레고리는 "우리는 신성의 본성을 띠고 있지만 허나 아직은 조금도 그것을 함께 하고 있지 않다."라고 말한다. 성 팔라마스는 신의 존재에 대한 증명(신의 환영에 대한 진실성)은 아리스토텔레스 학파의 논리보다는 다른 것에 토대를 둔다고 대답함으로써 신의 존재는 증명될 수 없다고 논한다. 그레고리는 금욕주의의 영적 목적은 마음의 내면을 향한 진보(συνεξέλιξις)를 통해서, 즉 계속적인 **내부로의 전환과** 자기 집중과 안으로 들여다봄 또는 안으로 돌아섬(전환)(ἐσωτρεφόμενον)을 통 **'아직 창조되지 않은 빛'** 해서 실현된다고 주장한다. 이러한 상태에 도달함에 있어서 개인은 신과의 신비 **경험** 한 합일을 달성하면서 신성의 빛을 마주한다(Christou, 1966). 그는 타보르 산에서 사도들이 목격했던 빛의 환영과 헤시카스트의 빛의 환영 사이의 차이점은, 기독교도인들은 '내부에서' 그 빛을 관상하는 반면에 베드로, 야고보 그리고 요한은 '외부에서' 그 빛을 본다고 분명하게 말한다. 더 나아가서, 헤시카스트는 그들이 신을 발견하는 지점까지 신의 은총으로 잠재적인 것들을 개발할 수 있고, 그렇게 함으로써 '아직 창조되지 않은' 빛을 경험한다.

---

* 헤시카즘의 신비주의적 기도문: '주 예수 그리스도, 하느님의 아들은 죄인인 저에게 자비를 베풀어 주십시오.'

성 그레고리에 따르면, 앎은 기도를 통해서 온다. 그는 실험적인 과학을 통한 것을 제외하고는 앎에 대한 어떠한 것도 알지 못하는 사람들이 있다고 말한다. 그는 그러한 사람들은 헬레니즘 연구를 아주 좋아하고 옹호하며 성서를 무시한다고 본다. 결국 그는 그들이 그들의 학문에 대한 무지 때문에 어떠한 것도 알지 못한다고 지적한다.

> 만약 우리가 어떻게 마음이 몸과 연관되어 있는가를, 어디가 상상과 의견들의 뿌리인가를, 어디에 기억이 고정되어 있는가를, 몸의 어떤 부분이 가장 취약하고 그래서 다른 것들에 지시를 내리게 말하는가를, 무엇이 핏줄의 근원인가 … 등을 묻는다면, 영이 우리에게 아무런 평범한 계시를 주지 않았던 이런 종류의 모든 질문에 대한 … 그 답은 똑같다. 왜냐하면 영은 단지 모든 것을 꿰뚫는 진리를 알도록 우리에게 가르치기 때문이다(Meyendorff, 1964).

사로프의 성 세라핌: 성령의 획득

단지 1세기 전, 사로프Sarov의 금욕주의자 성 세라핌St. Seraphim은 '기독교인의 삶의 목적'에 대한 질문에 그의 유명한 "기독교인의 삶의 목적에 관한 대화"에서 대답했다. 비록 처음에 '성령의 획득'이란 그의 대답이 모호하고 흐릿하게 들릴지라도, 그의 대답과 그 배경 그리고 함의를 자세히 들여다보면, 정교회의 영적 성장에 관한 과다할 정도의 가르침을 충분히 엿볼 수 있다. 그는 '기도, 단식, 주시watching, 자선 그리고 모든 기독교적 행위들'과 같은 수단들은 목적이 아니라, 그것들은 '신의 성령Spirit of God'을 얻기 위한 수단일 뿐이라고 말한다. 성 세라핌은 "기도는 모든 사람에게 언제나 가능한 일이다."라고 말한다. 그렇지만 토대가 되어야 하는 '방법'은 '주Lord에 대한 바른 믿음'이다. "그리하여 만약 기도나 주시를 하는 것이 당신에게 더 많은 신의 은총을 준다면, 기도하고 주시하라. 만약 단식이 더 많은 신의 성령을 준다면 단식하라. 만약 자선이 더 많은 것을 준다면 구호품을 주어라 …."

여기서 그는 통일과 다양성의 교리를 말한다. 기독교인들이 비록 동일한 진리

통일과 다양성의 교리

속에 통일되어 있을지라도 그들이 그것을 표현할 때는 다양하다. '그때 성령은 보이는가? 성령이 나와 함께 있는지 아닌지 나는 어떻게 알게 되는가?'와 같은 질문에 대한 답으로, 세라핌은 신과의 진실한 시각적인 만남에 관해서 이해할 수 없는 것은 없다고 대답한다. 그는 "이해할 수 있는 이러한 행운은 우리가 초기 기독교도들의 넓은 공간적 비전/환영에서 헤매고 있을 때 온다. 교육이라는 핑계 아래 우리는 너무도 무지의 어둠 속에 다다라 있어 온 까닭에 이제 우리로서는 옛사람들이 분명히 보았던 것을 생각조차 할 수 없는 듯하다."라고 설명한다. 계속하여 그는 구원의 일에 대한 우리의 부주의 때문에 "우리는 신의 은총을 추구하지 않고, 우리의 자만심으로 인해 우리가 그 은총이 우리의 혼 속으로 들어가는 것을 허락하지 않기 때문에 … 우리는 진정한 깨달음을 가지지 못한다 … "라고 설명한다. 세라핌의 삶은 자신의 말들에 역행하기보다는 하나의 증언이었다.

신의 왕국으로서 인간의 가슴

그가 "신의 왕국이 인간의 가슴이기 때문에 … 신의 왕국은 고기나 음료가 아니고 성령 안에서의 정의와 평화다. 우리의 믿음은 인간 지혜의 설득력 있는 말들에 있는 것이 아니라, 성령과 힘의 입증에 있다."(Seraphim, 1973)라고 결론을 내린 것은 경험으로부터 나온 것이다.

결 론

이 저술은 동방정교회에서의 성장에 대한 개념과 접근을 분명히 하고자 한다. 이 연구에서 알게 된 것은 비록 성인들의 영적 여정이 매우 개인적이고 경험에 근거하고 있을지라도, 그럼에도 그 여정은 (영적 성장) 발달에 대한 (이산적) 별개의 패턴들을 보여 준다. 다소 역설적이지만, 비록 성장의 단계들이 이성적으로 논의되고 있을지라도, 그것들은 반드시 경험적으로 만나지게 된다. 삶에 대해 이성적·경험적 양상들을 균형잡는 것이 온전한 개인에 대한 요구에 부응하고자 하는 사람들에겐 꼭 필요하다. 성장의 경험들을 기술했던 사람들의 삶에 주의를 기울여 보면, 우리가 온전해지고자 하는 중요한 목표를 효과적으로 성취하고자 할 때 우리를 환하게 밝혀줄 수 있다.

미 주

제1장 심리치료와 명상의 치료적 목표: 자기의 표상에서의 발달단계들

1. 모든 명상적이고 요가적인 전통들은 고통의 원인의 진정한 소멸을 그 거짓된 형태, 억제와 억압으로부터 차별화하는 데 있어서 극단적으로 복잡 미묘하고, 그래서 각 정신적psychic 과정을 다른 전문적 용어를 사용하여 지정한다. 그들은 (지각적–지적 의식의) 기능적 작용은 강도 높은 집중의 상태에서 갈등이 없는 것으로 주관적으로 체험될 수 있다고 인식한다. 이를테면 비록 갈등의 잠재된 근원들은 집중이 지정된 수준 이하로 떨어질 때 재활성화될 수 있지만 그렇다는 것이다.

2. 상좌부 불교심리학(아비담마Abhidhamma)에서는 정신내적 변화들은 깨달음의 다른 단계들에 뒤따르는 알려진 수행과果들의 전통적 목록 안에 매우 신중하게 분류되어 있다. 이러한 변화들은 다른 목록 내에서는 다르게 분류되지만, 그 목록들은 현저하게 구체적이고 내적으로 일관성이 있다. 또한 그것들은 아비담마 수행발달의 장구한 과정에 걸쳐서 안정되고 균일하게 보존되어 오고 있고, 나라다(Narada, 1975)와 냐나몰리(Nyanamoli, 1976)의 연구에서 상세하게 알아볼 수 있다.

3. 이러한 이슈는, (심혼적psychic) 기능들을 구체적으로 실제적인 것으로 규정하며 자기와 대상표상들을 그것들 특유의 힘을 가진 고정되고 (분별 가능한) 이산적인 불연속적discrete 실체들로 취급하는 경향이 있는 대상관계이론 및 전통적인 정신분석학적 메타심리학의 구조주의자적 언어에 의해 모호해져 왔다(Schafer, 1976). 표상들은 실질적으로 오직 현재에 일어나는 것을 표상하는 기억의 과정들일 뿐이다(Rizzuto, 1978).

4. (수행집단들 간의) 유일한 차이는 수행 주체들에 따라 (수행 결과의) 생산성에 있어서 약간의 감소와 일부 수행자들에게 나타나는 욕동의 지배를 받는 반응에서의 현저한 증가였다.

5. 수행자들의 나머지 절반은 집중에 있어서 어느 정도 (수련의) 능숙함을 달성했지만, 오직 세 사람만이 '근접수준' 집중 삼매upacāra-samādhi를 마스터하고서 통찰의 몇 가지 형식적 단계들을 통해 진보하였다. 이들 중의 오직 한 사람만이 평정심Saṅkhārupekkha-ñāṇa의 단계, 즉 깨달음 직전 단계까지 나아갔다(Nyanamoli, 1976; M. Sayadaw, 1973).

6. 통찰명상 수행에서는 깨달음(견성삼매)의 네 가지 분명한 단계들이 있다. 각각은 그 앞의 수행의 일련의 선행하는 별개적discrete이며 불변적인 수행단계들을 끝내는 최고의 절정체험으로서의 순간적 지멸체험magga-phala을 통해 들어가게 된다. 이 네 가지 순간들의 각각에서 나타나는 병리발생의 정신적mental 요인과 행동들의 특수한 집합들은 축차적으로 그리고 비가역적으로 '소멸되고nirodha', 그래서 네 번째 단계에 이르러서야 정신적 갈등의 모든 가능한 뿌리들kilesas은 전체적으로 말끔히 소멸된다고 말하고 있다(Nyanamoli, 1976; M. Sayadaw, 1973 참조).

7. 랑군(미얀마의 도시)에 있는 타다나 에익타Thathana Yeiktha 수행센터에서의 이러한 수행의 교학敎學 법통의 수장인 마하시 사야도어 성사Ven. Mahasi Sayadaw와의 인터뷰와 그의 보좌 사야도들(지도사들)과의 인터뷰에서도 그곳의 수련생들과 이 (서구) 문화에서의 수련생들 사이의 진보의 속도에 있어서 생각보다 현저한 차이가 있음을 드러내었다. 비록 타다나 에익타는 아시아 불교 수행센터들 가운데 어느 정도 예외적인 경우일 수도 있지만(Jack Kornfield, 개인적 교신), 아시아 수행센터들에서의 보다 더 빠른 수행 속도는 그곳에 거주하고 있는 수행지도자들과의 인터뷰와 그곳에서 공부한 적이 있는 서구 학생들과의 인터뷰에서도 광범위하게 발견되고 있는 것으로 보인다.

8. 이러한 면은 우리의 로르샤하 심리검사 연구에서의 욕동에 의해 지배받는 심적 내용이 명백하게 늘어나는 증거에서뿐 아니라 S자로 된 단어 말하기와 같은 형식적 (지각) 측면에서의 현저한 변화에서도 반영되어 나타났다(Brown & Engler, 1980). 마찬가지로, 데이비드슨, 골먼 및 슈워츠(Davidson, Goleman, & Schwartz)의 연구(1976)에서도 상태-불안이 고급 명상가에게서는 감소되는 것과는 반대로 초보 명상가에게서는 증가된다고 발표하고 있다. 이러한 결과들은 비현실적 체험에 대한 일차과정 사고와 저항 내성의 증가에서 비록 주의를 끌 만한 측정치는 없었지만, 명상에 대한 성공적인 반응을 예측한 모핀(Maupin, 1965)의 발견과 일치한다. 하지만 모핀은 분명 이러한 발견이 다만 수련의 초기 단계에 국한되어 있다는 것을 알아차리지 못했던 것이다.

9. 전이 관계의 발달은 이러한 자기애적인 전이의 징후들이 자기애적 성격장애를 가지고 있음을 시사한다는 결론을 내리기 전에 오랜 시간을 두고 관찰되어야 할 것이다. 나는 아직도 나 자신이 이러한 것을 이렇다고 말할 만한 위치에 있지는 않다. 더구나 치료기법으로서의 위빠사나는 전이관계의 매개를 통해 작업하지 않으므로 다른 수련지도자들도 전이 증후군을 체계적으로 감시하는 것도 아니다. 이것은 장차 연구를 위해 중요한 분야다.

10. 즉, 그것은 이를테면 DSM-III에서, 그리고 정신분석학적으로 정향되지 않은 클라인(Klein, 1975)과 아키스칼(Akiskal, 1978) 같은 정신의학자들에 의해 이해되고 있는 것과 마찬가지다. 그 개념은 코헛(Kohut, 1971)과 그리고 여전히 망상증이 아닌 분석불가

능한 환자들을 지칭하는 제3의 의미에서 그의 정신분석학파(Goldberg, 1980)에 의해 사용되고 있다.

11. 엄격한 의미에서 통상적으로 의미하는 방식으로 관측하는 것과 경험하는 것 사이의 치료적 분열은 명상수련의 최종 단계에서가 아니라 예비 단계에서만 일어난다. 적절한 통찰명상을 구성하는 통찰의 형식적 단계들('ñāṇas', 즉 '통찰지')로 시작함으로써 관찰자나 주시자의 환영은 꿰뚫어 알 수 있게 되고, 관찰은 이제 행위자적 '자기'의 활동인 대신에 단지 심적인mental 과정이나 기능으로 경험된다. 관찰자는 더 이상 관찰되는 것과 분리되어 있지 않지만, 양자 역학적 용어의 의미에서 관찰뿐 아니라 관찰되는 대상의 한 부분으로 (즉, 참여적 관찰자로) '자기 자신'을 체험한다.

12. 위빠사나 수행의 초기 단계에 억압은 (폭로)기법으로서 정신분석과의 그 유사성 때문에 상당히 다른 정도의 변동성을 갖고서 드러나게 될 것이다. 통찰명상에서 어느 한도까지 정신역동적 통찰과 갈등해결이 일어나는가는 수많은 요인들에, 특히 그것들 중의 일부는 문화적인 데 좌우된다. 하지만 고전적으로는 명상 과정의 이 단계는 예비적이고 일시적인 것으로 간주된다. 그런 것은 주로 (위빠사나) 수행이 남아시아와 남동아시아의 전통적 수행센터에서 정진되고 있으므로 거의 주목받지 못하고 있다. 왜냐하면 억압과 정신역동적 통찰의 드러남은 명상에만 국한되어 있는 게 아니고, 목표로 하는 통찰의 수준도 아니기 때문이다. 서양의 수련에서 이러한 현상에 훨씬 더 큰 주목을 하고 있는 까닭은 부분적으로 정신역동성에 주목을 하는 우리의 훨씬 더 큰 심리적 마음가짐과 문화적 성향에 기인하지만, 아마도 특히 명상의 적절한 목표에 대한 우리의 혼동에서 기인한다고 볼 수 있다. 그 이유는 우리의 현재의 지배적인 영적·치료적 체계들은 건강과 (의식)발달에 대한 그것들의 모델들에서 (문화적) 경험과 심리적 기능의 이러한 범위를 포함하지 않기 때문이다.

13. 현재 고급 위빠사나 명상 수련자들에 대한 순간 영상노출기tachistoscope 자극에 대한 연구가 하버드 의학대학원 케임브리지 병원의 브라운 박사에 의해 바로 이러한 점을 경험적으로 시험하기 위한 연구로 수행되고 있다. 예비연구 결과에 따르면, 지금까지 연구 발표된 표준 기준을 훨씬 넘어서는 지각적 분별능력을 확인해 주고 있다. 그리고 명상자들은 지속 가능한 지각대상으로의 자극들의 구축에 앞서는 고속처리(자극 반응) 과정에서 (자극의) 시간적 단계들을 실질적으로 분별해 낸다는 가설을 뒷받침하는 경향이 있다(D. P. Brown, 개인적 교신).

14. 이것에 대한 전문적 용어는 'nāma-rūpa-pariccheda-ñāṇa', 즉 '형상rūpa과 마음nāma 사이를 구분하는 분석적 지식'이다. '마음-및-형상nāma-rūpa'이란 지각 가능한 형태들 이면에 실체로서 존재하는 질료matter에 대한 여하한 존재론적 가정도 배제한다는 것

을 의미한다. 아리스토텔레스주의Aristotelian와 뉴턴주의Newtonian 물리학은 질료 · 형상 · 마음을 대비시킨다. 즉, 마음은 선존재하는 질료에 형상을 부여한다는 것이다. 20세기 양자물리학과 마찬가지로 불교물리학은 관찰의 거시적-수준에서의 (비현실적이 아닌) 실제적non-veridical 지각대상으로서는 제외하고서, '질료matter'나 실체의 개념을 없애 버린다. 그 대신에 지각대상은 오직 마음nāma과 형상rūpa만을 대비시킨다. 여기서 '형상'은, 즉 지각과 그 구성 활동에 대해 독립적으로 존재한다는 가설에서 나온 '질료'로서가 아니라 감각적 자료로부터 구성된 지각대상을 나타낸다. 즉, '형상rūpa'은 나타나는 현상 이면의 어떤 실체의 원리를 가정하지 않고 오직 나타나는 현상만을 지칭한다.

15. 이러한 면은 컨버그Kernberg의 역설적 가정, 즉 내면화는 진행 중인 과정이라는 것을 확인해 주는 경향이 있다. 그렇게 보지 않으면 이것은 임상적 관찰의 수준에서는 입증하기 어려운 것이다. 경험의 현재의 순간은 언제나 (고리로) 연결되어 있는 자기와 대상표상의 형태로 내면화되고 있다. 그것은 대부분의 대상관계 이론가들이 의미하듯이 단지 유의미한 사건들이나 사건들의 누적적 충격이 아닌 것이다.

16. 수행의 이 단계에 대한 전문 용어는 'paccaya-pariggaha-ñāṇa', 즉 '조건부의 지식'이다. '상호 연기(緣起, Co-Dependent Origination)'에 대한 불교의 중심 교리는 수행의 이 수준에 기원을 두고 있다.

17. 수행의 이 단계에 대한 전문 용어는 'sammasana-ñāṇa', 즉 '이해에 의한 지식'이다. 각각의 개별적 형상은 궁극적으로는 실체가 없다는 지각은, 그리고 더 나아가 각각의 형상의 독특성은 다른 모든 형상과의 관계에서만 존재하고 오직 존재한다는 사실로부터 생겨나게 된다는 이러한 지각은 상좌부 불교와 대승불교 양쪽에서의 모든 불교사상의 가르침(교학)의 중심 교리인 '상호연기'의 교리 안에 체계적으로 정형화되어 있다. 이것은 현대물리학에 바탕이 되어 있는 우주의 양자역학적 비전이다(또한 '현실적 계기actual occasion'에 대한 화이트 헤드Whitehead의 존재론적 개념 참조).

18. 갈애kāma-taṇhā는 이원본능이론에 기초한 예전의 메타심리학metapsychology에서의 리비도와 공격성과 '쾌락원리'의 역동성에 상응한다. 대상관계론적 용어에서 그것은 페어베언의 신나게 하는, 컨버그의 (욕구를 충족시켜 주어) 흐뭇하게 만족스러운 혹은 제이컵슨의 좋은 대상을 소유하려는 소원, 그리고 페어베언의 거절하는, 컨버그의 욕구불만이 생기게 하는 혹은 제이컵슨의 나쁜 대상을 쫓아내려는 욕구에 상응한다.

19. 신경생리학과 실험심리학의 연구는 일차적으로 '중추적 상태'의 현상으로서의 정동affects에 대한 이해를 지지한다. 즉, 그것은 일차적으로 '말초적' 방출 현상이라기보다는 심혼적 동기체계 내에 결정적으로 중요하게 내재되어 있는 유쾌/불쾌의 주관적 상태라

는 것이다. 근래에 컨버그(1976)는 여전히 정동에 대한 이러한 관점을 정신분석이론 속으로 통합시키고자 하는 가장 야심찬 시도를 해 왔다.

20. 이러한 면은 일반적으로 정신분석학적 메타심리학과 특히 대상관계이론에서—뿐만 아니라 보통 의미의 심리학에서도—이러한 행동들을 타고난 '욕동'으로 개념화하는 쪽으로 오도해 왔다.

21. 비록 이러한 점은 전통적 정신분석학적인 사고에 의하면 새로운 아이디어지만, 컨버그 (1976)에 의한 정동affect 및 생물학적 체계사고의 중추상태이론과 정신분석학의 이원본 능이론의 최근의 통합은 원리상 이러한 가능성을 허용한다. 그것은 욕동에 대해, 방출을 압박하는 타고난 본능의 힘으로서가 아니라, 오히려 경험에 반응하는 유쾌/불쾌의 중추상태 정동에 기반을 두고 실제로 발달적으로 구축되고 조직화된 심혼적 동기체계로서 설명한다. 정동의 두 가지 구성요소로서 쾌락추구(욕망)의 평가와 쾌락추구 충동 사이의 구분을 받아들임으로써 그것은 또한 최소한 원리상으로는 그것들 사이의 통상적인 자극-반응 관계의 자동성을 탈조건화하는 가능성을 인정한다. 정신분석이나 현대의 다른 치료법들도 모두 다 그런 면에 대해 훈련되어 있지 않고, 그래서 다른 실험적 연구자들과 같이 컨버그도 그 가능성을 고려하지 않는다. 하지만 명상 전통에서는, 이러한 반응의 순차적 순서를 탈조건화하기 위한 적당한 기법들을 그들이 발달시켜 왔기 때문에 그렇게 생각한다.

22. 분석가들은 정신분석 치료과정의 기술記述로서 이런 점에 대해 찬동할는지도 모른다. 전체 대상관계의 수준에서 유사한 '보이는 모습의 역전'은 전이를 해석하고 해결하는 결과로 나타나게 된다. 이것은 'yathābhutam', 즉 '보이는 현실에 맞추어서'가, 말하자면 치료자가 현실적으로 취하고 있는 방식 그대로가 분명 아닌 것이다.

제3장 발달의 스펙트럼

1. 대상관계이론은 오로지 발달의 주체만을 강조하는 게 아니라 그 대상 세계와의 관계를 강조하기 시작한 정신분석이론의 여러 학파를 지칭하는 일반 용어다. 그러다 보니 고전적 리비도 심리학은 분석이론의 약간 다른 두 개의 학파로 발흥하게 되었다. 즉, 그중 하나는 정신분석학적 자아심리학(Anna Freud, Heinz Hartmann)이고, 다른 하나는 대상관계이론 (Fairbairn, Winnicott, Guntrip)이다. 전자는 발달의 주체에 역점을 두고, 후자는 그 대상에 역점을 둔다. 즉, 전자는 자연(적 본성)을 강조하는 경향이 있고, 후자는 양육을 강조하는 경향이 있다(Gedo, 1981; Blanck & Blanck, 1974). 대부분의 현대 정신분석학파들은 양쪽의 이론의 조합을 다 사용한다. 그렇지만, 게도Gedo가 적시하였듯이, 일반적으로 (학

술적 연구로) 제시되고 있는 두 이론은 세밀한 관점에서 보면 실제로 양립하지 못한다. 그래서 아직까지 어느 누구도 정합적인 틀 안에 그것들을 만족스럽게 통일시키는 데 성공하지 못하고 있다.

그 중심적 이유는 내가 믿기로는 양쪽 학파 모두 확실히 어떤 혼동이나 환원주의들—리비도 심리학의 '나쁜 측면들'로부터의 유물들—을 포함하기 때문이라는 것이다. 이를테면, 자아심리학은 여전히 욕동심리학에 꼼짝 못하고 붙잡혀 있는 경향이 있다. 그중에는 암묵적으로 리비도에 의존하지 않는 동기에 대한 소수의 이론들도 있다[예: 리비도를 재정식화함으로써 동기를 재정식화하려는 블랭크와 블랭크(1979)의 시도를 참조]. 내가 보기에는 이러한 접근방법들은 (의식의) 각 기본구조에 그 특유의 내재된 동기들, 의식의 힘들, 혹은 (신체적 음식, 정서적 음식, 개념적 음식, 영적 음식 등에 대한) 욕구-추동들need-drives을 지니고 있을 수 있다는 사실, 자기-체계는 그 특유의 (보존, 거부, 상승, 하강) 추동들을 가지고 있다는 사실, 그리고 이것들 중의 어느 것도 서로 혼동되거나 유도되거나 환원되어서는 안 된다는 사실을 간과하는 경향이 있다는 것이다. 욕동심리학drive psychology은 실존하는 하나의 기본구조(환상-정동적 구조)의 역동성을 가지고서 그것들을 모든 다른 기본구조와 자기-체계의 일차적 욕동들로 만들려는 경향이 있다!

반면에 대상관계이론은 초기 대상관계의 형판들templates을 이어지는 축차적인 발달의 동기인자들이 되게 함으로써 적합한 동기이론을 제시하고자 애써 왔다. 하지만 게도Gedo가 지적한 바와 같이, 이것은 미묘한 환원주의의 한 형태일 뿐만 아니라 환경적인 조건 부여에 **암묵적으로** 지배적 의존을 하는 것이 되고 만다.

내가 보기에는 대상관계이론 역시 '대상들objects'의 두 가지 다른 유형—기본구조의 대상들('기본 대상들basic objects')과 자기-체계의 대상들('자기-대상들self-objects')—사이를 분명하게 구별하는 데 실패해 왔다. **기본 대상들**에는 신체적 대상, 정서적 대상, 이미지 대상, 개념적 대상, 정묘적 대상들이 포함된다. (원인적 대상은 없다. 원인적 의식은 대상이-없는-의식의 상태이기 때문이다.) 이러한 기본 대상들은 존재의 사다리에서 각 발판의 **기본구조적 욕구들**—신체적 음식에 대한 욕구, 소통적 교환에 대한 욕구, 형식적 반성에 대한 욕구, 영적 개입에 대한 욕구 등—즉, 존재의 각 기본 수준의 구조적 요구나 욕구를 반영하는 현실적이고 진정한 욕구-추동들에 상응하는 '음식의 수준들'이다(Wilber, 1981b).

다른 한편으로 **자기-대상들**은 자기-체계 발달의 각 단계에서 정체성과 자기성(자아/자기됨)selfhood의 그 특유의 의미에 대해 가장 중심적으로 중요한 (그리고 때로는 구성적인) 것으로 그 자기-체계에 의해 적절하다고 여겨지는 기본적 대상들이다. 다시 말해, 자기-대상들은 역시 자기의 성장의 각 단계에서 그 **자기의** 일차적 관심의 대상들로서 역할을 하는 기본적 대상들이다. 이를테면, 만약 내가 어떤 수학의 정리를 생각하고 있다면 그런 정리는 나의 마음의 **형식적인 기본 대상**이다. 하지만 만약 내가 그 정리를 **발명**했다면 그리고 그것을 **내 것**으로 생각하거나 아니면 그것에 매우 집착하고 있다면, 그것은 단지 나의 마음속의 어떤 기본 대상이 아니라 나의 자아 속에 있는 하나의 자기-대상이다. 젖물리고서 가슴에 품고 있는 영아에게, 어머니는 오로지 음식을 제공하는 신체적 기본 대상만이 아니라 일차적 돌봄과 초기의 정체성 정보를 제공하는 하나의 자기-대상이다. 어머니는 단지 몸을 키워 주는 게 아니라 자기를 키워 준다.

다시 말하면, 자기-대상들은 기본 구조적 욕구를 만족시킬 뿐만 아니라 또한 상관된 **자기-욕구들**(〈표 3-2〉 참조)도 만족시키는 기본적 대상들이다. 예를 들어, 매슬로의 위계를 사용해 보자. 예컨대, 발판 5의 기본 구조적 욕구는 '생각에 대한 형식적-반성적 음식을 위한' 생각하고 소통하고 아이디어를 교환하기 위한 현실적 욕구-추동이다. 하지만 그것은 반성적 자기-존중을 위한 것이고, 따라서 어느 개인의 특유의 자기-존중 욕구에서 역시 중요하게 되는 형식적-마음의 여하한 기본 대상들도 **자기-대상들**이 된다. 기본 대상들은 그것들이 '나I' '나에게me', 혹은 '나의 것mine'과 어떤 방식으로든 관련되게 될 때 자기-대상들이 된다.

그러므로 기본구조와 기본 대상 그리고 자기-구조와 자기-대상들이 있는 것이다. 내 의견으로는 이러한 대상들을 차별화하는 데 있어서의 실패는 지금 대상관계이론을 괴롭히고 있는 일부 혼동들의 심장부에 놓여 있다. 이러한 혼동은 근래에 코헛에 의해 그가 (하이픈이 없이) '자기대상들selfobject'이라고 일컫는 것을 소개함으로써 더욱 악화되어 왔다. 나는 이것을 자기-체계의 대상이 아니라 자기-체계의 부분으로 경험되는 자기-대상들self-object로 정의할 것이다. 그래서 그렇게 할 경우 그것들은 정말 그대로 '자기대상들selfobjects'이라고 일컬어질 수 있다. 이러한 자기대상들에 대한 코헛의 기술은 이 분야에 지극히 중요한 기여이지만, 그러나 그것은 정확히 무엇이 대상, 자기-대상, 자기대상selfobject을 구성하는가에 대해 혼동을 추가해 온 경향이 있다.

또한 역시 코헛은 자기-발달('자기애적 발달')은 리비도적 대상 발달과는 독립적으로 진행한다는 점을 시사해 왔다. 대상관계 이론가들이 통상적으로 주장하는 이러한 것은 불가능하다. 왜냐하면 그들이 믿기로는 자기와 대상관계는 상관성을 갖고서 발달해야 하기 때문이다. 하지만 여기서 그들은 다시 한 번 기본 대상들과 자기-대상들 사이의 차이를 간과하고 있다. 기본구조와 기본 대상들은 상관성을 갖고 발달하고, 자기-구조와 자기-대상들도 상관성을 갖고 발달한다. 그렇지만 기본 구조/대상들과 자기-구조/대상들은 반드시 꼭 상관성을 갖고 발달하지는 않는다. 리비도적으로서 리비도적 발달은 기본구조의 발달이다. 그래서 물론 그것은 대체로 자기-구조 발달과는 독립적이다. 우리가 앞에서 보았듯이, 비록 F-2 발달에서 그것들은 F-2에서의 자기-체계는 단순히 리비도적 기본구조와 동일시되기 때문에 실제로 거의 동일한 것이다. 똑같은 이유로 인하여 우리는 (자기-발달의 국면인) 오이디푸스 단계를 (리비도적 기본구조 발달인) 남근기 단계와 차별화시킨다.

비록 나는 이런 짤막한 주註에서 어떻게 스펙트럼 접근법이 이러한 것들과 다른 관계되는 문제들을 효과적으로 다룰 수 있을는지에 대해 제대로 적시할 수 없지만, 어떻게 기본구조/대상들과 자기-구조/대상들 사이의 구분과 연계시킨 동기에 대한 **비환원주의적** 접근법이 자아와 대상 심리학의 화해를 허용할 뿐만 아니라, 더 상위의 정관/명상적 발달에서 나타나는 현상학적으로 더 상위적인 주체와 대상들을 받아들이기 위한 여유로 허용한다는 것을 표시하기에는 충분할 만큼 말해 왔다고 본다.

제6장 마음챙김 명상의 단계들: 타당성 연구

1. 미국 명상가들에 대한 로르샤하 자료는 엘리엇 미쉴러Elliot Mishler 박사의 지도 아래 하버드 대학교 의과대학원을 통해 사회행동과학 박사학위 후 훈련 연구기금(NIMH#T32MH 14246-04)의 지원으로 수집된 것이다. 필자는 당시 캠브리지 병원의 심리분과 장이었던 찰스 듀시Charles Ducey 박사에게서 영감을 받은 사실에 감사하고 싶다. 그는 로르샤하 검사 점수 측정과 해석에 많은 도움을 주었음은 물론 자료 수입을 감독하였다. 필자는 통찰 명상회IMS의 운영진 중에서 IMS 자료 수집을 가능케 하고, 자료 수집을 발 벗고 나서서 잘 정리해 준 마이클 그레이디Michael Grady와 제임스 로이James Roy에게도 특별한 감사의 말을 전한다. 또한 이번 연구를 위해 협조해 준 IMS의 모든 명상지도자들, 명상지도자인 동시에 심리학자로서 동서양의 심리학을 통합한 모델로서 역할을 해 주고, 그럼으로써 명상수련자들에게 신뢰할 수 있는 선원과 유사한 환경에서 자료를 수집하는 프로젝트를 가능케 해 준 잭 콘필드Jack Kornfield 박사에게 특별한 감사의 말을 전한다. 필자는 또한 이 원고를 친절하고 꼼꼼하게 읽고 교정해서 최종 원고가 심한 왜곡이나 오류 없이 불교 수행에 맞게 제시해 준 IMS의 상주 지도자인 조셉 골드스타인Joseph Goldstein에게도 감사한다. 또한 미얀마 랑군의 타타나 예익타에서 전문적인 지도 아래 명상의 단계들을 연구하게 기회를 주신 마하시 샤야도Ven. Mahasi Sayadaw, 우 자바나 샤야U. Javana Sayadaw, 우 아가 담마U. Agga Dhamma에게 감사드린다. 필자는 원고를 잘 읽고 조언을 아끼지 않은 로저 월시Roger Walsh 박사, 딘 샤피로Dean Shapiro 박사, 찰스 듀시Charles Ducey 박사, 베네트 시몬Bennet Simon 박사, 제럴드 엡스타인Gerald Epstein 박사, 에리카 프롬Erika Fromm 박사, 폴 풀톤Paul Fulton 박사에게 감사를 전한다.

2. 남아시아 명상가들에 대한 인터뷰 및 실험 자료는 시카고 대학을 통해서 1976년에서 1977년까지 인도에서 풀브라이트 연구 장학금Fulbright Research Fellowship으로 수집된 것이다. 필자는 먼저 본 연구 계획을 감독하고 여러 어려운 고비마다 믿음을 보내 준 시카고 대학교 신학 대학원의 딘 브라우닝Don Browning 교수와 프랭크 레이놀즈 Frank Reynolds 교수에게 감사의 말을 전한다. 또한 이 분야에서 프로젝트의 실질적 수행을 지휘해 준 나란다의 불교 연구대학원의 나란다 팔리 연구소the Naianda Pali Institute의 팔리어 교수인 우 자가라 비밤사 박사Ven. Dr. U Jagara Bhivamsa에게도 감사드린다. 필자는 자신을 이 전통에 소개하고 연구 장소를 추천했던 스리랑카의 나냐뽀니카 큰 스님Ven. Nyanaponika Mahathera에게 감사한다. 잭 콘필드 박사와 통찰 명상회의 상주 지도자인 조셉 골드스테인은 본 연구가 진행될 수 있는 적절한 기반을 마련해 주고 필자가 연구 참여자들에게 다가갈 수 있는 유일한 접근방법을 시사해 주었다. 필자가 신세를 진 아시아 친구들과 동료들이 셀 수 없이 많다. 그중에서 특히 실험 자문자로서 자료 수입에 직접 도움을 준 두 명, 로르샤하 검사에 도움을 준 캘커타의 라빈드라 바라티 대학교의 임상심리 교수인 마나스

레이차유다리Manas Raychaudhari 박사, 그리고 TAT에 도움을 준 캘커타 공중위생 범 인
도 연구소the All-India Institute for Public Hygiene의 임상심리 교수인 우마 차우더리Uma
Chowdhury 박사에게 감사한다. 차우더리 박사는 그녀 자신이 본 연구에 사용된 TAT 인
도 버전의 개발자다. 필자는 본 연구에 사용된 명상 전통의 가르침의 최고 수장인 마하시
샤야도에게 감사드린다. 그는 타타나 예익타에 우리를 초청하고 본 연구를 적극적으로 지
지했다. 무엇보다도 필자는 이 연구를 위해 가장 더운 계절에 가장 더운 몇 달간의 시간을
이 공사다망한 어려움에도 불구하고 불평 없이 지원해 준 참여자들에게 감사한다. 본 연구
의 대가자 집단을 대표하고 수많은 인터뷰와 실험을 위해 자신의 집을 제공해 준 한 지도
자와 필자의 스승이기도 하며 아시아에서의 본 연구의 주요 '정보 제공자'이며 필자를 대
신해서 이 연구의 명상가집단(Ss)의 협조를 끌어내 준 그녀의 스승에게도 감사한다. 마지
막으로, 필자는 본 연구 내내 특히 자료 수집 당시에 도움을 준 버클리 소재 라이트 연구소
the Wright Institute의 젤레미케 스타우다미어Jellemieke Stauthamer에게 감사한다. 인터
뷰와 실험할 때 그녀는 특히 아시아에서 남자들과 공유되지 않는 여성의 삶과 본 연구를
독특한 방식으로 연결시켜 주었다.

3. 수많은 전통적이고 현대적인 절차들이 로르샤하 검사 점수에 사용되었다. 이들 중에는 다
음과 같은 점수가 포함된다. 메이먼 시스템Mayman System을 사용하여 형태 수준을 점수
화 할 수 있게 변화된(Mayman, 1970), 행렬식determinants 엑스너 시스템Exner System
버전(Exner, 1974)과 바인더 시스템Binder System(Binder, 1932), 공식적 변수formal
variables(Holt & Havel, 1960), 사후-로르샤하 검사post-Rorschachs의 유별한 특성 때
문에 비전통적인 채점 매뉴얼인 특질 중심 반응 매뉴얼Manual of Feature-Dominated
Responses이 개발되었다.

제8장 명상 단계에 관한 이 문화 간 관점

1. Paṇḍita와 kuśali. 지식인paṇḍita과 경험적 수행자Kuśali는 종종 차이가 있다. 명상은 이
두 극단적 상태의 균형을 필요로 한다.

2. 제임스 호턴 우즈 James Houghton Woods가 번역한 파탄잘리Patañjali의 『요가수트라』를
보라(인도 델리, 1927). 이 책은 비야사Vyasa의 요가바사야Yogabhāshya의 번역을 포함
한다. 『요가수트라』 1:32에 대한 이 주석서는 불교의 kṣaṇika, 예컨대 법칭Dharmakīrti의
입장과 대비해서 에카타트바ekatattva의 입장을 취한다.

3. 이 예비 가르침은 비크라 쉬스 라남 리갈Bkra shis rnam rgyal의 저서 『마하무드라

(Mahāmudrā)』에 축약되어 있다. 신앙 수련에 대한 보다 확장된 문헌은 *Kung dga's bstan dzin*(Khams sprul III) 참조. (Phyag rGya Chen Po Lhan Cig sKyes sByor gyi sNgon 'Gro'i Khrid Yig Zab rGyas Chos kyi rGya mTso Chen Po nas sNyin po Ye Shes Kyi Nor bu 'Dren par Byed Pa'i Gru Chen. Palampur, India: blockprint form Byar Skyid phug blockprint of the Tibetab Craft Community, 1974)

4. 문서 참조를 위해 사용된 기호 표시 시스템은 다음과 같다. M=마하무드라, VM=청정도론, YS=요가수트라. 이 축약어 뒤에는 외국의 전문 술어가 나온다. 예를 들면, M, 'jug sgo는 비크라 쉬스 라남 리갈의『마하무드라(Mahāmudrā)』 문헌에서 온 티베트 용어를 의미한다. YS는 파탄잘리의『요가수트라』에서 나온 산스크리스트 용어 svādhyāya다.

5. Nāgārjuna, *Mūlamādhyamakakārikās*(중도의 근간), 2: 1.

6. Fischer(1971)는 변성 상태의 유입에 필요한 외부 자극의 지각 스캐닝의 변화와 환경 간의 감소된 상호작용을 본다.

7. Charles T. Tart(1975). *States of Consciousness*. New York: E. P. Dutton, PP. 258-259.

8. 같은 책, p. 278.

9. *Culamalunkyasutta*, M. 63.

제9장 동방정교회에서의 발달단계

1. Zachary C. Xintaras, "Man—The Image of God According to the Greek Fathers", *The Greek Orthodox Theological Review*(Volum 1, Number 1), August, 1954, pp. 48-62 참조. 비록 Xintaras가 보고하는 일부 참조가 정확한 해석은 아닐지라도, 예컨대 Xintaras는 '형상'과 '모양'의 신학적 구별에 대해 성 바실이 아닌 성 이레나이우스를 인용하고 있다.

2. 동방 신부들은 잠에 의해 자신이 굴복하지 않고 지켜보는 가르침이 매우 강조되고 있다. 인간이 완전한 합일을 향한 모든 정도의 약진에 있어서 완전한 의식을 요구한다. Vladimir Lossky, *The Mystical Theology of the Eastem Church*(London, England: James Clarke & Co., Ltd., 1968), p. 202 참조.

3. 메이엔도르프Meyendorff는 지식이 스콜라 철학이 성서나 교회의 교도권 같은 계시된 전제에 기반을 두고 있기 때문에 그레고리의 입장은 서양의 기독교와 다르다고 설명한다. 이 전제들은 아리스토텔레스 논리학의 원리와 일치하여 인간 마음에 의해 발전의 근간으로서 작용한다.

4. 성 그레고리는 과학적 연구가 중요하다는 것을 부인하지 않지만 과학적 연구의 결론이 상대적이며 불완전하고 진짜 지식—즉, 신성한 빛에 참여함—에 의해 보완되어야 할 필요가 있음을 경고하고 있다.

5. 첫 번째 상태는 신의 형상에 따라 창조된, 즉 사랑하고 창조하고 이성에 따르며 선택할 수 있는 잠재력을 가지고 태어난 모든 인간의 자연스러운 상태다. 성 막시모스는 이러한 상태를 예수의 재림의 상태에 인간이 참여하는 것으로 연관시키고 있다. 두 번째 상태 εὖ εἶναι는 인간이 예수를 따를 의식적인 결정을 하는 시점이다. 자신의 길을 변화시키고 예수의 왕국 μετάνοια에서 삶을 포용하려는 인간의 반응이다. 급진적인 마음의 변화다. 성 막시모스는 이 상태를 인간이 '자신의 십자가를 지고 예수를 따르는' 단계 또는 예수의 십자가에 못박힘으로 부른다. 마지막 단계 ἀεί εἶναι는 영원히 계속되는 빛illumination의 경험 또는 θεοπτία으로서, 이 단계에서는 신의 현존을 경험하게 된다. 이 목표는 예수의 부활 단계와 유사하다.

6. 오리게네스와 에바그리오스는 초기 교회 신학자로서 그들의 영적인 '조직화formulations'는 성자들의 삶과 비교된다. 이 두 신학자는 긍정신학(종종 서구 기독교 영성의 형태)을 대표하는데, 부정신학(이 신학은 통방정교회의 영적인 발달을 대표한다)의 대표들인 성자들과 구별된다. 영성 발달의 이 두 가지 다른 접근법을 위해 존 치어반John T. Chirban의 *Human Growth and Faith: Intrirsic and Extrinsic Motivation Human Development*(Washington, D.C.: University Press of America, 1981) 참조.

7. 이 도식적 다이어그램은 오른쪽에서 왼쪽으로 읽는다. 처음 두 신학자는 긍정신학 접근의 대표들이고, 성인들은 부정신학을 대표한다. 기술된 다섯 가지 단계는 도식이 주어진 쪽의 아래부터 시작(왼쪽 단)해서 위로 진행한다. 도식에서 나타난 교회 지도자들에 의해 공유된 용어들은 다이어그램에서 반복되지 않는다는 것을 주목하라.

8. 고요함과 평정의 길인 헤사카즘(ἡσυχασιμός)은 '신의 비전'으로 도달하는 심리-신체적 기도법이다. (S. I. Hausherr, "A Propos De la Spiritualité Hesychate", *Orientalia Christiana Periodica, Volume 3*(Rome: Pontificum Institutum Orientalium Studiorum, 1939), p. 261 참조.

참고문헌

Abend, S., Porder, M., & Willick, M. *Borderline patients: Psychoanalytic perspective*. New York: International Univ. Press, 1983.

Adler, G. *Dynamics of the self*. London: Coventure, 1979.

Aghiorgoussis, M. *La dialectique de l'image de Dieu chez Saint Basil Le Grand*. Unpublished doctoral dissertation. University of Louvain, France; School of Theology, 1964.

Akiskal, H. S., Djenderedijian, A. H., Bolinger, J. M., Bitar, A. H., Khani, M. D., & Haykal, R. F. The joint use of clinical and biological criteria for psychiatric diagnosis, II: Their application in identifying subaffective forms of bipolar illness. In H. S. Akiskal & W. L. Webb (Eds.), *Psychiatric diagnosis: Exploration of biological predictors*. New York: Spectrum Publications, 1978, 133–45.

Alexander, F. Buddhist training as an artificial catatonia. *Psychoanalytic Review*, 1931, *18*, 129–45.

Alexandria, Cyril of. Migne. *Patrologia Græcæ*, 276.

Allison, J. Adaptive regression and intense religious experiences, *J. Nervous Mental Disease*, 1968, 145, 452–63.

Allport, F. H. *Theories of perception and the concept of structure*. New York: Wiley, 1967 (1955).

Allport, G. *Becoming*. New Haven: Yale Univ. Press, 1955.

American Psychiatric Association. *Diagnostic and statistical manual of mental disorder*. 3rd ed. Washington, D. C.: American Psychiatric Association, 1980.

Aquinas, T. *Summa theologiae*. 2 vols. New York: Doubleday/Anchor, 1969.

Arieti, S. *Interpretation of schizophrenia*. New York: Brunner, 1955.

Arieti, S. *The intrapsychic self*. New York: Basic Books, 1967.

Arnold, M. B. Brain function in emotion: A phenomenological analysis. In P. Black (Ed.), *Physiological correlates of emotion*. New York: Academic press, 1970a, 261–85.

Arnold, M. B. Perennial problems in the field of emotion. In M. B. Arnold (Ed.), *Feelings and emotions.* New York: Academic Press, 1970b, 1969-85.

Assagioli, R. *Psychosynthesis: A manual of principles and techniques.* New York: Hobbs, Dorman, 1971.

Athanasios, St. Migne. *Patrologia Græcæ,* 101B.

Aurobindo. *The life divine and The synthesis of yoga.* Pondicherry: Centenary Library, XVIII-XXI, n.d.

Avalon, A. *The serpent power.* New York: Dover, 1974 (1931).

Baldwin, J. *Thought and things.* New York: Arno Press, 1975 (1906-15).

Bandura, A. *Social learning theory.* New York: General Learning Press, 1971.

Bandura, A. Self-efficacy: Toward a unifying theory of behavioral change. *Psychological Review,* 1977, 34, 191-215.

Basil, St. Migne. *Patrologia Græcæ,* 20B, 29C, 30, 31, 32, 32B, 32C, 37A, 213D-216A, 213D-216A, 864C, 908, 909, 909B, C.

Basil, Sr. (Phillip Shaff & Henry Wase, Trans.) Letters. *The Nicene and Post-Nicene fathers.* Vol. VIII. Grand Rapids, MI: 1955.

Beck, A., Rush, A., Shaw, B., & Emery, G. *Cognitive therapy of depression.* New York: Guilford Press, 1979.

Becker, E. *The denial of death.* New York: Free Press, 1973.

Bergin, A. E. Psychotherapy and religious values. *J. Consulting Clinical Psychology,* 1980, *48,* 95-105.

Berne, E. *What do you say after you say hello?* New York: Bantam, 1972.

Binder, H. *Die Helldunkeldeutungen im Psychodiagnostischem Experiment von Rorschach.* Zurich: Urell Fussli, 1932.

Binswanger, L. Existential analysis and psychotherapy. In F. Fromm-Reichmann & J. Moreno (Eds.), *Progress in psychotherapy.* New York: Grune & Stratton, 1956.

Blanck, G. & Blanck, R. *Ego psychology: Theory and practice.* New York: Columbia Univ. Press, 1974.

Blanck, G. & Blanck, R. *Ego psychology II: Psychoanalytic developmental psychology.* New York: Columbia Univ. Press, 1979.

Blofeld, J. *The tantric mysticism of Tibet*. New York: Dutton, 1970.

Bloomfield, H. H. Some observations on the uses of the Transcendental Meditation program in psychiatry. In D. W. Orme-Johnson & J. T. Farrow (Eds.), *Scientific research on transcendental meditation, Vol. I*. Weggis: M.E.R.U. Press, 1977.

Blos, P. *On adolescence: A psychoanalytic interpretation*. New York: Free Press, 1962.

Blos, P. The second individuation process of adolescence. *The Psychoanalytic Study of the Child,* 1967, 22, 162-86.

Bohm, D. Quantum theory as an indication of a new order in physics: Part B. Implicate and explicate order in physical law. *Foundations of Physics,* 1973, 2, 139-68.

Boorstein, S. The use of bibliotherapy and mindfulness meditation in a psychiatric setting. *J. Transpersonal Psychology,* 1983, *15*, 2, 173-9.

Boss, M. *Psychoanalysis and daseinsanalysis*. New York: Basic Books, 1963.

Bourguignon, E. The self, the behavioral environment, and the theory of spirit-possession. In Melford E. Spiro (Ed.), *Context and meaning in cultural anthropology*. New York: Free Press, 1965.

Bouyer, L. In Markey Perkins Ryan (Trans.), *Introduction to spirituality*. Collegeville, MN: Liturgical Press, 1961.

Bowlby, J. *Attachment and loss, Vol. I: Attachment*. New York: Basic Books, 1969.

Bowlby, J. *Attachment and loss*. 2 Vols. New York: Basic Books, 1973.

Boyer, L. & Giovacchini, P. *Psychoanalytic treatment of characterological and schizophrenic disorders*. New York: Aronson, 1967.

Boyer, L. B., Klopfer, B., Brawer, F. B. & Kawai, H. Comparison of the shamans and pseudoshamans of the Apache of the Mescalero Indian Reservation: A Rorschach Study. *J. Projective Techniques & Personnel Assessment,* 1964, *28*, 173-80.

Brainerd, C. J. The stage question in cognitive-developmental theory. *The Behavioral and Brain Sciences,* 1978, *2*, 173-213.

Branden, N. *The psychology of self-esteem*. New York: Bantam, 1971.

Brandt, A. Self-confrontations. *Psychology Today,* Oct. 1980.

Brehm, J. W. *Responses to loss of freedom: A theory of psychological reactance.* Morristown, N. J.: General Learning Press, 1972.

Brock, S. St. Issac of Ninevah and Syrian spirituality. *Sobornost,* 1975, 7, 2.

Broughton, J. The development of natural epistemology in adolescence and early adulthood. Doctoral dissertation, Harvard, 1975.

Brown, D. P. A model for the levels of concentrative meditation. *International J. Clinical and Experimental Hypnosis,* 1977, *25,* 236-73.

Brown, D. P. Mahāmudrā meditation: Stages and contemporary cognitive psychology. Doctoral dissertation, University of Chicago, 1981.

Brown, D. P. & Engler, J. The stages of mindfulness meditation: A validation study. *J. Transpersonal Psychology,* 1980, *12,* 2, 143-92.

Brown, D. P., Twemlow, S., Engler, J., Maliszewski, M. & Stauthamer, J. The profile of meditation experience (POME), Form II, Psychological Test Copyright, Washington, D. C., 1978.

Bruner, J. The course of cognitive growth. *American Psychologist,* 1964, *19,* 1-15.

Bruner, J. S. Beyond the information given. Jeremy M. Anglin (Ed.). New York: Norton, 1973.

Caesarios. Migne. *Patrologia Græcæ, 38, 1125.*

Calef, V. A theoretical note on the ego in the therapeutic process. In S. C. Post (Ed.), *Moral values and the superego concept in psychoanalysis.* New York: International Univ. Press, 1972.

Campenhausen, Hans Von. *The fathers of the Greek church.* New York: Pantheon, 1955.

Candelent, T., & Candelent, G. Teaching transcendental meditation in a psychiatric setting. *Hospital & community Psychiatry,* 1975, *26,* 3, 156-59.

Carpenter, J. T. Meditation, esoteric traditions: Contributions to psychotherapy. *American J. Psychotherapy,* 1977, *31,* 394-404.

Carrington, P. & Ephron, H. Meditation as an adjunct to psychotherapy. In S. Arieti & G. Chrzanowski (Eds.), *The world biennial of psychotherapy and psychiatry,* 1975, 262-91.

Cayre, F. In W. Webster Wilson (Trans.), *Spiritual writers of the early church*. New York: Hawthorne, 1969.

Chang, G. *Teaching of Tibetan yoga. Secaucus,* N. J.: Citadel, 1974.

Chariton, Igumen of Valamo (Ed.). In E. Kadloubovsky and G. E. H. Palmer (Trans.), *Philokalia: The early church fathers*. London: Faber and Faber, 1967.

Chirban, J. T. *Human growth and faith: Intrinsic and extrinsic motivation in human development*. Washington, D. C.: University Press of America, 1981.

Chowdhury, U. *An Indian modification of the thematic apperception test*. Calcutta: Sree Saraswaty Press Ltd., 1960.

Christou, Panagiotis "Γρηγόριος ὁ Παλαμάς." Θρησκευτική καί Ἠθική Ἐγκυκλοπαίδεια. Athens, Greece: Martios, 1966.

Chrysostom, St. John. Migne. *Patrologia Græcæ, 53, 56, 158D, 443, 443C.*

Clement of Alexandria. Migne. *Patrologia Græcæ,* 9, 74, 140A, 277D.

Clifford, T. *Tibetan Buddhist medicine and psychiatry.* York Beach, ME: Samuel Weiser, 1984.

Crowne, D. T. & Marlowe, D. A. A new scale of social desirability independent of psychopathology *J. Consulting Psychology,* 1960, *24,* 349-54.

Csikzentmihalyi, M. Play and intrinsic rewards. *J. Humanistic Psychology,* 1975, *15,* 3, 41-63.

Cyril of Alexandria. Migne. 74, 76, 276D, 277D, 1087.

Cyril of Jerusalem. Migne. *Patrologia Græcæ,* 33, 477, 836B.

Da Free John. *The paradox of instruction.* San Francisco: Dawn Horse, 1977.

Da Free John. *The enlightenment of the whole body.* San Francisco: Dawn Horse, 1978.

Dargyay, E. *The rise of esoteric Buddhism in Tibet.* New York: Weiser, 1978.

Dasgupta, S. *Obscure religious cults.* Calcutta: F. Klmukhopadhyay, 1946.

Davidson, R. J., Goleman, D. J., Schwartz, G. E. Attentional and affective concomitants of meditation: A cross-sectional study. *J. Abnormal Psychology,* 1976, *85,* 235-38.

Dean, S. R. Metapsychiatry: The interface between psychiatry and mysticism. *American J. Psychiatry,* 1973, *130,* 1036-38.

Deatherage, O. G. The clinical use of "mindfulness" meditation techniques in short-term psychotherapy. *J. Transpersonal Psychology,* 1975, *7,* 2, 133-43.

Deikman, A. J. Comments on the GAP report on mysticism. *J. Nervous Mental Disease,* 1977, *165,* 213-17.

Deutsche, E. *Advaita Vedanta.* Honolulu: East-West Center, 1969.

Dionysios The Areopagite. Translated by the Editors of the Shrine of Wisdom, *The mystical theology and celestial hierarchy.* Surrey, England: The Shrine of Wisdom, 1965.

Ducey, C. Rorschach experiential and representational dimensions of object relations: A Longitudinal study. Unpublished doctoral dissertation, Harvard University, 1975.

Duval, S. & Wicklund, R. A. Effects of objective self-awareness on attribution of causality. *J. Experimental Social Psychology,* 1973, *9,* 17-31.

Eliade, M. *Yoga: Immortality and freedom.* Princeton: Princeton Univ. Press, 1969.

Ellis, A. *Humanistic psychotherapy: The rational-emotive approach.* New York: McGraw-Hill, 1973.

Engler, J. Vicissitudes of the self according to psychoanalysis and Buddhism: A spectrum model of object relations development. *Psychoanalysis and Contemporary Thought,* 1983a, *6,* 1, 29-72.

Engler, J. Buddhist Satipatthana-Vipassana meditation and an object relations model of therapeutic developmental change: A clinical case study. Unpublished dissertation, University of Chicago, 1983b.

Engler, J. Therapeutic aims in psychotherapy and meditation: Developmental stages in the representation of self. *J. Transpersonal Psychology,* 1984, *16,* 1, 25-61.

Engler, J. "The undivided self: Clinical case studies of object relations in Buddhist mindfulness meditation." In preparation (n. d.).

Epstein, M. & Topgay, S. Mind and mental disorders in Tibetan medicine. Unpublished manuscript.

Eriksen, C. W. Some temporal characteristics of visual pattern perception. *J. Experimental Psychology,* 1967, *74,* 476-84.

Erikson, E. H. *Childhood and society*. New York: Norton, 1950, 1963.

Erikson, E. H. Ego identity and the psychosocial moratorium. In H. L. Witmar & R. Kosinski (Eds.), *New perspectives for research in juvenile delinquency*. U.S. Children's Bureau, Publication #356, 1956, pp. 1-23.

Erikson, E. *Identity and the life cycle*. New York: International Univ. Press, 1959.

Erikson, J. M. *Activity, recovery, growth: The communal role of planned activities*. New York: Norton, 1976.

Evans-Wentz, W. *Tibetan yoga and secret doctrines*. London: Oxford Univ. Press, 1971.

Exner, J. E. *The Rorschach: A comprehensive system*. New York: Wiley, 1974.

Fairbairn, W. *An object relations theory of the personality*. New York: Basic Books, 1954.

Fairbairn, W. R. R. *Psychoanalytic studies of the personality*. New York, Basic Books, 1952.

Fenichel, O. *The psychoanalytic theory of neurosis*. New York: Norton, 1945.

Feuerstein, G. *Textbook of yoga*, London: Rider, 1975.

Fingarette, H. The ego and mystic selflessness. *Psychoanalytic Review,* 1958, *45,* 5-40.

Fischer, R. A. A cartography of the ecstatic and meditative states: The experimental and experiential features of a perception-hallucination continuum are considered. *Science,* 1971, *174,* 897-904.

Flavell, J. *The developmental psychology of Jean Piaget*. Princeton, N. J.: Van Nostrand, 1963.

Flavell, J. Concept development. In P. Mussen (Ed.), *Carmichael's manual of child psychology*. Vol. 1. New York: Wiley, 1970.

Fleming, J. Early object deprivation and transference phenomena: The working alliance. *Psychoanalytic Quarterly,* 1972, *10,* 439-51.

Fowler, J. W. *Stages of faith: The psychology of human development and the quest for meaning*. San Francisco: Harper & Row, 1981.

Frank, J. D. *Persuasion and healing: A comparative study of psychotherapy*. Baltimore: Johns Hopkins, 1961.

Frankl, V. *Man's search for meaning.* Boston: Beacon, 1963.

Frankl, V. *The will to meaning.* Cleveland: New American Library, 1969.

French, A. P., Schmid, A. C., & Ingalls, E. Transcendental meditation, altered reality testing and behavioral change: A case report. *J. Nervous Mental Disease,* 1975, *161,* 1, 55-8.

Freud, A. *The ego and the mechanisms of defense.* New York: International Univ. Press, 1946.

Freud, A. The concept of developmental lines. In *The psychoanalytic study of the child.* New York: International Univ. Press. 1963, *8,* 245-65.

Freud, A. *Normality and pathology in childhood.* New York: International Univ. Press, 1965.

Freud, S. *Civilization and its discontents.* New York: W. W. Norton, 1930, 1961.

Freud, S. *Analysis terminable and interminable.* SE. London: Hogarth Press, 1937, vol. 23, pp. 209-53.

Freud, S. *Inhibitions, symptoms and anxiety.* SE. vol. 20. London: Hogarth Press, 1959 (1926).

Freud, S. *The ego and the id.* SE. vol. 19. London: Hogarth Press, 1961 (1923)

Freud, S. *An outline of psychoanalysis.* SE. vol. 23, London: Hogarth Press, 1964 (1940).

Freud, S. *A general introduction to psychoanalysis.* New York: Pocket Books, 1971.

Frey-Rohn, L. *From Freud to Jung.* New York: Delta, 1974.

Fromm, E., Brown, D., Hurt, S., Oberlander, J., Pfeiffer, G., & Boxer, A. The phenomena of self-hypnosis. *International J. Clinical Experimental Hypnosis,* 1980.

Fromm, E., Oberlander, M. I., & Grunewald, D. Perception and cognitive processes in different states of consciousness: The waking state and hypnosis. *J. Projective Techniques & Personnel Assessment,* 1970. 34: 375-87.

Gard, R. *Buddhism.* New York: Braziller, 1962.

Gedo, J. *Beyond interpretation: Toward a revised theory for psychoanalysis.* New York: International Univ. Press, 1979.

Gedo, J. *Advances in clinical psychoanalysis.* New York: International Univ. Press,

1981.

Gedo, J. & Goldberg, A. *Models of the mind: A psychoanalytic theory.* Chicago: Univ. of Chicago Press, 1973.

Geller, V. & Shaver, P. Cognitive consequences of self-awareness. *J. Experimental Social Psychology,* 1976, *12,* 99-108.

Gilligan, C. *In a different voice.* Cambridge: Harvard Univ. Press, 1982.

Glueck, B. C., & Stroebel, C. F. Biofeedback and meditation in the treatment of psychiatric illnesses. *Comprehensive Psychiatry,* 1975, *16,* 303-21.

Goldberg, A. (Ed.). *Advances in self psychology.* New York: International Univ. Press, 1980.

Goldstein, J. *The experience of insight: A natural unfolding.* Santa Cruz: Unity Press, 1976.

Goleman, D. Meditation and consciousness: An Asian approach to mental health. *American J. Psychotherapy,* 1975, *30,* 41-54.

Goleman, D. *The varieties of meditative experience.* New York: Dutton, 1977.

Goleman, D. & Epstein, M. Meditation and well-being: An Eastern model of psychological health. *ReVision,* 1980, *3,* 73-85.

Gottesman, I. I. & Schields, M. *Schizophrenia and genetics: A twin study vantage point.* New York: Academic Press, 1972.

Govinda, L. *The psychological attitude of early Buddhist philosophy.* New York: Samuel Weiser, 1974.

Graves, C. W. Levels of existence: An open system theory of values. *J. Humanistic Psychology,* 1970, *10,* 131-55.

Green, E., Green, A. & Walters, D. E. Voluntary control of internal states: Psychological and physiological. *J. Transpersonal Psychology,* 1970, *2,* 1-26.

Greenson, R. *The technique and practice of psychoanalysis.* New York: International Univ. Press, 1967.

Gregory of Nyssa, St. In Jean Danielou and Herbert Musurillo (Eds.), *From glory to glory.* New York: Scribners, 1969.

Gregory of Nyssa, St. Migne. *Patrologia Græcæ,* 44, 137, 184, 273A, 273B.

Gregory the Theologian, St. Migne. *Patrologia Græcæ,* 37, 77A.

Greist, J., Jefferson, J., & Spitzer, R. (Eds.). *Treatment of mental disorders*. New York: Oxford Univ. Press, 1982.

Grof, S. *Realms of the human unconscious*. New York: Viking, 1975.

Group for the Advancement of Psychiatry (GAP). *Mysticism: Spiritual quest or psychic disorder?* New York: GAP (Publication 97), 1976.

Guenon, R. *Man and his becoming according to Vedanta*. London: Luzac, 1945.

Guenther, H. *Philosophy and psychology in the Abhidhamma*. Boulder: Shambhala, 1974.

Guntrip, H. *Personality structure and human interaction*. New York: International Univ. Press, 1961.

Guntrip, H. *Schizoid phenomena, object relations and the self*. New York: International Univ. Press, 1969.

Guntrip, H. *Psychoanalytic theory, therapy and the self*. New York: Basic Books, 1971.

Haley, J. *Strategies of psychotherapy*. New York: Grune & Stratton, 1963.

Haley, J. & Hoffman, L. (Eds.). *Techniques of family therapy*. New York: Basic Books, 1968.

Hanly, C. & Masson, J. A crirtical examination of the new narcissism. *International J. Psychoanalysis,* 1976, *57,* 49-65.

Hartman, H. *Ego psychology and the problem of adaptation*. New York: International Univ. Press, 1958.

Hebb, D. O. *The organization of behavior: A neuropsychological theory*. New York: Wiley & Sons, 1949.

Heidegger, M. *Being and time*. New York: Harper & Row, 1962.

Hilgard, E. R. Issues bearing on recommendations from the behavioral and social sciences study committee. *American Psychologist,* 1970, *25,* 5, 456-63.

Hixon, L. *Coming home*. New York: Anchor, 1978.

Hochberg, J. Attention, organization and consciousness. In D. Mostofsky (Ed.), *Attention: Contemporary theory and analysis*. New York: Appleton-Century, 1970.

Hoffman, J. E. A two-stage model of visual search. *Perception and Psychophysics,*

1979, *25*, 319-27.

Holt, R. & Havel, J. A method for assessing primary and secondary process in the Rorschach. In M. A. Rickers-Ovsiankina (Ed.), *Rorschach psychology*. New York: Wiley, 1960.

Horner, A. J. *Object relations and the developing ego in therapy*. New York: Jason Aronson, 1979.

Horney, K. *Neurosis and human growth*. New York: Norton, 1950.

Horton, P. C. The mystical experience as a suicide preventative. *American J. Psychiatry*, 1973, *130*, 294-96.

Horton, P. C. The mystical experience: Substance of an illusion. *J. American Psychoanalytic Association*, 1974, *22*, 364-80.

Hugel, F. von *The mystical element in religion*. London: Dent, 1908.

Hume, R. (Trans.). *The thirteen principle Upanishads*. London: Oxford Univ. Press, 1974.

Huxley, A. *The perennial philosophy*. New York: Harper & Row, 1944.

Ickes, W. J., Wicklund, R. A., & Ferris, C. B. Objective self-awareness and self-esteem. *J. Experimental and Social Psychology*, 1973, *9*, 202-19.

Ikegami, R. Psychological study of Zen posture. In Yoshiharu Akishige (Ed.), *Psychological studies on Zen*. Tokyo: Zen Institute of Kamazawa University, 1970, 105-33.

Irenaeos, St. Migne. *Patrologia Græcæ*, 1105A, C.

Isaac the Syrian. Οἱ Ἀσκητικοί τοῦ Ἰσάχ. Atens, Greece.

Jacobi, J. *The psychology of C. G. Jung*. London: Routledge & Kegan Paul, 1942.

Jacobson, E. *The self and the object world*. New York: International Univ. Press, 1964.

James, W. *Principles of psychology*, 2 vols. New York: Dover, 1950 (1890).

James, W. *The varieties of religious experience*. New York: Colliers, 1961 (1901).

John Climacos, St. In Archmandite Lazarus Moore (Trans.), *The ladder of divine ascent*. Willets, CA: Eastern Orthodox Press, 1959.

John of Damascus, St. Migne. *Patrologia Græcæ*, 94, 95, 97A, 924A, 1037C.

John of the Cross. *The dark night of the soul*. Garden City, NY: Anchor, 1959.

Jonas, H. *The gnostic religion.* Boston: Beacon, 1958.

Jung, C. G. *The undiscovered self.* New York: Mentor, 1957.

Jung, C. G. *Analytical psychology: Its theory and practice.* New York: Vintage, 1961.

Jung, C. G. *Man and his symbols.* New York: Dell, 1964.

Jung, C. G. *The portable Jung.* J. Campbell (Ed.). New York: Viking, 1971.

Kabat-Zinn, J. An outpatient program in behavioral medicine for chronic pain patients based on the practice of mindfulness meditation. *General Hospital Psychiatry,* 1982, *4,* 33-47.

Kahn, H. *The soul: whence and whither.* New York: Sufi Order, 1977.

Kalff, M. The negation of ego in Tibetan Buddhism and Jungian psychology. *J. Transpersonal Psychology,* 1983, 15, 2, 103-24.

Kapleau, P. *The three pillars of Zen.* Boston: Beacon, 1965.

Kasamatsu, A. & Harai, T. An electroencephalographic study on the Zen meditation (Zazen). *Folia Psychiatry Neurologica Japonica,* 1966, *20,* 315-36.

Kastenbaum, R. & Aisenberg, R. *Psychology of death.* New York: Springer, 1972.

Kelley, G. *The psychology of personal constructs,* vols. 1 & 2. New York: Norton, 1955.

Kennedy, R. B. Self-induced depersonalization syndrome. *American J. Psychiatry,* 1976, *133,* 1326-28.

Kernberg, O. Borderline personality organization. *J. American Psychoanalytic Association,* 1967, *15.*

Kernberg, O. The treatment of patients with borderline personality organization. *International J. Psychoanalysis,* 1968, *49,* 600-19.

Kernberg, O. Prognostic considerations regarding borderline personality organization. *J. American Psychoanalytic Association,* 1971, *19.*

Kernberg, O. Treatment of borderline patients. In P. Giovacchini (Ed.), *Tactics and techniques in psychoanalystic therapy.* New York: Science House, 1972.

Kernberg, O. *Borderline conditions and pathological narcissism.* New York: Jason Aronson, 1975.

Kernberg, O. *Object relations theory and clinical psychoanalysis.* New York: Jason Aronson, 1976.

Kernberg, O. The structural diagnosis of borderline personality organization. In P. Hartocollis (Ed.), *Borderline personality disorders*. New York: International Univ. Press, 1977, 87-122.

Kernberg, O., *et al.* Psychotherapy and psychoanalysis: Final report of the Menninger Foundation's psychotherapy research project. *Bulletin Menninger Clinic,* 1972, *36* (1/2).

Kety, S., Rosenthal, D., Wender, P. H., et al. Mental illness in the biological and adoptive families of adopted schizophrenics. In D. Rosenthal & S. Kety (Eds.), *The transmission of schizophrenia*. Oxford: Pergamon Press, 1968, 345-62.

Kehtsun Sangpo Rinbochay. *Tantric practice in Nying-Ma*. Ithaca, NY: Gabriel/Snow Lion, 1982.

Kierkegaard, S. *Fear and trembling and The sickness unto death*. New York: Doubleday/Anchor, 1953.

Kierkegaard, S. *The concept of dread*. Princeton: Princeton Univ. Press, 1957.

Klein, D. F. Psychopharmacology and the borderline patient. In J. E. Mack (Ed.), *Borderline states in psychiatry*. New York: Grune and Stratton, 1975, 75-92.

Klein, M. *The psychoanalysis of children*. London: Hogarth Press, 1932.

Klein, M. Notes on some schizoid mechanisms. In M. Klein, *Envy and gratitude and other works, 1946-1963*. New York: Delacorte Press/Seymour Lawrence, 1946, 1-24.

Klopfer, B. & Boyer, L. B. Notes on the personality structure of a North American Indian shaman: Rorschach interpretation. *J. Projective Techniques & Personnel assessment*, 1961, *25*, 170-78.

Koestenbaum, P. *Is there an answer to death?* New York: Prentice Hall, 1976.

Kohlberg, L. *Essays on moral development*, vol 1. San Francisco: Harper & Row, 1981.

Kohut, H. Forms and transformations of narcissism. *J. American Psychoanalytic Association*, 1966, *5*, 389-407.

Kohut, H. *The analysis of the self*. New York: International Univ. Press, 1971.

Kohut, H. *The restoration of the self*. New York: International Univ. Press, 1977.

Kohut, W. & Wolf, E. S. The disorders of the self and their treatment. *International J. of Psychoanalysis,* 1978, *59,* 4, 413–425.

Kornfield, J. M. The psychology of mindfulness meditation. Unpublished doctoral dissertation, The Humanistic Psychology Institute, 1976.

Kornfield, J. *Living Buddhist masters.* Santa Cruz: Unity Press, 1977.

Kornfield, J. Intensive insight meditation: A phenomenological study. *J. Transpersonal Psychology,* 1979, *11,* 1, 41–58.

Kris, E. The psychology of caricature. *International J. Psychoanalysis,* 1936, *17:* 285–303.

Krishna, G. *The secret of yoga.* London: Turnstone Books, 1972.

Krivoshine, Basil. The ascetic and theological teaching of Gregory Palamas. *Eastern Churches Quarterly,* 1955.

Lacan, J. *Language of the self.* Baltimore: Johns Hopkins Univ. Press, 1968.

Laing, R. D. *The politics of experience.* New York: Ballantine, 1967.

Lasch, C. *The culture of narcissism.* New York: Norton, 1979.

Lazarus, A. A. Psychiatric problems precipitated by transcendental meditation. *Psychological Reports,* 1976, *39,* 601–02.

Leeper, R. W. The motivational and perceptual properties of emotions as indicating their fundamental character and role. In M. B. Arnold (Ed.), *Feelings and emotions.* New York: Academic Press, 1970, 151–85.

Leggett, T. *The tiger's cave.* London: Routledge and Kegan Paul, 1964.

Levinson, D. J., *et al. The seasons of a man's life.* New York: Knopf, 1978.

Levinson, P. Religious delusions in counter-culture patients. *American J. Psychiatry,* 1973, 130, 1265–69.

Lichtenberg, J. The development of the sense of self. *J. American Psychoanalytic Association,* 1975, 23.

Loevinger, J. *Ego development.* San Francisco: Jossey-Bass, 1976.

Loewald, H. W. On the therapeutic action of psychoanalysis. *International J. Psychoanalysis,* 1960, *41,* 16–33.

Loewald, H. *Psychoanalysis and the history of the individual.* New Haven: Yale Univ. Press, 1978.

Longchenpa. *Kindly bent to ease us*. 3 vols. H. Guenther (Trans.). Emeryville, CA: Dharma Press, 1977.

Lossky, V. In Asheleigh Moorhouse (Trans.), *The vision of God*. Clayton, WI: Faith Press, 1963.

Lowen, A. *The betrayal of the body*. New York: Macmillan, 1967.

Luk, C. *Ch'an and Zen teaching*. 3 vols. London: Rider, 1962.

Luthe, W. *Autogenic training: Research and theory*. New York: Grune & Stratton, 1970.

McCarthy, T. *The critical theory of Jürgen Habermas*. Cambridge, Mass.: MIT Press, 1978.

Maddi, S. The existential neurosis. *J. Abnormal Psychology*, 1967, *72*.

Mahasi Sayadaw. *Progress of insight*. Kandy: Buddhist Publ. Society, 1965, 1973.

Mahasi Sayadaw. *Practical insight meditation*. Santa Cruz: Unity Press, 1972.

Mahler, M. *On human symbiosis and the vicissitues of individuation*. New York: International Univ. Press, 1968.

Mahler, M. On the first three subphases of the separation-individuation precess. *International J. Psychoanalysis*, 1972, *53*, 333-38.

Mahler, M., Pine, F., & Bergman, A. *The psychological birth of the human infant*. New York: Basic Books, 1975.

Maliszewski, M., Twemlow, S., Brown, D., & Engler, J. A phenomenological typology of intensive meditation: A suggested methodology using the questionnaire approach. *ReVision*, 1981, 4.

Marin, P. The new narcissism. *Harper's*, Oct. 1975.

Marmor, J. Recent trends in psychotherapy. *American J. Psychiatry*, 1980, *137*, 409-16.

Maslow, A. *Motivation and personality*. New York: Harper & Row, 1954.

Maslow, A. *Toward a psychology of being*. New York: Vann Nostrand Reinhold, 1968.

Maslow, A. *The further reaches of human nature*. New York: Viking, 1971.

Masterson, J. F. *Treatment of the borderline adolescent: A developmental approach*. New York: Wiley, 1972.

Masterson, J. (Ed.). *New perspectives on psychotherapy of the borderline adult.* New York: Brunner/Mazel, 1978.

Masterson, J. *The narcissistic and borderline disorders.* New York: Brunner/Mazel, 1981.

Masterson, J. F., & Rinsley, D. B. The borderline syndrome: The role of the mother in the genesis and psychic structure of the borderline personality. *International J. Psychoanalysis,* 1975, *56,* 163-77.

Masterson, J. F., & Rinsley, D. B. The borderline syndrome: The role of the mother in the genesis and psychic structure of the borderline personality. Revised and reprinted in R. F. Lax, S. Bach, & J. A. Burland (Eds.), *Rapprochment: The critical subphase of separation-individuation.* New York: Jason Aronson, 1980, 299-329.

Maupin, E. Individual differences in response to a Zen meditation exercise. *J. Consulting Psychology,* 1965, *29:* 139-45.

May, R. *Love and will.* New York: Norton, 1969.

May, R. *The meaning of anxiety* (rev.ed.). New York: Norton, 1977.

May, R., Angel, E., & Ellenberger, H. (Eds.). *Existence.* New York: Basic Books, 1958.

Mayman, M. Measuring introversiveness on the Rorschach Test: The fabulization scale. Unpublished manuscript, Aug., 1960.

Mayman, M. Reality contact, defense effectiveness and psychopathology in Rorschach form-level scores. In Klopfer, B., Meyer, M. & Brawer, F. (Eds.), *Developments in the Rorschach technique III: Aspects of personality structure.* New York: Harcourt Brace Jovanovich, 1970, 11-46.

Mayman, M. & Voth, H. M. Reality closeness, phantasy, and autokineses. *J. Abnormal Psychology,* 1969, *74,* 635-41.

Mead, G. *Mind, self, and society.* Chicago: Univ. Chicago Press, 1934.

Meyendorff, J. *A study of Gregory Palamas.* London: Faith Press, 1964.

Meyendorff, J. *Eastern Christian thought.* Washington, D. C. and Cleveland, OH: Corpus Books, 1969.

Meyendorff, J. St. *Gregory Palamas and Orthodox spirituality.* Crestwood, NY: St. Vladimir's Press, 1974.

Meyendorff, J. *Byzantine theology*. New York: Fordham University, 1975.

Meyer, J. *Death and neurosis*. New York: International Univ. Press, 1975.

Mishra, R. (Trans.). *Yoga sutras (The textbook of Yoga psychology)*, by Patañjali. Garden City, NY: Anchor Press, 1973.

Monk of the Eastern Church. *Orthodox spirituality–An outline of the Orthodox ascetical and mystical tradition*. London: SPCK, 1968.

Mookerjee, A. *Kundalini*. New York: Destiny Books, 1982.

Mukerjee, R. (Trans.). *The song of the self supreme (Astavakra Gita)*. San Francisco: Dawn Horse, 1971.

Murphy, G. *Human potentialities*. New York: Basic Books, 1958.

Nagera, H. *Early childhood disturbances, the infantile neuroses, and the adult disturbances*. New York: International Univ. Press, 1966.

Narada. *A manual of Abhidhamma*. Kandy: Buddhist Publication Society, 1975.

Naranjo, C., & Ornstein, R. E. *On the psychology of meditation*. New York: Viking, 1971.

Naranjo, C. *The one quest*. New York: Viking, 1972.

Neisser, U. *Cognitive psychology*. Englewood Cliffs, N. J: Prentice Hall, 1967.

Neisser, U. *Cognition and reality*. Ithaca: Cornell Univ. Press, 1976.

Nemiah, J. Dissociative disorders. In A. Freedman, H. Kaplan & B. Sadock (Eds.), *Comprehensive textbook of psychiatry* (3rd ed.). Baltimore: Williams and Wilkins Co., 1980.

Neumann, E. *The origins and history of consciousness*. Princeton: Princeton University Press, 1954.

Nichols, M. *Family therapy*. New York: Gardner Press, 1984.

Nyanamoli, B. (Trans.). *Visuddhimagga: The path of purification by Buddhaghosha*. 2 vols. Boulder, CO: Shambhala, 1976.

Nyanaponika. *The heart of Buddhist meditation*. New York: Samuel Weiser, 1973.

Nyanatiloka. *A Buddhist dictionary*. Colombo: Frewin & Co., Ltd., 1972.

Origen. Φιλοκαλία τῶν Ἱερῶν Νηπτικυ Volume II. Athens, Greece: 1893.

Ostow, M. The syndrome of narcissistic tranquility. *International J. of Psychoanalysis*, 1967, *45*, 573-83.

Otto, R. *Mysticism East and West.* New York: Macmillan, 1932.

Otto, R. *The idea of the holy.* New York: Oxford, 1969.

Peck, R. & Havighurst, R. *The psychology of character development.* New York: Wiley, 1960.

Pelletier, K. R. Influence of transcendental meditation upon autokinetic perception. *Perceptual and Motor Skills,* 1974, *39,* 1031-34.

Perls, F. *Gestalt therapy verbatim.* New York: Bantam, 1971.

Piaget, J. *The essential Piaget. Gruber & Voneche* (Eds.). New York: Basic Books, 1977.

Podvoll, E. M. Psychosis and the mystic path. *Psychoanalytic Review,* 1979, *66,* 571-90.

Pribram, K. Feelings as monitors. In M. B. Arnold (Ed.), *Feelings and emotions.* New York: Academic Press, 1970, 41-53.

Pribram, K. H. Toward a holonomic theory of perception. In S. Ertel & L. Kemmler (Eds.), *Gestalt-theorie in der Modern Psychologie (Gestalt theory in modern psychology).* Cologne: Erich Wergenroth, 1974.

Rama, S., Ballentine, R. & Ajaya, S. *Yoga and psychotherapy.* Glenview, Ill.: Himalayan Institute, 1976.

Ramana Maharshi. *The collected works.* London. Rider, 1972.

Rapaport, D. The theory of attention cathexis: An economic and structural attempt at the explanation of cognitive processes. In Merton M. Gill (Ed.), *The collected papers of David Rapaport.* New York: Basic Books, 1967, 778-94.

Rehyer, J. Electroencephalogram and rapid eye movements during free imagery and dream recall. *J. Abnormal Psychology,* 1969, *74,* 574-82.

Reynolds, D. *Morita therapy.* Berkeley: Univ. California Press, 1976.

Rieff, P. *The triumph of the therapeutic.* New York: Harper & Row, 1966.

Rieker, H. *The yoga of light.* San Francisco: Dawn Horse, 1971.

Rinsley, D. An object relations view of borderline personality. In Hartocollis, P. (Ed.), *Borderline personality disorders.* New York: International Univ. Press, 1977, 47-70.

Rinsley, D. B. Dynamic and developmental issues in borderline and related "spectrum" disorders. *Psychiatric Clinics of North America,* 1981, 4, 1: 117–31.

Rizzuto, A. M. *The birth of the idea of God.* Chicago: Univ. Chicago Press, 1978.

Rizzuto, A. *The birth of the living God.* Chicago: Univ. Chicago Press, 1979.

Rogers, C. *On becoming a person.* Boston: Houghton Mifflin, 1961.

Runious, J. E. The mystic experience: A psychiatric reflection. *Canadian J. Psychiatry,* 1979, 24, 147–51.

Sannella, L. *Kundalini–psychosis or transcendence?* San Francisco: H. S. Dakin, 1976.

Schachter, S. The assumption of identity and peripheralist–centralist controversies in motivation and emotion. In M. B. Arnold (Ed.), *Feeling and emotions.* New York: Academic Press, 1970, 111–21.

Schafer, R. *A new language for psychoanalysis.* New York: International Univ. Press, 1976.

Schaya, L. *The universal meaning of the Kabbalah.* Baltimore: Penguin, 1973.

Scheir, M. F. Self–awareness, self–consciousness, and angry aggression, *Journal of Personality,* 1976, 44, 627–44.

Scheir, M. F. & Carver, C. S. Self–focused attention and the experience of emotional attraction, repulsion, elation, and depression. *J. Personality and Social Psychology,* 1977, 35, 625–36.

Schneider, W. & Shiffrin, R. M. Controlled and automatic information processing: I. Detection, search, and attention. *Psychological Review,* 1977, 84, 1–66.

Schuon, F. *Logic and transcendence.* New York, Harper & Row, 1975.

Segal, H. *Introduction to the work of Melanie Klein.* New York: Basic Books, 1974.

Selman, R., & Byrne, D. A structural analysis of levels of role taking in middle childhood. *Child Development,* 1974, 45.

Seraphim of Sarov, St. In Franklin Jones (Ed.), *Saint Seraphim of Sarov.* Los Angeles: Dawn Horse Press, 1973.

Shafii, M. Silence in the service of the ego: Psychoanalytic study of meditation. *International J. of Psychoanalysis,* 1973, 54, 431–43.

Shapiro, D. Zen meditation and behavioral self–control strategies applied to a case of generalized anxiety. *Psychologia,* 1976, *19,* 134–38.

Shapiro, D. H. & Giber, D. Meditation and psychotherapeutic effects: Self-regulation strategy and altered state of consciousness. *Archives General Psychiatry,* 1978, *35,* 294–302.

Simon, H. A. An information processing theory of intellectual development. In W. Kessen and C. Kuhlman (Eds.), *Thought in the young child. Monographs of the Society for Research in Child Development,* 1962, *27,* no. 2 (whole no. 83).

Singer, J. L. & Antrobus, J. S. Daydreaming, imaginal processes, and personality: A normative study. In Peter Sheehan (Ed.), *The function and nature of imagery.* New York: Academic Press, 1972.

Singh, J. (Trans.). *Pratyabhijnahrdayam.* Delhi: Motilal Banarsidass, 1980.

Singh, K. *Naam or word.* Tilton, NH: Sant Boni Press, 1974.

Singh, K. *Surat Shabd yoga.* Berkeley: Images Press, 1975.

Smith, H. *Forgotten truth.* New York: Harper & Row, 1976.

Smith, J. C. Psychotherapeutic effects of TM with controls for expectation of relief and daily sitting. *J. Consulting Clinical Psychology,* 1976, *44,* 630–37.

Speck, R. & Attneave, C. *Family networks.* New York: Pantheon, 1973.

Spitz, R. *A genetic field theory of ego formation.* New York: International Univ. Press, 1959.

Spitz, R. *The first year of life.* New York: International Univ. Press, 1965.

Stace, W. T. *Mysticism and philosophy.* New York: Lippincott, 1960.

Stephanou, Eusebius A. *Charisma and gnosis in Orthodox thought.* Fort Wayne, IN: Logos Ministry for Orthodox Renewal, 1976.

Sterba, R. F. The fate of the ego in analytic therapy. *International J. Psychoanalysis,* 1934, *15,* 117–26.

Sternberg, S. High-speed scanning in human memory. *Science,* 1966, 153, 652–54.

Stone, M. H. *The borderline syndromes: Constitution, personality and adaptation.* New York: McGraw-Hill, 1980.

Straus, J. Diagnostic models and the nature of psychiatric disorder. *Archives General Psychiatry,* 1973, *29,* 444–49.

Sullivan, H. *The interpersonal theory of psychiatry.* New York: Norton, 1953.

Suzuki, D. T. *Studies in the Lankavatara Sutra*. London: Routledge & Kegan Paul, 1968.

Suzuki, D. T. *Essays in Zen Buddhism*. 3 vols. London: Rider, 1970.

Suzuki Roshi. *Zen mind, beginner's mind*. New York: Weatherhill, 1970.

Taimni, I. *The science of yoga*. Wheaton: Quest, 1975.

Takakusu, J. *The essentials of Buddhist philosophy*. Honolulu: Univ. Hawaii Press, 1956.

Tart, C. T. Scientific foundations for the study of altered states of consciousness. *J. Transpersonal Psychology*, 1971, *3*, 93-124.

Tart, C. *States of consciousness*. New York: Dutton, 1975a.

Tart, C. *Transpersonal psychologies*. New York: Harper & Row, 1975b.

Tatilan, Migne. *Patrologia Græcæ*, 6, 837B.

Theodoret of Cyrus, Migne. *Patrologia Græcæ*, 80, 104B, 105B, C.

Thondrup Tulku. *Buddhist civilization in Tibet*. Santa Cruz, CA: Maha Siddha Nyingmapa Center, 1982.

Tillich, P. *The courage to be*. New Haven: Yale Univ. Press, 1952.

Tolpin, M. On the beginnings of a cohesive self. *The psychoanalytic study of the child*, 1971, *26* (New York: Quadrangle Books).

Tolpin, M. Discussion of "Psychoanalytic developmental theories of the self: An intergration" by Morton Shane and Estelle Shane. In A. Goldberg (Ed.), *Advances in self psychology*. New York: International Univ. Press, 1980, 47-68.

Tolstoy, L. *My confessions, my religion, the gospel in brief*. New York: Scribners, 1929.

Tompkins, S. *Affect, imagery and consciousness*. Vols. 1-2. New York: Springer, 1962-63.

Trungpa, C. *The myth of freedom*. Berkeley: Shambhala, 1976.

Tucci, G. *Minor Buddhist texts, Part II: First Bhāvāna krama of Kamalaśila*. Rome: Instituto Italian Perg, 1958.

Turner, H. J. M. St. Gregory of Nyssa as a spiritual guide for today. *Eastern Churches Review*, 1975, 7, 1.

Ullman, M. & Krippner, S., with Alan Vaughan & Gardner Murphy. *Dream telepathy.* New York: Macmillan, 1973.

Underhill, E. *Mysticism.* New York: Meridian, 1955.

Vahia, H. S., Doengaji, D. R., Jeste, D. V., et al. *Psychophysiologic therapy based on the concepts of Patanjali. American J. Psychotherapy,* 1973, *27, 557-65.*

Vaillant, G. E. Theoretical hierarchy of adaptive ego mechanisms. *Archives General Psychiatry,* 1971, *24,* 107-18.

Vaillant, G. E. *Adaptation to life.* Boston: Little, Brown and Co., 1977.

Vajiranana, P. *Buddhist meditation in theory and practice.* Kuala Lumpur: Budhhist Missionary Society, 1975.

Van Nuys, D. Meditation, attention, and hypnotic susceptibility: A correlational study. *International J. Clinical and Experimental Hypnosis,* 1973, *21,* 59-69.

Varenne, J. *Yoga and the Hindu tradition.* Chicago: Univ. Chicago Press, 1976.

Venkatesananda (Trans.). *The supreme yoga.* Australia: Chiltern, 1981.

Vivekananda. *The Yogas and other works.* S. Nikhilananda (Ed.). New York: Ramakrishna-Vivekananda Center, 1953.

Wallace, A. F. C. Cultural determinants of response to hallucinatory experience. *Archives General Psychiatry,* 1970, 1, 58-69.

Walsh, R. Initial meditative experiences: I. *J. Transpersonal Psychology,* 1977, 9, 2, 151-92.

Walsh, R. Initial meditative experiences: II. *J. Transpersonal Psychology,* 1978, 10, 1, 1-28.

Walsh, R. Meditation. In R. Corsini (Ed.), *A handbook of innovative psychotherapies.* New York: Wiley, 1980a.

Walsh, R. The consciousness disciplines and the behavioral sciences: Questions of comparisons and assessment. *American J. Psychiatry,* 1980b, *137,* 663-73.

Walsh, R. Speedy Western minds slow slowly. *ReVision,* 1981, 4, 75-7.

Walsh, R., & Roche, L. Precipitation of acute psychotic episodes by intensive meditation in individuals with a history of schizophrenia. *American J. Psychiatry,* 1979, *136,* 1085-86.

Watkins, J. G. & Stauffacher, J. C. An index of pathological thinking in the

Rorschach. In P. M. Lerner (Ed.), *Handbook of Rorschach scales*. New York: Internat. Univ. Press, 1975.

Watzlawick, P., Beavin, J., & Jackson, D. *Pragmatics of human communication*. New York: Norton, 1967.

Wensink, A. J. *Mystical treatises by Isaac of Nineveh*. Wiesbaden, Germany: 1969.

Werner, H. *Comparative psychology of mental development*. New York: International Univ. Press, 1964 (1940).

White, J. *Kundalini, evolution and enlightenment*. New York: Anchor, 1979.

Wilber, K. *The spectrum of consciousness*. Wheaton: Quest, 1977.

Wilber, K. A developmental view of consciousness. *J. Transpersonal Psychology*, 1979, 11.

Wilber, K. *The Atman project*. Wheaton: Quest, 1980a.

Wilber, K. The pre/trans fallacy. *ReVision*, 1980b, 3, 51-73.

Wilber, K. Ontogenetic development: Two fundamental patterns. *J. Transpersonal Psychology*, 1981a, 13, 33-59.

Wilber, K. *Up from Eden*. New York: Doubleday/Anchor, 1981b.

Wilber, K. *A sociable god*. New York: McGraw-Hill, 1982.

Wilber, K. *Eye to eye*. New York: Doubleday/Anchor, 1983.

Wilber, K. The developmental spectrum and psychopathology; Part I, stages and types of pathology. *J. Transpersonal Psychology*, 1984, *16*, 1, 75-118.

Wilber, K. *System, self, and structure*. In preparation.

Wilde, J. & Kimmel, W. (Eds.). *The search for being*. New York: Noonday, 1962.

Winnicott, D. *Collected papers*. New York: Basic Books, 1958.

Winnicott, D. *The maturational process and the facilitating environment*. New York: International Univ. Press, 1965.

Yalom, I. *Existential psychotherapy*. New York: Basic Books, 1980.

Yogeshwarand Saraswati. *Science of soul*. India: Yoga Niketan, 1972.

Young, P. T. Affective processes, In M. B. Arnold (Ed.), *The nature of emotion*. New York: Penguin Books, 1969, 222-37.

Zaehner, R. L. *Mysticism, sacred and profane*. New York: Oxford, 1957.

Zetzel, E. A developmental approach to the borderline patient. *American J.*

Psychiatry, 1971, *127, 7,* 43-47.

Zimmerman, M. *Eclipse of the self.* Athens, OH: Ohio Univ. Press. 1981.

Zubek, J. P. (Ed.), *Sensory deprivation: Fifteen years of research.* New York: Appleton-Century-Crofts, 1969.

찾아보기

[내 용]

저자 소개

켄 윌버 Ken Wilber

윌버는 자아초월심리학의 대가이자 이 시대의 가장 중요한 석학 가운데 한 사람으로, 자연과학을 전공했으나 노자의 『도덕경(道德經)』을 접한 후 큰 충격을 받고 동서양의 사상에 심취하였다. 23세의 나이로 『의식의 스펙트럼(Spectrum of Consciousness)』을 저술하여 자아초월심리학의 패러다임을 바꾼 이래, 지금까지 30여 권의 저서를 통해 심리학과 철학, 인류학, 동서양의 신비주의, 포스트모더니즘 등을 총망라하며 인간 의식의 발달과 진화에 대한 특유의 통합 이론을 제시하고 있다.

저서로는 『아트만 프로젝트(The Atman Project)』 『에덴을 넘어(Up from Eden)』 『아이 투 아이(Eye to Eye)』 『무경계(No Boundary)』 『홀로그래픽 패러다임과 다른 역설들(The Holographic Paradigm and Other Paradoxes)』 『사교적인 신(A Sociable God)』 등이 있다.

잭 엥글러 Jack Engler, Ph. D.

엥글러 박사는 케임브리지Cambridge 병원 시프 사이키아트릭 데이Schiff Psychiatric Day 치료센터 임상 실장과 하버드 의과대학원Harvard Medical School 교직원 대상 감리 심리학자다. 그는 뮌헨Munich 대학교, 옥스퍼드Oxford 대학교, 시카고Chicago 대학교 대학원에서 연구했고, 메닝거Menninger 재단, 매클레인McLean 병원, 예일Yale 정신의학원에서 임상훈련을 받았다. 그는 인도에서 수년간 날란다Nalanda 불교연구대학원의 풀브라이트Fulbright 장학생으로 있는 동안 상좌부 불교심리학과 통찰명상(위빠사나)을 연구하였다. 그는 또한 미얀마에서 위빠사나 명상 전통의 최고봉인 마하시 사야도 성사(聖師, Venerable Mahasi Sayadaw)로부터 명상을 사사받았다. 그는 서양에서 위빠사나 수련의 주요센터로 알려진 매사추세츠 주 바Barre에 있는 통찰 명상센터의 이사장으로 있다. 엥글러 박사는 자아초월심리학학회지인 JTP(Journal of Transpersonal Psychology)의 현장 편집자다. 그는 여러 대학교에서 강의를 했고 동양과 서양의 심리치료와 심리발달모델에 대한 수많은 논문, 워크숍, 강좌들을 전국적으로 제공해 왔다. 정관/명상적 전통에 대한 그의 첫 번째 입문은 겟세마네Gethsemane의 트래피스트Trappist 수도원에서 토마스 머튼Thomas Merton의 문하생으로서였다. 그는 지금 그의 아내와 뉴턴Newton에 살고 있고 가족으로서의 출발을 고대하고 있다.

다니엘 브라운 Daniel P. Brown, Ph. D.

브라운 박사는 케임브리지Cambridge 병원, 하버드 의과대학원Harvard Medical School, 심리훈련과 임상서비스 센터장이며, 행동 의학실 실장이다. 그의 관심 분야에는 정신병 환자의 심리치료와 심리치료감리, 민족정신의학, 그리고 티베트어와 산스크리트어 명상문헌의 번역 등이 포함된다.

존 치어반 John T. Chirban, Ph. D.

치어반 박사는 임상심리학자이며 신학자다. 헬레닉Hellenic 대학과 홀리 크로스Holy Cross 신학대학의 인간개발학과 학과장 및 상담·안내실 실장, 그리고 하버드Harvard 대학교의 인간개발학과 부교수다. 또한 그는 매사추세츠 주 케임브리지Cambridge에서 개인적으로 심리치료 개업의로 활동하고 있다.

마크 엡스타인 Mark D. Epstein, M. D.

엡스타인 박사는 하버드Harvard 대학교와 하버드 의과대학원Harvard Medical School 졸업생으로, 뉴욕New York 시에서 심리치료 개업의로 활동하고 있는 정신의학 전문의이고, 현재 뉴욕New York 병원 코넬Cornell 의료센터 Westchester Division의 심리치료 전문가이며, 코넬Cornell 대학교 의과대학에서 임상 정신의학 강사로 있다. 동양과 서양의 심리학 체계 사이의 관계에 관심을 두고서 전통적 불교심리학, 고급 티베트 명상기법의 생리학적 효과, 그리고 마음에 대한 불교철학과 정신분석이론의 수렴에 대한 관점들과 같은 주제의 연구를 해 오고 있다.

조너선 리이프 Jonathan D. Lieff, M. D.

리이프는 박사는 예일Yale 대학교와 하버드 의과대학원Harvard Medical School 졸업생으로, 현재 보스턴Boston 대학교 의과대학에서 정신의학 부교수로 있다. 터프츠Tufts 대학교 의과대학의 교수 요원, 매사추세츠Massachusetts 정신의학회의 첨단기술 전담위원회 의장을 역임하였다. 그는 레뮤얼 새턱Lemuel Shattuck 병원에서 정신의학과 과장과 노인병학실 주임으로 근무해 왔다. 미국 정신의학협회의 노인봉사 전담위원회의 위원이고, 또한 하네만Hahnemann 병원에서 노인병 정신의학 전문의로 있다(그리고 최근에 미 상원의 노령화 특별위원회와 미 하원의 노령화 선정위원회의 합동분과에서 증언하기도 했다). 리이프는 박사정신의학, 노인병학, 컴퓨터와 첨단기술에 관한 수많은 논문과 저서의 저자다. [그중에는 『당신의 환자의 보호자: 노인을 위한 정신의학적 돌봄에 대한 핸드북(Your Parent's Keeper: A Handbook of Psychiatric Care for the Elderly)』 『정신의학 개업에서 컴퓨터와 다른 기술적 보조 도구들(Computers and Other Techonological Aids in Psychiatric Private Practice)』 그리고 『정신의학에서의 컴퓨터의 응용(Computer Applications in Psychiatry)』 등이 포함된다.]

역자 소개

조효남

육사를 졸업한 후(1967), 미국 미시간 주립대에서 구조공학박사를 취득하였고(1972), 육사 교수를 역임한 후(1973~1987), 한양대 건설환경시스템공학과 교수로 재직하였으며 (1988~2008), 공대학장과 대만국립과학기술대 초빙석좌교수를 역임하였다. 지난 2000년 이래 한국트랜스퍼스널(자아초월)학회 공동회장, 한국건강연대 공동상임대표, 미래사회와 종교성연구원 이사, 한국정신과학학회 회장 등을 역임하였다. 현재는 서울불교대학원대학교 초빙교수이고, 한양대 명예교수, 한국정신과학학회고문, 한국심신치유학회고문, 한국요가문화협회고문이다.

지난 30여 년간 도가기공, 불교심신수련과 함께 켄 윌버의 통합사상을 국내에 소개하며, 자아초월심리학, 통합철학, 불교, 윤리학, 기학氣學, 정신과학 분야의 학술활동을 해 왔다. 오랫동안 한양대와 고려대에서 공학윤리와 과학기술윤리를 강의해 왔고, 지난 9년간 서울불교대학원대학교에서 통합이론, 통합치유리더십, 통합생활수련ILP, 몸에너지동작치료, 통합에너지치유, 양자심신치유, 고급치유기제, 양자의학 등을 강의해 오고 있다. 그 외에도 미래사회와 종교성연구원, 한국코치협회와 한국 HRD 협회 등 여러 단체에서 각 분야의 리더, 심신치유 전문가, 코치, HRD 전문가들을 대상으로 의식코칭, 의식치유, 자기탐구, 심신치유, 통합리더십 관련 강의와 심신수련지도를 해 왔다.

역서로는 켄 윌버의 『모든 것의 역사』(김영사, 2015), 『켄 윌버의 ILP』(공역, 학지사, 2014), 『감각과 영혼의 만남』(범양사, 2007) 등이 있고, 저서로는 『현대 과학 기술 윤리』(구미서관, 2010), 『역동적 통합 변혁 리더십』(휴머니즘, 2010), 『의식·영성·자아초월 그리고 상보적 통합』(학수림, 2008), 『현대공학윤리』(구미서관, 2008) 등이 있다.

안희영

미국 컬럼비아 대학교에서 마음챙김에 근거한 스트레스완화 프로그램Mindfulness Based Stress Reduction: MBSR 지도자 교육과정을 주제로 박사학위(성인학습 및 리더십 전공)를 받았다. 현재 서울불교대학원대학교 심신치유교육학과 교수로 재직 중이며, 2005년부터 MBSR을 국내에 보급하고 있다. 미국 MBSR 본부인 마음챙김센터CFM에서 MBSR 지도자 인증을 취득하였고, 현재 국내 유일의 CFM 공인 MBSR 지도자로서 한국 MBSR 연구소(http://cafe.daum.net/mbsrkorea)를 중심으로 스트레스, 명상, 리더십과 관련된 교육을 하고 있다. 서울불교대학원대학교 부총장, 풀브라이트 교환교수, 대한통합의학교육협의회 부회장, 한국정신과학학회 부회장을 역임하였으며, 현재 한국심신치유교육학회 회장, 한국불교심리치료학회 운영위원, 한국명상지도자협회 이사로 있다.

역서로는 『온정신의 회복』(공역, 학지사, 2017), 『8주 마음챙김 워크북』(불광출판사, 2017), 『MBSR 워크북』(공역, 학지사, 2014), 『마음챙김의 예술과 과학』(공역, 학지사, 2014), 『켄 윌버의 ILP』(공역, 학지사, 2014), 『8주 나를 비우는 시간』(공역, 불광출판사, 2013), 『스트레스와 건강』(공역, 학지사, 2012), 『존 카밧진의 처음 만나는 마음챙김 명상』(불광출판사, 2012), 『자유로운 삶으로 이끄는 일상생활 명상』(공역, 학지사, 2011), 『마음챙김에 근거한 심리치료』(공역, 학지사, 2009) 등이 있다.

논문으로는 「통합심신치유의 통전적 패러다임 모델」(공동연구, 예술심리치료연구, 2013), 「현대 서구사회에서의 마음챙김 활용」(불교학연구, 2012), 「MBSR 프로그램의 불교 명상적 기반」(불교학연구, 2010), 「마음챙김과 자기기억의 연관성」(한국선학, 2010), 「통합미술치료를 위한 MBSR 프로그램 활용방안」(예술심리치료연구, 2010) 등이 있다.

해외 학술지 발표 및 저서로는 2015 Dialogical and Eastern Perspectives on the Self in Practice: Teaching Mindfulness-Based Stress Reduction in Philadelphia and Seoul(IJDS)와 2016 Teaching MBSR in Korea with a Special Reference to Cultural Differences (book chap.) in D. McCown, D. Reibel, & M. Micozzi, Resources for Teaching Mindfulness (Springer) 등이 있다.

의식의 변용

의식의 발달에 관한 전통적 · 명상적 시각

Transformations of Consciousness

Conventional and Contemplative Perspectives on Development

2017년 8월 15일 1판 1쇄 발행
2024년 9월 25일 1판 3쇄 발행

지은이 • Ken Wilber · Jack Engler · Daniel P. Brown
역 자 • 조효남 · 안희영
펴낸이 • 김 진 환
펴낸곳 • (주) **학지사**

　　　　04031 서울특별시 마포구 양화로 15길 20 마인드월드빌딩 5층

대표전화 • 02) 330-5114　　　팩스 • 02) 324-2345

등록번호 • 제313-2006-000265호

홈페이지 • http://www.hakjisa.co.kr
인스타그램 • https://www.instagram.com/hakjisabook/

ISBN 978-89-997-1323-1 93180

정가 **20,000원**

출판미디어기업 **학지사**

간호보건의학출판 **학지사메디컬** www.hakjisamd.co.kr
심리검사연구소 **인싸이트** www.inpsyt.co.kr
학술논문서비스 **뉴논문** www.newnonmun.com
원격교육연수원 **카운피아** www.counpia.com
대학교재전자책플랫폼 **캠퍼스북** www.campusbook.co.kr